Integrativ managen

Christian Erk · Sascha Spoun

Integrativ managen

Ein Modell für eine effektive Praxis der
Unternehmensführung

 Springer Gabler

Christian Erk
Universität St. Gallen (HSG)
St. Gallen, Schweiz

Sascha Spoun
Leuphana Universität Lüneburg
Lüneburg, Deutschland

Universität St. Gallen (HSG)
St. Gallen, Schweiz

ISBN 978-3-658-30522-2   ISBN 978-3-658-30523-9   (eBook)
https://doi.org/10.1007/978-3-658-30523-9

Die Deutsche Nationalbibliothek verzeichnet diese Publikation in der Deutschen Nationalbibliografie; detaillierte bibliografische Daten sind im Internet über http://dnb.d-nb.de abrufbar.

Planung/Lektorat: Ulrike Lörcher
Springer Gabler ist ein Imprint der eingetragenen Gesellschaft Springer Fachmedien Wiesbaden GmbH und ist ein Teil von Springer Nature.
Die Anschrift der Gesellschaft ist: Abraham-Lincoln-Str. 46, 65189 Wiesbaden, Germany

Vorwort

Dieses Buch richtet sich an alle, die sich für die Tätigkeit interessieren, die gemeinhin „Managen" genannt wird – sei es, weil sie diese selbst ausüben, weil sie mit Personen zu tun haben, die managen, oder weil sie sich im Rahmen eines Studiums auf eine Tätigkeit als Manager[1] vorbereiten. Die nachfolgenden Ausführungen möchten diesen Personen besser verstehen helfen, was (gutes) Management ist und welche spezifische Wertschöpfung Manager für Unternehmen, aber auch andere soziale Systeme, erbringen (können). Die dem Buch zugrunde liegende Leitfrage ist die in ihrem Kern management-philosophische Frage nach dem Wesen von Management, nämlich „Was ist Management?". Diese Frage beantwortend, möchte das Buch seinen Lesern Management in Form eines Modells greif- und verstehbar machen.

Das vorliegende Buch möchte der Vielzahl an bereits vorhandenen Managementmodellen jedoch nicht einfach ein weiteres unverbundenes Modell hinzufügen. Es hat nicht den Anspruch der nächsten Mode oder des ohrenkitzelnden Neuen, sondern des Grundsätzlichen und Wesentlichen. Es entstand aus der Überzeugung, dass das Wesen von Management am besten durch einen integrativen Blick auf das erfasst werden kann, was wichtige Managementdenker dazu gesagt haben. Für eine erfolgreiche Praxis der Unternehmensführung kommt es nicht so sehr auf aktuelle Trends an, sondern auf den Blick zurück auf und das Wissen um die überzeitlich stabilen und grundsätzlichen Erkenntnisse und Beiträge der Forschung aus den letzten Jahrzehnten. Entsprechend steht das Bemühen um die Beschreibung des grossen Ganzen von Management und nicht dessen Details im Mittelpunkt dieses Buches. Durch die Einnahme einer solch langfristig-integrativen Perspektive soll das Wesen von Management erkennbar und

---

[1]Aus Gründen der Lesbarkeit und grammatischen Korrektheit verwendet dieses Buch das grammatische ohne Verweis auf das biologische Geschlecht. Wenn im Text generisch maskuline oder generisch feminine Rollen-, Funktions- oder Berufsbezeichnungen verwendet werden, so umfassen diese grundsätzlich alle Menschen unabhängig von ihrem biologischen Geschlecht. Denn sowohl das generische Feminin als auch das generische Maskulin sind in Bezug auf das biologische Geschlecht grundsätzlich neutral. Sollte der spezifische Kontext eine Betonung des Sexus erheischen, wird dieses entsprechend gekennzeichnet.

Bestehendes zu einem integrierenden Modell synthetisiert werden, das Managern einen Orientierungsrahmen für ihre herausfordernde Tätigkeit bietet.

Die Grundlage für die Ausführungen dieses Buches bilden mehr als 20 Jahre Erfahrung der Autoren mit dem Thema Management im Rahmen von Forschung, Lehre und Praxis. Besonderen Einfluss auf die Entwicklung des in diesem Buch beschriebenen Managementverständnisses hatten die im Rahmen der Geschäftsleitung der Executive MBA Programme der Universität St. Gallen angestellten Überlegungen zur Systematisierung und Umsetzung einer effektiven Weiterbildung von Führungskräften. Einen wesentlichen Fundus sowie Reflexions- und Validierungshintergrund zu den Ausführungen in diesem Buch bildet des Weiteren die langjährige Erfahrung in der Führung einer komplexen und multirationalen Expertenorganisation wie der Leuphana Universität Lüneburg.

Ausgangspunkt und Ziel unserer Arbeiten ist die Frage nach dem Beitrag für die Gesellschaft und dem dauerhaften Wert des (eigenen) Denkens und Handelns. Zu dem soll auch dieses Buch beitragen und sich in den nächsten Jahren weiterentwickeln. Entsprechend danken wir allen, die dazu direkt und direkt beigetragen haben, insbesondere unseren Kollegen und Wegbegleitern, aber auch unseren Studenten, sehr herzlich und freuen uns auf künftige Kritik und Anregungen.

St. Gallen und Lüneburg   Christian Erk
September 2020   Sascha Spoun

Inhaltsverzeichnis

1	**Inhalt und Verständnis von Management**	**1**
	1.1 Management: Erste Annäherungen	3
	1.2 Aufbau dieses Buches	6
	1.3 Zu Managementmodellen	10
2	**Unternehmenskonzept**	**13**
	2.1 Systemtheoretische Grundlagen	13
	2.1.1 Ganzheit	14
	2.1.2 Elemente	14
	2.1.3 Begrenzung und Umwelt	17
	2.1.4 Vernetzung: Interne und externe Beziehungen	18
	2.1.5 Ordnung und Organisation	21
	2.1.6 Zweckverantwortung	23
	2.1.7 Zusammenfassung: Sechs Dimensionen des Systembegriffs	26
	2.2 Systeme und ihre Komplexität	27
	2.2.1 Einfache und komplizierte Systeme	30
	2.2.2 Komplexe Systeme	30
	2.3 Unternehmen als produktive soziale Systeme	34
	2.3.1 Unternehmen als soziale Systeme	34
	2.3.2 Unternehmen als komplexe Systeme	37
	2.3.3 Unternehmen als produktive Systeme	38
	2.4 Typen von Unternehmen	47
	2.5 Kultur	55
	2.5.1 Drei Ebenen von Kultur	58
	2.5.2 Gesamtkultur und Subkulturen	64
	2.5.3 Analyse von Unternehmungskultur	66
	2.5.4 Kultur und Management	70
	2.6 Unternehmenskonzept im Managementmodell	71

3   Managementkonzept... 75
   3.1   Zweck der Funktion „Management"............................ 75
   3.2   Managementaufgaben.. 81
       3.2.1   Gestalten und Planen................................. 97
       3.2.2   Menschen führen.................................... 199
       3.2.3   Lenken... 221
       3.2.4   Weiterentwickeln................................... 229
       3.2.5   Normatives, strategisches und operatives Management......... 235
   3.3   Managementpraxis.. 241
       3.3.1   Kommunikation..................................... 241
       3.3.2   Entscheiden.. 252
   3.4   Managementkonzept im Managementmodell..................... 268

4   Managementsystem... 271
   4.1   Managementsysteme als arbeitsteilige soziale Systeme.............. 273
   4.2   Management des Managementsystems........................... 273
   4.3   Managementsysteme als Entscheidungssysteme................... 275
   4.4   Organisation des Managementsystems.......................... 278
       4.4.1   Aufbauorganisation des Managementsystems............. 279
       4.4.2   Ablauforganisation des Managementsystems............. 283
   4.5   Führungskräfteentwicklung.................................. 288
   4.6   Managementsystemkonzept im Managementmodell................ 289

5   Umweltkonzept.. 291
   5.1   Märkte... 293
   5.2   Umweltsphären.. 296
   5.3   Stakeholder... 302
   5.4   Umweltkonzept im Managementmodell......................... 311

6   Zusammenfassung: Managementmodell........................... 317

Literatur.. 321

Abbildungsverzeichnis

Abb. 1.1   Können und Wollen als Voraussetzung für menschliches Handeln   5

Abb. 1.2   Managementmodell (Management-, Unternehmens-, Umwelt-
und Managementsystemkonzept)............................   8

Abb. 2.1   Stufenweise Auflösung eines Systems mithilfe des
Auflösungskegels..   16

Abb. 2.2   Künstliche und natürliche Systeme   24

Abb. 2.3   Grafisches Modell eines Systems.............................   26

Abb. 2.4   Dimensionen des Systembegriffs.............................   27

Abb. 2.5   Kennzahlen zur Ermittlung des Komplexitätsgrads eines
Systems...   29

Abb. 2.6   Einfache, komplizierte und komplexe Systeme   31

Abb. 2.7   Charakteristika einfacher, komplizierter und komplexer Systeme.....   33

Abb. 2.8   Hilfsmittel der Tätigkeit der menschlichen Systemelemente........   35

Abb. 2.9   Typologie der Wirtschaftsgüter   41

Abb. 2.10   Typen von Unternehmen   48

Abb. 2.11   Unterscheidung zwischen Produkt und Dienstleistung   49

Abb. 2.12   Abgrenzung von Organisationsformen anhand ihrer primären
Einkommensquelle und Zielausrichtung   50

Abb. 2.13   Gesellschaftsformen nach schweizerischem Recht (OR, ZGB).......   52

Abb. 2.14   Idealtypische Phasen des Unternehmenslebenszyklus.............   53

Abb. 2.15   Fünf Phasen unternehmerischen Wachstums   54

Abb. 2.16   Kultur und ihre Ebenen   63

Abb. 2.17   Unternehmenskonzept   73

Abb. 3.1   Die Managementaufgaben und ihr Kerngehalt...................   87

Abb. 3.2   Managementaufgaben und ihr Bezug zu den Dimensionen
des Systembegriffs.......................................   88

Abb. 3.3   Managementaufgaben in der Managementliteratur   89

Abb. 3.4   Fünf Aufgaben von Management.............................   94

Abb. 3.5   Kreislauf der Managementaufgaben   95

Abb. 3.6   Hierarchie von Unternehmenszielen   102

Abb. 3.7   Bestandteile des normativen Zielsystems bzw. der normativen
            Positionierung.   104
Abb. 3.8   Bestandteile des strategischen Zielsystems   115
Abb. 3.9   Bestandteile eines Geschäftsmodells   116
Abb. 3.10   Pyramide der Nutzenelemente   118
Abb. 3.11   Geschäftsmodelltypologie nach Linz et al. (2017, S. 19)   120
Abb. 3.12   BCG-Matrix   121
Abb. 3.13   Ansoff-Matrix.   122
Abb. 3.14   Wertschöpfungsnetzwerk   126
Abb. 3.15   Negative Strategie.   130
Abb. 3.16   Geplante, emergente und realisierte Strategie   132
Abb. 3.17   Erfolge und Misserfolge von Strategien.   133
Abb. 3.18   „Kano-Modell" der Kundenzufriedenheit   137
Abb. 3.19   Strategische Erfolgs- bzw. Formalziele des Unternehmens   138
Abb. 3.20   Bestandteile des operativen Zielsystems   140
Abb. 3.21   Bestandteile des Zielsystems eines Unternehmens   143
Abb. 3.22   Zielsysteme und Unternehmensebenen   144
Abb. 3.23   Checkliste zur Konkurrentenanalyse   145
Abb. 3.24   Tabelle zur strukturierten Ermittlung der relativen Stärken und
            Schwächen eines Unternehmens („Stärken-Schwächen-Profil").   146
Abb. 3.25   SWOT-Analyse.   147
Abb. 3.26   Von der Gesamtaufgabe zur (Gesamt-)Organisation   150
Abb. 3.27   Aufgabengliederungsbaum als Ergebnis der Aufgabenanalyse   154
Abb. 3.28   Schema einer Stellenbeschreibung.   159
Abb. 3.29   Kriterien zur Abteilungsbildung und daraus resultierende
            Organisationsformen   163
Abb. 3.30   Zusammenhang zwischen Leitungsspanne und Leitungstiefe   166
Abb. 3.31   Arten von Verbindungswegen zwischen Stellen.   168
Abb. 3.32   Einliniensystem und Mehrliniensystem   169
Abb. 3.33   Vor- und Nachteile von Einlinien- und Mehrliniensystemen   171
Abb. 3.34   Organigramm   172
Abb. 3.35   Funktionendiagramm   176
Abb. 3.36   Versorgungs-, Vollzugs- und Managementsystem   180
Abb. 3.37   Funktionsbereiche bzw. funktionale Subsysteme des Systems
            „Unternehmen".   181
Abb. 3.38   Zusammenspiel der Organisationseinheiten bei der Abwicklung
            eines Auftrags.   182
Abb. 3.39   Beispiel eines Ablaufplans   185
Abb. 3.40   Beispiel einer Ablaufkarte   186
Abb. 3.41   Auszug aus einer „Process Flowchart".   187

Abb. 3.42   Ausschnitt aus einer Prozesslandkarte   188
Abb. 3.43   Einfaches Beispiel eines Netzplans   188
Abb. 3.44   Servicestrom für einen Recruiting-Prozess   189
Abb. 3.45   Beispiel eines Balken- bzw. Gantt-Diagramms   190
Abb. 3.46   Formale vs. informale Beziehungen in einem Organigramm.   194
Abb. 3.47   Organigramm vs. Soziogramm.   197
Abb. 3.48   Zusammenspiel der Managementaufgaben „Zielbestimmung"
             und „Organisation".   200
Abb. 3.49   Grundlegende Parameter der Managementaufgabe „Führung"   203
Abb. 3.50   Führungsstilkontinuum.   207
Abb. 3.51   Kriterien zur Abgrenzung von autoritärem und delegativem
             Führungsstil   208
Abb. 3.52   Komponenten transformationaler Führung   211
Abb. 3.53   Interaktionseffekt zwischen transformationaler und
             transaktionaler Führung (Effektivitätskurve)   214
Abb. 3.54   Anzahl Führungsbeziehungen in Abhängigkeit von der
             Anzahl geführter Personen.   219
Abb. 3.55   Determinanten der Führungsspanne.   220
Abb. 3.56   Lenkungsprozess bzw. -kreislauf   223
Abb. 3.57   Proaktive Lenkung (Steuerung)   226
Abb. 3.58   Reaktive Lenkung (Regelung)   228
Abb. 3.59   Kreislauf der vier Managementaufgaben „Zweckklärung/
             Zielbstimmung", „Organisieren", „Führen" und „Lenken"   236
Abb. 3.60   Normatives, strategisches und operatives Management.   240
Abb. 3.61   Kommunikationsmodi   242
Abb. 3.62   Unilaterales Modell des Kommunikationsprozesses   246
Abb. 3.63   Interaktionales Modell des Kommunikationsprozesses   248
Abb. 3.64   Verbale Kommunikationsmodi und effektive Kommunikation   250
Abb. 3.65   Zusammenhang zwischen Entscheiden, Entscheidung
             und Handlung.   253
Abb. 3.66   Modell rational-analytischer Entscheidungsfindung   254
Abb. 3.67   Beispiel eines morphologischen Kastens für Lösung der
             Entscheidungsaufgabe „Organisation einer Party".   259
Abb. 3.68   Grundmodell einer Entscheidungsmatrix zur
             rational-analytischen Entscheidungsfindung   260
Abb. 3.69   Beispiel eines morphologischen Kastens für Lösung der
             Entscheidungsaufgabe „Organisation einer Party".   262
Abb. 3.70   Modell intuitiv-erfahrungsbasierter Entscheidungsfindung   266
Abb. 3.71   Kriterien zur Abwägung der Anwendung
             intuitiv-erfahrungsbasierter oder rational-analytischer
             Entscheidungsfindung   268
Abb. 3.72   Managementkonzept.   269

Abb. 4.1   Managementsystemkonzept 272
Abb. 4.2   Management des Managementsystems 274
Abb. 4.3   Managementsystem als Entscheidungssystem 275
Abb. 4.4   Primärorganisation des Managementsystems. 279
Abb. 4.5   Handlungsebenen des Managements und Managementebenen 281
Abb. 4.6   Arten von Management-Plattformen 282
Abb. 4.7   Zusammenspiel von Management-Plattformen und
            Kommunikationsepisoden in einer Management-Architektur 285
Abb. 4.8   Gestaltung des Verlaufs einer Kommunikationsepisode 286
Abb. 4.9   Managementsystemkonzept 290
Abb. 5.1   Umweltkonzept. 293
Abb. 5.2   Kategorien zur Analyse der Beschaffungs- und Absatzmärkte
            des Unternehmens 294
Abb. 5.3   Porters „Five Forces" 295
Abb. 5.4   Umweltsphären des PESTEL-Frameworks und ihre Teilaspekte. 298
Abb. 5.5   Ausprägungen und Typen von Trends 299
Abb. 5.6   Tabelle zur strukturierten Ermittlung von Chancen und Gefahren
            („Chancen-Gefahren-Profil") 301
Abb. 5.7   Kategorien von Stakeholdern 303
Abb. 5.8   Matrix zur Stakeholderanalyse. 304
Abb. 5.9   Mögliche Erwartungen, Anliegen, Interessen, Ansprüche und
            Zielvorstellungen der Stakeholdergruppen. 306
Abb. 5.10   Stakeholder-Netzwerk 307
Abb. 5.11   Stakeholder-Typologie 311
Abb. 5.12   Tabelle zur Analyse der Stakeholder 312
Abb. 5.13   Umweltkonzept. 313
Abb. 5.14   Umweltkonzept. 316
Abb. 6.1   Managementmodell 318
Abb. 6.2   Managementmodell 319

Inhalt und Verständnis von Management

1

Auch wenn der Begriff „Management"[1] jüngeren Ursprungs ist und eine explizit wissenschaftliche Beschäftigung mit Management erst im Zeitalter der Industrialisierung aufgekommen ist, so ist das, was wir „Management" nennen, so alt wie die Menschheit selbst:

> „Management is an ancient art – practiced in the distant past principally by kings, princes, prime ministers, clergymen, and generals, and in the more recent past by business executives and government bureaucrats." (Cleland und King 1972, S. 3)

---

[1]Im Rahmen dieses Buches wird der Anglizismus „Management" dem deutschen Begriff „Unternehmensführung" vorgezogen, da letzterer den Nachteil der Gleichsetzung von Unternehmens- und Menschenführung mit sich bringt. Unternehmensführung ist jedoch nicht Führung von Menschen in Unternehmen: „‹Gemanaged› werden nicht Menschen, sondern Institutionen." (Ulrich 2001j, S. 142)

Wie Brech (1953, S. 15) für den englischen Sprachraum erläutert, ist die Bezeichnung „executive" „a common alternative" zum Ausdruck „manager".

Auch wenn die Herkunft nicht ganz sicher ist, so leiten sich die Begriffe „Management" oder „managen", die über das Englische Eingang in die deutsche Sprache gefunden haben, vom italienischen Verb „maneggiare" ab, was so viel bedeutet wie „etwas handhaben", „mit etwas hantieren", „etwas manövrieren" oder „mit etwas umgehen". Das italienische „maneggiare" ist wiederum eine Zusammensetzung der lateinischen Begriffe „manus" und „agere", die" mit dem Ausdruck „an der Hand führen" übersetzt werden kann und ursprünglich im Zusammenhang mit der Zähmung, Handhabung und Führung von Pferden steht. In einem spezifischen Sinn kann „maneggiare" entsprechend auch „etwas zureiten" (im Sinne des Handhabens bzw. Manövrieren eines Pferdes) bedeuten und ist als solches mit dem französischen Nomen „manège" verwandt.

Heute ist Management allgegenwärtig. Die Organigramme praktisch aller Unternehmungen[2], aber auch der öffentlichen Verwaltung mit ihren Behörden und Ämtern, Stiftungen, Vereine, Parteien, Gewerkschaften, Krankenhäuser, Universitäten sowie Verbände, gemeinnützige Organisationen und NGOs werden von meistens mehr als weniger Managern bevölkert. Wir alle arbeiten in Organisationen, die besser oder schlechter, explizit oder implizit, traditionell oder modern ‚gemanaged' werden und hängen somit – was einem leider häufig erst dann schmerzlich bewusst wird, wenn die Dinge in Schieflage geraten sind – von dem ab, was Manager tun und entscheiden:

> „These days, practically all of us are employed by managed institutions, large and small, business and nonbusiness – and that is especially true for educated people. We depend on management for our livelihoods and our ability to contribute and achieve. Indeed, our ability to contribute to society at all usually depends as much on the management of the enterprises in which we work as it does on our own skills, dedication, and effort." (Drucker 1988, S. 75)

Diese Tatsachen deuten darauf hin, dass Management nicht aus Spass an der Freude betrieben wird, sondern Organisationen und allen voran die Unternehmen Management als einer essenziellen Funktion bedürfen. Ohne Management würden Unternehmen nicht funktionieren:

> „Management and managers are the specific need of all institutions, from the smallest to the largest. They are the specific organ of every institution. They are what holds it together and makes it work. None of our institutions could function without managers." (Drucker 2008, S. 2, 2007, S. 6)

> „Management is the most important factor of competition. Management knowledge is the most important resource to achieve a competitive lead. That is true both for companies and individuals. Management enables people and organizations to have impact. Only management turns cleverness, intelligence, talent, and knowledge into what really counts: results." (Malik 2010, S. 57; 2007, S. 52)

Dreht man diese Anamnese um, so ist Management also das, was Unternehmen erst erfolgreich werden und sein lässt. Und doch ist Management – und das ist leider keine neue Einsicht – eine „unverstandene gesellschaftliche Funktion" (Ulrich 2001j):

---

[2]Im Verlauf dieses Buches wird anstelle des vielleicht vertrauteren Begriffs „Unternehmen" auch der Begriff „Unternehmung" verwendet, um produzierende Wirtschaftseinheiten zu bezeichnen. Auch wenn die Begriffe an sich synonym verwendet werden können, so hat letzterer Begriff den Vorteil, dass er weniger den institutionellen, sondern mehr den prozesshaften Charakter unternehmerischer Tätigkeit betont.

Mit diesen Begriffen korrespondieren englische Ausdrücke wie „business", „company", „enterprise" oder „venture". Der Begriff „Betrieb" bezeichnet im Kern eine konkrete Produktionsstätte und kann insofern nicht als vollwertiges Synonym betrachtet werden, als ein Unternehmen mehrere Betriebe an mehreren Standorten umfassen kann. Gleiches gilt für den vermeintlich synonymen Ausdruck „Firma", mit dem jedoch an sich nur der Name eines Unternehmens gemeint ist.

„The manager is one of the great unknowns in business. […] This is all the more surprising when we consider the vital importance of precise understanding of this expression to most enterprises. Most company organization charts are studded with dozens of boxes entitled manager of one kind or another." (Allen 1958, S. 3)

„Management und seine Wirkungsdynamik sind erstaunlich unbestimmt oder zumindest unterbestimmt […]. Management erweist sich in vielerlei Hinsicht als eine ‹Black Box› – und dies, obwohl die Wirkungsdynamik von Management von grösster Bedeutung ist für das Verständnis und die Entwicklung von heutigen Organisationen, die zu einem grossen Teil unser Leben prägen." (Rüegg-Stürm und Grand 2015, S. 30; vgl. 2019, S. 20)

Dieses Buch möchte dieser Situation Abhilfe schaffen und die „Black Box" namens „Management" öffnen. Es möchte herausarbeiten, warum Unternehmen, aber auch andere Organisationen, Manager brauchen und, welchen Mehrwert Manager für diese generieren können und sollten. Es möchte verstehen helfen, was Manager zu tun berufen sind, was ihre genuine Aufgabe ist und wie sich diese Aufgabe konzeptionell verstehen und fassen lässt. Im Kern möchte dieses Buch also eine Antwort auf die folgende Frage geben: *Was ist Management?*

Die Antwort auf diese im Grunde auf das Wesen von Management zielende und damit philosophische Frage hat immense praktische Relevanz.

„What do managers do? Without a proper answer, how can we teach management? How can we design planning or information systems for managers? How can we improve the practice of management at all?" (Mintzberg 1990, S. 163)

Nur, wenn wir verstehen, wofür Manager da sind, können wir Manager richtig ausbilden und ihnen die Kompetenzen mit auf den Weg geben, die zur Bewältigung ihrer nicht einfachen Aufgabe wirklich relevant sind. Jede gute Aus- und Weiterbildung setzt voraus, dass die Frage, worum es in einem Fach geht, unmissverständlich und ausreichend geklärt ist. Doch auch bereits im Berufsleben stehende Manager sollten um das Wesen von Management wissen, um auf dieser Basis über ihr Selbstverständnis als Manager sowie ihre Managementpraxis reflektieren und so zu besseren Managern werden können. Die konzise Beantwortung der Frage „Was ist Management?" ist somit Voraussetzung für berufliche Professionalität.

1.1 Management: Erste Annäherungen

Management, so schrieb schon Louis A. Allen (1958, S. 5), ist „a distinct activity". Die Perspektive, aus der dieses Buch seinen Untersuchungsgegenstand betrachtet, ist entsprechend keine institutionelle. Dieses Buch versteht unter Management nicht eine bestimmte, hierarchisch abgegrenzte und mit Kompetenzen ausgestattete Gruppe von Personen innerhalb dieses Unternehmens. Es konzeptionalisiert Management nicht als institutionalisierte Leitungsinstanz, sondern vielmehr als eine bestimmte Tätigkeit, als etwas, das getan wird.

Management ist aber nicht einfach das, was die Personen mit diesen Aufgaben bzw. an der Spitze eines Unternehmens bzw. ein einzelner Manager tun. Eine solche auf individuelles Managementhandeln fokussierte Sichtweise würde die Wirksamkeit individuellen Handelns überbetonen und damit der Realität nicht gerecht werden.[3] Aus der Tatsache, dass ein wie auch immer geartetes Sample an Personen eine bestimmte Sache auf eine bestimmte Art und Weise tut, kann jedoch nicht zwingend geschlossen werden, dass das, was und wie sie es tun, gut ist. Management ist zwar das, was Manager tun, aber nur insofern die Manager das tun, was sie als Manager tun sollten. Die in diesem Buch entwickelte Vorstellung von Management hat entsprechend keinen deskriptiven, sondern einen normativ-präskriptiven Charakter. Management ist eine vom und im System „Unternehmen" – wenn auch im Kontext von Ungewissheit, Unübersichtlichkeit, Ambiguität und Zeitdruck – arbeitsteilig zu erbringende Funktion. Sie ist ein üblicherweise nicht von einzelnen Personen zu erfüllendes Aufgabenbündel und erfordert als so verstandene soziale Praxis auch „social action" (vgl. Erk 2019, S. 102 ff.). Doch dazu später mehr.

Managen zu können ist keine angeborene Fähigkeit, sondern muss (und kann glücklicherweise) erlernt werden:

> „Management must be learned. Managing is not instinctive or intuitive; in fact, it is often directly opposed to the spontaneous, natural mode of action. We do not manage naturally. Managing involves skills that must be learned in terms of logical, verifiable concepts, principles, and techniques as must medicine, engineering, and law." (Allen 1964, S. 66)

Das Praktizieren von Management setzt ein Verständnis für die zu erfüllenden Ziele und Aufgabe (Sollen) und das Vorhandensein der zur Erfüllung dieser Aufgabe nötigen Kompetenzen voraus, welche sich in einem engen Verständnis aus Wissen, d. h. theoretischem Können („Toolset"), und Fertigkeit, d. h. praktischem Können („Skillset"), zusammensetzen. Wissen und Fertigkeit können jedoch nur dann wirksam werden, wenn auch die dazugehörige Haltung (auch: Einstellung; „Mindset") verinnerlicht worden ist und die Person ihr Wissen und Können auch anwenden will. Das enge Verständnis von Kompetenz als Wissen plus Fertigkeit ist somit um eine volitionale Komponente zu ergänzen (vgl. auch Abb. 1.1).

Das Lesen eines Buches kann zwar Wissen und damit die Voraussetzung und Grundlage für praktisches Können, aber schwerlich das praktische Können selbst vermitteln. Entsprechend fokussiert sich dieses Buch darauf, die von Managern zu erfüllende Aufgabe zu modellieren. Nach dem Lesen dieses Buches ist man also noch kein guter Manager, weiss aber zumindest um die Voraussetzungen dazu, indem man sich bewusst

---

[3]Tengblad und Vie (2012; vgl. auch Tengblad 2017) haben 21 in Europa und den USA über einen Zeitraum von 60 Jahren durchgeführte Studien ausgewertet, die aus der Beobachtung dessen, was Manager tun, die Managementpraxis der beobachteten Manager zu beschreiben und so ein deskriptives Managementverständnis zu entwickeln versuchen.

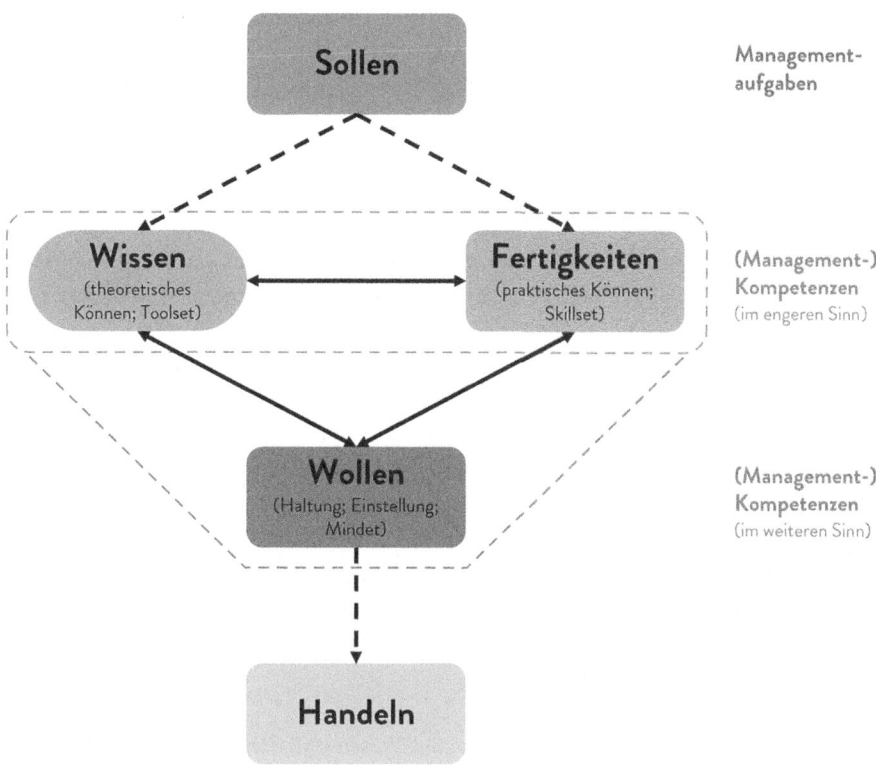

Abb. 1.1   Können und Wollen als Voraussetzung für menschliches Handeln

ist, worin Wesen und Zweck von Management bestehen, welche Aufgaben man als Manager entsprechend zu erfüllen hat und, welche Kompetenzen man sich aneignen oder perfektionieren sollte, um gut managen zu können.

So schwer es sein mag, ein guter Manager zu werden, so sehr mag die Tatsache trösten, dass die einmal erworbene Fähigkeit „Management" praktisch universell einsetzbar ist:

> „A person proficient in managing one kind of work can transfer his skill to managing other work with relative ease. The management of a family, a company, church, or country may differ in complexity and difficulty, but they involve the same basic skills. [...] As Charles Schwab is reputed to have said, ‹It takes the same kind of know-how to manage the United States Steel Corporation as it does to manage a peanut stand.›" (Allen 1958, S. 47 f.)

Ein Manager, der ein Unternehmen managen kann, kann auch andere Unternehmen, aber auch die anderen oben genannten Organisationstypen – Behörden, Ämter, Körperschaften, Stiftungen, Vereine, Parteien, Gewerkschaften, Krankenhäuser, Universitäten, Verbände, gemeinnützige Organisationen und NGOs – managen. Das Objekt von

Management sind nicht nur privatwirtschaftliche Unternehmen, sondern „alle zweck-
gerichteten Institutionen der menschlichen Gesellschaft" (Ulrich 2001j, S. 142).[4]
Natürlich sind Kontext und Rahmenbedingungen seiner Arbeit jeweils unterschiedlich, aber seine Aufgabe als Manager bleibt im Kern immer die gleiche. Das Wesen
von Management ist an sich unabhängig vom zu managenden Organisationstyp und
anderen Kontextfaktoren. Aber auch wenn das „Was" unveränderlich ist, so variiert das
„Wie" von Management in Abhängigkeit der jeweiligen Kontextfaktoren, in denen sich
die zu managende Einheit befindet und welche den Rahmen des Möglichen definieren.
Trotz seiner wesentlich gleichbleibenden Natur bedarf Management somit immer auch
eines tief greifenden Verständnisses der situativen Umstände seiner Ausübung.

Im Wissen um die Übertragbarkeit der Ergebnisse auf andere Organisationstypen
stellt dieses Buch das Management der Organisation, die wir vereinfachend „Unternehmen" nennen, in den Mittelpunkt. In den nachfolgenden Ausführungen wird somit
der Einfachheit halber und die Realität bewusst verkürzend nur von Unternehmen als
Objekten von Management gesprochen. Aber auch wenn nur von Unternehmen die Rede
ist, so können die anderen Organisationstypen, die ebenfalls Objekte von Management
darstellen, als grundsätzlich implizit mitgedacht und -gemeint gelten.

1.2   Aufbau dieses Buches

Wo soll aber nun konkret begonnen werden, das Wesen und den Zweck von Management
zu ergründen? Hierfür ist es hilfreich, sich vor Augen zu führen, dass Management
immer Management von etwas ist. Management hat immer ein Objekt, etwas, das
gemanaged wird. Der deutsche Ausdruck „Unternehmensführung" macht dies noch
etwas deutlicher: Unternehmensführung ist die Führung des Objekts „Unternehmen".
Der natürliche Ansatzpunkt zu Ergründung des Wesens von Management besteht entsprechend in der Auseinandersetzung mit seinem Objekt:

> „Bevor Management als Gesamtheit bestimmter Tätigkeiten charakterisiert werden kann,
> muss das zu ‹managende› Objekt verstanden werden, denn nur darauf bezogen haben diese
> Tätigkeiten überhaupt einen Sinn." (Ulrich 2001j, S. 142)

Ohne eine Vorstellung davon zu haben, was genau dieses Unternehmen ist, das geführt
bzw. gemanaged werden soll, ist sinnvolles Management nicht möglich. Um zu verstehen, was Management ist und wo wirksames Management ansetzen kann, bedarf es
also zunächst einer Idee des Unternehmens bzw. eines *Unternehmenskonzepts.* Die

---

[4]Aus diesem Grund bezeichnet Malik (2007, S. 23) Management auch als „universelle
gesellschaftliche Funktion".

Funktion von Management kann nur im Kontext eines Verständnisses dessen, was das Unternehmen ist, beschreiben werden. Der Erarbeitung eines solchen Unternehmenskonzepts widmet sich Kap. 2.

Management hat aber nicht nur eine innere, auf das Unternehmen bezogene, sondern auch eine nach aussen, d. h. auf die Umwelt des Unternehmens gerichtete Dimension. Unternehmen gibt es nicht losgelöst von ihrer Umwelt; sie sind, wie später gezeigt wird, sog. „offene", d. h. in Beziehung mit ihrer Umwelt stehende Systeme. Ein Unternehmen kann nicht unabhängig von seiner Umwelt, sondern jeweils nur als in seine Umwelt eingebettet geführt werden. Streng genommen ist das Objekt von Management nicht nur einfach das Unternehmen, sondern das in seine spezifische Umwelt eingebettete Unternehmen. Das zum Verständnis von Management notwendige Unternehmenskonzept muss somit um ein *Umweltkonzept* ergänzt werden, das ein geistiges Erfassen des Rahmens ermöglicht, in und mit dem Unternehmen operieren. Kap. 3 widmet sich der Beschreibung eines solchen Umweltkonzepts.

Sind das Objekt von Management und seine Umwelt gedanklich erfasst, kann darauf aufbauend die Frage beantwortet werden, was Management ist, worin sein Zweck besteht und welche Aufgaben es umfasst. Kap. 4 dient entsprechend der Explikation des im Zentrum dieses Buches stehenden *Managementkonzepts.*

Doch damit nicht genug. Auch wenn z. B. die Medien sich in ihrer Berichterstattung oftmals auf den Manager an der Spitze fokussieren und damit das Bild einer das Unternehmen allein führenden und dessen Wohl oder Wehe bestimmenden Einzelperson zeichnen, so sieht die Managementrealität anders aus: Die Führung eines Unternehmens ist ein arbeitsteiliges Geschehen und kann – ausser vielleicht bei jungen Startups – nicht von einer einzelnen, sondern nur von einer Mehrzahl von Personen zusammen geleistet werden. Management ist eine vom und im System „Unternehmen" arbeitsteilig zu erfüllende Funktion und kann entsprechend nur gemeinschaftlich gelingen. Da es im Kern Arbeitsteiligkeit ist, die Management nötig macht, verlangt die inhärente Arbeitsteiligkeit der Funktion „Management" nach dem – so paradox das klingen mag – Management dieser Funktion. Dieses „Management des Managements" geschieht im und durch das sog. „Managementsystem". Dieses stellt einen integralen Bestandteil des Unternehmens dar und definiert, wie die Funktion „Management" von wem und wann erfüllt wird. Um dieses Managementsystem verstehbar zu machen, bedarf es somit eines *„Managementsystem-konzepts",* das oder Teile dessen heute auch „(Corporate) Governance" genannt werden. Ein solches Konzept wird in Kap. 5 eingeführt.

Um Management gedanklich erfassen zu können, bedarf es also des Zusammenspiels von vier Konzepten (vgl. auch Abb. 1.2), nämlich

1. eines Unternehmenskonzepts, das das primäre Objekt von Management beschreibt, also ein inhaltliches Ziel- und Aufgabenprofil beinhaltet,
2. eines Umweltkonzepts, das die Umwelt beschreibt, in die das zu managende Objekt eingebettet ist, d. h. die Rahmenbedingungen vollständig erkennen, erfassen und nutzbar machen kann,

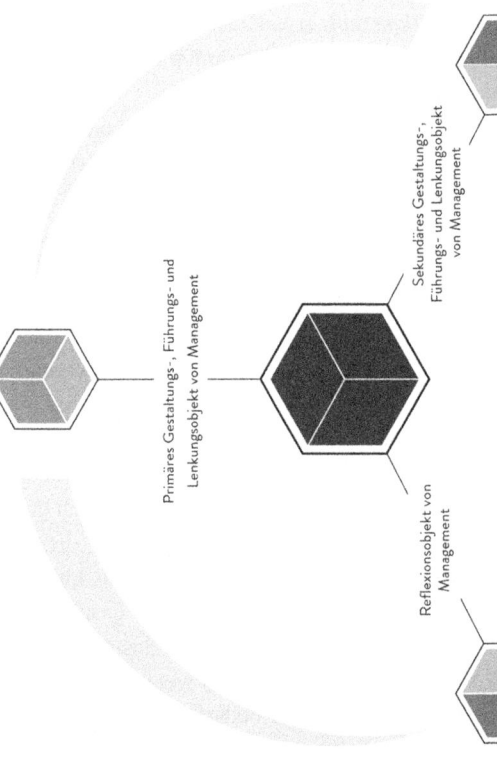

UNTERNEHMENSKONZEPT

Kategorien zur Beschreibung des
Systems »Unternehmen«:

• Zweck und Ziele
• Elemente
• Organisation
• Unternehmenstyp

UMWELTKONZEPT

Kategorien zur Beschreibung
des Supersystems »Umwelt«:

• Märkte
• Umweltsphären
• Stakeholder

**MANAGEMENT-
SYSTEMKONZEPT**

Kategorien zur Beschreibung des
Subsystems «Managementsystem»:

• Zweck und Ziele
• Elemente
• Organisation

MANAGEMENTKONZEPT

Kategorien zur Beschreibung des
Wozu, Was, Wer und Wie von Management:

• Zweck von Management
• Managementaufgaben
• Managementpraxis

Primäres Gestaltungs-, Führungs- und
Lenkungsobjekt von Management

Sekundäres Gestaltungs-,
Führungs- und Lenkungsobjekt
von Management

Reflexionsobjekt von
Management

Abb. 1.2 Managementmodell (Management-, Unternehmens-, Umwelt- und Managementsystemkonzept)

3. eines Managementkonzepts, das die Frage „Was ist Management?" beantwortet, und

4. eines Managementsystemkonzepts, das das sekundäre Objekt von Management beschreibt und damit das arbeitsteilige „Wie" des Managements selbst bzw. Organisation, Ablauf und Kultur der Zusammenarbeit für Leitungs- und Gestaltungsaufgaben verstehbar macht.

Diese vier Konzepte zu Objekt, Umwelt, Inhalt und Governance bilden in ihrer Gesamtheit und in ihrem Zusammenspiel das, was man gemeinhin ein *„Managementmodell"* nennt. Ein Modell ist zunächst einmal ein „vereinfachtes Bild einer Wirklichkeit" (Schwaninger 2009, S. 53), das der Bewältigung von Komplexität dienen soll. Modelle fungieren als – geistige oder physische – Landkarten, die es erlauben, Einzelheiten in Bezug zum Ganzen zu setzen oder Details in ihrem Kontext zu verstehen. Baupläne, Landkarten, Molekülmodelle, aber auch mathematische, psychologische oder volkswirtschaftliche Modelle – alles sind letzten Endes sprachliche und/oder visuelle Modelle, mit deren Hilfe die Realität in komprimierter Form verstanden werden soll.

> „Modelle werden überall dort entwickelt, wo Zusammenhänge nicht offensichtlich oder sehr komplex sind und wo ein solides Verständnis nicht einfach vorausgesetzt werden kann, sondern zum Gegenstand einer expliziten gemeinschaftlichen Reflexion, Orientierung oder Auseinandersetzung werden soll. […] Modelle haben keinen Selbstzweck, sondern sie dienen der Simulation und dem besseren Verstehen von Wirklichkeit." (Rüegg-Stürm und Grand 2015, S. 44; vgl. 2019, S. 30)

Indem sie Wichtiges und weniger Wichtiges unterscheiden helfen, dienen Modelle der „Aufmerksamkeitssteuerung" (Rüegg-Stürm 2003, S. 14) und unterstützen so die Bildung von Prioritäten und Fokus. Indem sie Kompliziertes oder Komplexes vereinfachen, stärken sie das Vorstellungsvermögen und fördern die Kreativität: „Sie erlauben es, gemeinsam neue Wirkungsdynamiken und neue Möglichkeiten zu erkennen, indem sie eine sorgfältige Reflexion und Antizipation von schwer durchschaubaren Ursache-Wirkungs-Zusammenhängen ermöglichen." (Rüegg-Stürm und Grand 2015, S. 44). Des Weiteren ermöglichen Modelle das Schaffen einer gemeinsamen Sprache und erleichtern so die Kommunikation und gemeinschaftliche Reflexion sowie die Verständigung über die von ihnen modellierten Sachverhalte.

Da sie komplizierte oder komplexe Realitäten in komprimierter Form abbilden, sind Modelle per definitionem reduktionistisch. Sie müssen, um ihren Zweck zu erfüllen, immer einen Teil der Realität ausblenden, um einen anderen Teil zu schärfen. Die Bildung eines Modells ist somit ein selektiv-vereinfachender Vorgang. Modelle können die Realität zwar in ihren wesentlichen Aspekten, aber letzten Endes eben immer nur eingeschränkt abbilden. Dies bedeutet auch, dass unterschiedliche Personen den gleichen komplizierten oder komplexen Sachverhalt unterschiedlich modellieren können – je nachdem, von welcher Perspektive sie diesen angehen und welchen Filter (Vorwissen, Prämissen, Werthaltungen, etc.) sie verwenden. Modelle müssen also immer im Bewusstsein darum gelesen und genutzt werden, dass sie als Destillate das Ergebnis eines gedanklichen Abstraktionsprozesses sind, in dessen Zuge – hoffentlich bewusst – selektiert werden musste.

Wie der Ausdruck impliziert, ist ein Managementmodell eine bestimmte Art von Modell, nämlich ein Modell, das das Phänomen „Management" verstehen helfen soll. Ein Managementmodell ist eine sprachliche und in Konsequenz visualisierte Verständnishilfe, die das Nachdenken über Management strukturieren helfen und so die Handlungsfähigkeit praktizierender Manager erhöhen soll. Es bietet den mit der Funktion „Management" befassten Personen Vokabeln und Zusammenhänge einer Sprache zur Formulierung und Reflexion, deren gemeinsame Beherrschung ein personenübergreifend präzises und kohärentes Denken („unité de doctrine") befördert. Eine solch gemeinsame Sprache ist notwendig, damit die Manager eines Unternehmens ihnen begegnende Herausforderungen sachgerecht diskutieren und klären können.

So hilfreich ein Managementmodell ist, so hat es doch auch Grenzen: Es bietet eine Perspektive und Denkform, die das Thema „Management" einer fundierten Auseinandersetzung zugänglich machen helfen. Es liefert aber keine Vorgaben oder Vorschläge für das konkrete Entscheiden und Handeln von Managern. Es hilft Managern, die richtigen Fragen zu stellen und zu kommunizieren, aber es gibt nicht die Antworten auf diese Fragen vor.

1.3   Zu Managementmodellen

Bevor es in medias res geht, sei noch eine Anmerkung erlaubt. Dieses Buch hat es sich zum Ziel gesetzt, Management in Form eines Modells greif- und verstehbar zu machen. Nun ist es aber nicht so, dass es der Welt an Managementmodellen mangelt. Vor diesem Hintergrund ist die Frage nach dem Sinn und der Besonderheit dieses Buches sowie des in diesem Buch entwickelten Managementmodell berechtigt und verdient eine Antwort. Dieses Buch möchte der Vielzahl an bereits vorhandenen Managementmodellen nicht einfach ein weiteres Modell hinzufügen.

Das Anliegen dieses Buches ist es vielmehr, die Gedanken und Modelle wichtiger Managementtheoretiker – von z. B. Henry Fayol, Chester Irving Barnard, Lyndall Fownes Urwick und Luther Halsey Gulick, über Peter Drucker und Hans Ulrich bis hin zu Henry Mintzberg, Fredmund Malik und Johannes Rüegg-Stürm – in gewisser Weise übereinanderzulegen. Die durch diese vergleichende Zusammenschau identifizierten Gemeinsamkeiten wurden reflektiert in ein Managementmodell integriert, das somit die sozusagen überzeitlich gültigen Aussagen zum Thema „Management" enthält. Denn, wie schon Fredmund Malik (1990, S. 27) treffenderweise festgestellt hat: „Die Zeit, die man benötigt, um Modewellen nachzulaufen oder auch jene, die man braucht, um des Kaisers neue Kleider als das zu entlarven, was sie sind, fehlt für die wirklich wichtigen Aufgaben."

Entsprechend arbeitet dieses Buch auch stärker als vielleicht andere Managementbücher mit Originalzitaten. Wie aus diesen Zitaten hervorgeht, hat die Managementtheorie gewisse Aussagen zum Wesen von Management bereits relativ früh, wenn manchmal auch erst in nuce getroffen. Diese essenziellen Erkenntnisse haben auch heute noch ihre Gültigkeit, sind aber natürlich im Laufe der Zeit expliziert und weitergedacht worden. Eine solch historische Facette der Managementtheorie bietet eine gewisse Immunisierung vor einem übertriebenen Managementinnovationshype. Seitdem es Management gibt, hat sich in seinem Wesen nicht wirklich etwas geändert. Obwohl sich die Umstände, in denen Management betrieben werden muss, teilweise radikal geändert haben, so hat Management immer noch den gleichen Zweck und umfasst auch – trotz vielleicht gewisser Unterschiede in der Benennung – die gleichen Aufgaben wie eh und je.

Auch wenn das vorliegende Buch eine grundsätzlich systemtheoretische Perspektive auf das Unternehmen als Objekt von Management einnimmt, so schliesst es damit nicht explizit systemtheoretisch orientierte Zugänge anderer Autoren nicht von vornherein aus. Wie sich nämlich bei genauerem Hinsehen und Lesen zeigt, sind nicht wenige Erkenntnisse dieser Autoren mit dem systemtheoretischen Blick kompatibel und können somit fruchtbar genutzt und integriert werden. Insofern stellt das in diesem Buch vorgestellte Managementmodell auch eine Reise durch die Geschichte der Managementtheorie mit ihren Moden dar und legt zugleich eine Synthese vor.

Die im Rahmen des vorliegenden Buches getätigten Ausführungen zu Wesen und Gehalt von Management bewegen sich hierbei bewusst auf einer möglichst allgemein gehaltenen, generell gültigen Ebene, damit es von den Lesern selbst angewendet werden kann. Dies entspricht insofern dem Anliegen dieses Buches, als es eine allgemeine Übersicht für die Aufgaben des Managements darstellt, folglich das Grundsätzliche, als richtig Erwiesene und Wesentliche in den Mittelpunkt rückt, denn Einzelheiten, Taktisches oder Modisches zu betonen. Es geht um ein Gesamtverständnis in Zeiten einer Detailorientierung in der Forschung und wachsender Komplexität und Unsicherheit in der Praxis. Der Leser ist somit eingeladen, für Fragen zur konkreten Umsetzung der Managementaufgaben in bestimmten Situationen die in reichlichem Umfang vorhandene Fachliteratur zur den einzelnen Managementaufgaben zu konsultieren. Er weiss dann, wie er diese einzuordnen hat.

Unternehmenskonzept

2

Ohne eine Vorstellung davon zu haben, was gemanaged werden soll, kann nicht sinnvoll gemanaged werden. Management macht nur Sinn in Bezug auf sein Objekt, das Unternehmen, so wie die Medizin nur Sinn macht mit Bezug auf ihr Objekt, den Menschen. Das Wesen der Tätigkeit „Management" erhellt sich primär aus dem Wesen des Unternehmens. Um zu verstehen, was Management ist, bedarf es also zunächst einer Idee des Unternehmens bzw. eines *Unternehmenskonzepts.* Wie können wir möglichst allgemeingültig beschreiben, was Unternehmen, die für uns als vereinfachendes Synonym bzw. Begriff für verschiedene Organisationen verwendet werden, sind? Das ist die Frage, der in diesem Kapitel nachgegangen werden soll.

Den folgenden Ausführungen liegt dabei eine systemische bzw. systemtheoretische Perspektive auf die Entität „Unternehmen" und damit auch das Thema Management zugrunde. Eine solche Perspektive zeichnet sich zuvorderst dadurch aus, dass sie das zu managende Objekt, das Unternehmen, als System betrachtet und konzeptionalisiert. Um sinnvoll über Management sprechen zu können, ist es also nötig, sich in einem ersten Schritt und im Sinne des Schaffens eines theoretischen Unterbaus allgemein mit dem Systembegriff auseinanderzusetzen. Es bedarf – mit anderen Worten – der Beantwortung der Frage „Was ist ein System?". In einem nächsten Schritt kann dann näher bestimmt werden, was für eine Art von System Unternehmen sind.

2.1 Systemtheoretische Grundlagen

Beginnen wir also zunächst mit der Beantwortung der Frage „Was ist ein System?". Auf die im Bereich der allgemeinen Systemtheorie geleistete Vorarbeit aufbauend, lässt sich der Systembegriff anhand der folgenden sechs Dimensionen entfalten.

© Der/die Herausgeber bzw. der/die Autor(en), exklusiv lizenziert durch Springer Fachmedien Wiesbaden GmbH, ein Teil von Springer Nature 2020
C. Erk und S. Spoun, *Integrativ managen,* https://doi.org/10.1007/978-3-658-30523-9_2

- Ganzheit
- Elemente
- Begrenzung/Umwelt
- Vernetzung
- Ordnung/Organisation
- Zweckverantwortung

Auf diese Dimensionen soll in den nachfolgenden Kapiteln der Reihe nach eingegangen werden.[1]

2.1.1 Ganzheit

Um zu verstehen, was ein System ist, sei zunächst ein kurzer, aber erhellender Exkurs in die Etymologie, d. h. die Lehre von der Herkunft und Entwicklung der Wörter, erlaubt:

Etymologisch betrachtet stammt das Wort „System" vom altgriechischen Substantiv „τό σύστημα" (lies: to sýstema) ab, welches mit dem Verb „συνίστημι" (lies: synhístemi) verwandt ist. Dieses Verb wiederum ist eine Kontraktion aus der Präposition „συν" (lies: syn) und dem Verb „ἵστημι" (lies: hístemi), wobei erstere „zusammen" und zweiteres „stellen, hinstellen, aufstellen" bedeutet. Entsprechend kann das Verb „συνίστημι" mit Ausdrücken wie „zusammenstellen", „zusammensetzen", „vereinigen", „verbinden" ins Deutsche übersetzt werden. Mit „System" bezeichnen wir das Ergebnis genau dieser der Tätigkeit: Ein System ist etwas Zusammengesetztes, Verbundenes bzw. Vereinigtes – und zwar etwas zu einem Ganzen Zusammengesetztes, Verbundenes bzw. Vereinigtes. Als erstes Ergebnis dieser kurzen etymologischen Untersuchung lässt sich somit festhalten, dass *ein System eine Ganzheit bzw. Einheit ist.*

Aus der Vorstellung eines Systems als einer zusammengesetzten bzw. vereinigten Ganzheit lassen sich nun unmittelbar weitere wesentliche Charakteristika des Systembegriffs deduzieren:

2.1.2 Elemente

Wenn ein System etwas zu einer Einheit Zusammengesetztes ist, so muss es per definitionem *aus etwas* zusammengesetzt sein. Ein System besteht somit aus (wenigstens zwei) – gemeinhin als „Elementen" oder „Komponenten" bezeichneten – Teilen, die durch ihre Vereinigung die Systemganzheit bilden. *Entsprechend ist ein System nicht nur eine Ganzheit, sondern eine aus mindestens zwei Elementen gebildete Ganzheit.*

---

[1]Der Inhalt dieses Kapitels stützt sich – teils paraphrasierend, teils wörtlich – auf in Erk (2016) publizierten Gedanken, verfeinert und – falls nötig – korrigiert diese jedoch. Entsprechend ist im Zweifelsfall den Ausführungen dieses Kapitels Vorrang zu geben.

Der Anzahl, Art und Dynamik[2] (Verhaltensvarietät) der Elemente, aus denen ein System bestehen kann, sind darüber hinaus praktisch keine Grenzen gesetzt.

Die Unterscheidung, ob etwas ein Element oder System ist, hängt allerdings von der jeweils gewählten Abstraktions- bzw. Betrachtungsebene ab: Ein System S ist auf einer höheren Abstraktionsebene betrachtet oftmals ein Subsystem (auch: Untersystem) und damit selbst Element eines übergeordneten Supersystems (auch: Übersystem). Ein Element E eines Systems ist auf einer tieferen Abstraktionsebene betrachtet oftmals selbst ein aus Elementen bestehendes System, das als Supersystem wiederum Subsysteme als Elemente enthält.[3] Wenn man den Blick integrierend weitet, entpuppt sich das, was man zunächst für eine Systemganzheit gehalten hat, oftmals als Element eines grösseren Ganzen; und wenn man den Blick analytisch fokussiert, so stellt das, was man zunächst für ein Element gehalten hat, bei genauerer Analyse oftmals eine selbst aus Elementen bestehende Ganzheit dar.

So ist z. B. der Mensch für sich betrachtet ein aus einer Vielzahl von Organen bestehendes System. Betrachtet man aber die einzelnen Organe näher, so zeigt sich, dass diese wiederum aus vielen – für sich genommen jeweils eine Ganzheit konstituierenden – Zellen gebildet sind. Wenn wir also eine weitere Abstraktionsstufe tiefer gehen, kann jede unserer knapp 100 Billionen Körperzellen als ein eigenes System verstanden werden, das sich aus einer Vielzahl von Elementen („Organellen") zusammensetzt. Der Mensch als System kann jedoch auch als Element z. B. des Systems „Familie" gesehen werden, die wiederum – über verschiedene Zwischenstufen hinweg – ein Element des Systems „Staat" bzw. des Systems „Gesellschaft" ist. Dieser Zusammenhang kann mit dem sog. „Auflösungskegel" („cones of resolution" (Beer 1967, S. 111 ff.)) dargestellt werden (vgl. Abb. 2.1).

Der erste Schritt der Beschäftigung mit einem System besteht also in der bewussten Wahl einer geeigneten Betrachtungs- bzw. Abstraktionsebene: Was steht überhaupt im Fokus meiner Betrachtung? Das System „Unternehmen" als Ganzes, eine Abteilung

---

[2]Vgl. Ulrich (2001, S. 143): „Unter Dynamik versteht die Systemtheorie jede Bewegung oder jedes ‹Verhalten›; das dynamische System tut etwas, es läuft etwas in ihm ab. Statische Systeme sind solche, in denen überhaupt nichts geschieht, die weder als Ganzes noch in ihren Teilen irgendein Verhalten zeigen." In diesem Sinne können statische Systeme auch als Extremfall eines dynamischen Systems bezeichnet werden, eines dynamischen Systems mit einer Dynamik von 0.

[3]Systeme können damit durch zwei Denkbrillen betrachtet werden, die jedoch beide notwendig sind, um sinnvolle Aussagen über ein System machen zu können:

Analyse: Wenn man die dem System untergeordnete Ebene, also die Elemente bzw. Subsysteme des Systems, ins Auge fasst, um aus dem Wissen über die Teile Wissen über das Ganze zu generieren, *analysiert* man das System.

Integration: Wenn man das System selbst als Element betrachtet, d. h. die dem System übergeordnete Ebene, also das Supersystem, dessen Element das betreffende System ist, ins Auge fassen und die Rolle des Systems in diesem zu verstehen versuchen möchte, *integriert* man es in eine umfassendere Ganzheit.

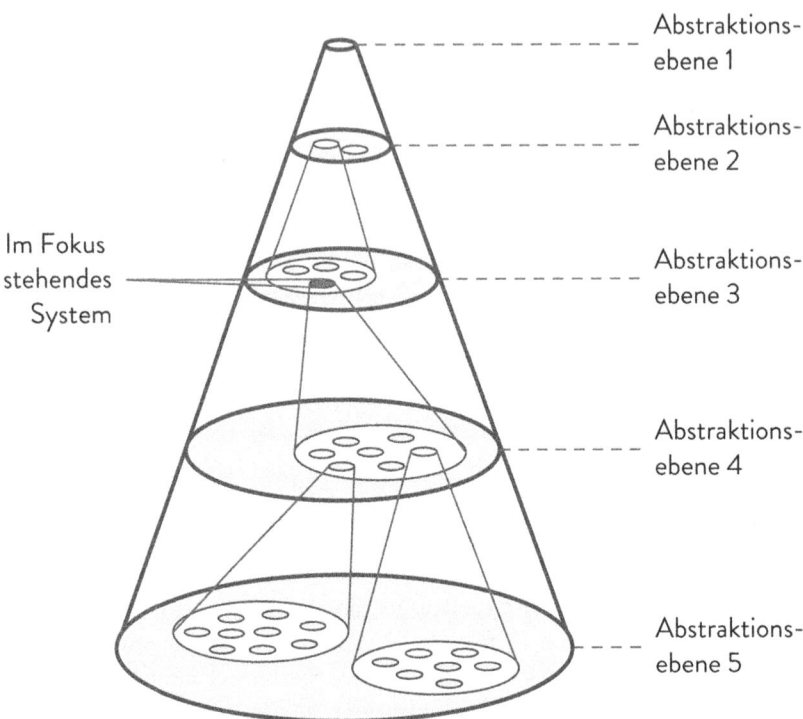

Abstraktions-
ebene 1

Abstraktions-
ebene 2

Im Fokus
stehendes
System

Abstraktions-
ebene 3

Abstraktions-
ebene 4

Abstraktions-
ebene 5

Abb. 2.1 Stufenweise Auflösung eines Systems mithilfe des Auflösungskegels[4]. (Eigene Darstellung in Anlehnung an Beer 1967, S. 114; vgl. auch: Ulrich 1984, S. 75; Ulrich und Probst 1991, S. 29; Ulrich 2001d, S. 245; Ulrich 2001i, S. 173; Haberfellner et al. 2012, S. 47, 60; Rüegg-Stürm und Grand 2015, S. 148; Rüegg-Stürm und Grand 2019, S. 147; Gomez et al. 2019, S. 62)

innerhalb dieses Systems, ein Team innerhalb dieser Abteilung, eine bestimmte Person als Mitglied dieses Teams?

Diese Überlegungen erlauben uns nun einen Rückschluss auf das Verständnis des Begriffes Element. Wenn Systeme auch aus Subsystemen, also wieder in kleinere Einheiten untergliederbaren Ganzheiten, bestehen können, so bedeutet dies, dass ein Element nicht zwingend unteilbar sein muss. Wie der Systembegriff hängt auch der

---

[4]Ein Subsystem ist allgemein gesprochen ein Element eines Systems, das selbst wieder Systemcharakter hat (vgl. Hub 1982, S. 17). Anhand des Auflösungskegels wird auch die Unterscheidung zwischen „Subsystemen erster Ordnung" und „Subsystemen zweiter Ordnung" nachvollziehbar (vgl. Hub 1982, S. 19): Ein Subsystem erster Ordnung ist ein Subsystem des im Fokus stehenden Systems, ein Subsystem zweiter Ordnung ein Subsystem dieses Subsystems, also im Grunde aus Sicht des im Fokus stehenden Systems ein Subsubsystem. Das System auf Abstraktionsebene 4 ist ein Subsystem erster Ordnung des im Fokus stehenden Systems auf Abstraktionsebene 3; die Systeme auf Abstraktionsebene 5 sind Subsysteme zweiter Ordnung des im Fokus stehenden Systems auf Abstraktionsebene 3.

Elementbegriff somit von der ihm zugrundegelegten Abstraktionsebene bzw. einem bewussten Willensentscheid ab:

> „Als ‹Element› wird sodann jeder einzelne Teil des Systems verstanden, den man nicht weiter aufteilen kann oder will, die kleinste uns interessierende Einheit im System, die wir nicht weiter analysieren können oder wollen. Im ersten Fall trifft auf das Element der Systembegriff nicht zu – es ist eine Einheit, die nicht aus Teilen zusammengesetzt ist –, im zweiten Fall könnten wir das Element auch als System auffassen, interessieren uns aber nicht für seine Zusammensetzung und die inneren Vorgänge." (Ulrich 2001a, S. 136)

Ein Element ist also der kleinste den Betrachter interessierende Baustein eines betrachteten Systems, der in den meisten Fällen durchaus weiter analysiert werden könnte, jedoch bewusst – ob aus Mangel an Interesse oder Zweckmässigkeit – nicht weiter analysiert, sondern als „Black Box" behandelt wird.

> Als Element eines Systems wird der kleinste den Betrachter interessierende Bestandteil eines Systems verstanden, den man auf der jeweilen Systemebene entweder nicht weiter analysieren kann oder den der Betrachter bewusst nicht analysieren will.

Ihre elementare Zusammensetzung bietet eine Möglichkeit, unterschiedliche Arten von Systemen zu unterscheiden. Drei sich aufgrund ihrer Elemente unterscheidende System-arten sollen an dieser Stelle hervorgehoben werden: das soziale, das technische und das sozio-technische System. Ein soziales System ist ein homogenes[5] System, das als Elcmente nur und mindestens zwei Personen umfasst. Ein technisches System ist eben-falls ein homogenes System; im Gegensatz zu einem sozialen System besteht es jedoch nicht aus menschlichen Personen, sondern nur aus nicht-menschlichen Elementen. Uhren oder Motoren sind typische Beispiele für technische Systeme. Wie der Begriff es bereits nahelegt, weist ein sozio-technisches System sowohl sozialen und einem technischen Charakter auf: Ein sozio-technisches System ist ein System, das sich nicht nur aus Personen, sondern zusätzlich auch aus nicht-menschlichen Komponenten zusammen-setzt.

2.1.3 Begrenzung und Umwelt

Aus der Definition eines Systems als Ganzheit kann des Weiteren logisch geschluss-folgert werden, dass Systeme eine Grenze haben müssen, die sie nach aussen abschliesst und als Ganzheit abgrenzt. Diese Grenze muss nicht zwingend physischer Natur, sondern kann auch „rein gedanklicher Natur sein und je nach Betrachtungsstandpunkt durchaus unterschiedlich verlaufen" (Haberfellner et al. 2012, S. 35). Alles, was sich innerhalb

---

[5]Ein homogenes System ist ein System, das nur aus in einer bestimmten Hinsicht gleichartigen Elementen besteht.

dieser Grenze befindet, gehört zum System; alles, was sich ausserhalb dieser Grenze befindet und damit nicht zum System gehört, ist bzw. gehört zur sog. „Umwelt" (auch: „Umfeld") des Systems. *Entsprechend ist ein System nicht nur eine aus mindestens zwei Elementen gebildete Ganzheit, sondern eine aus mindestens zwei Elementen gebildete und von ihrer Umwelt abgrenz- und unterscheidbare Ganzheit.*

2.1.4   Vernetzung: Interne und externe Beziehungen

Ein weiteres Wesensmerkmal des Systembegriffs enthüllt sich bei einem näheren Blick auf die Elemente eines Systems bzw. auf das, was zwischen diesen liegt. Die Elemente eines Systems stehen nicht unverbunden nebeneinander; sie weisen vielmehr Beziehungen (auch: Relationen) zueinander auf, die als „Verbindungen zwischen den Elementen" (Schulte-Zurhausen 2014, S. 34) Austausch, Beeinflussung und Wechsel-wirkung möglich machen und bewirken, dass „die Aktivitäten der einzelnen Elemente eines Systems nicht unabhängig voneinander sind, sondern sich gegenseitig in ihrem Verhalten beeinflussen" (Schulte-Zurhausen 2014, S. 34): „A system is composed of a number of connected entities." (Sherwood 2002, S. 12) *Entsprechend ist ein System nicht nur eine aus mindestens zwei Elementen gebildete und von ihrer Umwelt abgrenz- und unterscheidbare Ganzheit, sondern eine aus mindestens zwei Elementen gebildete und von ihrer Umwelt abgrenzbare Ganzheit, deren Elemente miteinander in Beziehung stehen.*

Grundsätzlich stehen zwei Elemente miteinander in Beziehung, wenn zwischen ihnen ein (ein- oder wechselseitiger)[6] Wirkzusammenhang besteht: Zwischen zwei Elementen E_1 und E_2 liegt dann eine direkte Beziehung vor, wenn ein Verhalten oder eine Zustands-änderung von E_1 ursächlich ein Verhalten oder eine Zustandsänderung von E_2 bewirkt. Elemente, die in keinem solchen Beziehungszusammenhang, sondern nur neben-einanderstehen, bilden kein System, sondern bloss eine sog. „Menge" von Elementen. Elemente bilden also nicht durch ihr blosses Vorhandensein oder ihre Nähe zueinander ein System, sondern erst dadurch, dass sie zu- und miteinander in Beziehung stehen.[7]

Die Aussage, dass ein System eine aus miteinander in Beziehung stehenden Elementen gebildete Ganzheit ist, darf jedoch nicht dahin gehend interpretiert werden,

---

[6]Zwei Elemente können nicht nur über eine, sondern auch über zwei direkte Verbindungen und damit in zirkulärer Form (Regelkreis) in Beziehung stehen. Diese zwei- oder wechselseitige Wirkungsbeziehung lässt eine Rückkoppelung (Feedback) zwischen den Elementen zu und ver-setzt die Elemente damit in wechselseitige Abhängigkeit (Wechselwirkung).

[7]Dies setzt natürlich voraus, dass die Elemente eines Systems grundsätzlich zueinander in Beziehung stehen *können*. Die Elemente eines Systems müssen also grundsätzlich kompatibel zueinander sein, d. h. es darf nicht unmöglich sein, dass sie – wenigstens indirekte – Beziehungen zueinander bilden können.

dass in einem System zwingend alle Elemente *direkt* mit allen anderen Elementen vernetzt sein müssen.[8] Die Zahl der tatsächlichen direkten Beziehungen innerhalb eines Systems muss zwar grösser als Null sein, wird in der Realität immer (um einiges) kleiner sein als die Zahl der möglichen direkten Beziehungen (Maximalvernetzung). Es reicht aus, wenn jedes Systemelement über wenigstens eine direkte Beziehung zu einem anderen Systemelement indirekt mit jedem anderen Systemelement verbunden ist. Dies bedeutet im Umkehrschluss aber auch, dass ein isoliertes Element, d. h. ein Element, das in keiner direkten Verbindung zu einem anderen Element steht, nicht Bestandteil eines Systems sein kann.

Vernetzung mit der Umwelt
Bisher war nur die Rede von den Beziehungen zwischen den Elementen eines Systems. Wie oben ausgeführt, sind Systeme jedoch praktisch immer in eine Umwelt eingebettet. Entsprechend können Systeme auch „externe Systembeziehungen" (Schulte-Zurhausen 2014, S. 35), also Vernetzungen zwischen System und Umwelt, aufweisen. Wenn man den Blick ausweitet und nicht nur die interne Vernetzung des Systems, sondern auch die Vernetzung des Systems mit seiner Umwelt betrachtet, so lassen sich gemäss einer von Ludwig von Bertalanffy (1950, 1968) getroffenen Unterscheidung offene („open") von abgeschlossenen („closed") Systemen abgrenzen.

Diese Unterscheidung bezieht sich darauf, ob ein System Austauschbeziehungen (Materie, Energie, Information, etc.) mit seiner Umwelt aufweist oder nicht. Offene Systeme zeichnen sich hierbei dadurch aus, dass solche Austauschbeziehungen bestehen, während abgeschlossene Systeme solche Beziehungen nicht aufweisen. Auch wenn das Universum ein Beispiel für ein abgeschlossenes System ist, so sind abgesehen davon nicht nur alle lebendigen, sondern praktisch alle uns in unserem Alltag präsenten Systeme offene Systeme. Das Mass für die Offenheit eines Systems ist hierbei nicht nur die absolute Anzahl der externen Beziehungen eines Systems mit seiner Umwelt (absolute Offenheit), sondern zudem das Verhältnis zwischen den internen und externen Beziehungen des Systems (relative Offenheit).

Während Abgeschlossenheit eine absolute Kategorie ist, lässt sowohl die absolute als auch relative Offenheit eines Systems verschiedene Abstufungen zu. Ein System kann nicht mehr oder weniger abgeschlossen sein; es kann nur abgeschlossen sein oder nicht. Die Klasse der offenen Systeme lässt sich jedoch anhand des Ausmasses der Offenheit des jeweiligen Systems untergliedern; auch wenn beides offene Systeme sind, so kann

---

[8]Während ein System aus zwei Elementen maximal eine und ein System aus vier Elementen maximal sechs direkte einseitige Verbindungen aufweisen kann, steigt die maximale Zahl der direkten Verbindungen in einem System von 11 Elementen auf 55. Wären in einem System aus 100 Elementen alle Elemente direkt einseitig (d. h. über eine direkte Verbindung) vernetzt, so würde dieses System 4'950 Verbindungen aufweisen.

ein System S_1 sowohl in absoluter als auch in relativer Hinsicht eine grössere oder kleinere Offenheit aufweisen als ein System S_2.

In diesem Zusammenhang ist jedoch einschränkend anzumerken, dass vollständige relative Offenheit, d. h. eine relative Offenheit von ≥ 1, ein Widerspruch in sich ist; vollständige relative Offenheit würde nämlich die Unterscheidung zwischen System und Umwelt unmöglich machen: „Das andere Extrem – vollständige Offenheit – hebt den Systemcharakter einer Erscheinung selbst auf; diese weist dann nach innen und aussen einen gleich grossen Beziehungsreichtum auf und ist von der Umwelt von diesem Kriterium her nicht unterscheidbar." (Ulrich 2001a, S. 142) Ein in relativer Hinsicht vollständig offenes System würde in Konsequenz den Charakter einer abgrenzbaren Ganzheit verlieren, in seiner Umwelt aufgehen und als System zu existieren aufhören. Damit ein offenes System von seiner Umwelt unterscheidbar bleibt, bedarf es eines „Übergewichts der inneren Bindung" (Ulrich 2001a, S. 136), d. h. muss die interne Vernetzung wahrnehmbar grösser und stärker sein als die externe Vernetzung. *Damit eine Menge von Elementen als System bezeichnet werden kann, muss die interne Vernetzung zwischen diesen Elementen wenigstens in einer Hinsicht wahrnehmbar grösser und stärker sein als die Vernetzung der Elemente mit anderen Elementen und Systemen in der Umwelt des Systems.*

Auf Basis des bisher Gesagten können wir die Begriffe „offenes System" und „abgeschlossenes System" wie folgt definieren:

> Ein abgeschlossenes System ist ein System, das keine externen Beziehungen aufweist, d.h. dessen sowohl absolute als auch relative Offenheit 0 betragen.
>
> Ein offenes System ist ein System, das nicht nur interne, sondern auch externe Beziehungen aufweist, wobei der Grad der internen Vernetzung grösser sein muss als der Grad der Vernetzung mit der Umwelt. Offene Systeme besitzen eine absolute Offenheit von >0 und <∞ und eine relative Offenheit von <1 und >0.

Im Gegensatz zu abgeschlossenen Systemen können sich offene Systeme aufgrund des Austauschs mit der Umwelt entwickeln und der nach dem zweiten Hauptsatz der Thermodynamik postulierten Zunahme der Unordnung (Entropie) entgegenwirken bzw. sogar höhere Energie- und Ordnungszustände erreichen. Auf der anderen Seite sind offene Systeme aber aus dem gleichen Grund auch nur beschränkt autonom.

Mit der Offenheit eines Systems geht nämlich logisch zwingend einher, dass das betreffende System zwar eine Systemganzheit, aber auch Element eines übergeordneten Systems ist. Offene Systeme haben also immer System- und Subsystemcharakter; sie müssen in sich und in ihrer Umwelt funktionieren. Entsprechend können sie nur verstanden werden, wenn auch ihre Umwelt und die Beziehungen mit dieser mitanalysiert werden.

2.1.5 Ordnung und Organisation

Mit der Vorstellung eines Systems als etwas Zusammengesetztem oder Verbundenem geht einher, dass ein System nicht nur eine chaotische Menge von Elementen ist, sondern dass ihm eine ordnende Idee, ein Ordnungsprinzip zugrunde liegt:

> „Die Teile oder Elemente sind in der Ganzheit nicht irgendwie und unbestimmbar vorhanden, sondern es besteht ein Anordnungsmuster, die Ganzheit ist strukturiert oder organisiert." (Ulrich 2001a, S. 133).

> Ein System ist „eine Ganzheit, die aus verschiedenen miteinander verknüpften Komponenten besteht und eine bestimmte Ordnung oder Struktur aufweist" (Ulrich 2001f, S. 109).

Was haben wir uns aber nun genau unter dieser Ordnung (auch: Struktur, Organisation)[9] vorzustellen? Wie Ulrich ausführt, sind unter Ordnung „allgemeine Regeln, die die Verhaltensmöglichkeiten begrenzen" (Ulrich 2001g, S. 265), zu verstehen. Ordnung basiert auf und entsteht durch Regeln – oder wie Bleicher es ausdrückt durch „ordnungsbildende Regelung" (Bleicher 1994, S. 38). Die Ordnung eines Systems besteht darin, dass das System Regeln aufweist, „welche erkennbare Verhaltensmuster des Systems ergeben" (Ulrich und Probst 1991, S. 65, 77). Die Ordnung eines Systems ist „nichts anderes als ein Geflecht aus Regeln" (Steinmann und Schreyögg 2005, S. 439). *Entsprechend ist ein System nicht nur eine aus mindestens zwei Elementen gebildete und von ihrer Umwelt abgrenzbare Ganzheit, deren Elemente miteinander in Beziehung stehen, sondern eine*

---

[9]Da die Begriffe immer wieder nebeneinander verwendet werden, soll an dieser Stelle kurz auf den Bedeutungsgehalt der Begriffe „Ordnung" und „Organisation" eingegangen werden: Der Begriff „Ordnung" bezeichnet einen geregelten, d. h. bestimmten Regeln unterworfener Zustand. Der Begriff „Organisation" kann zum einen als Prozess (z. B. Organisation einer Veranstaltung) und zum anderen als Ergebnis dieses Prozesses verstanden werden; in letzterer Konnotation bezeichnet er eine planmässige Struktur und ist in seiner Bedeutung synonym zum Begriff „Ordnung". Das Verb „organisieren" bedeutet soviel wie „zu einer planmässigen Struktur gelangen" oder „zu einer Ordnung gelangen".

Da jedes System und damit auch das System „Unternehmen" per definitionem eine Ordnung besitzen, werden sie nicht selten auch als „Organisationen" bezeichnet. So definiert z. B. Kreitner (2009, S. 239) den Begriff „Organisation" als „cooperative and coordinated social system of two or more people with a common purpose"; ähnlich sprechen Kinicki und Williams (2013, S. 238) von einer Organisation als „a system of consciously coordinated activities or forces of two or more people"; Robbins et al. (2013, S. 26) nennen eine Organisation „a deliberate arrangement of people brought together to accomplish some specific purpose."; und Schermerhorn (2013, S. 11) nennt eine Organisation eine „collection of people working together to achieve a common goal". All diese Beschreibungen sind im Grunde – auch wenn jeweils nur Teilaspekte heraushebende – synonyme Bezeichnungen des hier herausgearbeiteten Systembegriffs. Entsprechend werden im Rahmen dieses Buches die Begriffe „Unternehmen", „soziales System" und „Organisation" synonym verwendet.

aus mindestens zwei miteinander in Beziehung stehenden Elementen gebildete, von ihrer Umwelt abgrenzbare und durch Regeln geordnete Ganzheit.

Die Ordnung des Systems bestimmt zunächst die Verhaltens-, Interaktions- und Wirkmöglichkeiten der Elemente, bestimmt jedoch in Konsequenz ebenso, wie sich das System als Ganzes verhalten kann. Die Verhaltens- und Wirkmöglichkeit der Elemente kann gemeinhin auf zwei Arten geregelt werden:

- Zum einen in räumlich-statischer Hinsicht durch die Beeinflussung der Art und Zahl der Elemente, ihrer Anordnung im Raum sowie der Art und Zahl ihrer internen und externen Vernetzung. Diese Strukturregeln bilden in Summe die sog. „Aufbauorganisation" (auch: Aufbaustruktur, Beziehungsstruktur) des Systems.
- Zum anderen in zeitlich-dynamischer Hinsicht durch die Beeinflussung der Verhaltensmöglichkeiten der Elemente und der Veränderlichkeit ihrer Beziehungen. Diese Verhaltensregeln bilden in Summe die sog. „Ablauforganisation" (auch: Ablaufstruktur, Prozessordnung, Prozessstruktur, Prozessorganisation) des Systems.

Die Ordnung eines Systems ergibt sich somit als Kombination der seine Aufbau- und Ablauforganisation konstituierenden Regeln. Diese bestimmen also nicht nur, wie das System räumlich-statisch aussieht, sondern auch wie sich das System in zeitlich-dynamischer Hinsicht verhalten und durch die Zeit bewegen kann (und damit auch, wie sich die räumlich-statische Struktur über die Zeit hinweg ändern kann).

Die Tatsache, dass jedes System Ordnung aufweist, ist jedoch nicht so zu verstehen, dass diese Ordnung in jedem Fall von einer damit befassten Instanz bewusst geschaffen worden ist. Die Ordnung eines (sozialen) Systems muss nicht zwingend durch das bewusste Etablieren von Regeln entstanden sein, die den Aufbau des Systems und die in diesem ablaufenden Prozesse betreffen. Ordnung kann und bildet sich auch selbstorganisierend, d. h. ohne bewusste Eingriffe einer regelnden Instanz. Dieser Tatsache trägt die Unterscheidung zwischen der formalen (auch: expliziten, formellen) und der informalen (auch: impliziten, informellen) Organisation eines Systems Rechnung, die hier eingeführt werden soll, auf die aber an späterer Stelle noch genauer eingegangen wird:

- Die formale Ordnung ist soz. die offizielle Ordnung des Systems. Diese wird bewusst und rational gestaltet, ist für gewöhnlich schriftlich fixiert und ihre Nichtbeachtung ist üblicherweise mit Sanktionen verbunden.
- Die informale Organisation ist die tatsächliche gelebte Organisation des Systems. Sie ist nicht bewusst oder rational geschaffen, sondern entsteht vielmehr aufgrund spontaner, d. h. nicht geplanter Beziehungen zwischen den Systemelementen, die sich aus „weichen" Faktoren wie persönlicher Sympathie, gleichen Wertvorstellungen, Gefühlen etc. ergeben. Informale Strukturen ergänzen und überlagern die formalen Strukturen eines Systems und können diese unterstützen, aber auch behindern. Auch wenn dies in der Realität selten der Fall sein wird, können formale und informale Organisation eines System theoretisch auch deckungsgleich sein.

Selbst wenn also niemand bewusst organisatorische Regeln setzt, so bilden soziale Systeme eine Ordnung heraus. Wenn man davon spricht, ein existierendes soziales System zu ordnen, dann bedeutet dies nicht, dass einem ungeordneten System eine Ordnung gegeben werden muss; vielmehr muss einem System, das sicher eine informale Organisation und allenfalls eine bewusst geschaffene formale Organisation besitzt, eine (neue) formale Organisation zu geben.

2.1.6   Zweckverantwortung

Aus der Tatsache, dass Systeme durch Regeln geordnete Ganzheiten sind, kann ein weiteres Charakteristikum von Systemen abgeleitet werden. Denn Regeln entstehen nicht einfach zufällig; Regeln existieren als Ergebnis einer Setzung, die auf die Realisierung eines Zwecks ausgerichtet ist. Jedes System hat somit einen (Daseins-) Zweck, um dessentwillen es gebildet wurde und das zu erreichen es existiert. Ohne Zweck kein System. Ein System ist, wie es schon der erste Systemtheoretiker Johann Heinrich Lambert formulierte, ein „zweckmässig zusammengesetztes Ganzes" (Lambert 1787, S. 387 (§ 4)).

Der Zweck eines Systems beantwortet die Frage, wieso die ehemals separaten Elemente zu einer Ganzheit verbunden sind. Die Frage nach dem Zweck ist also die Frage nach dem Sinn oder Wozu eines Systems. Woher kommt aber dieses „Wozu" eines Systems? Bei der Beantwortung dieser Frage hilft die sich an die Unterscheidung zwischen künstlichen Objekten (res artificialis) und natürlichen Objekten (res naturalis) anschliessende Unterscheidung zwischen künstlichen und natürlichen Systemen.

Künstliche Systeme sind „vom Menschen bewusst geschaffene" (Ulrich 2001a, S. 144) bzw. „aufgrund menschlicher Absichten entstandene, zweckgerichtete Systeme" (Ulrich 2001j, S. 142), deren Zweck durch menschliche Setzung bestimmt wird. Künstliche Systeme bestehen also nur dann, wenn der menschliche Geist als Wirkursache (causa efficiens) diese bewusst für einen bestimmten Zweck (causa finalis) kreiert; es sind „von Menschen ‹gemachte›, nicht von Natur aus gegebene Systeme" (Ulrich 2001j, S. 143). Im Gegensatz dazu entziehen sich natürliche Systeme grundsätzlich der Mach- oder Herstellbarkeit durch den Menschen und damit auch einer Zweckbestimmung durch ihn: „Natürliche Systeme existieren nicht aufgrund menschlicher Zwecksetzungen." (Ulrich 2001a, S. 144) Wir können also zusammenfassend definieren:

> Künstliche Systeme sind vom Menschen bewusst gebildete (reale) Systeme, die aufgrund menschlicher Zwecksetzung existieren.
> Natürliche Systeme sind nicht vom Menschen gebildete (reale) Systeme, die nicht aufgrund menschlicher Zwecksetzung existieren und denen ein von menschlicher Zwecksetzung unabhängiger (Daseins-)Zweck inhäriert.

Aus dem Gesagten kann folgende Klassifikation von Systemen abgeleitet werden (vgl. Abb. 2.2), wobei reale Systeme als konkrete, dinglich-fassbare Gegenstände in der Welt

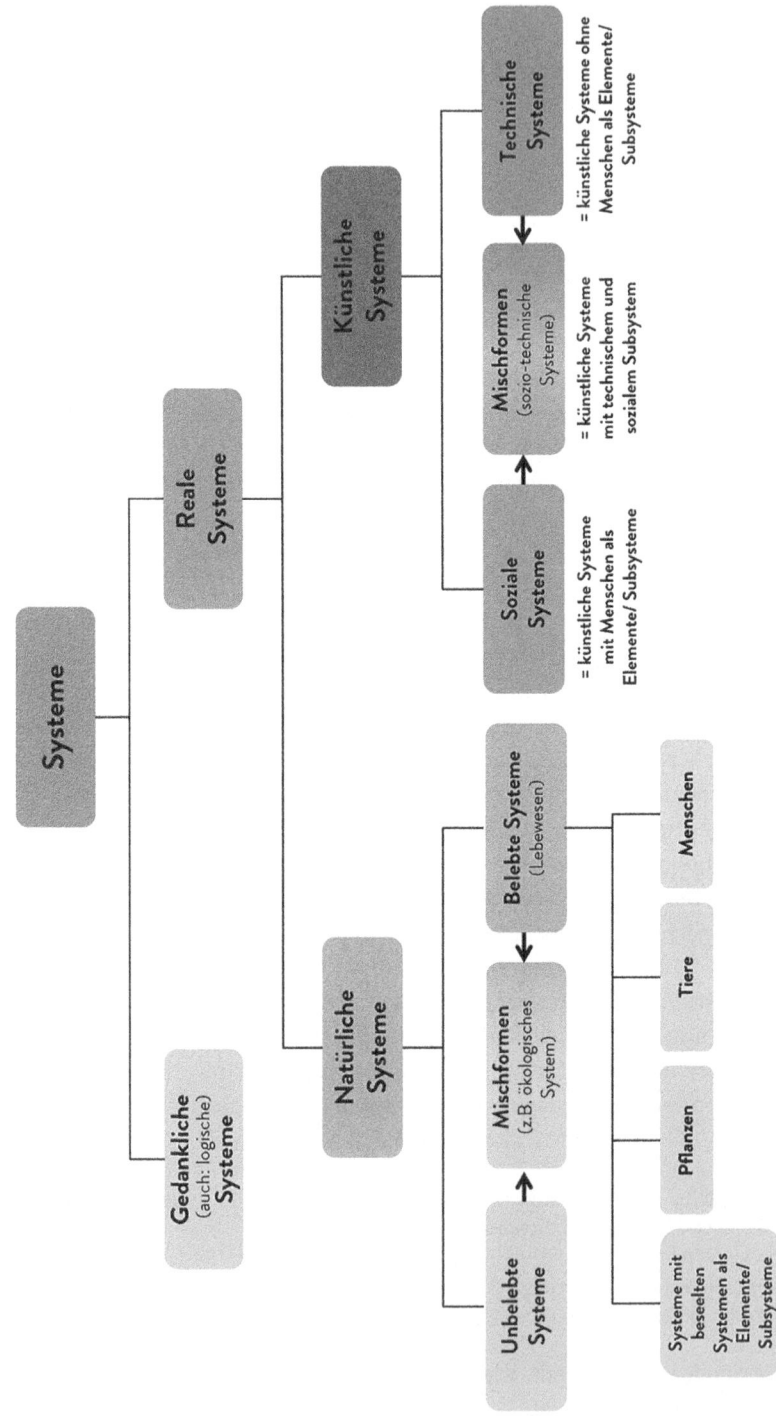

Abb. 2.2 Künstliche und natürliche Systeme. (Eigene Darstellung in Anlehnung an Ulrich 1984, S. 67; Ulrich 2001i, S. 166)

vorkommen, während gedankliche Systeme abstrakte Konstruktionen des menschlichen Denkens sind.

Sowohl natürliche als auch künstliche Systeme haben also einen objektiven, d. h. von ihrem „Schöpfer" vorgegebenen Zweck. Diese Aussage ist nun jedoch nicht nur formaler, sondern vielmehr normativer Natur. Und dies in viererlei Hinsicht:

Zum einen stellt der objektive Systemzweck das dar, was zu verwirklichen das System die Verantwortung trägt und um dessentwillen es existiert. Jedes System besitzt die prospektive Verantwortung, d. h. Pflicht, seinen Daseinszweck zu erfüllen. Systeme sind somit in diesem Sinne zweckverantwortliche Ganzheiten.

Zum zweiten ist der einem System aufgegebene Zweck der massgebliche Orientierungsrahmen, an dem sich die Ausgestaltung der Aufbau- und Ablaufstruktur des Systems zu orientieren hat.

> „Von Menschen bewusst geschaffene, künstliche Systeme sollen nicht eine ziellose Dynamik entwickeln, sondern sollen bestimmten Absichten der sie schaffenden und beeinflussenden Menschen entsprechend funktionieren." (Ulrich 2001a, S. 144)

Der Zweck des Systems bestimmt also darüber, welche, wie viele und wie beschaffene Elemente wann und wo benötigt werden, wie viele und wie beschaffene Beziehungen zwischen diesen Elementen wann und wo nötig sind und in welchem Ausmass und Umfang sich Beziehungen und Elemente über die Zeit hinweg verändern und verhalten können sollen, damit der Systemzweck realisiert werden kann. Der Systemzweck ist das „geistige Band", das ein System zusammenhält und nach dem sich dessen Ordnung bestimmt.

Des Weiteren bildet der objektiv vorgegebene Systemzweck den Rahmen, den subjektive Zwecksetzungen nicht überschreiten dürfen. Was bedeutet das? Systeme können zusätzlich zu ihrem objektiven Zweck von ihrer Umwelt mit subjektiven Zwecken belegt werden und/oder sich selbst subjektive Zwecke erwählen. Die Existenz eines objektiven Zwecks schliesst eine subjektive Zwecksetzung also nicht per se aus. Problematisch wird die Situation allerdings, wenn die subjektiven Zwecke dem objektiven Zweck zuwiderlaufen. Im Fall solcher Widersprüche ist jedoch der objektive Zweck als normativer Rahmen zu sehen, dessen Sollbestimmung von keiner subjektiven Zwecksetzung konterkariert werden darf.

Die vierte Facette der Normativität des objektiven Zwecks wird deutlich, wenn man sich vor Augen führt, dass künstliche Systeme die Existenz natürlicher Systeme voraussetzen. So bestehen z. B. alle sozialen und sozio-technischen Systeme vollständig oder in Teilen aus Menschen – Menschen, die als natürliche Systeme einen objektiven (Daseins-)Zweck haben. Und dieser objektive Zweck stellt eine unhintergehbare Norm für ein soziales oder sozio-technisches System dar, in das die Menschen als natürliche Subsysteme eingebunden sind: Das System darf seine menschlichen Komponenten zumindest nicht daran hindern, ihrem objektiven Zweck zuzustreben. Auch wenn der Mensch in der Zwecksetzung sozialer oder sozio-technischer Systeme frei ist, so bleibt

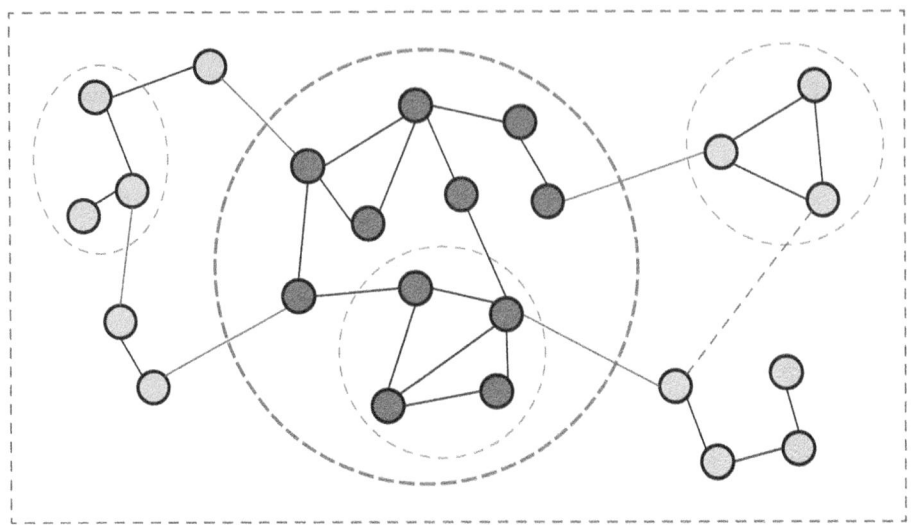

Abb. 2.3 Grafisches Modell eines Systems

das natürliche System „Mensch" das letzte Mass dieser Systeme. Soziale oder sozio-technische Systeme können in diesem Sinne also sinnvollerweise nur für die sie umfassenden Menschen da sein bzw. dürfen nicht gegen sie da sein.

2.1.7 Zusammenfassung: Sechs Dimensionen des Systembegriffs

Wenn wir das bisher Gesagte zusammenzufassen, so können wir die bisher stufenweise weiterentwickelte Definition des Begriffs „System" nun wie folgt komplettieren:

> „Ein **System** ist eine aus mindestens zwei miteinander in **Beziehung** stehenden **Elementen** gebildete, von ihrer **Umwelt** abgrenzbare, durch **Regeln** geordnete und **zweck**verantwortliche **Ganzheit**." (Erk 2016, S. 80)

Grafisch lässt sich diese Definition wie folgt abbilden (vgl. Abb. 2.3 und 2.4):

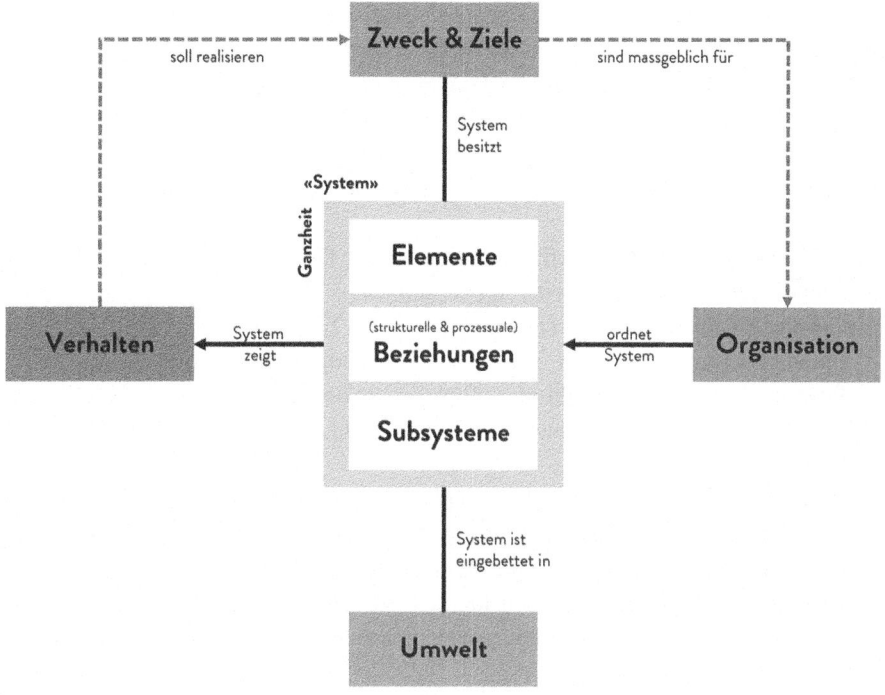

Abb. 2.4 Dimensionen des Systembegriffs

2.2 Systeme und ihre Komplexität

Nachdem die Ausführungen des vorangegangenen Kapitels für ein grundlegendes Verständnis des Systembegriffs gesorgt haben, führt dieses Kapitel eine Kategorisierung von Systemen ein, die für ein systemisches Verständnis von Management unabdingbar ist. Diese Kategorisierung richtet sich nach dem sog. *„Komplexitätsgrad"* (K) eines Systems, anhand dessen sich alle Systeme einer der folgenden drei Klassen zuordnen lassen:

- Einfache Systeme
- Komplizierte Systeme
- Komplexe Systeme

Woher wissen wir aber, ob ein System einfach, kompliziert oder komplex ist? Um diese Frage beantworten zu können, ist ein Blick auf das Zustandekommen des Komplexitätsgrads eines Systems hilfreich. Der die Komplexität eines Systems ausdrückende Komplexitätsgrad K hängt grundsätzlich von der Anzahl, Art und Dynamik seiner

Elemente sowie der Anzahl, Art und Dynamik seiner Beziehungen ab. Der Komplexitätsgrad berechnet sich als „das Produkt der Kompliziertheit des Aufbaus des Systems – es
besteht aus vielen Elementen und Beziehungen – und der Dynamik, d. h. der Veränderlichkeit der Elemente und Wirkungsbeziehungen im Zeitablauf" (Ulrich 2001h, S. 320).
Der Komplexitätsgrad umfasst somit eine strukturelle und eine prozessuale Komponente,
welche sich wiederum aus einer Reihe von Teilaspekten zusammensetzen:[10]

- *Strukturelle Komplexität* (auch: Kompliziertheit): Die strukturelle Komponente der
  Systemkomplexität setzt sich wie folgt zusammen:
    - Grösse: Anzahl der das System konstituierenden Elemente
    - Fragmentierung: Anzahl der im System bestehenden Subsysteme[11]
    - Interne Vernetzung: Anzahl der direkten Beziehungen zwischen jeweils zwei
      Elementen bzw. Subsystemen und Gesamtzahl der internen Beziehungen des
      Systems
    - Diversität: Auf einen bestimmten Aspekt bezogene Homogenität/Heterogenität der
      Elemente und Subsysteme des Systems sowie der Beziehungen zwischen diesen[12]
- *Prozessuale Komplexität*: Die prozessuale Komponente der Systemkomplexität
  bezeichnet die Anzahl der unterscheidbaren Zustände, die ein System aufgrund der
  Varietät bzw. Dynamik seiner Elemente und Beziehungen einnehmen kann und setzt
  sich wie folgt zusammen:
    - Verhaltensdynamik: Anzahl der Zustände, die ein System aufgrund der Verhaltens-
      varietät seiner Elemente, d. h. der Anzahl der seinen Elementen innerhalb eines
      bestimmten Zeitraums offenstehenden Verhaltensmöglichkeiten, aufweisen kann
    - Beziehungsdynamik: Anzahl der Zustände, die ein System aufgrund seiner
      Beziehungsvarietät, d. h. der Anzahl der Zustände, die seine direkten Beziehungen
      innerhalb eines bestimmten Zeitraums einnehmen können, aufweisen kann

---

[10]Diese Übersicht enthält nur die den sog. „internen Komplexitätgrad" bestimmenden Faktoren.
Neben diesem gibt es noch einen „externen Komplexitätsgrad", der sich aus der Anzahl und
Diversität der Elemente und Systeme der Systemumwelt, der Vernetzung des Systems mit diesen
sowie ihrer Dynamik ergibt.

[11]Dieser Aspekt ist insofern wichtig, da z. B. im sozio-technischen System „Unternehmen"
Menschen nicht nur Beziehungen zueinander, sondern auch zu Gruppen von Menschen und
diese Gruppen wiederum auch Beziehungen zueinander haben: „A person has relationships not
only with others individually and with groups, but groups are related to groups." (Barnard 1938,
S. 109).

[12]Die Wirkungsbeziehungen eines Systems lassen sich hinsichtlich ihres Wirkungsvermittlers
(Information, Energie, Materie, …), der durch sie vermittelten Wirkungsrichtung (gleichgerichtet
(Zunahme $\rightarrow$ Zunahme), gegengerichtet (Zunahme $\rightarrow$ Abnahme), wechselnd), ihres Wirkungsverlaufs (lineare, progressive, degressive, wechselnde Zu-/Abnahme), der Wirkungsverzögerung
und zeitlichen Intensität ihrer Wirkung sowie der Sicherheit ihres Wirkungsverlaufs (determiniert
($p = 1$), probabilistisch ($0 < p < 1$)) unterscheiden.

Betrachtet man diese Aufstellung, so wird deutlich, dass der Komplexitätsgrad eines Systems sich aus dem über deren Beziehungen ermöglichten Zusammenspiel seiner Elemente ergibt. Der Komplexitätsgrad kann hierbei als Mass für die Möglichkeit der „geistigen Erfassung bzw. praktischen Beherrschung" (Ulrich 2001a, S. 146) eines Systems verstanden werden. Je höher der Komplexitätsgrad, desto weniger ist das betreffende System geistig erfass- und praktisch beherrschbar. Wir werden später noch sehen, wieso dem so ist.

Die nachstehende Abbildung stellt dar, mithilfe welcher Formeln sich die strukturelle und die prozessuale Komplexität jeweils berechnen lassen (vgl. Abb. 2.5).

Leider gibt es keine allgemeine Regel, mit der sich genau festlegen lassen könnte, ab welchen strukturellen und prozessualen Komplexitätswerten ein System die Schwelle

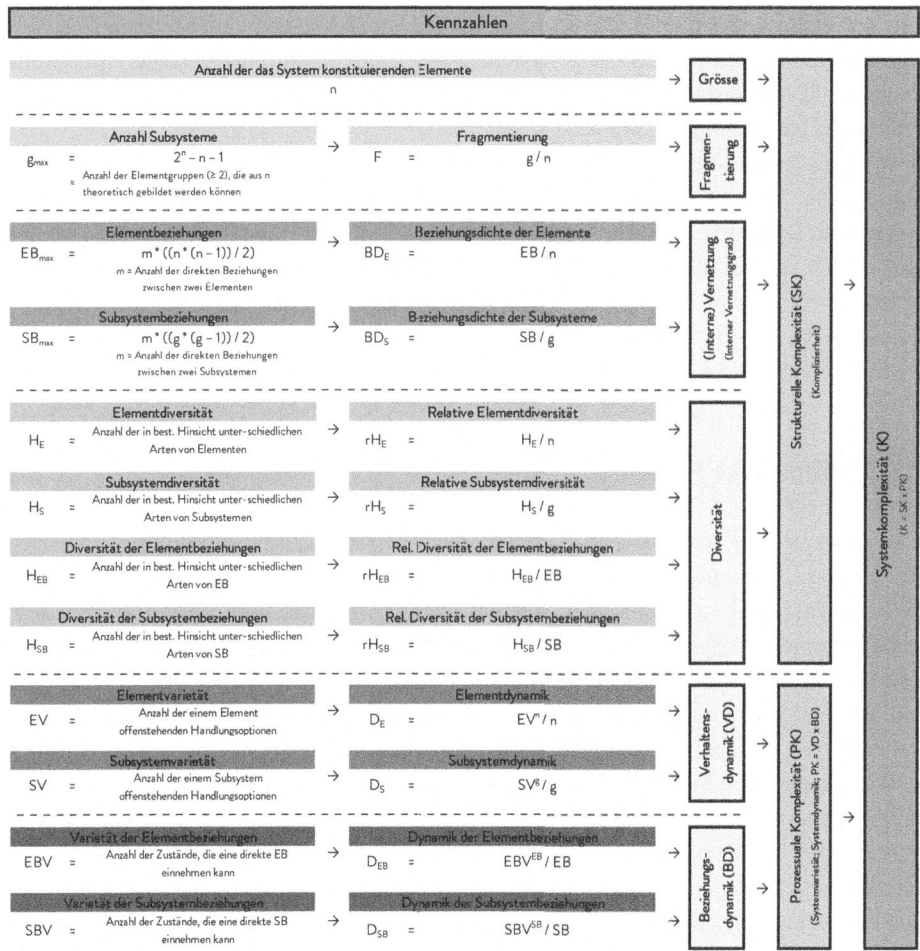

Abb. 2.5 Kennzahlen zur Ermittlung des Komplexitätsgrads eines Systems

von der tiefsten (einfaches System) zur nächsthöheren (kompliziertes System) und zur höchsten Komplexitätsstufe (komplexes System) überschreitet. Es lassen sich aber folgende allgemeine Hinweise geben, die eine grundsätzliche Kategorisierung erleichtern:

2.2.1   Einfache und komplizierte Systeme

Einfache Systeme sind durch eine nur geringe Anzahl an Elementen gekennzeichnet, die homogen oder in nur geringem Ausmass heterogen sind. Zudem weist ein einfaches System nur einen geringen und zeitlich stabilen Vernetzungsgrad und eine nur geringe bis mittlere Heterogenität der Beziehungen auf. Je mehr verschiedene Elemente in einem System zu finden sind und je höher der interne Vernetzungsgrad, desto weniger einfach bzw. desto komplizierter ist das System. Komplizierte Systeme können somit eine Vielzahl von u. U. auch unterschiedlichen Elementen umfassen und einen u. U. hohen Vernetzungsgrad aufweisen. Einfache Systeme sind somit durch eine geringe strukturelle Komplexität gekennzeichnet, wohingegen komplizierte System eine mittlere bis hohe strukturelle Komplexität aufweisen.

Gemeinsam ist diesen beiden Systemtypen jedoch ihre nur geringe prozessuale Komplexität. Sowohl einfache als auch komplizierte System legen ein aufgrund der begrenzten Dynamik ihrer Elemente, Subsysteme und Beziehungen determinierbares und zeitlich stabiles Verhalten an den Tag. Sie zeichnen sich dadurch aus, dass ihr Verhalten durch eine – wenn auch unter Umständen selbst komplizierte – analytisch determinierbare, feste Transformationsfunktion sicher beschreib- und somit retrospektiv versteh- sowie prospektiv prognostizier- und steuerbar ist.

2.2.2   Komplexe Systeme

Wie einfache und komplizierte Systeme auch weisen komplexe Systeme zunächst eine gewisse strukturelle Komplexität auf. Allerdings kann die strukturelle Komplexität komplexer Systeme mehr oder weniger stark ausgeprägt sein: So weisen die sog. „relativ komplexen Systeme" eine geringe bis mittlere und die sog. „äusserst komplexen Systeme" eine mittlere bis hohe strukturelle Komplexität auf. Grafisch lässt sich die nun komplettierte Unterscheidung zwischen einfachen, komplizierten und komplexen Systemen wie nachstehend dargestellt abbilden (vgl. Abb. 2.6).

Was komplexe Systeme jedoch von nicht-komplexen Systemen unterscheidet ist die Tatsache, dass komplexe Systeme eine hohe prozessuale Komplexität aufweisen. Dies bedeutet, dass die Elemente eines komplexen Systems sich auf viele unterschiedliche Arten verhalten und ihre Beziehungen im Zeitverlauf sowohl hinsichtlich ihrem Bestehen als auch Qualität stark variieren können. Im Kontrast zu einfachen und komplizierten Systemen sind komplexe Systeme durch ein hohes Mass an Element- und Beziehungsvarietät gekennzeichnet, welche es ihnen ermöglicht, „in einer bestimmten Zeitspanne eine sehr grosse Zahl unterschiedlicher Zustände einnehmen,

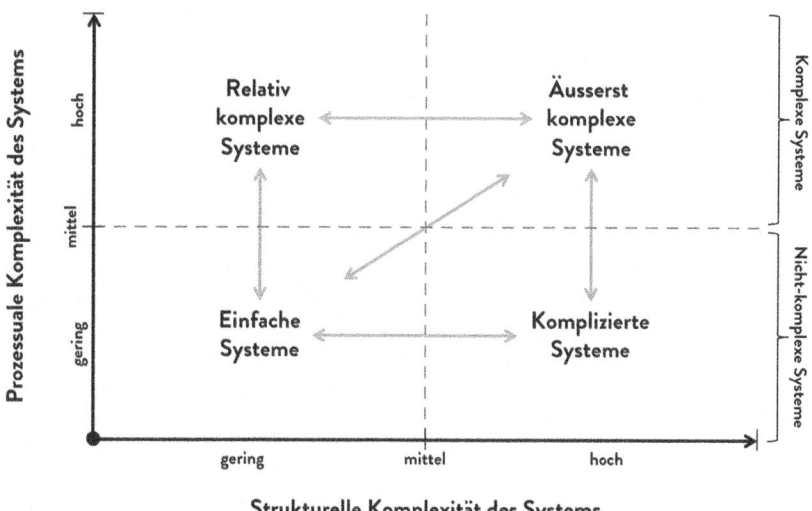

Abb. 2.6 Einfache, komplizierte und komplexe Systeme. (Eigene Darstellung in Anlehnung an: Ulrich und Probst 1991, S. 61)

oder – dynamisch ausgedrückt – sich in vielfältigster Weise verhalten zu können" (Ulrich 2001e, S. 509). Kurzum: Ein komplexes System ist ein „high variety system" (Malik 2007, S. 47).[13]

> „Von der Komplexität eines Systems spricht man, wenn es eine grosse Anzahl von Elementen aufweist, die in einer grossen Zahl von Beziehungen zueinander stehen können, die verschiedenartig sind und deren Zahl und Verschiedenartigkeit zeitlichen Schwankungen unterworfen sind." (Baecker 2012, S. 28)

Als Konsequenz der hohen Varietät der einzelnen Elemente und Beziehungen lässt sich das Systemverhalten komplexer Systeme, das sich aus dem über ihre Beziehungen vermittelten Zusammenspiel des Verhaltens der einzelnen Elemente ergibt, nicht mehr exakt durch eine analytisch determinierbare, feste Transformationsfunktion beschreiben. Anders als einfache oder komplizierte Systeme sind komplexe Systeme analytisch nur beschränkt verstehbar und ihr Verhalten nur probabilistisch prognostizierbar. Da sich ihr Verhalten – sowohl in prospektiver als auch retrospektiver Hinsicht – nicht exakt, sondern nur in Form

---

[13]Mit welchen Varietätsdimensionen man es auch in kleinen Systemen zu tun hat, wird deutlich, wenn man sich vor Augen führt, dass die Anzahl der Zustände, die ein aus 20 Personen bestehendes System aufweisen kann, wenn jedes seiner Elemente sich auf nur fünf unterschiedliche Arten verhalten kann, 5^{20} und damit 95'367'431'640'625 beträgt. Bei einem System aus 50 Personen steigt diese Zahl bereits auf 8.8×10^{34}.

von Aussagen beschreiben lässt, für die nicht Sicherheit, sondern nur eine gewisse Wahrscheinlichkeit (<1) beansprucht werden kann, werden komplexe Systeme entsprechend
auch als „stochastische Systeme" oder „probabilistische Systeme" bezeichnet.

> „Im Hinblick auf die Prognostizierbarkeit der Prozesse und ihrer Ergebnisse unterscheidet
> man determinierte und probabilistische Systeme. Ein System ist determiniert, wenn die Art
> des Zusammenwirkens der Elemente fest bestimmt ist und damit im Ergebnis vorhersehbar
> ist (Bsp.: Technische Systeme). Ein System ist probabilistisch, wenn die Art des Zusammen-
> wirkens der Elemente nicht fest bestimmbar ist. Über den Prozeß des Zusammenwirkens
> bzw. über die Prozeßergebnisse lassen sich allenfalls Wahrscheinlichkeitsangaben machen
> (Bsp.: Soziale Gruppen)." (Hub 1982, S. 19 f.)
>
> „Komplexe Systeme sind zu einem gewissen Grad intransparent, ihr Verhalten ist
> nicht immer nachvollziehbar oder vorhersehbar. Denn die einzelnen Elemente und die
> Beziehungen zwischen ihnen ändern sich im Laufe der Zeit. Das Verhalten eines Elements
> hat nicht eine Ursache, sondern viele. Und diese Ursachen sind selbst dynamisch und beein-
> flussen sich wechselseitig. Zudem sind komplexe Systeme offen – sie stehen in Wechsel-
> wirkung mit ihrer Umwelt. Einzelne Momentaufnahmen lassen kaum Aussagen über die
> Zukunft zu." (Sagmeister 2016, S. 23)

In komplexen Systemen besteht keine invariable Beziehung zwischen Input und Output, nach der ein bestimmter Input immer im gleichen Output resultiert; vielmehr ist
diese Beziehung eine variable, die es verunmöglicht, auf den zugrunde liegenden Trans-
formationsmechanismus zu schliessen.

Der Grund für diese Besonderheit ist nicht allein die Varietät der Elemente und
Beziehungen als solche, sondern vielmehr das mangelnde genaue Wissen darüber, a) welche
der ihnen zur Wahl stehenden Verhaltensmöglichkeiten die einzelnen Elemente in einer
bestimmten Situation jeweils effektiv an den Tag legen, b) welche Beziehungen in einer
bestimmten Situation effektiv bestehen oder nicht bestehen, c) welchen Einfluss das vergangene Verhalten eines Elements auf dessen zukünftiges Verhalten hat und d) wie das Verhalten eines Elements das Verhalten der indirekt mit ihm verbundener Elemente beeinflusst.

Es sind diese Wechselwirkungen, die dem komplexen System eine analytisch nicht
erfassbare Eigendynamik verleihen und sein Innenleben für den Beobachter zu einer
„Black Box" machen. Durch das synergetische Zusammenspiel vieler Elemente mit
je eigener Verhaltensvarietät in einem Netzwerk, dessen Verbindungen eine wiederum
eigene Varietät aufweisen, entsteht ein Systemverhalten, das über die Summe des Verhaltens seiner Teile hinausgeht. Das Verhalten komplexer Systeme ist, mit anderen
Worten, emergent und pfadabhängig: Es lässt sich nicht vollständig aus der isolierten oder
additiven Analyse des Verhaltens ihrer Elemente erklären und wird darüber hinaus von
seiner Vorgeschichte beeinflusst. Selbst in bester Absicht und mit grösster Umsicht durchgeführte Massnahmen oder Inputs können somit in komplexen Systemen zu anderen als
den beabsichtigten Ergebnissen führen – seien diese positiver oder negativer Natur.

In der nachstehenden Abbildung (vgl. Abb. 2.7) sind die wesentlichen Charakteristika
einfacher, komplizierter und komplexer Systeme sowie deren Implikationen für den
Umgang mit dem jeweiligen Systemtyp nochmals tabellarisch zusammengefasst:

Systemtyp / Kriterium	Nicht-komplexe Systeme		Komplexe Systeme	
	Einfache Systeme	Komplizierte Systeme	Relativ komplexe Systeme	Äusserst komplexe Systeme
Elemente & Subsysteme				
Anzahl und Verschiedenheit der Elemente und Subsysteme	• Geringe Anzahl • Homogenität oder geringe Heterogenität	• Geringe bis hohe Anzahl • Homogenität oder geringe bis hohe Heterogenität	• Geringe bis mittelhohe Anzahl • Homogenität oder geringe bis mittelhohe Heterogenität	• Meist hohe Anzahl • Mittlere bis hohe Heterogenität
Verhaltensmöglichkeiten (Verhaltensvarietät) und Verhaltensdynamik der einzelnen Elemente und Subsysteme	• Eine bis wenige, determinierte, zeitlich stabile und vergangenheitsunabhängige Verhaltensmöglichkeiten • Geringe Verhaltensdynamik	• Wenige bis viele, jedoch determinierte, zeitlich stabile und vergangenheitsunabhängige Verhaltensmöglichkeiten • Mittlere Verhaltensdynamik	• Hohe Zahl an nicht fest determinierten, zeitlich nicht zwingend stabilen und vergangenheitsabhängigen Verhaltensmöglichkeiten • Hohe Verhaltensvarietät und -dynamik	
Vernetzung (Interne Beziehungen)				
Anzahl und Verschiedenheit (Diversität) der Beziehungen	• Geringe Beziehungsdichte • Geringe bis mittlere Heterogenität der Beziehungen	• Geringe Beziehungsdichte • Geringe bis hohe Heterogenität der Beziehungen	• Geringe bis mittelhohe Beziehungsdichte • Geringe bis mittelhohe Heterogenität der Beziehungen	• Hohe Beziehungsdichte • Mittlere bis hohe Heterogenität der Beziehungen
Veränderlichkeit der Beziehungen (Beziehungsdynamik)	• Existenz und Art der Beziehungen zeitlich stabil und vergangenheitsunabhängig	• Existenz und Art der Beziehungen zeitlich stabil und vergangenheitsunabhängig	• Existenz und Art der Beziehungen zeitlich nicht zwingend stabil und zudem vergangenheitsabhängig	
Handhabbarkeit des Systems	• Systemverhalten durch analytisch feststellbare, feste (Transformations-) Funktion beschreibbar • Systemverhalten analytisch versteh-, determinier- und erklärbar und damit prognostizierbar > Verhalten deterministisch • Invariable Beziehung zwischen Output und Input → System beherrschbar (mit Restrisiko) → Sicherheit erreichbar (mit Restrisiko)		• Systemverhalten nur durch probabilistische (Transformations-) Funktion beschreibbar → System hat «Eigenleben» • Systemverhalten nicht voll, sondern nur beschränkt und probabilistisch (Verhaltensmuster erkennbar) analysier- und prognostizierbar • Variable Beziehung zwischen Output und Input → System nicht vollumfänglich, sondern nur beschränkt beherrschbar → Unsicherheit reduzierbar	

Abb. 2.7 Charakteristika einfacher, komplizierter und komplexer Systeme

Für den Versuch, komplexe Systeme optimal vereinfacht abzubilden, bietet sich die Methode des vernetzten Denkens („Netmapping") an (vgl. Gomez et al. 2019, S. 138 ff.; Honegger 2011; Gomez 2009; Gomez und Probst 1999). Wie leicht erkennbar, sind Unternehmen häufig komplexe Systeme, wesehalb dieser Diskurs (2.2) so aufschluss-reich für das Verständnis dieser ist.

2.3   Unternehmen als produktive soziale Systeme

Gehen wir nochmals einen Schritt zurück: Wie zu Beginn dieses Kapitels 2 dargelegt, liegt diesem Buch ein systemischer bzw. systemtheoretischer Zugang zum Thema Management zugrunde. Dieser zeichnet sich zuvorderst dadurch aus, dass er das zu managende Objekt, das Unternehmen, als System versteht und konzeptionalisiert. Nach-dem der Systembegriff in seinen Dimensionen auf den vorherigen Seiten expliziert worden ist, kann nun näher bestimmt werden, was für eine Art von System ein Unter-nehmen ist. Die Typenbestimmung erfolgt hierbei anhand der Systemdimensionen „Elemente" und „Zweckverantwortung". Wie sich zeigen wird, sind Unternehmen als *produktive soziale Systeme* bzw. *produktive sozio-technische Systeme* zu qualifizieren.

2.3.1   Unternehmen als soziale Systeme

Wie weiter oben erwähnt, bestehen Systeme aus (wenigstens zwei) – gemeinhin als „Elementen" oder „Komponenten" bezeichneten – Teilen, die durch ihre Ver-einigung die Systemganzheit bilden. In Abhängigkeit von der Art der in ihnen vor-zufindenden Elemente lassen drei grundlegende Arten von Systemen unterscheiden: technische Systeme, soziale Systeme und sozio-technische Systeme. Letztere Systeme sind hierbei Systeme, die sich nicht nur aus Personen, sondern zusätzlich auch aus nicht-menschlichen Komponenten zusammensetzen.

Wenn wir diese Unterscheidung auf den Systemtypus „Unternehmen" anwenden, so wird deutlich, dass Unternehmen klassische Beispiele von sozio-technischen Systemen sind:

> „Bei allgemeiner Betrachtung können als Elemente des Systems ‹Unternehmen› die Menschen und die Sachmittel im weitesten Sinne genannt werden. Das heißt, der Betrieb ist ein Mensch-Sachmittel-Wirksystem, oder – in anderer Ausdrucksweise – ein sozio-technisches System. Der Wirkzusammenhang ist auf die Hervorbringung von Leistungen gerichtet." (Hub 1982, S. 19)

In sozio-technischen Systemen erfolgen die menschlichen Handlungen und Interaktionen „unterstützt durch technische Hilfsmittel" (Rüegg-Stürm 2009a, S. 69, 2003, S. 20). Da sie immer Menschen, aber auch technische Hilfsmittel als Elemente aufweisen, stellen Unternehmen – auch wenn sie oftmals verkürzt als soziale Systeme beschrieben werden – praktisch per definitionem einen Vertreter der Klasse der sozio-technischen Systeme dar. Zu den in Abb. 2.8 kategorisierten Hilfsmitteln gehören „alle Objekte materieller und

Repetierfaktoren (auch: Verbrauchsfaktoren, zu verbrauchende Produktionsfaktoren)	Potentialfaktoren (auch: Investitionsgüter, Betriebsmittel, Arbeitsmittel, Bestandsfaktoren, langlebige Produktionsfaktoren)

Materielle Repetierfaktoren (auch: Materialien, Werkstoffe; selbst hergestellt oder zugekauft)
 	
• Outputorientierte Repetierfaktoren
  • Rohstoffe (Grundmaterialien bzw. wert- und/ oder mengenmässige Hauptbestandteile eines Produkts)
  • Hilfsstoffe (wert- und/ oder mengenmässige Nebenbestandteile eines Produkts)
  • Montageteile (zugekaufte und ohne Veränderung ins Produkt eingehende Zwischen- oder Fertigfabrikate)
• Prozessorientierte Repetierfaktoren
  • Betriebsstoffe (nicht Produktbestandteil, sondern während Herstellungsprozess verbraucht)
	Materielle Potentialfaktoren (auch: Anlagen)
	
	• Immobilien: Grundstücke & Gebäude
	• Mobilien/ Maschinen

Immaterielle Betriebsstoffe • Energie • Information • Externe Dienstleistungen • …	**Immaterielle Potentialfaktoren** • Rechte, Lizenzen, Patente • Handlungsprinzipien (Strategien), Herstellungsverfahren, Wissen • Software • …
Geld/ Finanzielle Mittel (potentieller Vorrat an Repetier- und/ oder Potentialfaktoren)	

Abb. 2.8 Hilfsmittel der Tätigkeit der menschlichen Systemelemente. (Eigene Darstellung in Anlehnung an Ulrich 2001a, S. 196 ff., 304; Heinen 1985, S. 131 f., 166; Thommen et al. 2017, S. 5)

immaterieller Art, welche die Unternehmung zur Erreichung ihrer Ziele benötigt" (Ulrich 2001a, S. 388).

Die von den menschlichen Elementen des Systems „Unternehmen" genutzten Hilfsmittel lassen sich grundsätzlich in die sog. „Repetierfaktoren" und die „Potentialfaktoren" unterscheiden:

- Repetierfaktoren haben Verbrauchscharakter. Sie gehen entweder als dessen Bestandteil vollständig in dem erstellten Produkt auf oder werden bei ihrem Einsatz für den Betrieb und Unterhalt der Betriebsmittel vollständig verbraucht: „Die Repetierfaktoren umfassen jenen Teil der Produktionsfaktoren, der im Produktionsprozeß verbraucht wird. Diese Faktoren gehen materiell unter und müssen daher in verhältnismäßig kurzen Zeitabständen neu beschafft werden." (Heinen 1985, S. 166)
- Potentialfaktoren haben Gebrauchscharakter. Sie verkörpern ein dem Unternehmen nicht nur einmalig oder kurzfristig, sondern mittel- bis langfristig zur Verfügung stehendes Leistungspotential. Potentialfaktoren werden genutzt ohne dabei verbraucht zu werden oder mit ihrer Substanz Eingang in die hergestellte Leistung zu finden. Da sie pro Leistungserstellungszyklus nur einen Teil ihres Leistungspotentials abgeben,

stehen Potentialfaktoren dem Unternehmen relativ dauerhaft zur Verfügung und können von Menschen in ihrem Handeln mehrfach genutzt werden: „Potentialfaktoren setzen sich zusammen aus Produktionsfaktoren, die im Produktionsprozeß ‹gebraucht› bzw. ‹genutzt› werden. Sie besitzen eine längere Lebensdauer und müssen daher nur in größeren Zeitabständen neu beschafft werden. Sie verkörpern ein ‹Nutzungspotential›, das sich nur über einen langfristigen Gebrauch bzw. einen langen Zeitraum verliert." (Heinen 1985, S. 166; vgl. Ulrich 2001a, S. 197). Von menschlichen Personen geleistete Arbeit kann auch als Potentialfaktor aufgefasst werden.

Auch wenn in der Realität auch jede vom Unternehmen bezahlte Büroklammer und Druckerpatrone zu einem Unternehmen gehört, sind neben den das System konstituierenden menschlichen Personen streng genommen jedoch nur eine bestimmte Klasse an technischen Hilfsmitteln, nämlich auf dauerhafte und wiederholte Nutzbarkeit ausgerichtet Hilfsmittel, Elemente des sozio-technischen Systems „Unternehmen". Aus systemtheoretischer Sicht setzt sich das sozio-technische System „Unternehmen" nur aus zwei dauerhaft nutzbaren Elementtypen zusammen, auch wenn es reduktionistisch und technisch klingt und so nur innerhalb eines systemtheoretischen Textes zur Erklärung formuliert werden darf:

- „Menschen" (auch: „menschliche Elemente")
- „Materielle Potentialfaktoren" bzw. „Anlagen" (auch: „sachliche Elemente", „Dinge")

Nur diese beiden Typen von materiellen Elementen sind ihrem Wesen nach auf den relativ dauerhaften Verbleib im System „Unternehmen" hin angelegt. Entsprechend ist auch jedes Unternehmen ein „Mensch-Sachmittel-System (= soziotechnisches System), das durch das Zusammenwirken der Elemente bzw. Subsysteme bestimmte Ziele erreichen will" (Hub 1982, S. 94).

Aus dieser Nebeneinanderstellung darf jedoch keine Gleichsetzung dieser beiden Elementtypen gefolgert werden. Die menschliche Person ist das einzige belebte, natürliche und mit Denkvermögen und freiem Willen begabte Element des Systems „Unternehmen"; sie ist selbst ein (komplexes) System mit hoher Verhaltensvarietät; sie besitzt personale Würde, die dem Umgang mit ihr moralische Grenzen setzt; ihr Verhalten ist nicht beherrschbar, sondern nur beeinflussbar; das Unternehmen kann nur durch sie handeln; sie ist nicht Objekt, sondern Subjekt von Handlungen; sie kann mit anderen Personen Gruppen bilden, die sie wiederum in ihrem Verhalten beeinflussen; sie kann nicht gekauft werden, sondern „stellt nur seine Arbeitskraft gegen periodisches Entgelt zur Verfügung" (Ulrich 2001a, S. 312); Arbeit, d. h. ihre Funktion im System „Unternehmen" ist nur eine Facette ihrer Existenz; sie hat einen eigenen ihr vorgegebenen Daseinszweck und setzt sich von den Zielen des Unternehmens unabhängige individuelle Ziele.

> „Was die Unternehmung als Betriebsmittel benötigt, ist Arbeitskraft bestimmter Qualität und Menge, ein in der materiellen Dimension definierbares Nutzungspotential; was sie bekommt, sind ganze Menschen, die mit individuellen und kollektiven Motivationen versehen, mit eigenem Willen begabt sind und nach der Verwirklichung persönlicher Absichten streben." (Ulrich 2001a, S. 312)

Der Umgang mit dem Element „Mensch" muss immer Rücksicht auf diese Besonderheiten nehmen. Manager dürfen nicht vergessen, dass sie es mit menschlichen Personen
und nicht menschlichen Ressourcen oder Produktionsfaktoren zu tun haben. So wenig
es sich negieren lässt, dass Menschen Mittel zum Zweck der Realisierung des Zwecks
und der Ziele von Unternehmen sind, so wenig dürfen sie auf diesen Aspekt reduziert
werden. Menschen sind mehr als blosse Potentialfaktoren; sie besitzen als Personen
einen Wert, den es immer und unbedingt zu respektieren gilt.

Um diesem Ungleichgewicht der Wertigkeit der Elementtypen Rechnung zu
tragen, werden Unternehmen im weiteren Verlauf des Buches nicht durchgängig als
sozio-technische, sondern vermehrt als soziale Systeme bezeichnet. Dies wird insofern der Realität nicht gerecht, da Unternehmen praktisch immer auch aus sachlichen
Elementen bestehen; es verleitet aber auch nicht dazu, menschliche und sachliche
Elemente als gleichwertig anzusehen. Die gewisse Inkongruenz mit der Realität, die in
der Bezeichnung von Unternehmen als soziale Systeme angelegt ist, wird somit mehr als
gerechtfertigt durch den faktischen Wertunterschied zwischen diesen beiden Typen von
Systemkomponenten.

2.3.2   Unternehmen als komplexe Systeme

Aus der Tatsache, dass Unternehmen als aus Personen und technischen Hilfsmitteln bestehende Ganzheiten praktisch per definitionem Vertreter der Klasse der
sozio-technischen Systeme darstellen, kann nun ein weiterer Schluss gezogen werden.
Denn sozio-technische Systeme sind – wie soziale Systeme auch – Paradebeispiele für
komplexe Systeme.

In der menschlichen Person als mit Vernunft und freiem Willen begabtem Wesen
finden wir nämlich ein Höchstmass an Verhaltensvarietät vor. Jeder Mensch ist ein
unergründliches Universum, dem in Abhängigkeit von seinen Werthaltungen und
seinen daraus resultierenden Zielen, seinen natürlichen und erworbenen Fähigkeiten,
seinen Neigungen (im Sinne von Verhaltensdispositionen) sowie einer Vielzahl anderer
Faktoren ein praktisch unbegrenztes Feld an Verhaltensmöglichkeiten offensteht. Es ist
ex ante nicht möglich sicher zu sagen, welche Person welche dieser Verhaltensmöglichkeiten unter welchen Umständen aktualisiert:

> „Jedes einzelne Individuum verfügt über ein immenses Verhaltensrepertoir. Wenn nun viele
> Individuen miteinander interagieren steigt die Zahl der möglichen resultierenden Verhaltens-
> weisen des Ganzen ins Astronomische." (Probst 1989, S. 152)

Allein die sich aus der Anzahl und Dynamik der menschlichen Elemente ergebende
strukturelle und prozessuale Komplexität reicht aus, um Unternehmen als komplexe
Systeme klassifizieren zu können. Diese Kategorisierung wird um so deutlicher,
wenn man des Weiteren berücksichtigt, dass Unternehmen nicht nur in Bezug auf ihre
Elemente, sondern auch in Bezug auf ihre interne Vernetzung strukturell und prozessual

komplex sind. Als soziale Systeme weisen Unternehmen nicht nur eine Vielzahl von unterschiedlichen Beziehungen zwischen ihren Elementen auf. Aufgrund der Verhaltensdynamik ihrer menschlichen Elemente weisen sie auch eine hohe Beziehungsdynamik auf, die die Anzahl der möglichen Systemzustände bzw. des möglichen Systemverhaltens praktisch unüberschaubar macht.

Qua ihrer Natur als soziale Systeme sind Unternehmen somit zweifelsohne komplexe Systeme. Aus dieser Charakterisierung kann nun eine wichtige Konklusion gezogen werden: Als komplexe Systeme sind Unternehmen Gebilde, deren Verhalten nur probabilistisch analysier- sowie prognostizierbar und die damit nicht vollumfänglich, sondern nur beschränkt beherrschbar sind. Hierin liegt auch ein gewisses Paradox von Management: Management muss in und mit einem System arbeiten, ohne das System jedoch vollumfänglich beherrschen zu können. Management kann somit als Kunst der Beherrschung des nur beschränkt Beherrschbaren bezeichnet werden.

Da die Komplexität bereits im Wesen von Unternehmen als soziales System angelegt ist, wird im weiteren Verlauf des Buches der Einfachheit halber nicht von Unternehmen als komplexen sozialen Systemen gesprochen, sondern diese schlicht als soziale Systeme bezeichnet.

2.3.3 Unternehmen als produktive Systeme

Nachdem wir nun wissen, dass Unternehmen soziale und damit komplexe Systeme sind, können wir uns nun der Frage zuwenden, worin der Zweck des jenigen Typus von Systemen besteht, die wir „Unternehmen" nennen. Wie alle Systeme haben auch Unternehmen notwendigerweise einen Zweck, um dessentwillen sie gebildet wurden, und das zu erreichen sie existieren. Die Frage nach dem Zweck ist also die Frage nach dem Sinn oder grundlegenden Wozu des Systems „Unternehmen". Die Antwort auf diese Frage ist insofern wichtig, da sie uns verstehen hilft, was ein bestimmtes soziales System zu dem spezifischen sozialen Systemtypus „Unternehmen" macht – und nicht zu einem anderen.

Also: Was ist der allen Unternehmen gemeinsame Zweck, den zu erfüllen sie qua ihrer Natur als Unternehmen existieren? Was ist ihre fundamentale „raison d'être"? Oder anders gefragt: Wozu existieren die aus dem Zusammenschluss von Menschen entstehenden Konstrukte, die wir „Unternehmen" nennen? Welchen grundlegenden originären Zweck erfüllen diese für die menschliche Gesellschaft? Da die zur Beantwortung dieser Frage eigentlich notwendige moral philosophische Diskussion über das sog. „Gemeinwohl (common good) von Unternehmen" an dieser Stelle nicht geführt werden kann, soll stellvertretend den einschlägigen Managementdenkern das Wort gegeben werden. Unter diesen ist es Konsens, dass – entgegen der Vermutung vielleicht mancher Leser – der generelle Zweck des Systems „Unternehmen" nicht die Erzielung von Gewinn ist, sondern in etwas anderem besteht:

Was lernen wir aus der Managementliteratur?

„**Business undertakings** do not exist in order to pay wages or to employ persons. [...] They **exist** in order **to produce or to distribute goods or services**." (Urwick 1943, S. 79; vgl. 1961, S. 113)

Nach Gast (1952, S. 14) existieren Unternehmen zuvorderst für „the **production of a want satisfying commodity or service**".

„Industrial and commercial enterprises in the last analysis **exist in order to provide** something indirectly or directly for the **benefit** of the citizen-consumer. Each enterprise individually has, as it were, a specific share in this general purpose [...]." (Brech 1953, S. 17, 20)

„In economic affairs, the **primary purpose** of the enterprise, and so of management's responsibility, is the **provision of goods and services** in accordance with the requirements of the consumer." (Brech 1967, S. 228)

„Im Gegensatz zu anderen sozialen Systemen haben Unternehmungen keinen Selbstzweck, sie sind nicht primär für ihre Mitglieder da; sie erfüllen **produktive Funktionen in ihrer Umwelt**, sie sind zur Erzeugung von Leistungen für Institutionen und Individuen ihrer Umwelt da, ihr **Zweck** ist die **Abgabe von Output an die Aussenwelt**." (Ulrich 1984, S. 24; vgl. 1984, S. 264, 2001a, S. 170, 171, 209, 287; Ulrich und Krieg 2001, S. 21, 26)

Dubs (1990, S. 61) definiert eine **Unternehmung** als „eine dauernde, **wirtschaftliche Leistungen für Dritte erstellende**, über Vermögen verfügende, einheitlich geleitete Zusammenfassung menschlicher Arbeitskraft."

An anderer Stelle schreibt Ulrich (2001a, S. 203), dass der **Zweck** von Unternehmungen „in der **Bedarfsdeckung** oder der Leistungserstellung für **Dritte**" besteht.

„**Value creation** is the animating principle of modern management and its chief responsibility." (Magretta 2002, S. 19)

„**Organizations** are means to ends, not ends in themselves. They **exist to serve the needs of people who are outside them**. This is what differentiates an organization (of whatever kind) from a tribe, a social club, a family, or any other group the focuses only on the wellbeing of its members. One of management's chief responsibilities is to remember this external orientation and to remind others about it constantly." (Magretta 2002, S. 23)

„If we want to know what a business is we have to start with its purpose. [...] There is only one valid definition of **business purpose: to create a customer**." (Drucker 2007, S. 31, 2008, S. 98)

„The **reason for the existence** of a business enterprise is that it **supplies economic goods and services**." (Drucker 2007, S. 7)

„It is **to supply the consumer** that society entrusts wealth-producing resources to the business enterprise." (Drucker 2007, S. 32; cf. 2008, S. 98)

„The single most important thing to remember about any enterprise is that results exist only on the outside. **The result of a business is a satisfied customer.** […] Inside an enterprise, there are only costs." (Drucker 2008, S. 24; vgl. 1988, S. 76)

„To **satisfy the customer** is the **mission and purpose** of every business." (Drucker 2008, S. 101)

„**Zweck** des Unternehmens ist die **Transformation von Ressourcen in Nutzen.**" (Malik 2008, S. 148, 2011, S. 144; vgl. 2008, S. 150, 2011, S. 146)

„The broad purpose of any organization is to **provide goods or services of value to customers and clients.**" (Schermerhorn 2013, S. 11)

„The nature of the corporation does not derive from a simple relation of inputs to outputs, or lower costs of transacting within than outside the corporation, or from acting as a legal device for contracting with other parties. Its **first and foremost objective** is not to its shareholders, or to its stakeholders. It is **to make, develop and deliver things, and to service people, communities and nations.**" (Mayer 2013, S. 4)

Aus Sicht von Rüegg-Stürm und Grand (2019, S. 26; vgl. 2015, S. 35) geht es „bei einer wirtschaftlichen Organisation (Unternehmung) darum, **Bedürfnisse von Kunden zu befriedigen**".

Wie diese Auswahl von 18 Aussagen aus dem vielstimmigen Kanon der Management-denker zeigt, so stimmten diese darin überein, dass Unternehmen zunächst ganz grundlegend einen produktiven Zweck haben. Unternehmen sind, um es kurz zu fassen, also „produktive soziale Systeme" (Ulrich 2001a, S. 171) bzw. „produktive sozio-technische Systeme" (Ulrich und Krieg 2001, S. 21). Als aus Personen und technischen Hilfsmitteln zusammengesetzte Systeme besteht ihr grundlegender Zweck darin, aus einer Reihe von Inputfaktoren (Ressourcen) Wirtschaftsgüter, d. h. materielle und immaterielle Leistungen (vgl. Abb. 2.9), für ihre Umwelt herzustellen, die im Verhältnis zum Bedarf nicht in genügender Menge vorhanden und bereitgestellt sind.[14]

Unternehmen erfüllen ihren produktiven Zweck allerdings nur, „wenn sie Leistungen bestimmter Art, Qualität und Menge zu angemessenen Preisen erbringen, die vom Markt aufgenommen werden" (Ulrich und Krieg 2001, S. 26), d. h. „der Bedürfnisbefriedigung dienen sowie gewissen funktionellen, wirtschaftlichen und ästhetischen Ansprüchen genügen" (Ulrich und Krieg 2001, S. 26). Der Bedarf, den Unternehmen produktiv decken, ist hierbei Fremdbedarf, also Bedarf von Personen, die nicht zum Unternehmen gehören.

---

[14]Auch wenn sich die Mission eines Unternehmens in allgemein-abstrakter Form ausdrücken lässt, so besteht sie eigentlich in der Produktion konkreter Leistungen, die geeignet sind, diesen Zweck zu erfüllen. So wie man „das Gute" an sich nicht tun kann, sondern nur etwas konkret Gutes (vgl. Erk 2015, S. 221), so wird auch ein menschliches Bedürfnis nicht in abstracto, sondern durch konkrete Leistungen befriedigt: „A manufacturing organization is said to exist to make, say, shoes; this is its ‹purpose.› But it is evident that not making shoes in general but making specific shoes from day to day is its series of purposes." (Barnard 1938, S. 92) Bei der Konkretisierung und Formulierung des Zwecks des Unternehmens ist dies entsprechend zu berücksichtigen.

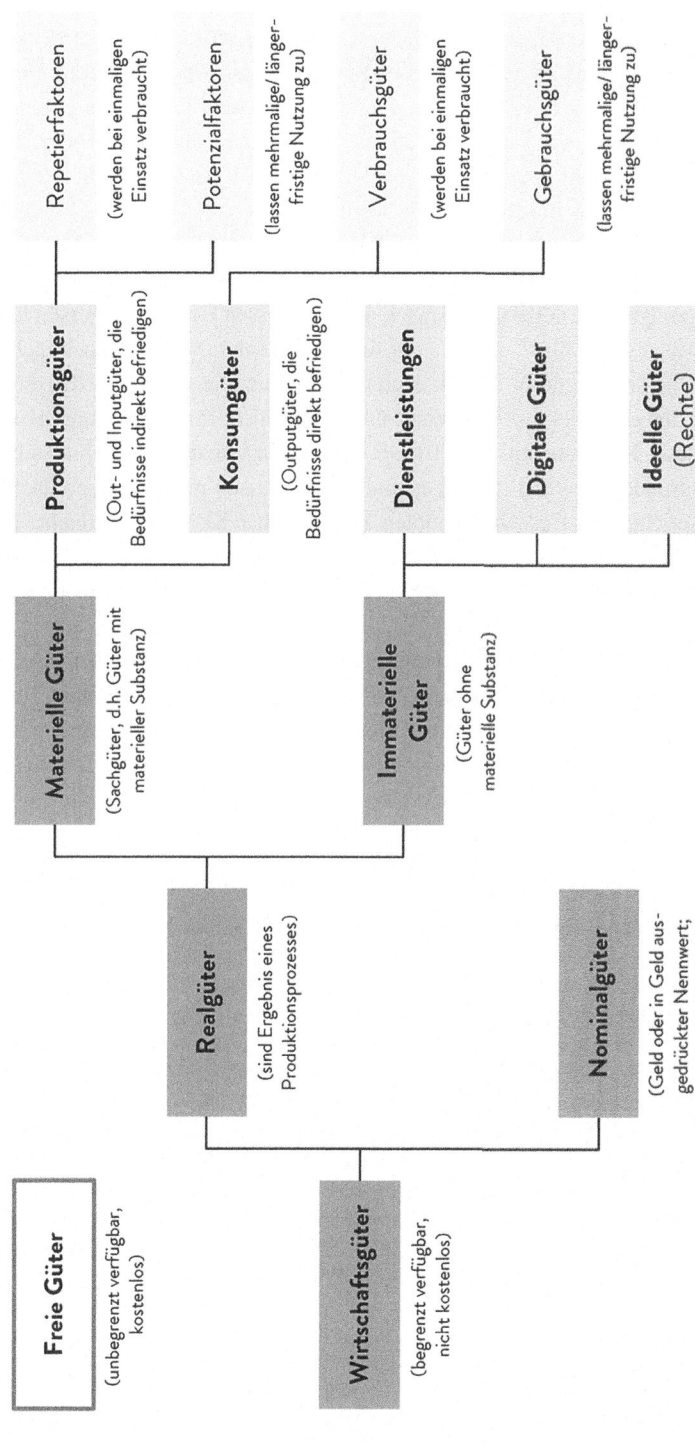

Abb. 2.9 Typologie der Wirtschaftsgüter. (Eigene Darstellung in Anlehnung an Waser und Peter 2016, S. 31; Thommen et al. 2017, S. 6; Thommen 2016, S. 34, 2015, S. 13; Dubs 1990, S. 22)

Sie produzieren nicht um des Produzierens willen oder für ihren Eigenbedarf. Unternehmen sind nicht Vehikel der Eigenbedarfsdeckung, sondern der Fremdbedarfsdeckung.

Die erzeugten Güter oder angebotenen Leistungen sollten für Menschen, die durch den Kauf dieser Güter oder Leistungen zu Kunden des Unternehmens werden, einen Nutzen stiften, indem sie durch den Ge- oder Verbrauch der Güter eines oder mehrere ihrer Bedürfnisse befriedigen. Der Zweck von Unternehmen besteht somit mit anderen Worten darin, Kundennutzen zu schaffen bzw. stiften.

Die bisherigen Ausführungen sind nun jedoch nicht so zu verstehen, dass Unternehmen jedes Bedürfnis befriedigen müssen, für dessen Befriedigung es Kunden finden würde. Ein Bedürfnis ist wie gesagt Ausdruck des Fehlens von etwas, dessen Besitz eine Person anstrebt, weil sie dieses etwas als ein „Gut", d. h. als gut für sich erachtet. Nun ist jedoch nicht alles, von dem wir denken, dass es gut für uns ist, auch wirklich gut. Die subjektive, d. h. subjektiv empfundene Güte und die objektive Güte eines Gutes sind nicht immer deckungsgleich (für eine Diskussion dieser Konzepte vgl. Erk 2019, S. 130 ff.). In v. a. dieser Erkenntnis liegt die Notwendigkeit begründet, dass sich Manager mit Ethik befassen müssen: Denn auch wenn dies Gewinn verspricht, so ist es Unternehmen aus ethischer Sicht nicht erlaubt, Bedürfnisse zu befriedigen, hinter denen das Streben nach dem Besitz eines Gutes steht, das zwar als subjektiv gut empfunden wird, aber objektiv schlecht ist. Ob ein Bedürfnis objektiv gut ist, bemisst sich daran, ob das Bedürfnis direkt oder indirekt einem der sog. „basic human goods" (Erk 2019, S. 136 ff.) entspricht. Diese Güter umfassen diejenigen Dinge, zu denen der Mensch unabhängig von seiner kulturellen Prägung eine natürliche Neigung (vgl. Erk 2019, S. 138) besitzt, d. h. die er unbewusst zu besitzen erstrebt, weil er durch ihren Besitz sein Wesen als Mensch vervollkommnet und so sein Individualwohl („bonum individuale"; „bonum personale") verwirklicht. Diese die existenziellen Zwecke des menschlichen Lebens darstellenden Basisgüter des Menschseins beschreibt der Sozialethiker Johannes Messner (2018, S. 44 f.) wie folgt:

> „Selbsterhaltung (einschließlich der körperlichen Unversehrtheit und der gesellschaftlichen Achtung (persönliche Ehre)); die Selbstvervollkommnung des Menschen in physischer und geistiger Hinsicht (einschließlich der Ausbildung seiner Fähigkeiten zur Verbesserung seiner Lebensbedingungen sowie der Vorsorge für seine wirtschaftliche Wohlfahrt durch Sicherung des notwendigen Eigentums oder Einkommens); die Ausweitung der Erfahrung, des Wissens und der Aufnahmefähigkeit für die Werte des Schönen; die Fortpflanzung durch Paarung und die Erziehung der daraus entspringenden Kinder; die wohlwollende Anteilnahme an der geistigen und materiellen Wohlfahrt der Mitmenschen als gleichwertiges menschliches Wesen; gesellschaftliche Verbindung zur Förderung des allgemeinen Nutzens, der in der Sicherung von Frieden und Ordnung sowie in der Ermöglichung des vollmenschlichen Seins für alle Glieder der Gesellschaft in verhältnismäßiger Anteilnahme an der ihr verfügbaren Güterfülle besteht; die Kenntnis und Verehrung Gottes und die endgültige Erfüllung der Bestimmung des Menschen durch die Vereinigung mit ihm."[15]

---

[15]Für eine Übersicht über alternative, aber im Kern inhaltliche identische Auflistungen von menschlichen Basisgütern siehe Erk (2019, S. 313). Ob alle Zwecke in dieser Weise so oder in anderen Ausprägungen oder Auslassung gewisser vorliegen, ist als normative Frage jeweils zu diskutieren, zu begründen und zu entscheiden, gerade als Manager.

Da diesen Gütern im Grundsatz objektive Gutheit zukommt, sollte die unternehmerische Tätigkeit diese grundlegenden menschlichen Güter wenigstens weder direkt noch indirekt beschädigen oder verletzen, sondern durch ihre Leistungen eines oder mehrere dieser Güter direkt befördern oder Leistungen erbringen, die ihrer indirekten Beförderung dienen.

Wenn wir das bisher Gesagte zusammenfassen, können wir den allen Unternehmen gemeinsamen Zweck wie folgt bestimmen:

> In und mit Hilfe von Unternehmen produzieren Menschen durch arbeitsteiliges und kooperatives Handeln füreinander materielle und immaterielle Wirtschaftsgüter, die sie zum Zwecke der nutzenstiftenden Befriedigung ethisch zulässiger Bedürfnisse zum Verkauf anbieten. In diesem Sinne sind Unternehmen als produktive sozio-technische Systeme gesellschaftliche Vehikel der Befriedigung ethisch zulässiger menschlicher Bedürfnisse; hierin besteht ihr grundlegender Zweck.[16]

Dieser grundlegende Zweck ist jedoch noch zu breit, um handlungsleitend wirken zu können. Er muss von den Unternehmen im Rahmen ihres normativen Zielsystems konkretisiert und durch ihr strategisches und operatives Zielsystem umsetzbar gemacht werden. Wie diese Operationalisierung genau vonstatten geht, wird weiter unten im Kapitel zu den Managementaufgaben behandelt.

2.3.3.1   Exkurs: Bedürfnis, Bedarf, Nachfrage, Nutzen

Nachdem nun eine Reihe von Begriffen (Bedürfnis, Bedarf, Nutzen, etc.) gefallen sind, deren Unterscheidung nicht immer ganz klar ist, ist es sinnvoll, einen Augenblick innezuhalten, um herauszufinden, was mit diesen Begriffen eigentlich genau gemeint ist und wie diese zusammenhängen:

- **Wirtschaftsgut:** Ein Wirtschaftsgut ist ein knappes materielles Gut (auch: Sachgut) oder ein knappes immaterielles Gut, das im Verhältnis zum existierenden Bedarf nicht in genügender Menge vorhanden und bereitgestellt ist (vgl. Thommen et al. 2017, S. 4 ff.; Dubs 1990, S. 22).
- **Bedürfnis:** Ein Bedürfnis ist ein „Gefühl, das mit dem Streben nach der Beseitigung eines Mangels verbunden ist" (Freiling und Reckenfelderbäumer 2010, S. 101; vgl. Kuß und Tomczak 2007, S. 42; Balderjahn 2006, S. 653 f.). Es ist somit Ausdruck des Fehlens von etwas, dessen Besitz eine Person anstrebt, weil sie dieses etwas als ein „Gut", d. h. als gut für sich erachtet. „Bedürfnis" ist eine noch vorökonomische Kategorie, die sich noch nicht auf konkrete Wirtschaftsgüter bezieht. Beispiele für Bedürfnisse sind z. B. Hunger oder Durst.
- **Bedarf:** Ein Bedarf ist ein „als Mangel erlebter Wunsch nach dem Erwerb eines Wirtschaftsgutes, dessen Besitz, Ge- oder Verbrauch die Befriedigung von Bedürfnissen

---

[16]Dieser Zweck ist zunächst einnmal nur dem sozialen System „Unternehmen" zu eigen. Andere soziale Systeme, wie z. B. NGOs – also Nichtregierungsorganisation – haben einen anderen Zweck: „Zweck von gesellschaftlichen Institutionen ist es, erwünschte Veränderung zu bewirken, bei Menschen und in der Gesellschaft." (Malik 2008, S. 150, 2011, S. 146). Im Zweck liegt folglich einer der zu beachtenden differenzierenden Faktoren der Organisationen, die wir hier vereinfachend als Unternehmen bezeichnen.

verspricht" (Freiling und Reckenfelderbäumer 2010, S. 101; vgl. Kuß und Tomczak 2007, S. 44; Balderjahn 2006, S. 657 f., 654). Ein Bedarf ist somit ein auf ein Wirtschaftsgut gerichtetes Bedürfnis, das mit dem Bestreben einhergeht, dieses Wirtschaftsgut (in mehr oder weniger zeitnahem Rahmen bzw. mit einer gewissen Dringlichkeit) zu erwerben. Ein aus dem Bedürfnis nach Hunger resultierender Bedarf ist z. B. der Wunsch, eine Pizza zu erwerben. Ein Bedarf ist somit ein konkretisiertes Bedürfnis, das sich aus der Menge der zur Bedürfnisbefriedigung erforderlichen Wirtschaftsgüter ergibt.[17]

- **Nachfrage:** Unter Nachfrage ist ein „durch Kaufkraft gestützter Bedarf" (Freiling und Reckenfelderbäumer 2010, S. 101; vgl. Balderjahn 2006, S. 654) zu verstehen. Nachfrage nach einem Wirtschaftsgut entsteht immer dann, „wenn ein Wirtschaftssubjekt aus einem Bedürfnis einen konkreten Bedarf ableitet, den es mit Hilfe der erforderlichen Kaufkraft zu stützen vermag" (Freiling und Reckenfelderbäumer 2010, S. 102).

- **(Kunden-)Nutzen:** Der Kundennutzen (auch: „customer value") ist das „Maß der erwarteten oder tatsächlich eingetretenen Bedürfnisbefriedigung durch das Wirtschaftsgut" (Freiling und Reckenfelderbäumer 2010, S. 101; vgl. Balderjahn 2006, S. 654). Der Kundennutzen entspricht dem (erwarteten oder effektiven) Wertgewinn, der aus der Bedürfnisbefriedigung für den Kunden resultiert: „Der Wertgewinn ergibt sich für den Kunden aus dem Unterschied zwischen der Wertsumme und der Kostensumme des Angebots." (Kotler und Bliemel 2001, S. 57); er stellt das „monetäre Äquivalent des Nettonutzens dar, nämlich des positiven Nutzens aller Wertelemente, abzüglich des negative Nutzens aller Kostenelemente, der vom Kunden durch den Austauschakt und die damit verbundenen Folgewirkungen erwartet bzw. erzielt wird" (Kotler und Bliemel 2001, S. 60). Entsprechend errechnet sich der erwartete Kundennutzen als Differenz aus dem vom Kunden erwarteten Wert[18] und den vom Kunden erwarteten Kosten des

---

[17]Im Hinblick auf den Bedarf nach einem Wirtschaftsgut kann man zwischen einem ursprünglichen (auch: originären) Bedarf der privaten Haushalte (Konsumenten) und einem abgeleiteten (auch: derivativen) Bedarf der Unternehmen unterscheiden: Während Konsumenten ihren Bedarf formulieren, um ihre eigenen Bedürfnisse zu befriedigen, leitet sich der Bedarf der Unternehmen direkt („B2C") oder über mehrere Stufen indirekt (d. h. über Zulieferer („B2B")) aus den Bedürfnissen der Konsumenten ab.

[18]Der Wert eines Wirtschaftsgutes („customer benefit") ergibt sich als „the perceived monetary value of the bundle of economic, functional, and psychological benefits customers expect from a given market offering because of the product, service, people, and image" (Kotler und Keller 2016, S. 151; vgl. Kotler und Bliemel 2001, S. 58). Diese auf den *erwarteten* Kundennutzen gemünzte Definition kann durch den entsprechenden Austausch der Begriffe „perceived" und „expect" ohne Weiteres auf den *effektiv realisierten* Kundennutzen angewendet werden.

Der vor dem Kauf wahrgenommene Wert eines Wirtschaftsgutes ist nicht nur von der Einschätzung abhängig, inwieweit das Wirtschaftsgut das Bedürfnis zu befriedigen vermag, sondern wird zudem durch die Anbieterkommunikation, die Meinung anderer Kunden und (im Falle eines Wiederkaufs) eigene Erfahrungen beeinflusst (vgl. Kuß und Tomczak 2007, S. 168). Zudem wird der „customer benefit" durch den Vergleich mit allenfalls vorhandenen Konkurrenzangeboten mitbestimmt.

Wirtschaftsgutes.[19] Der effektiv realisierte Kundennutzen ergibt sich entsprechend aus der Differenz zwischen den vom Kunden realisierten Wert und den für den Kunden effektiv angefallenen Kosten des Wirtschaftsgutes. Letzten Endes ist es somit der Nutzen, für den der Kunde „bereit ist, eine Rechnung zu bezahlen" (Malik 2008, S. 150; 2011, S. 146).

2.3.3.2 Gewinn als Residualgrösse

Mancher Leser fragt sich nun vielleicht, wo in der Beschäftigung mit dem originären Zweck von Unternehmen der Gewinn oder andere finanzielle Grössen zu verorten sind. Haben Unternehmen nicht auch den grundlegenden Zweck, Geld zu verdienen? Hierzu ist zunächst einmal zu sagen, dass kein seriöser Zweifel daran besteht, dass es ohne Gewinn natürlich nicht geht:

> „If archangels, instead of business men, sat in directors' chairs, they would still have to be concerned with profitability despite their total lack of personal interest in making profits."
> (Drucker 2007, S. 30, 2008, S. 97)

Hieraus kann jedoch nicht geschlussfolgert werden, dass Gewinn Teil des Grundzwecks von Unternehmen ist oder der Zweck von Unternehmen sich gar in der Generierung von Gewinn erschöpft. Gewinn, Wertschöpfung oder auch Geldfluss sind vielmehr Indikatoren oder „Steuerungsinformation(en)" (Malik 2008, S. 151, 2011, S. 147), die darüber Auskunft geben, inwieweit ein Unternehmen seinen Grundzweck erfüllt:

Was lernen wir aus der Managementliteratur?

„**Profit is a stimulus** to individuals who participate in business activities; sometimes it is an almost exclusive stimulus, just as one meets people who live to eat. But, and more important, **it is also a measuring rod**, a test if a rough one, of the success with which the real objectives of the business are being attained. One must eat to live. And similarly, one cannot usually continue to conduct a business for long unless one makes a profit. **But that stimulus and test cannot be the real objective of a business.** [...] Economists have defined money as ‹the medium of exchange.› And the true objective of any business undertaking must be to make or to distribute some product or service which the community

---

[19]Die Kosten eines Wirtschaftsgutes („customer cost") sind „the perceived bundle of costs customers expect to incur in evaluating, obtaining, using, and disposing of the given market offering, including monetary, time, energy, and psychological costs" (Kotler und Keller 2016, S. 151; vgl. Kotler und Bliemel 2001, S. 58). Für die Bestimmung der „customer cost" ist also der gesamte Kauf- und Nutzungszyklus und nicht nur die Nutzungsphase ausschlaggebend. Auch diese auf den *erwarteten* Kundennutzen gemünzte Definition kann durch den entsprechenden Austausch der Begriffe „perceived" und „expect" ohne Weiteres auf den *effektiv realisierten* Kundennutzen angewendet werden. Wie der „customer benefit", so werden auch die „customer cost" durch den Vergleich mit allenfalls vorhandenen Konkurrenzangeboten mitbestimmt.

Sowohl „customer benefit" als auch „customer cost" weisen also eine zweifache Relativität auf: Sie sind „relativ aus Sicht des Kunden und relativ zu den Konkurrenten" (Malik 2008, S. 154; 2011, S. 150).

needs. The proof that it is doing so is that in exchange the community will give rather more of other products and/or services than, in terms of the medium, money, have gone into producing it." (Urwick 1943, S. 27; vgl. 1961, S. 42 f.)

„The criterion of management is to be sought in – (a) achievement of purpose; (b) the effectiveness of operations [...]; (c) the contentment of the members of the organization. ‹Profits› may be a **convenient index** for the first two criteria." (Brech 1967, S. 229)

„**Profitability is not the purpose** of business enterprise and business activity, but a **limiting factor** to it. **Profit** is not the explanation, cause or rationale of business behavior and business decisions, but the **test of** their **validity**." (Drucker 2007, S. 30, 2008, S. 97)

„**Profit** is **not a cause**. It is the result – the result of performance of the business [...]. **It is** at the same time **the test of this performance** – the only possible test [...]." (Drucker 2007, S. 39, 2008, S. 105)

„**Gewinn ist ein zweifacher Test**: Erstens, ist er der Test für die Richtigkeit der Business Mission – der Test dafür, ob das Unternehmen das Richtige tut, der **Test für die Effektivität**. Und er ist zweitens der Test dafür, ob das Unternehmen seinen Zweck gut erfüllt, das Richtige also richtig tut, der **Test für die Effizienz**." (Malik 2007, S. 169 f., 2010, S. 166; vgl. 2008, S. 151, 2011, S. 147)

Die wirtschaftlichen Ergebnisse der unternehmerischen Tätigkeit sind damit aber auch „the ultimate test of management" (Drucker 2007, S. 9, 2008, S. 11). Mangelnder Gewinn, Wertschöpfung oder Geldfluss deuten darauf hin, dass ein Unternehmen seinem grundlegenden Zweck, der Stiftung von Kundennutzen, nicht oder nicht richtig nachkommt. Mangelnder finanzieller Erfolg stellt somit letzten Endes ein Versagen der Funktion „Management" dar, die ja die Zweckerfüllung des Unternehmens sicherstellen soll:

„Management must always, in every decision and action, put economic performance first. It can only justifiy its existence and its authority by the economic results it produces. There may be great non-economic results: the happiness of the members of the enterprise, the contribution to the welfare or culture of the community, etc. **Yet management has failed if it fails to produce economic results. It has failed if it does not supply goods and services desired by the customer at a price the customer is willing to pay.** It has failed if it does not improve or at least maintain the wealth-producing capacity of the economic resources entrusted to it." (Drucker 2007, S. 7, 2008, S. 27)

„Der Gewinn eines Unternehmens ist ein Beleg dafür, dass hier Werte geschaffen werden, dass ein Unternehmen aus einzelnen Produktionsfaktoren etwas Neues schafft, das mehr wert ist als die Summe seiner Einzelteile. Ein Unternehmen, das Verluste macht, verschwendet wertvolle Ressourcen und vernichtet Werte. Wer aus teuren Zutaten einen Kuchen herstellt, der nicht schmeckt, verschwendet diese Zutaten und täte besser daran, etwas anderes damit anzufangen." (Beck 2012, S. 92 f.)

Finanzieller Erfolg ist soz. das Nebenprodukt, das entsteht, wenn das Unternehmen seinem grundlegenden Zweck gerecht wird. Der finanzielle Erfolg ist hierbei nicht als kurzfristige, sondern als langfristige Grösse zu verstehen:

„A management problem is not solved if immediate profits are purchased by endangering the long-range profitability, perhaps even the survival, of the company. A management decision is irresponsible if it risks this year for the sake of a grandiose future." (Drucker 2007, S. 13, 2008, S. 30)

Unternehmen sind also zwar durchaus gewinnorientierte soziale Systeme, aber nicht, weil die Gewinnerzielung ihrem Daseinszweck entspricht. Vielmehr ist das Erwirtschaften von Gewinn ein Indikator dafür, ob das Unternehmen seinem grundlegenden Zweck – nämlich der nutzenstiftenden Befriedigung menschlicher Bedürfnisse – gerecht wird. Die Gleichsetzung von Unternehmenszweck und Gewinn ist Ausdruck einer angstgetriebenen, auf die selbstzweckhafte Erhaltung des Unternehmens fixierten Grundhaltung, die Menschen zwar durchaus zu motivieren vermag, aber eben nicht dazu, frei sinnvolle und werthaltige Missionen zu realisieren.

2.4 Typen von Unternehmen

Zusätzlich zu der Charakterisierung als sozio-technische und damit komplexe produktive Systeme können Unternehmen anhand einer Reihe weiterer Kriterien typologisiert werden. Diese betreffen v. a. den Wirtschaftssektor, in dem ein Unternehmen tätig ist, von wem es getragen wird bzw. wer in ihm Kontrolle und Entscheidungsgewalt trägt, wie zugänglich es für potenzielle externe Eigenkapitalgeber ist, welches seine primäre Einkommensquelle ist, wie gross es ist, welche Rechtsform es hat, wo es tätig ist und wie stabil die Situation der Unternehmung ist. Die Beantwortung dieser Fragen – die in Abb. 2.10 in Form eines morphologischen Kastens[20] zusammengefasst ist – ist wichtig, da eine Unternehmung nur dann erfolgreich gemanaged werden kann, wenn man weiss, wie das Objekt des Managements konkret ausgestaltet ist und auf welche Besonderheiten damit Rücksicht zu nehmen ist.

Nachfolgend soll kurz auf die neun Kriterien der Typlogisierung von Unternehmungen eingegangen werden:

Eine Volkswirtschaft lässt sich klassicherweise in drei **Sektoren** unterteilen, die als primärer, sekundärer und tertiärer Sektor bezeichnet werden. Zum primären Sektor (auch: Urproduktion) gehören die Wirtschaftszweige der Land- und Forstwirtschaft sowie der Fischerei. Nach einer weniger engen Definition dieses Sektors wird manchmal auch der Bergbau dem primären Sektor zugerechnet. Der sekundäre Sektor

---

[20]Ein morphologischer Kasten ist eine kreative Methode, um ein (kompliziertes) Problem in dessen Dimensionen zu erfassen und Lösungen zu finden. Zunächst wird das Problem in seine wesentlichen Teilaspekte (auch: Parameter, Dimensionen) zerlegt und diese in einer Spalte untereinander aufgelistet. Für jeden Teilaspekt werden daraufhin möglichst alle seine Ausprägungen gesucht und zeilenweise dem jeweiligen Teilaspekt zugeordnet. Somit ergibt sich für das ursprüngliche Problem ein Gesamtlösungsfeld. Aus dieser Matrix können dann durch Kombination von je einer Ausprägung pro Parameter unterschiedliche Lösungen des Problems entwickelt werden.

Wirtschaftsab-teilung/ -sektor	Primärer Sektor (Land- und Forstwirtschaft, Fischerei)		Sekundärer Sektor (Industrie und Baugewerbe)		Tertiärer Sektor (Dienstleistungen)	
Träger (Kontrolle, Entscheidungsträger)	Öffentl. Unternehmen (Mehrheit der Entscheidungs-rechte (>50%) in öff. Hand)	Gemischt(wirtschaft-lich)e Unternehmen (Entscheidungsrechte 50/50%)		Private Unternehmen (Mehrheit der Entscheidungsrechte (>50%) in privater Hand)		
				Familienunternehmen	Nicht-Familienuntern.	
Zugänglichkeit für ext. EK-Geber	Keine Beteiligungsmöglichkeit		Beschränkte Beteiligungsmöglichkeit (Gesellschafterbeschluss, stimmrechtslose Vorzugsaktien, ...)		Volle Beteiligungs-möglichkeit (börsenkotiert)	
Gewinn-orientierung	Wohltätigkeits-organisation	Sozialunternehmen	Soziales Unternehmen		Traditionelles Unternehmen	
Grösse (Mitarbeiter, Umsatz, Bilanzsumme)	Kleinst-/ Mikro-unternehmen	Kleinunternehmen	Mittelgrosse Unternehmen		Grosse Unternehmen	
Rechtsform	Personengesellschaft		Kapitalgesellschaft			
			nicht börsenkotiert		börsenkotiert	
Geographische Ausbreitung	lokal	regional	national	international (Prod. in einem, Absatz in mehreren Ländern)	multinational (Produktion und Absatz in mehreren Ländern)	
Unternehmens-lebenszyklus	Gründungs- oder Pionierphase	Wachstumsphase	Reifephase		Rückgangsphase (Transformation, Turnaround/ Restrukt.,Sanierung, Insolvenz)	
Bedrohungslage	Keine Krisensymptome	Potentielle Krise (schwache Krisensymptome)	Latente Krise (mittlere Krisensymptome)	Manifest-akute Krise (starke Krisensymptome)		
				beherrschbar	unbeherrschbar	

Abb. 2.10 Typen von Unternehmen

(auch: industrieller Sektor) ist der Sektor einer Volkswirtschaft, der mit der Produktion materieller Güter befasst ist. In diesem werden die vom Primärsektor gelieferten Roh-stoffe weiterverarbeitet. Er umfasst die industrielle und handwerkliche Produktion sowie das Baugewerbe, aber auch die Energiewirtschaft. Im auch Dienstleistungssektor genannten tertiären Sektor werden Dienstleistungen produziert. Mit Ausnahme von vielleicht grossen Unternehmenskonglomeraten sind Unternehmen üblicherweise in einem dieser drei Sektoren tätig, wobei auch angemerkt werden muss, dass die Frage nach der genauen Verortung nicht immer einfach zu beantworten ist. So bietet ein Autohersteller heute eine Reihe von Dienstleistungen an, die es schwer machen genau zu definieren, ob er im sekundären oder tertiären Sektor angesiedelt ist. Um hier mehr Klarheit gewinnen zu können, hilft ein Blick auf die grundsätzlichen Unterscheidungs-merkmale zwischen einem Produkt und einer Dienstleistung (vgl. Abb. 2.11)[21], wobei genau intelligente Kombinationen aus diesen erfolgreiche Unternehmen kennzeichnen.

---

[21]Im Verlaufe dieses Textes wird an gewissen Stellen von „Leistungen" oder „Marktleistungen" gesprochen. Diese Begriffe umfassen sowohl die Kategorien „Produkt" als auch „Dienstleistung".

Produkt	Dienstleistung
Produkt ist gegenständlich (greifbar)	Dienstleistung ist immateriell
Produkt kann gelagert werden	Dienstleistung ist nicht lagerfähig
Besitzwechsel nach dem Kauf	Kein Wechsel im Besitz
Produkt kann vor dem Kauf vorgeführt werden (Probe)	Dienstleistung kann nicht vorgeführt werden (existiert vor dem Kauf noch nicht)
Produktion und Konsumtion fallen auseinander	Produktion und Konsumtion erfolgen gleichzeitig
Produktionsprozess erfolgt ohne Mitarbeit des Kunden	Interaktion zwischen Servicepersonal und den Kunden verkörpert den «Produktionsprozess»
Produktfehler entstehen im Produktionsprozess	«Produktfehler» sind Verhaltensfehler
Produkt hat seine Form nach dem Produktionsprozess erhalten	«Produkt» erhält seine Form erst in der Service-Situation

Abb. 2.11 Unterscheidung zwischen Produkt und Dienstleistung. (Eigene Darstellung in Anlehnung an Thommen 2016, S. 139)

Nicht alle Unternehmungen haben den gleichen *Träger.* Unternehmungen lassen sich anhand der Frage unterscheiden, wer sie kontrolliert und wer in ihnen Entscheidungs-gewalt ausübt. Es lassen sich öffentliche Unternehmungen von gemischt(wirtschaftlich)en und privaten Unternehmungen unterscheiden. In öffentlichen Unternehmungen liegt die Mehrheit der Entscheidungsrechte in öffentlicher Hand (d. h. bei Bund, Ländern/ Kantonen/Regionen und Gemeinden), in privaten Unternehmungen in privater Hand, d. h. bei natürlichen oder juristischen Personen. Gemischte Unternehmungen zeichnen sich dadurch aus, dass die Entscheidungsrechte (gleichgewichtig) zwischen privater und öffentlicher Hand aufgeteilt sind. Die *Zugänglichkeit für potenzielle Eigen-kapitalgeber* kann jenseits öffentlicher Strukturen beschränkt sein, weil vorhandene Gesellschafter keine neuen zulassen wollen oder nur ohne Mitbestimmungsrechte. Aus umgekehrter Richtung ist die Debatte sehr bekannt, dass nämlich in einigen Ländern zu wenig Kapital jenseits regulierter Börsen, sogenanntes Wagniskapital, vorhanden sei. Private Unternehmungen lassen sich des Weiteren in Familienunternehmungen und Nicht-Familienunternehmungen unterscheiden. Erstere zeichnen sich dadurch aus, dass die Mehrheit der Entscheidungsrechte – unabhängig vom Management – sich im Besitz einer oder mehrerer natürlichen Personen befinden, die die Unternehmung gegründet oder gekauft haben, oder im Besitz ihrer direkten Familienangehörigen bzw. Erben.

Unternehmungen unterscheiden sich zudem hinsichtlich ihrer primären Einkommens-quelle und ihrer *Gewinnorientierung.* In Anlehnung an das „spectrum of organisational types" von John (2006, S. 13) lassen sich folgende Unternehmenstypen unterscheiden (vgl. Abb. 2.12):

Wohltätigkeitsorganisationen («charities»)		Sozialunternehmen			Sozial motivierte Unternehmen	Traditionelle Unternehmen	
		Ziel unternehmerischer Tätigkeit ist Lösung eines gesellschaftlichen Problems unter Verwendung eines unternehmerischen Ansatzes («revenue generating social enterprises»)			Unternehmerische Tätigkeit sozial motiviert		
Kein Ertrag aus unternehmerischer Tätigkeit, sondern nur aus Spenden	Ertrag aus unternehmerischer Tätigkeit und aus Spenden	Über 75% der Kosten durch Ertrag aus unternehmerischer Tätigkeit gedeckt	100% der Kosten durch Ertrag aus unternehmerischer Tätigkeit gedeckt	Ertrag aus unternehmerischer Tätigkeit übersteigt Kosten, erzielter Gewinn wird aber nicht an Investoren ausgeschüttet	Ertrag aus unternehmerischer Tätigkeit übersteigt Kosten, erzielter Gewinn wird an Investoren ausgeschüttet	Gewinnerzielung	Gewinnmaximierung
		(«potentially sustainable enterprise»)	(«breakeven enterprise»)	(«profitable enterprise»)	(«profit distributing socially driven business»)	(«profit optimising business»)	(«profit maximising business»)
Primärer Antrieb: Generierung möglichst hoher sozialer Rendite, d.h. Werte für die Gesellschaft		Primärer Antrieb unternehmerischer Tätigkeit: Generierung gemischter sozialer und finanzieller Rendite/ Werte («blended social and financial value»)				Primärer Antrieb: Generierung des Gewinnminimums für langfristig gesichertes Unternehmertum	Primärer Antrieb: Generierung möglichst hoher finanzieller Rendite für Unternehmen

Abb. 2.12 Abgrenzung von Organisationsformen anhand ihrer primären Einkommensquelle und Zielausrichtung. (Eigene Darstellung in Anlehnung an John 2006, S. 13; Thommen et al. 2017, S. 23)

Den sog. „Sozialunternehmen" liegt an der Generierung einer ausgeglichenen finanziellen und sozialen Rendite. Sie operieren, weil sie ein gesellschaftliches Problem mit einem unternehmerischen Ansatz lösen wollen. Sie können dies profitabel oder unterstützt durch Spenden tun, ein allenfalls erzielter Gewinn wird jedoch üblicherweise nicht an Investoren ausgeschüttet. Soziale motivierte Unternehmen schütten den Gewinn, den sie durch ihre sozial motivierte unternehmerische Tätigkeit erzielt haben, (in Teilen) an ihre Investoren aus. Als primäre Motivation der Tätigkeit traditioneller Unternehmen gilt üblicherweise die Gewinnerzielung. Innerhalb der Klasse der traditionellen Unternehmungen lassen sich aber zwei generelle Typen von Unternehmungen unterscheiden: Auf der einen Seite stehen Unternehmungen, deren primärer Antrieb die (kurzfristig orientierte) Maximierung des Gewinns ist; auf der anderen Seite stehen solche Unternehmungen, deren primärer Antrieb in der bestmöglichen Erfüllung ihres Zwecks besteht und die sich aus diesem Grunde nicht am Gewinnmaximum, sondern am Gewinnminimum orientieren, das für langfristig abgesichertes Unternehmertum nötig ist.

Eine weitere Möglichkeit der Klassifikation von Unternehmen ist deren *Grösse*. Diese ist möglich über die Anzahl Mitarbeiter, den Umsatz oder auch die Bilanzsumme. Für die Unternehmensgrössenklassifikation nach Mitarbeitern hat sich folgende Aufteilung praktisch allgemeingültig eingebürgert (vgl. Fueglistaller 2004): Unternehmen, die weniger als 10 Mitarbeiter beschäftigen, werden als Kleinst- oder Mikrounternehmen bezeichnet; Kleinunternehmen beschäftigen zwischen 10 und 49 Mitarbeiter; Mittelgrosse Unternehmen sind Unternehmen, die zwischen 50 und 249 Mitarbeiter beschäftigen; und Unternehmen mit mehr als 250 Mitarbeitern heissen Grossunternehmen.

Unternehmen können des Weiteren anhand ihrer *Rechtsform* unterschieden werden. Die grundlegende Unterteilung ist in diesem Zusammenhang die zwischen Personengesellschaften und Kapitalgesellschaften (vgl. Abb. 2.13). Kapitalgesellschaften besitzen unabhängig von den sie konstituierenden Personen eine eigenständige Rechtspersönlichkeit und -fähigkeit; sie sind sog. „juristische Personen". Im Gegensatz dazu besitzt eine Personengesellschaft, die von mindestens zwei natürlichen und/oder juristischen Personen gebildet werden kann, keine eigenständige Rechtspersönlichkeit und nur eine eingeschränkte Rechtsfähigkeit. Kapitalgesellschaften, wie z. B. Aktiengesellschaften, können an einer Börse kotiert sein. Mit der Wahl einer bestimmten Rechtsform sind bestimmte organisatorische Pflichten, z. B. hinsichtlich Governance-Strukturen, verbunden; sie hat aber auch steuerliche Auswirkungen und Konsequenzen für Haftung, Rechnungslegung und Berichterstattung.

Ein weiteres Unterscheidungskriterium ist die *geografische Ausbreitung* der Unternehmung. Unternehmungen können lokal, regional, national, international oder multinational tätig sein. Die Tätigkeit eines lokalen Unternehmens beschränkt sich auf einen örtlich eng begrenzten geografischen Raum. Regional tätige Unternehmen beschränken sich in ihrer Tätigkeit auf eine bestimmte Region, die ganze Landstriche, Kantone oder Bundesländer umfassen kann. Nationale Unternehmen bieten ihre Leistungen flächendeckend in einem bestimmten Land bzw. Staat an. Internationale Unternehmen sind dadurch gekennzeichnet, dass sie zwar nur in einem Land produzieren, sich zumindest

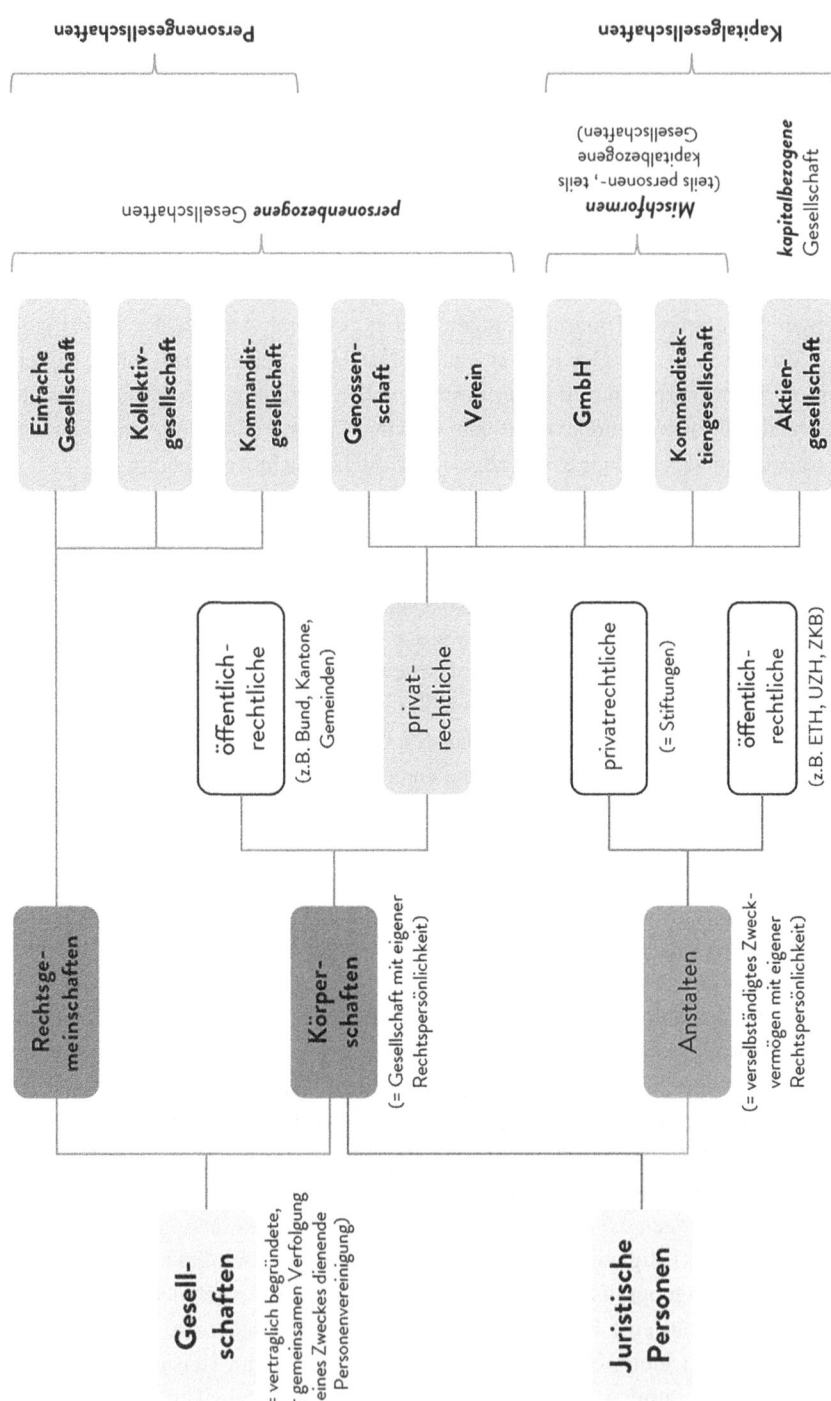

Abb. 2.13 Gesellschaftsformen nach schweizerischem Recht (OR, ZGB). (Eigene Darstellung in Anlehnung an Meier-Hayoz, Forstmoser und Sethe 2018, S. 62, 91)

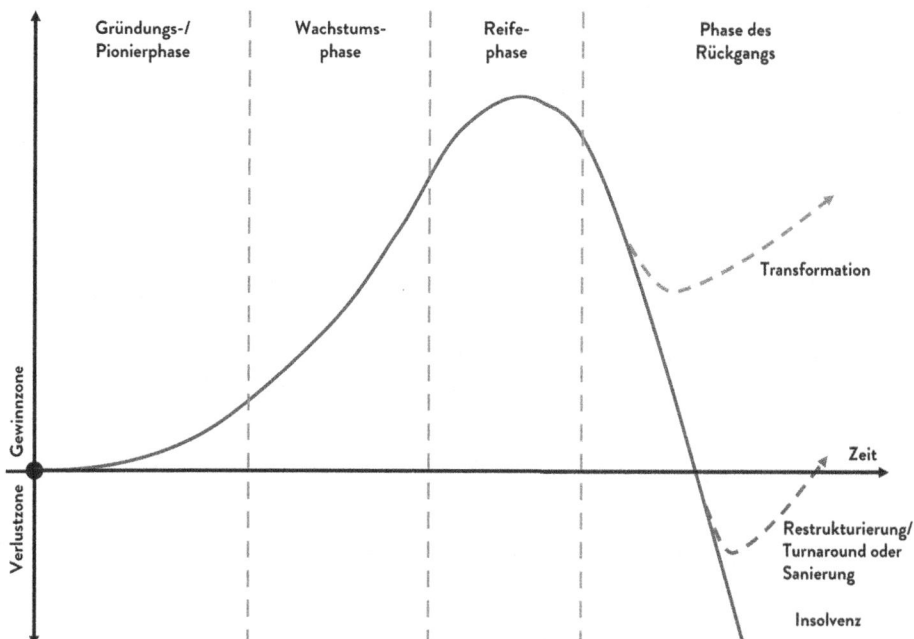

Abb. 2.14 Idealtypische Phasen des Unternehmenslebenszyklus

ihr Absatz aber auf mehrere Länder erstreckt. Multinationale Unternehmen setzen ihre Leistungen auch in mehreren Ländern ab, produzieren im Gegensatz zu internationalen Unternahmen jedoch auch in mehreren Ländern.

Wichtig zum Verständnis einer Unternehmung ist seine Stellung im *Unternehmens-lebenszyklus.* Wie Produkte (Produktlebenszyklus) und Märkte (Marktlebenszyklus) weisen auch Unternehmen einen Lebenszyklus auf. Dieser erstreckt sich von der Phase der Gründung (auch: Pionierphase) über die Phasen des Wachstums und der Reife bis hin zu einer Phase des Rückgangs oder Degeneration (auch: Wendephase), in der sich entscheidet, ob das Unternehmen sich im Vorfeld oder zu Beginn einer sich anbahnenden Krise trans-formieren kann (Transformation), eine bereits eingetretene Krise durch einen Turnaround (auch: Restrukturierung) oder eine Sanierung überwinden kann oder durch die Krise in die Insolvenz gerät.[22] Schafft das Unternehmen den Turnaround oder die Transformation, so geht der Lebenszyklus von der Wendephase in eine zweite Wachstumsphase über. Diese Phasen des unternehmerischen Lebenszyklus sind in Abb. 2.14 idealtypisch dargestellt.

---

[22]In diesem Sinne ist eine Transformation also ein Mittel zur Krisenvermeidung, während Restrukturierungen und Sanierungen eher auf die Krisenbewältigung abzielen. Mit „Restrukturierung" (auch: Turnaround) wird in diesem Zusammenhang die – möglichst schnelle – Wende des Unternehmens aus der Krise heraus bezeichnet. Der Ausdruck „Sanierung" bezieht sich auf die Abwendung einer Insolvenz und ist somit an sich erst in einem fortgeschrittenen Krisen-stadium relevant.

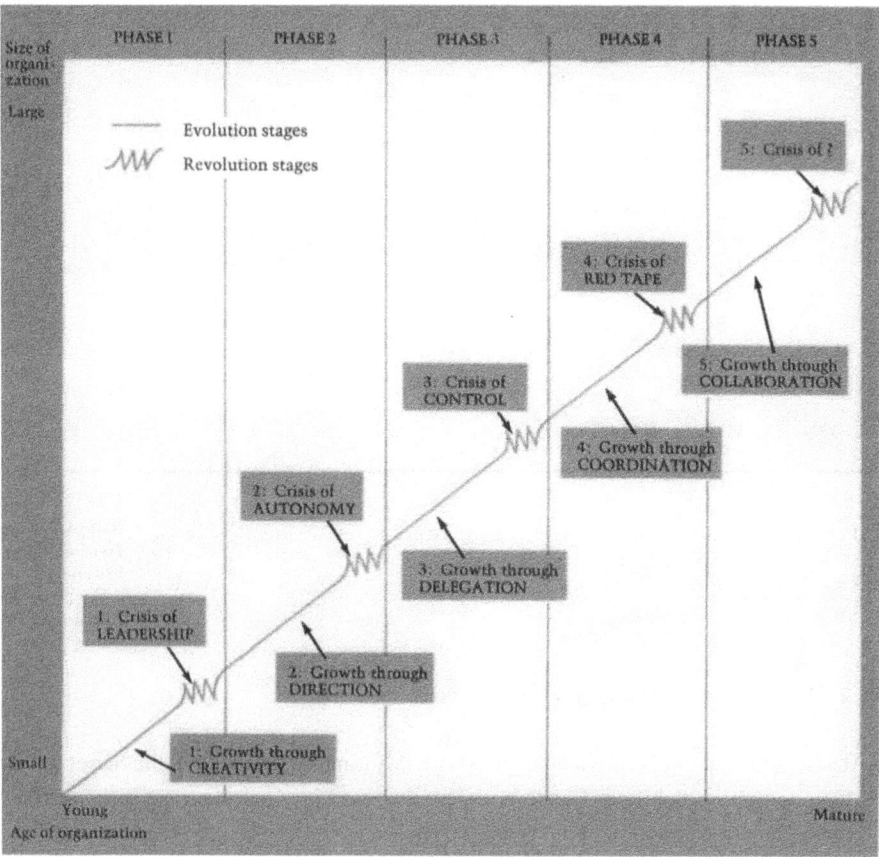

Abb. 2.15 Fünf Phasen unternehmerischen Wachstums. (Greiner 1972, S. 41)

Je nachdem, in welcher dieser Phasen sich ein Unternehmen befindet, sieht es sich anderen Herausforderungen gegenüber. Entsprechend sind auch bei der Bearbeitung der Managementaufgaben andere Schwerpunkte zu setzen (vgl. Glasl 2016).

Diese Einsicht wird auch von Greiner (1972) bestätigt, der in Abhängigkeit von Alter und Grösse einer Unternehmung interne Herausforderungen beschreibt, die typischerweise auftreten können und gelöst werden müssen, um eine nächste Wachstumsphase einleiten und damit eine weitere Entwicklung möglich machen zu können (vgl. Abb. 2.15).

Der innovativen Gründungs- und ersten Wachstumsphase („Wachstum durch Kreativität") folgt eine Führungskrise, da die Bewältigung von Wachstum z. B. nach Strukturen und Formalisierung von Kommunikation verlangt. Können die Gründer dies aufgrund mangelnder Managementkompetenz und -erfahrung nicht leisten, wird die Installation eines „strong manager" (Greiner 1972, S. 42) nötig, der die an Komplexität zunehmende Unternehmung zusammenhalten kann. Als Reaktion auf diese Formalisierung, Hierachisierung und Zentralisierung folgt früher oder später eine Autonomiekrise, die durch vermehrte Delegation und Dezentralisierung gelöst werden kann und eine weitere Wachstumsphase ermöglicht. Zu viel Delegation resultiert jedoch allmählich in einer Kontrollkrise, „as top executives sense that they are losing control over a highly diversified field operation" (Greiner 1972, S. 43). Um die Kontrolle zurückzugewinnen, schlägt das Pendel wieder in die Gegenrichtung und damit in Richtung verstärkter Koordination um. Auch wenn diese einen nächsten Schub von unternehmerischem Wachstum ermöglicht, nimmt als Konsequenz des Bemühens um Koordination jedoch auch die Zahl der Regeln und Vorschriften zu – was über kurz oder lang zu einer Büro-kratiekrise („Crisis of Red Tape") führt. Eine Unternehmung kann diese Krise durch die Förderung von Teamgeist und Kollaboration überwinden, die sozial-informelle Kontrolle und Selbstdisziplin über formale Kontrolle stellt und so den nächsten Wachstums-schub ermöglicht. Doch damit ist es nicht getan: Auch auf diese Phase folgt wieder eine Krise, die überwunden werden will. Nach Greiner (1972, S. 44) führt die Über-betonung von Teamwork dazu, dass die Mitglieder der Unternehmung „emotionally and physically exhausted by the intensity of teamwork and the heavy pressure for innovative solutions" werden. Die Lösung sieht Greiner (1972, S. 44) in der Etablierung von „new structures and programs that allow employees to periodically rest, reflect, and revitalize themselves". Nach der Logik von Greiners Modell folgt jeder unternehmerischen Ent-wicklungsphase somit natürlicherweise eine Krise. Denn: Was einst die Lösung einer mit dem Wachstum der Unternehmung einhergehenden Herausforderung war und Ent-wicklung ermöglicht hat, kreiert mit der Zeit neue Herausforderungen, die gelöst werden wollen – deren Lösung aber wieder Probleme zeigt. Gute Manager wissen, wo in diesem Kreislauf sich die von ihnen zu managende Unternehmung befindet.

Das letzte im Rahmen dieses Kapitels behandelte Kriterium ist die Situation bzw. *Bedrohungslage* der Unternehmung: Befindet sie sich in ruhigen Gewässern, zeichnet sich eine Krise (z. B. durch ein sich veränderndes Marktumfeld) ab oder steckt sie schon mitten in einer solchen? Nach Müller (1986, S. 53 ff.; vgl. Rüsen 2017, S. 54 f.) lassen sich mit zunehmendem Akutheitsgrad Strategiekrisen (Verlust von Marktanteilen), Erfolgskrisen (Umsatz- und/oder Ertragsrückgang) und Liquiditätskrisen (Liquiditätsprobleme und/ oder Überschuldung) unterscheiden. Dieses Wissen ist insofern wichtig für den Erfolg von Management, da mit zunehmender Ausprägung der Krisensymptome der Handlungsdruck steigt, während der Handlungsspielraum enger und der Wirkungshorizont der treffbaren Entscheidungen kurzfristiger wird. Diese Typisierungen sind in den letzten Jahrzehnten ein-geführt worden, weil sie sich für die Modellierung der Probleme, mögliche Management-aufgaben und Lösungen als hilfreich erwiesen haben. Daher sind sie hier aufgeführt, um als Denkkategorien neben Märkten, Strategien, Gesellschaft etc. präsent zu sein.

2.5   Kultur

Aus der Tatsache, dass Unternehmungen künstliche soziale Systeme sind, ergibt sich ein weiterer Aspekt, der zu berücksichtigen und zu verstehen ist, möchte man ein solches System managen: Jede Unternehmung besitzt eine Kultur – oder wie Silverzweig und Allen (1976, S. 33) es ausdrücken: „Whenever people come together over time they form a culture." Dass es eine Kultur besitzt, ist einem sozialen System meist bewusst.

Was diese jedoch in ihrem Kern ausmacht, wird den Mitgliedern des betreffenden sozialen Systems üblicherweise erst dann deutlich, wenn ihre Kultur mit einer anderen kontrastiert oder konfrontiert wird. Erst durch das Erleben eines Anderen schärft sich die Wahrnehmung des bis dahin unhinterfragten eigenen So-Seins.

Die Bedeutung der Kultur für Management kommt in dem – auf Peter Drucker zurück-geführten – Ausspruch zum Ausdruck, nach dem „culture eats strategy for breakfast". Kultur ist eine wesentliche Rahmenbedingung für Management. Die besten Strategien – genauso wie auch die besten Organisationspläne – haben schwerlich Aussicht auf Umsetzung und nachhaltigen Erfolg, wenn sie mit der Kultur eines Unternehmens über Kreuz liegen. Die Kultur stellt somit einen wichtigen Bestandteil des Unternehmungskonzepts dar.

Der Ausdruck „Kultur" leitet sich vom lateinischen Verb „colere" (deutsch: bearbeiten, pflegen, bewohnen) ab und bezeichnet im weitesten Sinne alles, was der Mensch selbst gestaltend hervorbringt – im Unterschied zu der von ihm nicht geschaffenen Natur. Im Kontext von Management ist unter Kultur jedoch in einem engeren Sinn ein System von kollektiv geteilten Annahmen zu verstehen, die das Zusammenleben und -wirken einer Gruppe von Personen leiten und die ursächlich dafür sind, dass die Personen sich ähnlich verhalten und handeln. Dies spiegelt sich in den Definitionen wieder, die den Begriff Unternehmenskultur zu fassen versuchen:

Was lernen wir aus der Managementliteratur?

„The culture of the factory is its customary and traditional way of thinking and doing things, which is shared to a greater or lesser degree by all its members, and which new members must learn, and at least partially accept, in order to be accepted into service in the firm." (Jacques 1951, S. 27)

„Die Unternehmenskultur umfasst das gesamte gewachsene Meinungs-, Norm- und Wert-gefüge, welches das Verhalten der Führungskräfte und Mitarbeiter prägt." (Pümpin 1984, S. 14)

„Culture is the set of important understandings (often unstated) that members of a community share in common." (Sathe 1983, S. 6)

„Organizational culture typically is defined as a complex set of values, beliefs, assumptions, and symbols that define the way in which a firm conducts its business." (Barney 1986, S. 667)

„Unternehmenskultur ist die Gesamtheit von geteilten Normen, Wertvorstellungen und Denkhaltungen, die das Verhalten von Mitarbeitern aller Stufen und damit das Erscheinungsbild einer Unternehmung prägen." (Kobi und Wüthrich 1986, S. 13, 34; vgl. Frey et al. 1984, S. 43; Pümpin et al. 1985, S. 8)

„Als Unternehmenskultur bezeichnet man die Gesamtheit von Normen, Wertvorstellungen und Denkhaltungen, welche das Verhalten aller Mitarbeiter und somit das Erscheinungsbild eines Unternehmens prägen." (Thommen 2002, S. 95)

„Organisationskultur ist die Gesamtheit der im Laufe der Zeit in einer Organisation ent-standenen und zu einem bestimmten Zeitpunkt wirksamen Wertvorstellungen, Verhaltens-formen (Normen), Überzeugungen und Einstellungen zu verstehen." (Vahs 2009, S. 125)

„Culture [...] is the collective programming of the mind that distinguishes the members of one group or category of people from others." (Hofstede et al. 2010, S. 6)

„Culture is the shared set of beliefs, values, and patterns of behaviour common to a group of people." (Schermerhorn 2013, S. 133)

„Organizational culture, sometimes called corporate culture, is a system of shared beliefs and values that develops within an organization and guides the behavior of its members." (Kinicki und Williams 2013, S. 228; cf. Robbins et al. 2013, S. 60)

„The term (organizational culture) is generally used to refer to assumptions, norms, and concerns shared by the people of an organization." (Laloux 2014, S. 225)

„Kultur im Kontext von Unternehmen ist das von einer Gruppe gemeinsam gehaltene Set an grundlegenden Überzeugungen, das für die Gruppe insgesamt typisch ist. Dieses Set an grundlegenden Überzeugungen beeinflusst Wahrnehmung, Denken, Handeln und Fühlen der Gruppenmitglieder und kann sich auch in deren Handlungen und Artefakten manifestieren." (Sackmann 2017, S. 42)

„The culture of a group can be defined as the accumulated shared learning of that group as it solves its problems of external adaptation and internal integration; which has worked well enough to be considered valid and, therefore, to be taught to new members as the correct way to perceive, think, feel, and behave in relation to those problems. This accumulated learning is a pattern or system of beliefs, values, and behavioral norms that come to be taken for granted as basic assumptions and eventually drop out of awareness." (Schein 2017, S. 6; vgl. 2009, S. 27)

„Die Organisationskultur umfasst alle Gewissheiten und symbolischen Bezugspunkte, an denen sich die Mitarbeitenden und andere Stakeholder im alltäglichen Handeln und Reden in einer selbstverständlichen Weise orientieren und darauf verlassen können." (Rüegg-Stürm und Grand 2019, S. 94; vgl. Rüegg-Stürm 2003, S. 55)

„Unternehmenskultur lässt sich definieren als die Menge der Gewohnheiten[23], in denen sich ein Unternehmen von seiner Umgebung unterscheidet. [...] Sie verdichten sich zu der »Persönlichkeit« oder dem »Charakter« eines Unternehmens." (Berner 2019, S. 17)

Wie diese Definitionen – trotz teils unterschiedlicher Schwerpunktsetzung – übereinstimmend aussagen, bezeichnet Kultur im Kern die Gesamtheit der in Bezug auf ihr Denken und Verhalten bezogenen Selbstverständlichkeiten einer Gruppe von Personen. Die Kultur einer Unternehmung ist somit ein kollektives Phänomen; sie ist nicht Eigenschaft einer individuellen Person, sondern „property of a group" (Schein 2009, S. 18). Als solches „drückt (sie) das für eine Gruppe Typische und das Wesentliche einer Gruppe aus und ist nie nur Bestandteil einer Einzelperson" (Sackmann 2017, S. 43). Dies hat für die Analyse, aber auch die Gestaltung der Kultur einer Unternehmung

---

[23]Auch wenn der Ausdruck leicht anders verstanden werden kann, so versteht Berner unter „Gewohnheiten" die „Grundannahmen und Überzeugungen, die das Verhalten des Unternehmens prägen" (2019, S. 17).

wichtige Implikationen: Die Kultur eines sozialen Systems kann nicht auf Basis von Aussagen einzelner Exponenten des Systems verstanden werden; es bedarf vielmehr der sich horizontal über alle Bereiche und vertikal über alle Hierarchieebenen erstreckenden Erhebung von Datenpunkten. Analog dazu kann Kultur nur verändert werden, wenn die Veränderung im Kollektiv verankert wird; die Veränderung einzelner Personen reicht nicht aus.

Dies bedeutet im Umkehrschluss, dass Kultur erlernt werden kann. Personen, die neu zu einer Unternehmung stossen, nehmen deren Kultur vor allem über Vorbildlernen auf. Die Vermittlung von Kultur erfolgt eher informell und inoffiziell über die Beobachtung der tatsächlich gelebten Kultur als über die Bekundung von Wertvorstellungen in Form von Leitbildern und Kodices.

Kultur ist jedoch auch insofern individuell, als dass jede Unternehmung eine in ihrer Komplexität einzigartige Kultur aufweist. Eine Kultur entsteht nicht über Nacht. Sie ist das Ergebnis eines langjährigen Entwicklungsprozesses sowie des Zusammenspiels einer Vielzahl unternehmungsinterner und -externer Faktoren und weist entsprechend eine Trägheit auf, die sie gegen eine kurzfristige revolutionäre Veränderung immunisiert. Die Veränderung von Kultur setzt die Veränderung des Wertgefüges einer Vielzahl von Personen voraus, die zudem vertraute Verhaltensweisen anpassen oder gar aufgeben müssen. Aufgrund ihrer Entstehungsdauer und ihrer verhaltensprägenden Wirkung stellt Kultur somit ein bedeutendes Fundament bzw. eine bedeutende Ressource der unternehmerischen Tätigkeit dar. Als Orientierungsgrösse ermöglicht sie einheitliches Handeln und birgt motivationale bzw. sinnstiftende Potentiale. Des Weiteren wirkt Kultur identitätsstiftend. Die von einer Gruppe von Personen gemeinsam gehaltenen grundlegenden Überzeugungen bestimmen die Grenzen dieser Gruppe mit und positionieren sie damit auch in ihrer Umwelt: „Sie bestimmen, wer zur „Ingroup" und wer zur „Outgroup" gehört. Sie helfen der Gruppe, sich gegenüber anders Denkenden und Handelnden abzugrenzen und damit gleichzeitig Identität zu schaffen." (Sackmann 2017, S. 43)

2.5.1   Drei Ebenen von Kultur

Kultur besteht jedoch nicht nur aus den Grundannahmen eines sozialen Systems. Die der direkten Beobachtung nicht zugänglichen Grundannahmen und grundlegenden Überzeugungen eines sozialen Systems finden ihren Ausdruck in den von diesem System bekundeten Wertvorstellungen und Überzeugungen und manifestieren sich darüber hinaus in einer Vielzahl von sichtbaren Artefakten.

Gemäss diesem Verständnis von Kultur kann die Kultur eines sozialen Systems auf drei Ebenen analysiert werden, die sich hinsichtlich der Sicht- und Wahrnehmbarkeit des ihnen jeweils zugeordneten kulturellen Phänomens unterscheiden (vgl. Schein 2017, S. 18; 2009, S. 21):

- Ebene der Artefakte („artifacts")
- Ebene der bekundeten Werte und Überzeugungen („espoused beliefs and values")
- Ebene der Grundannahmen („basic underlying assumptions")

Die Ebene der Artefakte

Die Ebene der Artefakte „includes all the phenomena that you would see, hear, and feel when you encounter a new group with an unfamiliar culture" (Schein 2017, S. 17; vgl. 2009, S. 22). Die Artefakte sind das, was einem Besucher oder Neuling auffällt, wenn sie einen Rundgang durch ein Unternehmen machen. Zu den Artefakten – oder, wie Pümpin et al. (1985, S. 11) sie nennen, „Symptome" bzw. „Erscheinungsformen des verhaltensprägend wirkenden Normen- und Wertgefüges" – gehören nicht nur alle von Menschen erschaffenen Gegenstände innerhalb eines sozialen Systems, sondern auch das beobachtbare verbale und nonverbale Verhalten der Mitglieder dieses Systems. Entsprechend umfassen die Artefakte einer Kultur die in einem sozialen System beobachtbaren Handlungsmuster, Traditionen und Kommunikationsgewohnheiten, Publikationen (Webseite, etc.), Berufskleidung, Arbeitszeiten, Strukturen und Prozesse (u. U. festgehalten in Handbüchern oder Reglementen), Schilder, Hausordnungen und Hinweistafeln, aber auch die Art des Humors, „the architecture of its physical environment; its language; its technology and products; its artistic creations; its style, as embodied in clothing, manners of address, and emotional displays; its myths and stories told about the organization; its published lists of values; and its observable rituals and ceremonies" (Schein 2017, S. 17; vgl. Sackmann 2017, S. 45 ff.; Wunderer 2011, S. 159 ff.). Die artefaktische Dimension der Kultur eines sozialen Systems manifestiert sich zudem „z. B. in der Architektur und Raumplanung (Eingangsbereich, Produktionsgebäude, Büros), in der Parkplatzordnung, in Artefakten wie der Firmenflagge oder einem dreidimensionalen Firmenlogo, das nachts über die Stadt strahlt" (Rüegg-Stürm und Grand 2019, S. 93). Sichtbar wird Kultur aber auch in Artefakten und Handlungen mit symbolischer Bedeutung, wie Wertschätzungs- und Beförderungsritualen oder der Nachwuchs- und Kaderselektion. Für Pümpin et al. (1985, S. 11; vgl. Kobi und Wüthrich 1986, S. 68) sind darüber hinaus auch die Art und Weise, wie über Kunden gesprochen wird, das Sitzungsverhalten, aber auch die Aufmachung und Gestaltung von Dokumenten und die Freundlichkeit der Mitarbeiter Artefakte der Unternehmungskultur.

Letzten Endes kann alles, was ein soziales System tut und wie es sich gibt, als Artefakt seiner Kultur verstanden werden. Vereinfacht gesprochen umfasst die Ebene der Artefakte somit das beobachtbare Verhalten bzw. die in selbstverständlicher Art und Weise an den Tag gelegten Verhaltensweisen und die gemeinhin akzeptierten Festlegungen/Entscheidungen kurz- und mittelfristiger Natur (inkl. seiner Organisation) sowie deren vielfältige materielle Manifestationen. Doch diese Artefakte sind nur

Symptom, nicht der Kern einer Kultur. Um zu diesem Kern zu gelangen, müssen wir uns die weiteren Ebenen hinabarbeiten.

Die Ebene der bekundeten Werte und Überzeugungen

Unter der Ebene der Artefakte liegt als zweite Ebene der Kultur die Ebene der bekundeten Werte, Standards und Überzeugungen („espoused beliefs and values"). Diese Ebene umfasst die kollektiv geteilten Werte und Überzeugungen („shared values and beliefs"), die ein soziales System als Leitlinien dafür betrachtet, wie die Dinge sein und Personen sich verhalten sollten. Diese Kulturebene beantwortet die Frage, wieso die Artefakte so ausgestaltet sind, wie sie sind. Diese Verhaltensmaximen bzw. -standards finden in Unternehmen ihren Ausdruck vor allem in Teilen seines strategischen Ziel-systems, aber vor allem in dessen normativem Zielsystem und hier insbesondere in der Management- und Unternehmensphilosophie. Einsicht in die zweite Ebene der Kultur lässt sich üblicherweise aus Gesprächen mit Angehörigen der Unternehmung oder aus dem Studium offizieller Dokumente gewinnen, die explizit Aussagen über die Werte, Prinzipien, Ethik, Mission und/oder Vision der Unternehmung machen. Einen Bei-trag zum Verständnis der zweiten Kulturebene bieten des Weiteren auch die von einem sozialen System als Vorbilder bzw. „Helden" betrachteten Personen, d. h. „persons, alive or dead, real or imaginary, who possess characteristics that are highly prized in a culture and thus serve as models for behavior" (Hofstede et al. 2010, S. 8; vgl. Kobi und Wüthrich 1986, S. 31).

Auch wenn dies auf erstere in einem höheren Grade zutrifft als auf zweitere, sind sowohl die Artefakt-Ebene als auch die Werte-Ebene der Kultur der Beobachtung zugänglich. Beobachtung bedeutet jedoch nicht automatisch Verstehen. Die oberen beiden Kulture ebenen sind zwar sichtbar, aber nicht unbedingt einsichtig, d. h. müssen erst entschlüsselt werden. Um zu verstehen, warum die Ebenen so ausgestaltet sind, wie sie ausgestaltet sind, bedarf es des Wissens um eine noch tieferliegende Ebene der Kultur.

> „If you do not decipher the pattern of basic assumptions that may be operating, you will not know how to interpret the artifacts correctly or how much credence to give to the espoused values. In other words, the essence of a culture lies in the pattern of basic underlying assumptions, and after you understand those, you can easily understand the other more surface levels and deal appropriately with them." (Schein 2010, S. 32)

Während die Ebene der bekundeten Werte also verstehen hilft, warum die Ebene der Artefakte sich so darstellt, wie sie sich darstellt, kann das Warum der Ebene der bekundeten Werte nur durch Rekurs auf eine ihr zugrunde liegende – und die damit zugleich grundlegendste – Ebene der Kultur erschlossen werden. Das Wissen um diese dritte Ebene der Kultur hilft des Weiteren beim Verständnis allfälliger Inkonsistenzen zwischen der Ebene der Artefakte und der Ebene der bekundeten Werte.

Die Ebene der Grundannahmen

Die grundlegende Ebene und damit der existenzielle Kern der Kultur besteht aus den sogenannten Grundannahmen, d. h. den „taken-for-granted, nonnegotiable beliefs, values, and behavioral assumptions" (Schein 2017, S. 10). Als eine Art gemeinsam geteilte Weltanschauung sind sie der eigentliche „soziale Kleber", der soziale Systeme zusammenhält und funktionieren lässt. Die Grundannahmen beziehen sich auf grundlegende Aspekte des menschlichen Lebens, wie z. B. „the nature of time and space; human nature and human activities; the nature of truth and how we discover it; the correct way for the individual and the group to relate to each other; the relative importance of work, family, and self-development; the proper role of men and women; and the nature of the family" (Schein 2017, S. 25; vgl. 2009, S. 40). Diese Grundannahmen decken sich mit den Fundamentalannahmen („value orientations") von Kluckhohn und Strodtbeck (1961):[24]

- Wesen und Natur des Menschen: böse – neutral – gut – Mischung aus gut und böse („mixed"); veränderbar – nicht veränderbar[25]
- Beziehung des Menschen zur Natur: Mensch der Natur unterworfen („submission") – Mensch in Harmonie mit Natur („harmony") – Mensch Herrscher über Natur („mastery")
- Zeitfokus: Vergangenheit – Gegenwart – Zukunft
- Beschaffenheit zwischenmenschlicher Beziehungen: Autorität/Hierachie – Konsens/ Gleichberechtigt – Individualistisch
- Motivation für Verhalten: Sein („being") – Wachstum („becoming") – Leistung („doing")

Als grundlegende Orientierungs- und Verhaltensmuster beeinflussen die Grundannahmen meist unbewusst die Wahrnehmung und letztlich auch das Handeln der Mitglieder eines sozialen Systems. Diese langfristig konstanten Grundprämissen des Verhaltens sind so stark in den Köpfen der Mitglieder des sozialen Systems verankert, dass sie normalerweise nicht hinterfragt und reflektiert werden. Sie sind tendenziell „non-confrontable and

---

[24]Weitere Versuche, die Ebene der kulturellen Grundannahmen zu operationalisieren, finden sich in Hills (2002) oder Schwartz (2006).

[25]Diese Annahme findet ihren Niederschlag für das Management in den von McGregor (1957, 1960) „Theory Y" und „Theory X" genannten Menschenbildern. Theorie X geht davon aus, dass der Durchschnittsmensch und damit auch -mitarbeiter von Natur aus 1) faul ist und so wenig wie möglich arbeitet, 2) nicht ambitiös ist, Verantwortung scheut und sich lieber führen lässt, 3) egozentrisch und gleichgültig gegenüber organisatorischen Bedürfnissen ist, 4) sich gegen Veränderungen sträubt und 5) gutgläubig sowie nicht sehr klug ist und leicht zum Opfer von Scharlatanen und Demagogen wird. Theorie Y geht davon aus, dass der Mensch die Motivation, das Entwicklungspotenzial, die Fähigkeit zur Übernahme von Verantwortung sowie die Bereitschaft, sein Verhalten auf die Ziele der Organisation auszurichten, in sich trägt.

non-debatable, and hence are extremely difficult to change" (Schein 2017, S. 22). Diese „Nichthinterfragbarkeit" der Grundprämissen ist auch häufig der Grund für kulturelle Konflikte: Andere Grundannahmen, die den schon bestehenden widersprechen oder sie infrage stellen, werden einfach nicht akzeptiert. Hierin liegt auch der Grund, weswegen Kultur zwar nicht als statisch, aber doch nur langsam und graduell veränderbar ist – was am einfachsten nicht direkt über die Veränderung der Überzeugungen geschieht, sondern über eine Veränderung der Rahmenbedingen, die geändertes Verhalten sinnvoll und attraktiv macht.[26]

Wenn wir gemeinhin von „Kultur" sprechen, dann beziehen wir uns meistens nur auf die ersten beiden Ebenen des hier dargelegten Kulturmodells. Der Kern einer Kultur – „the "essence" of what we mean be culture" (Schein 2017, S. 10) – und dessen eigentlicher Bestimmungsgrund besteht jedoch in den Grundannahmen, die den beiden obersten Ebenen zugrunde liegen, diese implizit durchwirken und auf der ersten und zweiten Ebene der Kultur in materialisierter Form sichtbar werden. Die erste Ebene der Kultur macht eine Aussage darüber, was die Mitglieder einer Unternehmung tun; die zweite Ebene beschreibt, was sie sagen, dass sie tun bzw. tun wollen; aber erst die dritte Ebene expliziert, wieso sie tun, was sie tun.

Eine Kultur kann somit nur dann verstanden werden, wenn diese Grundannahmen expliziert und verstanden werden. Das Wesentliche der Kultur ist unter einem Schleier des Unbewusstseins verborgen, der sich der einfachen Beobachtung entzieht und bewusst gelüftet werden muss. Diese Tatsache ist in der nachfolgenden Darstellung (vgl. Abb. 2.16), welche das bisher Gesagte zusammenfasst, durch die Metapher des Baumes[27] angedeutet, dessen Kraft aus seinen Wurzeln kommt und der ohne diese umfällt und stirbt.

Die Kultur eines sozialen Systems ist das Ergebnis eines der bewussten Steuerung nur teilweise zugänglichen Entwicklungsprozesses. Im Laufe dieses Prozesses wird die Kultur hierbei „more of a cause than an effect" (Schein 2017, S. 351). Während sich die Kultur zunächst aus der Art und Weise herausbildet, wie sich die Mitglieder des sozialen Systems verhalten, beeinflusst sie je länger je mehr ihr Verhalten – und wird dabei jedoch immer auch selbst weiter beeinflusst. Zwischen den Ebenen besteht somit eine zirkuläre Logik: Die tieferliegenden Ebenen finden ihren Ausdruck, d. h. werden konkret

---

[26]Wie Berner (2019, S. 65 ff.) darlegt, haben unsere Einstellungen durchaus und wesentlichen Einfluss auf unser Verhalten, doch wirkt diese Kausalität auch in die andere Richtung: Wir passen unsere Überzeugungen manchmal auch schleichend und unbewusst unserem Verhalten an…

[27]Anstelle der Metapher des Baumes findet sich nicht selten auch die Metapher des Eisbergs: „Die Unternehmenskultur ist mit einem Eisberg zu vergleichen. Nur der kleinere Teil ist sichtbar." (Kobi und Wüthrich 1986, S. 73) Der eigentliche Kern der Kultur ist „höchstens verschwommen erkennbar – eben wie wenn man auf etwas unter Wasser blickt" (Sagmeister 2016, S. 9).

Als weitere Alternative findet sich auch die Metapher eines Seerosenteichs (vgl. Schein 2017, S. 25). Die Blüten und Blätter der Seerosen an der Wasseroberfläche symbolisieren in diesem Bild die Artefakte, die von den Blüten und Blättern verdeckten Stengel und im Boden des Teichs steckenden Wurzeln der Seerosen die unsichtbaren Elemente von Kultur.

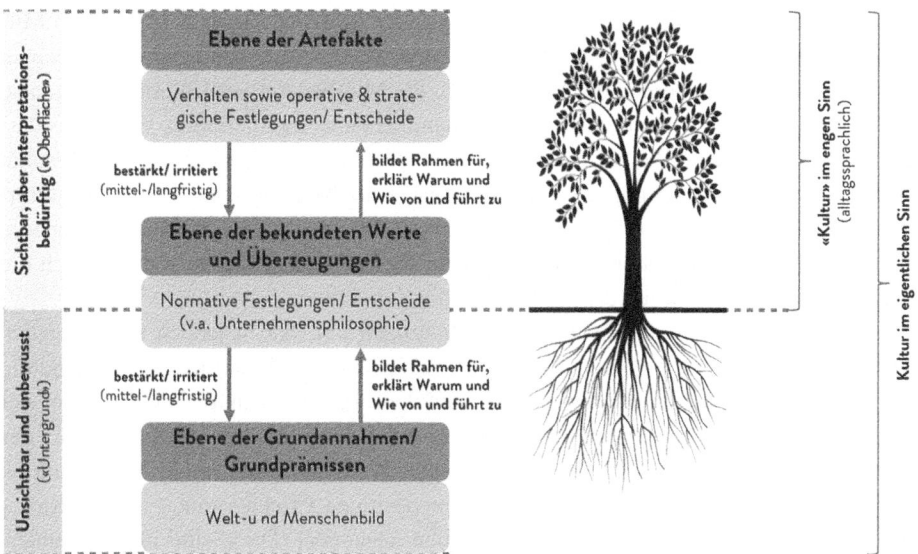

Abb. 2.16 Kultur und ihre Ebenen

greifbar in, und helfen das Warum und Wie der über ihnen liegenden Ebene zu verstehen. Während die Grundprämissen einen mehr oder weniger direkten Einfluss auf die Ausgestaltung der Ebene der Artefakte haben, können jedoch auch die Artefakte einen – wohl nur mittel- bis langfristig wirksamen – Einfluss auf die Ebene der Grundannahmen haben. Kultur ist somit sowohl der Rahmen als auch das Resultat des Verhaltens eines sozialen Systems.

Wie Steinmann und Schreyögg (2005, S. 723 f.) darlegen, können zur Beantwortung der Frage, ob eine Kultur „stark" oder „schwach" ist, im Wesentlichen die drei folgenden Kriterien herangezogen werden: Prägnanz, Verbreitungsgrad, Verankerungstiefe. Die Prägnanz einer Kultur macht eine Aussage darüber, wie klar die Grundannahmen sind, die der Kultur zugrunde liegen. In starken Unternehmungskulturen sind die Grundannahmen so deutlich ausgeprägt, dass die einzelnen Personen ihr Handeln daran ausrichten können. Dies setzt zum einen voraus, dass das Gefüge der Grundannahmen in sich konsistent ist. Zudem sollte es umfassend genug sein, um das Verhalten der Mitglieder des sozialen Systems nicht nur in einigen speziellen, sondern möglichst vielen Situationen leiten zu können. In diesem Zusammenhang ist des Weiteren auch die Begeisterungskraft der Kulturinhalte bedeutsam, d. h. inwieweit letztere Enthusiasmus und Engagement auslösen. Der Verbreitungsgrad einer Kultur stellt auf das Ausmass ab, in dem die Organisationsmitglieder die Kultur teilen. Es ist somit die quantitative Massgrösse des Anteils der Personen, die die in der Kultur zusammengefassten Grundannahmen teilen. Eine schwache Unternehmungskultur zeichnet sich dadurch aus, dass die Mitglieder der Unternehmung sich an unterschiedlichen Grundannahmen orientieren.

Eine starke Kultur hingegen wird von einem grossen Teil und allenfalls sogar allen Mitgliedern einer Unternehmung geteilt. Das Kriterium der Verankerungstiefe bezeichnet den Grad der Internalisierung der Kultur durch die Mitglieder einer Unternehmung, also den Grad, zu dem die Kultur einen selbstverständlichen Bestandteil ihres Verhaltens darstellt. Worum es hier geht, ist nicht Verhalten, dessen Kulturkonformität das Resultat einer kalkulierten Anpassung ist. Verankert ist eine Kultur dann, wenn das kulturkonforme Verhalten nicht nur vordergründig übernommen, sondern Ausfluss der inneren Überzeugung der Handelnden ist. Zur Verankerungstiefe gehört zu guter Letzt auch die Persistenz, d. h. die Stabilität der Kultur über die Zeit hinweg.

Starke Kulturen weisen eine Reihe von Vorzügen auf, haben jedoch auch negative Effekte (vgl. Steinmann und Schreyögg 2005, S. 728 f.). Auf der positiven Seite sind die Erhöhung der Handlungsorientierung, der Effizienz der internen Kommunikation, der Geschwindigkeit der Entscheidungsfindung und Implementation, der Motivation, des Teamgeists und der Loyalität, der Stabilität und Zuverlässigkeit sowie die Reduktion des Kontrollaufwands zu verzeichnen. Diesen positiven Effekten einer starken Kultur stehen gleichrangig eine Reihe von Nachteilen gegenüber. Diese sind im Kern unterschiedliche Facetten desselben Problems, nämlich der Starrheit und mangelnden Anpassungsfähigkeit starker Kulturen, die sich in einer Tendenz zur Abschliessung, der Blockierung von Veränderungen und des Aufbaus von Umsetzungsbarrieren äussern können. Des Weiteren tendieren starke Kulturen zu Konformität und dazu, konträre Meinungen, Bedenken etc. zurückzustellen. Durch diesen Mangel an Selbstreflexion wird organisationales exploratives Lernen erschwert.

2.5.2   Gesamtkultur und Subkulturen

Bisher war immer die Rede von „der" Kultur eines sozialen Systems. In der Realität ist dieser Ausdruck zwar in gewisser Weise zutreffend, muss aber dahin gehend relativiert werden, dass die Kultur z. B. eines Unternehmens kein Monolith ist. Von „der" Kultur einer Unternehmung zu sprechen ist eine Vereinfachung, bei der wir eine Art „gedanklichen Mittelwert" (Berner 2019, S. 41) bilden. Die Kultur einer Unternehmung ist jedoch vielschichtig. Innerhalb einer Kultur können und bilden sich – und die Wahrscheinlichkeit hierfür steigt mit zunehmender Unternehmungsgrösse – faktisch mehrere Subkulturen aus. Während die Gesamtkultur die von allen Mitgliedern des Systems getragenen Überzeugungen umfasst, gelten Subkulturen nur für einen bestimmten Teil dieser Personen.

Wie Sackmann (2017, S. 82) darlegt, bildet sich innerhalb eines sozialen Systems desto eher eine Subkultur heraus, „je häufiger und intensiver eine Gruppe von Menschen zusammen und dabei getrennt von anderen Gruppen arbeitet". In Unternehmungen können sich Subkulturen z. B. nach Funktionszugehörigkeit (Marketing, Vertrieb, Entwicklung, etc.), Dauer der Betriebszugehörigkeit (langjährige Mitarbeiter vs. Neulinge),

Zugehörigkeit zu einer professionellen Gruppe (Ingenieure, Ärzte, Krankenschwestern, Psychotherapeuten, etc.), Geschlecht (männlich – weiblich), Alter (Generationen, junge – ältere Mitarbeiter), Erfahrung (wenig Erfahrung – viel Erfahrung), ethnischer Zugehörigkeit und/oder Religionszugehörigkeit bilden (vgl. Sackmann 2017, S. 82 f.).

Gegen die Entwicklung und Existenz solcher Subkulturen ist an sich nichts einzuwenden und diese zunächst einmal neutral zu betrachten. Die Entstehung von Subkulturen als Kultur der Subsysteme eines Systems ist in Teilen sogar notwendig, da eine Controlling-Abteilung eben (hoffentlich) anders „tickt" als der Vertrieb. Erst das Verhältnis der Subkulturen zueinander, aber vor allem auch zur Kultur des Gesamtsystems entscheidet darüber, ob ihre Existenz förderlich/komplementär, neutral/indifferent oder gar hinderlich/subversiv bzw. substitutiv sind. Problematisch wird es, wenn die Subkulturen auf der Ebene der bekundeten Werte und Überzeugungen und/oder auf der Ebene der Grundannahmen ihre Kompatibilität mit der Gesamtkultur oder anderen Subkulturen verlieren und so Gegenkulturen werden. In einer solchen Situation ist realistischerweise ein gedeihliches Miteinander auf Dauer nicht möglich: „Zum ernsthaften Problem wird die Entwicklung von Subkulturen nämlich dann, wenn sie nicht unter dem Dach der Gesamtunternehmenskultur stattfindet. Dann schaden diese Gebilde der Gesundheit des Ganzen, weil sie beispielsweise nicht an einem Strang ziehen oder sich in Silos abkapseln." (Sagmeister 2016, S. 61)

Wie Kobi und Wüthrich (1986, S. 93; vgl. Pümpin et al. 1985, S. 29) anmerken, bildet „eine starke Gesamtkultur […] einen Schirm über die vorhandenen Subkulturen". Um Desintegration zu verhindern und Konsistenz zu fördern ist es wichtig, dass die wesentlichen Überzeugungen der Gesamtkultur sich wie ein roter Faden durch die Subkulturen ziehen, d. h. allgemein bekannt und getragen sowie im täglichen Handeln überall erkennbar sind.

Wenn wir uns die Kultur eines Unternehmens wie eine Sprache vorstellen, die von einer bestimmten Gruppe von Personen gesprochen wird, dann wären die Subkulturen soz. die Dialekte dieser Sprache. Was man sagt, klingt zwar leicht anderes, aber man versteht sich, da man die gleichen grammatikalischen Regeln besitzt. Entwickelt ein Dialekt jedoch seine eigene Grammatik, definiert Worte neu oder führt einen neuen Wortschatz ein, dann wird der Dialekt für den Rest der Sprachgemeinschaft unverständlich – der Dialekt steht in diesem Fall vor der Wahl, den Rest der Sprache in seinem Sinne zu ändern, sich selbst zu ändern oder aus dem Sprachraum auszuscheiden.

In diesem Zusammenhang sei noch angemerkt, dass die Kultur einer Unternehmung als Subkultur der Gesamtkultur der Gesellschaft betrachtet werden kann, in die die Unternehmung eingebettet ist. Im Vergleich zur Kultur ganzer Kulturräume, die als Makrokulturen bezeichnet werden, sind Unternehmungskulturen Mikrokulturen.

2.5.3   Analyse von Unternehmungskultur

Die Kultur eines sozialen Systems kann mithilfe einer Reihe von Instrumenten analysiert werden (vgl. Pümpin et al. 1985, S. 30; Kobi und Wüthrich 1986, S. 75; Sackmann 2017, S. 213 ff.):

- Dokumentenanalyse[28]
- Firmenrundgang[29]
- (anonym auszufüllender) standardisierter Fragebogen, mit Fragen v. a. zur Grundorientierung der Unternehmungskultur, unternehmerischen Leitideen, Haupstärken und -schwächen der Unternehmung, Zusammenarbeit, Information/Kommunikation, Merkmale des typischen Mitarbeiters, Karrieremechanismen, Betriebsklima, Bild der Führungspersonen sowie statistischen Angaben
- Sitzungsbeobachtung (Inhalts- und Interaktionsanalyse)
- Gruppeninterviews/Workshops
- Einzelgespräche bzw. strukturierte Einzelinterviews

Die Instrumente lassen sich anhand der Frage kategorisieren, ob die Daten extra für den Analysezweck generiert werden oder unabhängig von der konkreten Analyse bereits vorliegen oder sowieso generiert werden; erstere können als „provozierte", zweitere als „natürliche" Methoden der Datengewinnung bezeichnet werden. Provozierte Methoden – also z. B. Interviews, Fragebögen, Workshops oder auch Experimente – haben den Nachteil bzw. laufen Gefahr, die Ergebnisse der Analyse durch den Analysevorgang selbst zu beeinflussen und allenfalls zu verfälschen. Gerade bei quantitativ angelegten Umfragen ergeben sich zudem spezifische Probleme (vgl. Schein 2017, S. 274 f.), aufgrund derer Vorsicht vielleicht nicht so sehr bei der Anwendung, aber vor allem bei der Interpretation der Ergebnisse dieses Instruments geboten ist: So können die Befragten die Fragen falsch verstehen oder anders interpretieren; sie können nicht motiviert sein, ehrlich zu antworten; und zudem kann die Stichprobe der Befragten allenfalls nicht repräsentativ sein.

Die Erfassung einer Unternehmungskultur beginnt immer bei den sichtbaren Elementen einer Kultur. Da diese nicht inkulturiert und somit objektiver sein können, ist es von Vorteil, für die Analyse der Kultur einer Unternehmung externe Personen einzusetzen. Während die ersten beiden Instrumente einen ersten Eindruck in die Kultur des Unternehmens vermitteln und es erlauben, gezielt Schwerpunkte für weitere Unter-

---

[28]Eine Checkliste für die Dokumentenanalyse findet sich beispielhaft in Kobi und Wüthrich (1986, S. 77).

[29]Eine Checkliste bzw. Beobachtungsleitfaden für einen Firmenrundgang findet sich beispielhaft in Kobi und Wüthrich (1986, S. 79 f.) oder Sackmann (2017, S. 220).

suchung zu setzen, bilden Einzelgespräche den eigentlichen und wesentlichen Kern der Analyse. Die Sitzungsbeobachtung weist drei Bestandteile auf: die Interaktionsanalyse, die Inhaltsanalyse und die Analyse ritueller und symbolischer Handlungen. Erstere registriert „die Häufigkeit der Interaktionen zwischen den einzelnen Sitzungsteilnehmern […] und speziell […], wer wem widerspricht, wer wen unterbricht, wer schweigt, wer mit Killerphrasen reagiert usw." (Kobi und Wüthrich 1986, S. 85). Zweitere analysiert z. B. Traktanden, Zeitanteile und interessierte/desinteressierte Personen. Die Analyse ritueller und symbolischer Handlungen betrifft z. B. Sitzordnung, Sitzungsrituale, Mimik/Gestik, Atmosphäre, Kritik- und Konfliktverhalten. Die oben aufgeführten Diagnoseinstrumente können mit einer Reihe zusätzlicher Erhebungen ergänzt werden, wie z. B. einer Kunden- und/oder Lieferantenbefragung, der Teilnahme an einer Kundentagung, der Teilnahme an Einstellungsgesprächen oder der Analyse eines versandeten oder gescheiterten Projekts.

Bei der Analyse der Kultur sollte zudem diagnostiziert werden, durch wen oder was die Kultur geprägt wird, seien es einzelne oder Gruppen von Personen, das unternehmerische Aktivitätsfeld (z. B. Märkte, Branche, Technologien, Kunden), Stakeholder, eine allfällige Muttergesellschaft, das geografische Umfeld, der Entwicklungsstatus oder auch vergangene Erfolge. Kultur prägt Menschen, wird aber auch durch Menschen geprägt: „Es ist einleuchtend, dass eine Kultur davon abhängt, wer überhaupt Teil der Kultur ist." (Sagmeister 2016, S. 32) Bei der Analyse des IST-Zustands einer Unternehmungskultur ist des Weiteren die Übereinstimmung der Kultur mit Mission, Vision und strategischem Zielsystem der betreffenden Unternehmung zu prüfen. Wie Kobi und Wüthrich (1986, S. 57) darlegen, bildet die Kultur einer Unternehmung „die eigentliche Quelle der strategischen Stoßkraft. Nur wenn es gelingt, die Ausprägungen der Unternehmenskultur mit den Erfordernissen der Strategie in Einklang zu bringen, kann die Kraft erzeugt werden, die nötig ist, um die mit jeder strategischen Neuorientierung verbundenen Veränderungen zu realisieren." Voraussetzung für unternehmerischen Erfolg sind somit eine strategiekonforme Unternehmungskultur und eine unternehmenskulturkonforme Strategie.

Wie lassen sich einmal gesammelten Ergebnisse der Analysearbeit und damit die Kultur eines Unternehmens aber konkret kategorisieren? In der Literatur finden sich zum Zwecke der Beschreibung der Kultur einer Unternehmung eine Reihe von Dimensionen und Modellen:

- Kobi und Wüthrich (1986, S. 91, 138 ff.; vgl. Pümpin et al. 1985, S. 42 f.) versuchen Unternehmenskultur mithilfe der sieben Dimensionen Kundenorientierung, Mitarbeiterorientierung, Resultats- und Leistungsorientierung, Innovationsorientierung, Kostenorientierung, Unternehmensorientierung, Technologieorientierung zu erfassen, die jeweils schwach bis stark ausgeprägt sein können.
- Hofstede et al. (2010, S. 353 ff.) verwenden die jeweils ein Kontinuum aufspannenden sechs Kategorien „means oriented vs. goal oriented", „internally driven vs. externally driven", „easy going work discipline vs. strict work discipline", „local vs. professional", „open system vs. closed system" und „employee oriented vs. work-oriented".

- Ein bekannte, aber nur zweidimensionale Beschreibung der Kultur einer Unternehmung findet sich in Deal und Kennedy (1982, S. 107 ff.). Diese unterscheiden auf Basis der Ausprägung der Merkmale „Risikoneigung" (Ausmass des im Rahmen von geschäftlichen Aktivitäten eingegangenen Risikos) und „Geschwindigkeit des Feedbacks" (v. a. vonseiten des Markts, auf Erfolg/Misserfolg von Strategien und Entscheidungen) zwischen vier Arten von Unternehmenskulturen: Risiko-Kulturen („bet-your-company culture"), Prozesskultur/Bürokratie („process culture"), Star-Kulturen („tough-guy/macho culture"), Harte-Arbeit-viel-Spass-Kulturen („work hard/play hard culture").

- Handy (1995, S. 13 ff., 1999, S. 181 ff.) argumentiert, dass die Kultur einer Unternehmung einer von vier altgriechischen Gottheiten zugeordnet werden kann. In Abhängigkeit der Ausprägung der beiden Kriterien „Formalisierung" und „Zentralisierung" differenziert Handy zwischen Machtkulturen („power culture"), Rollenkulturen („role culture"), Aufgabenkulturen („task culture") und Personenkulturen („person culture"), die sich aufgrund ihrer jeweiligen Eigenschaften mit Zeus (Macht, Patriarchat), Apollo (Ordnung, Vernunft und Bürokratie), Athene (Erfahrung, Weisheit, Leistungs- und Verdienstprinzip) oder Dionysus (Individualismus, Freiheit) identifizieren lassen.

- Bleicher (1991, S. 747 ff.) beschreibt die Kultur von Unternehmungen anhand der acht Dimensionen „geschlossen, binnenorientiert vs. offen und aussenorientiert", „änderungsfeindlich vs. änderungsfreundlich", „spitzenorientiert vs. basisorientiert", „einheitskulturell geprägt vs. subkulturell geprägt", „instrumentell orientiert vs. entwicklungsorientiert", „kostenorientiert vs. nutzenorientiert", „Mitarbeiter als Mitglieder oder Akteure" und „kollektiv geprägt oder individuell geprägt".

- Goffee und Jones (2003, S. 22 ff.; vgl. 1996) identifizieren anhand der beiden Variablen Solidarität („solidarity"), d. h. der „collective determination to succeed against the odds" (Goffee und Jones 2003, S. xii), und Zusammengehörigkeit („sociability"), d. h. „the friendliness among members of a community" (Goffee und Jones 2003, S. 24), vier Typen von Kulturen: Fragmentierte Kulturen („cultures"), Netzwerk-Kulturen („networked cultures"), Söldner-Kulturen („mercenary cultures") und kommunale Kulturen („communal cultures").

- Cameron und Quinn (2011, S. 41 ff.) unterscheiden vier Arten von Unternehmenskulturen: Klan-Kulturen („clan culture"), Adhokratie-Kulturen („adhocracy culture"), Hierarchie-Kulturen („hierarchy culture") und Markt-Kulturen („market culture"). Die Zuordnung der Kultur einer Unternehmung zu einer dieser vier Typen erfolgt anhand zweier Fragen: Besitzt die betreffende Unternehmung eher einen internen oder externen Fokus, d. h. liegt ihr Hauptaugenmerk auf ihren Mitgliedern und deren Entwicklung sowie den Prozessen innerhalb der Organisation oder ist sie auf Markt und Umwelt sowie Rivalität und Differenzierung ausgerichtet? Betont die Unternehmung eher Flexibilität und Diskretion oder Stabilität und Kontrolle?

- Eine Alternative zu diesen Konzeptionalisierungen bietet die „Culture Map" von Sagmeister (2016), die sich inhaltlich relativ stark an den „organizational models" von Laloux (2014, S. 15 ff., 2017, S. 19 ff.) anlehnt. Diese versucht die Kultur einer Unternehmung in Form von sieben Wertsystemclustern zu beschreiben, denen jeweils eine Farbe zugeordnet ist. In den jeweiligen Farben, die sich jeweils mit einem Motto beschreiben lassen, finden sich konkret die folgenden Werte versammelt (vgl. Sagmeister 2016, S. 65 ff.):

- Violette Kulturen (Motto: „Gemeinsam sind wir stark"): Sicherheit/Stabilität, Zugehörigkeit/Identität, Gemeinschaft/Gemeinwohl, Erfahrung, Tradition, Patriarchat.
- Rote Kulturen (Motto: „Die Welt ist ein Dschungel"): Durchsetzungskraft, Mut, Entschlossenheit, Kampfgeist, Impulsivität, Geschwindigkeit („Machen"), Unermüdlichkeit
- Blaue Kulturen (Motto: „Ordnung muss sein"): Ordnung, Struktur, Regeln (Standards, stabile Prozesse), Pflichtgefühl/Verlässlichkeit, Ausdauer
- Orange Kulturen (Motto: „The Winner takes it all"): Leistungsfreude und Initiative, unternehmersicher Antrieb, Erfolg/Ambition, Wettbewerb, Pragmatismus/pragmatische Lösungsfindung, Opportunitäten/Wahrnehmen von Chancen, optimistische Einstellung, Status
- Grüne Kulturen (Motto: „Alle Menschen sind gut"): Harmonie/angenehme Atmosphäre, Einbindung, Menschlichkeit, Solidarität, Mitgefühl/Empathie, Konsens, Rücksicht, Work-Life-Balance, Vertrauen in Beziehungen
- Gelbe Kulturen (Motto: „Sapere aude"): Orientierung an Wissen und Kompetenzen, Neugierde/Entdeckergeist, Freude am Fortschritt, Vernunft, Logik (Datensammlung und -analyse, rationale Entscheidung), kritisches Hinterfragen
- Aqua Kulturen (Motto: „Alles ist im Fluss"): Big Picture/Ganzheitlicher Blick, Systemdenken, Sinnhaftigkeit/Orientierung an selbstlosem Zweck, Transformation, Mission, Zusammenführung von Gegensätzen, Organisation durch Selbstorganisation

Drei dieser Kulturdimensionen – die rote, orange und gelbe Kultur – verkörpern gruppenorientierte, stabilisierend wirkende Werte, auf deren Basis eigene Bedürfnisse zurückgestellt und das gemeinsame in den Vordergrund gestellt wird. Die übrigen vier stehen für individualistisch-ichbezogene Werte, die für Dynamik und Offenheit sorgen und Eigeninitiative bringen: „Gemeinschaftsorientiertem Violett folgt egozentrisches Rot, dann strukturgehorsames Blau und ehrgeiziges Orange. Auf egalitäres Grün folgt freiheitsliebendes Gelb und schließlich ganzheitliches Aqua." (Sagmeister 2016, S. 57).
Die Kulturdimensionen sind von oben nach unten anhand eines „evolutionären Pfads" (Sagmeister 2016, S. 53) angeordnet, der die älteren Wertsysteme weiter unten und die jüngeren weiter oben ansiedelt – ohne durch diese soz. historische Anordnung eine Aussage darüber zu machen, welches Wertcluster besser oder schlechter ist. Allerdings schaffen die Werte einer Farbe die Bedingung dafür, dass die nächste Farbe entstehen kann: „Rote Werte brechen aus dem violetten Konformitätszwang, blaue Werte bringen Ordnung in das rote Chaos und so weiter." (Sagmeister 2016, S. 55).

Die Kultur eines Unternehmens ist praktisch niemals monochrom. In keiner Kultur kommt nur eine Farbe vor; vielmehr sind in jeder Kultur – wenn auch in unterschiedlicher Ausprägung – Anteile aller sieben Merkmale enthalten. Keine Farbe ist hierbei per se besser oder schlechter als die andere. Dementsprechend stellt die Culture Map die Kulturdimensionen in Form von Hexagonen dar, deren Grösse Rückschlüsse auf die Ausprägung des jeweiligen Wertsystemclusters zulässt. Erst im Muster der einzelnen Hexagone zeigt eine Kultur ihren Charakter. Die Kunst besteht darin, immer die für den jeweiligen Kontext optimale Kombination zu besitzen.

Eine Kulturanalyse ist letzten Endes nur dann von Wert, wenn sie auf die Ebene der Grundannahmen vordringt. In Schein (2017, S. 302 ff.) findet sich ein idealtypischer Prozess zur Entschlüsselung kultureller Annahmen und der Beurteilung ihrer Relevanz für organisationale Transformation, der basierend auf einem Gruppensetting dies zu leisten imstande ist:

- Schritt 1: Die Zustimmung der Führung einholen, ihr Verständnis sicherstellen und ihre Motivation für die Kulturanalyse eruieren
- Schritt 2: Für die Unternehmenskultur repräsentative Gruppen (bestehend aus mindestens 3 und maximal 30 Personen) für die Selbsteinschätzung zusammenstellen
- Schritt 3: Ein geeignetes Setting für die Selbsteinschätzung der Gruppe definieren (Plenarraum, Gruppenräume; Sitzordnung; Materialen (z. B. Flipchart, etc.))
- Schritt 4: Der Gruppe den Zweck des Treffens erklären und sie zu Offenheit ermuntern (15 min)
- Schritt 5: Der Gruppe verstehen helfen, wie man über Kultur nachdenkt (15 min)
- Schritt 6: Beschreibung der Artefakte eruieren (60 min), z. B. indem man berichten lässt, wie es sich angefühlt hat, Teil der Gruppe zu werden und was beobachtet wurde oder man Kategorien von Artefakten vorschlägt und diese kommentieren lässt
- Schritt 7: Bekundete Werte und Überzeugungen identifizieren (15–30 min), z. B. mithilfe der Frage „Warum machen Sie, was Sie machen?", und auf Konsens überprüfen
- Schritt 8: Grundannahmen identifizieren (15–30 min); dies geschieht anhand der Frage, ob die bekundeten Werte die Artefakte wirklich erklären oder manche Artefakte nicht erklärt werden oder ob manche Artefakte gar in Konflikt zu den bekundeten Werten stehen
- Schritt 9: Kulturelle Hilfen und Hindernisse identifizieren (30–60 min)
- Schritt 10: Entscheidung über die nächsten Schritte treffen (30 min)

2.5.4 Kultur und Management

Wie die obigen Ausführungen deutlich gemacht haben sollten, besteht die Kultur eines Unternehmens letzten Endes in der Gesamtheit seines Seins und Tuns. Zu dessen Kultur gehören das effektive Verhalten seiner Mitglieder, dessen operative, strategische und normative Festlegungen inkl. seiner Aufbau- und Ablauforganisation, die manifesten

Ergebnisse dieser Festlegungen (z. B. Büroeinrichtung) und im Kern v. a. die Grundprämissen, aus denen sich dessen normative Festlegungen speisen. Das Management eines Unternehmens setzt ein offenes Ohr und Auge für die Wahrnehmung der sichtbaren Ebenen der Kultur sowie eine Sensibilität für die Existenz der unsichtbaren Ebene der Kultur sowie das Bemühen um deren bewusste Explizierung voraus: „Über die eigene Unternehmenskultur kann man nie genug wissen." (Kobi und Wüthrich 1986, S. 15) Erfolgreiche Manager achten auf die Kompatibilität ihrer Entscheidungen mit allen Ebenen der Unternehmenskultur – oder nehmen bewusst Brüche mit der bestehenden Kultur in Kauf, um diese zu ändern.

Kultur kann nicht eingekauft oder auf Knopfdruck eingeführt werden; sie muss wachsen. Und dieses Wachstum ist ein langwieriger Prozess. Die Veränderung der Kultur einer Unternehmung braucht hierbei Zeit, Geduld und Hartnäckigkeit: „Der Zeitaufwand für die Änderung einer Unternehmenskultur wird durch den bestehenden Leidensdruck, die Attraktivität des Wandels für die Betroffenen und die Stärke der bestehenden Kultur beeinflusst. Kurzfristig muß die Unternehmenskultur als unveränderbare Größe betrachtet werden." (Kobi und Wüthrich 1986, S. 162) Die Veränderung der Unternehmenskultur ist nur möglich, wenn v. a. das oberste Management dahintersteht. Unternehmungskultur zu verändern und gestalten geschieht nicht durch die Produktion von Broschüren; es bedeutet vor allem, dass die Manager im Bewusstsein um den symbolischen Gehalt ihres Verhaltens die gewünschte Kultur konsistent vorleben.

Die Gestaltung der Unternehmungskultur ist hierbei mit der Arbeit eines Landschaftsarchitekten vergleichbar; sie ist nicht die Arbeit eines Uhrmachers, der nur ein Zahnrad austauschen muss, damit die Uhr wieder wie gewünscht funktioniert: „Die bewusste Gestaltung von Unternehmenskultur funktioniert ähnlich, wie eine Landschaft kultiviert wird. Fakt ist: Jeder Garten wird sich entwickeln, egal ob der Gärtner eingreift oder nicht. Denn jeder Garten hat sein Eigenleben. Der Landschaftsarchitekt kann seinen Pflanzen kein Wachstum vorschreiben – aber er kann es durch sein Eingreifen ermöglichen beziehungsweise begünstigen und die Entwicklung in seinem Garten bewusst steuern […]." (Sagmeister 2016, S. 29)

2.6 Unternehmenskonzept im Managementmodell

In den vorangegangenen Kapiteln ist der der Systembegriff in seinen Dimensionen expliziert worden und zudem näher bestimmt worden, was für eine Art von System ein Unternehmen ist und wie sich Unternehmen typologisieren lassen. Des Weiteren ist das Wesen dessen, was wir Unternehmenskultur nennen, beschrieben und Instrumente zu ihrer Analyse sowie Dimensionen zu ihrer Kategorisierung eingeführt worden. Diese Überlegungen erlauben es nun, das Objekt von Management in Form eines Unternehmenskonzepts zu beschreiben. Ein solches Unternehmenskonzept enthält Kategorien zur Beschreibung der Dimensionen des komplexen sozio-technischen Systems „Unternehmen", die ein Manager verstehen muss, um erfolgreich managen zu können. Ein Unternehmenskonzept dient also dazu, die beiden folgenden Fragen zu beantworten:

- Was muss ein Manager von dem von ihm geführten sozio-technischen System „Unternehmen" (oder von der von ihm geführten Abteilung) wissen, damit er seine Aufgabe als Manager erfüllen kann?
- Welche Beschreibungskategorien helfen ihm dabei, die richtigen Fragen zu stellen, um ein solches Verständnis/Wissen aufzubauen?

Wie aus den in Abb. 2.4 in Abschn. 2.1.7 dargestellten Facetten des Systembegriffs hervorgeht, weisen alle Systeme und damit auch das System „Unternehmen" folgende wesentliche Merkmale auf: Sie sind in eine Umwelt eingebettete Ganzheiten, die aus miteinander in Beziehungen stehenden Elementen bestehen, deren Verhalten durch formale und/oder informale Regeln auf die Realisierung des dem System vorgegebenen Zwecks hingeordnet werden, nämlich durch Produktion von materiellen oder immateriellen Wirtschaftsgütern ethisch zulässige menschliche Bedürfnisse zu befriedigen. Wir wissen zudem, dass Unternehmen nicht nur produktive, sondern auch sozio-technische Systeme sind. Als Systeme, die entsprechend aus menschlichen („Personen") und sachlichen Elementen („Anlagen") bestehen, sind sie darüber hinaus per definitionem komplexe Systeme, die in ihrem Verhalten nur beschränkt beherrschbar sind. Des Weiteren lassen sich Unternehmen anhand einer Reihe weiterer Kriterien wie z. B. Wirtschaftssektor, Entscheidungsträger, etc. typologisieren. Und – last but not least – besitzen sie eine Kultur. Manager bedürfen somit auch eines Verständnisses für die Kultur ihres Unternehmens, d. h. müssen nicht nur die Artefakte kennen, die Ausdruck der Unternehmenskultur sind, sondern sich der kulturbegründenden Werte und Überzeugungen sowie der Grundannahmen bewusst sein.

Wenn wir diese Einsichten zusammenfassen, so können wir festhalten, dass Unternehmens sich anhand der folgenden fünf Kategorien beschreiben und verstehen lassen:

- Wie sieht das unternehmerische Zielsystem aus, das den grundlegenden Zweck des Unternehmens, nämlich die Befriedigung ethisch zulässiger menschlicher Bedürfnisse, konkretisiert und operationalisiert?
- Aus welchen menschlichen und nicht-menschlichen Elementen besteht das Unternehmen?
- Wie sieht die formale, aber auch die informale Aufbau- und Ablauforganisation aus, die das Zusammenwirken der Elemente in der Verfolgung des Unternehmenszwecks regelt?
- Um was für einen Typ von Unternehmen handelt es sich?
- Wie sieht die Tiefenstruktur der Kultur des Unternehmens aus, d. h. welche Grundannahmen prägen das Verhalten der Mitglieder des Unternehmens und verbinden sie? In welchen Werten, Überzeugungen und Artefakten manifestieren sich Grundannahmen?

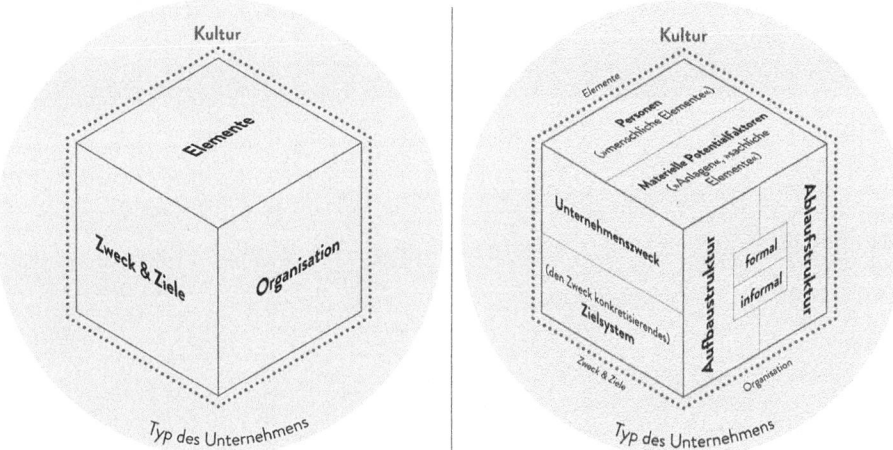

Abb. 2.17   Unternehmenskonzept

Diese Kategorien bilden in Summe das Unternehmenskonzept (vgl. Abb. 2.17), das einen wesentlichen Bestandteil des in diesem Buch vorgestellten Managementmodells darstellt.

Managementkonzept

3

Wie weiter oben erwähnt, zeichnet sich ein systemischer bzw. systemtheoretischer Zugang zum Thema Management zuvorderst dadurch aus, dass er das zu managende Objekt, das Unternehmen, als System versteht und konzeptionalisiert. Als System ist ein Unternehmen somit eine aus miteinander vernetzten Elementen gebildete und durch Regeln geordnete Ganzheit, die zur Realisierung eines ihnen gesetzten objektiven (Daseins-)Zwecks existiert, nämlich der Befriedigung ethisch zulässiger menschlicher Bedürfnisse.

3.1 Zweck der Funktion „Management"

Ein System kann seinen Zweck jedoch nur erfüllen, wenn die das System bildenden und miteinander in Beziehung stehenden Elemente sich nicht einfach so verhalten bzw. so handeln, wie sie möchten, sondern so, dass der Zweck des Systems erfüllt wird. Dass dies geschieht, ist jedoch nicht selbstverständlich und kein Selbstläufer: Denn üblicherweise kann keines der das System „Unternehmen" bildenden Elemente den Systemzweck allein realisieren; dies ist nur durch gemeinsame und arbeitsteilig-kooperative Anstrengungen (sog. „social actions" (vgl. Erk 2019, S. 102 ff.)) möglich.[1]

---

[1] Aus diesem Grund bezeichnet Barnard (1938, S. 65) Unternehmen auch als „kooperative Systeme": „A cooperative system is a complex of physical, biological, personal, and social components which are in a specific systematic relationship by reason of the cooperation of two or more persons for at least one definite end. Such a system is evidently a subordinate unit of larger systems from one point of view; and itself embraces subsidiary systems [...] from another point of view."

C. Erk und S. Spoun, *Integrativ managen*, https://doi.org/10.1007/978-3-658-30523-9_3

> „Organisationale Wertschöpfung ist heutzutage in den meisten Fällen durch vier grund-
> legende Merkmale geprägt: erstens durch koordinierte Arbeitsteiligkeit, zweitens durch
> Spezialisierung, drittens durch räumliche und zeitliche Verteiltheit sowie viertens durch
> Institutionalisierung von verlässlicher Kooperation." (Rüegg-Stürm und Grand 2019, S. 23;
> vgl. 2015, S. 122)

Für die Tatsache, dass organisationale Wertschöpfung – d. h. Wertschöpfung, die
„in arbeitsteiliger Zusammenarbeit in einer Organisation in in einem Netzwerk von
Organisationen erbracht wird" (Rüegg-Stürm und Grand 2019, S. 23) – durch Arbeitsteilung, Spezialisierung, Verteiltheit und Kooperation gekennzeichnet ist, gibt es einen
letzten Endes ökonomischen Grund:

> „Why Divide Work? Because men differ in nature, capacity and skill, and gain greatly in
> dexterity by specialization; Because the same man cannot be at two places at the same time;
> Because one man cannot do two things at the same time; Because the range of knowledge
> and skill is so great that a man cannot within his life-span know more than a small fraction
> of it. In other words, it is a question of human nature, time, and space. In a shoe factory
> it would be possible to have 1,000 men each assigned to making complete pairs of shoes.
> Each man would cut his leather, stamp in the eyelets, sew up the tops, sew on the bottoms,
> nail on the heels, put in the laces, and pack each pair in a box. It might take two days to do
> the job. One thousand men would make 500 pairs of shoes a day. It would also be possible
> to divide the work among these same men, using the identical hand methods, in an entirely
> different way. One group of men would be assigned to cut the leather, another to putting
> in the eyelets, another to stitching up the tops, another to sewing on the soles, another to
> nailing on the heels, another to inserting the laces and packing the pairs of shoes. We know
> from common sense and experience that there are two great gains in this latter process: first,
> it makes possible the better utilization of the varying skills and aptitudes of the different
> workmen, and encourages the development of specialization; and second, it eliminates the
> time that is lost when a workman turns from a knife, to a punch, to a needle and awl, to
> a hammer, and moves from table to bench, to anvil, to stool. Without any pressure on the
> workers, they could probably turn out twice as many shoes in a single day." (Gulick 1937,
> S. 3)

> „Why do groups exist? To find the answer, let us begin with the largest perspective.
> Visualize with us the world spinning majestically in space, the blackness of its turning
> surface brightened by the great fires of the sun. Some three billions of human beings move
> purposefully on its continents and seas. [...] By himself, one of these human creatures
> can accomplish little; therefore he learns to join his puny efforts with the complementary
> strengths and skills of other people who want similar things. In their hundreds and
> thousands, working together, men achieve greatly. [...] People join together in groups
> because they realize that the pooled efforts of many will produce greater returns for each
> than the uncoordinated efforts of individuals." (Allen 1964, S. 13)

Arbeitsteilung, d. h. die Zerlegung einer Aufgabe in Teilaufgaben und ihre Zuweisung
an unterschiedliche Personen, erlaubt Spezialisierung und wirkt sich – wie schon Platon
in seinem „Staat" (369e–370c) erkannt hat – so nicht nur effizienz-, sondern auch

effektivitätssteigernd aus.[2] Durch Arbeitsteilung können Menschen a) das Gleiche besser und schneller oder b) mehr erreichen, als sie es auf sich allein gestellt könnten.

In der Herausforderung der Handhabung von zweckverantwortlichen, aber arbeitsteiligen Systemen angesichts ihrer strukturellen und prozessualen Komplexität liegen nun aber auch Grund und Zweck von Management:

> „Die Anwendung des Prinzips der Arbeitsteilung führte in der industriellen Entwicklung zu einer fortschreitenden Spezialisierung, das heißt, der Einzelne erfüllt zunehmend nur noch Teilaufgaben in dem Sinne, daß Suboptima isoliert voneinander angestrebt werden. Was das Ganze anbelangt, ging man lange davon aus, daß es genüge, wenn jeder Teilbereich für sich einen Optimalzustand erreicht. Diese Auffassung war insofern und so lange verständlich, als der Unternehmer sein Unternehmen noch in seiner Ganzheit überblicken konnte und so für die erforderliche Koordinierung der verschiedenen Aktivitäten sorgen konnte. […] Mit weitergehender Spezialisierung, verbunden mit dem Trend zu wachsenden Betriebsgrößen, ist diese Ausrichtung der Teilbereiche auf gemeinsame, übergeordnete Ziele immer mehr zu einem Problem geworden, das auf die obige Weise nicht lösbar ist – weder ist es ab einer gewissen Größe und Komplexität des Unternehmens von einer einzigen Person zu bewältigen, noch kann dazu die Intuition allein genügen. Hierin liegt letztlich der Ursprung auch dafür, Unternehmensführung als eine eigenständige, methodisch faßbare Sache zu entwickeln und lehr- und lernbar zu gestalten." (Hub 1982, S. 20 f.)

Jemand muss darum besorgt sein, dass die arbeitsteiligen Handlungen der das Unternehmen konstituierenden Personen auf den Systemzweck ausgerichtet sind und auch wirklich diesen und nicht etwas Anderes realisieren. Und genau hierin liegen Zweck und eigentümliche Aufgabe der Tätigkeit „Management": Sicherzustellen, dass die das arbeitsteilige System „Unternehmen" konstituierenden Personen durch ihre Handlungen den Zweck des Systems und seine mit diesem verbundenen Ziele erfüllen. Man könnte also sagen, dass Management so alt ist wie das Institut der Arbeitsteilung. Management lässt sich also wie folgt definieren:

> Management ist die vom System „Unternehmen" (bzw. von ausgewählten Elementen des Systems) für das System zu leistende Funktion der **Sicherstellung der Zweck- und Zielerfüllung des Systems** durch die das System konstituierenden Personen.[3]

---

[2]Der klassische Fall von Arbeitsteilung ist sicherlich der, dass eine Aufgabe, die grundsätzlich von einer Person erledigt werden kann, in Teilaufgaben zerlegt und auf mehrere Personen verteilt wird. Streng genommen liegt jedoch auch dann ein Fall von Arbeitsteilung vor, wenn eine Aufgabe, die von einer Person allein nicht erledigt werden kann (wie z. B. das Tragen einer Waschmaschine), auf zwei Personen verteilt und von diesen gemeinsam erledigt wird. In diesem Fall wird durch Arbeitsteilung zwar nicht unbedingt ein Effizienz-, aber sicherlich ein Effektivitätsgewinn erzielt; denn eine vorher nicht erledigbare Aufgabe wird durch Arbeitsteilung erledigbar.

[3]In diesem Sinne ist „Management" gleichbedeutend mit „Systemführung" und damit auch „Unternehmensführung": „Unternehmensführung bedeutet also […] nicht Führung von Menschen, sondern Führung einer aus vielen Menschen bestehenden grösseren Ganzheit, einem System höherer Ordnung." (Ulrich 1984, S. 263).

Diese Definition von Management findet sich auch ihrem Wesen nach auch bei den
Klassikern der Managementtheorie:

Was lernen wir aus der Managementliteratur?

„Management may be said to be the correlation of the details of operation of an enterprise
so that it will work as a harmonious whole toward the desired goal." (Lansburgh 1928, S. 4)

„Executive work is [...] the specialized work of maintaining the organization in operation."
(Barnard 1938, S. 215)

„The executive functions serve to maintain a system of coöperative effort." (Barnard 1938,
S. 216)

Nach Brech (1953, S. 11) bestehen „purpose and function of management" darin, dass
„(system operations are) carried through smoothly, economically and effectively" (Brech
1953, S. 11). Management „has a single aim in attaining the stable, smooth, integrated and
effective carrying out of operations directed to the fulfilment of a given purpose" (Brech
1953, S. 44): „Putting it into broad terms, ‚management' is concerned with seeing that the
job gets done." (Brech 1953, S. 8)

„Management is a special kind of work. We identify management as a kind of work a
manager performs to enable people to work most effectively together." (Allen 1964, S. 66)

„Briefly summarised, management is thus clearly seen as a process of responsibility for
[...] the activities of groups of people associated in given tasks to fulfil known objectives."
(Brech 1967, S. 14)

Gemäss Brech (1967, S. 232) ist der Zweck von Management „the achievement of a
given purpose or task through effective and economical activities or operations of persons
associated in an enterprise or organization".

„Management is the process concerned with the selection of objectives and with the
efficient achievement of those objectives." (Cleland und King 1972, S. 73; 122)

Gemäss Malik (1981, S. 6) ist Management „überall dort erforderlich, wo das Verhalten
einer Vielzahl von Menschen auf ein Ziel hin koordiniert werden muss, und zwar unter
ständig wechselnden Umständen, die eine exakte Planung unmöglich machen".

„Management is about human beings. Its task is to make people capable of joint performance, to make their strengths effective and their weaknesses irrelevant." (Drucker 1988,
S. 75; vgl. 2008, S. 18)

Ulrich & Probst bezeichnen Management als „Führung zweckgerichteter sozialer Systeme"
(Ulrich und Probst 1991, S. 240) und erachten als Kernfrage des Managements: „Wie
kann man ein solches dynamisches und komplexes System erfolgreich auf die Erfüllung
von Zwecken und die Erreichung von Zielen hin gestalten, lenken und weiterentwickeln?"
(Ulrich und Probst 1991, S. 239)

„Management was, is, and always will be the same thing: the art of getting things done. And to get things done, managers must act themselves and mobilize collective action on the part of others." (Eccles und Nohria 1992, S. 39)

„Management is the process of reaching organizational goals by working with and through people and other organizational resources." (Certo 1994, S. 6)

„Management bedeutet also Führung zweckgerichteter sozialer Systeme." (Ulrich und Probst 2001, S. 224)

„Management ist die bewegende Kraft überall, wo es darum geht, durch ein arbeitsteiliges Zusammenwirken vieler Menschen gemeinsam etwas zu erreichen." (Ulrich 2001d, S. 243)

„Die Integrationsfunktion der Unternehmensführung ist also darauf gerichtet, ein sinnvolles Zusammenwirken aller Teile der Unternehmung zu erreichen und aufrechtzuerhalten. [...] Je grösser die Zahl der Elemente und je grösser ihre Vielfalt, um so deutlicher wird die Notwendigkeit, deren Zusammenwirken zu gestalten und zu sichern." (Ulrich 2001e, S. 504)

„Kurz gesagt kann man nun Management als jene Funktion begreifen, die darauf gerichtet ist, einer gesellschaftlichen Institution die Eigenschaften zu verleihen, die ihre Lebensfähigkeit ausmachen." (Ulrich 2001j, S. 145)

„Im Mittelpunkt des Managements steht der Mensch. Die Aufgabe des Managements besteht darin, Menschen in die Lage zu versetzen, gemeinsam Leistungen zu erbringen. [...] Genau darum geht es in jeder Organisation, und es ist der Grund dafür, dass das Management ein so entscheidender Faktor ist." (Drucker 2002, S. 27)

„Management is the discipline that makes joint performance possible." (Magretta 2002, S. 216)

„Management is about people in organizations and vice versa, organizations with people." (Malik 2003, S. 59; 2006, S. 62)

Gemäss Steinmann und Schreyögg (2005, S. 6) geht es beim Management „zunächst einmal nicht vielmehr um einen speziellen Personenkreis oder um eine bestimmte Hierarchieebene in einem Unternehmen, sondern um einen Kranz von Aufgaben (Managementfunktionen), die erfüllt werden müssen, damit die Organisation ihre Ziele erreichen kann".

Management ist „Beruf der Wirksamkeit und des Resultate-Erzielens" (Malik 2006, S. 25; vgl. 2006, S. 60; 2003, S. 56; 2007, S. 36; 2010, S. 42) bzw. „Praxis des erfolgreichen Funktionierens hochkomplexer Systeme" (Malik 2006, S. 28).

„In gewisser Weise kann Management als die Fähigkeit definiert werden, erfolgreich mit komplexen Systemen umzugehen, sie in eine erwünschte Richtung zu steuern und ihr Verhalten so zu beeinflussen, dass bestimmte Ziele erreicht werden. Man kann auch sagen, Management bedeute, ein System unter Kontrolle zu bringen und unter Kontrolle zu halten." (Malik 2007, S. 40)

„The manager has the task of creating a true whole that is larger than the sum of its parts, a productive entity that turns out more than the sum of the resources put into it." (Drucker 2007, S. 295)

„Managing is not just passive, adaptive behavior; it means taking action to make the desired results come to pass." (Drucker 2007, S. 10; 2008, S. 27)

„Management exists for the sake of the institution's results. It has to start with the intended results and has to organize the resources of the institution to attain these results. It is the organ to make the institution – whether business, church, university, hospital, or a battered women's shelter – capable of producing results outside of it. [...] Management is the specific tool, the specific function, the specific instrument, to make institutions capable of producing results. [...] Management's concern and management's responsibility are everything that affects the performance of the institution and its results – whether inside or outside, whether under the institution's control or totally beyond it." (Drucker 2008, S. 81)

„Management is the process of working with and through others to achieve organizational objectives in a changing environment." (Kreitner 2009, S. 5)

„The overriding purpose of managing is to ensure that the unit serves its basic purpose." (Mintzberg 2009, S. 49)

„Vorrangiges Ziel des Managens ist es, zu gewährleisten, dass die Einheit ihrem grundlegenden Zweck gerecht wird." (Mintzberg 2010, S. 71)

Robbins, DeCenzo und Coulter (2013, S. 28) definieren Management als „the process of getting things done, effectively and efficiently, with and through people."

„Management is getting work done through others." (Williams 2018, S. 3)

Wie kann Management nun dieser Aufgabe gerecht werden? Um diese Frage beantworten zu können, ist es hilfreich, sich vor Augen zu führen, wie das Verhalten des Systems „Unternehmen" überhaupt zustande kommt. Kein Unternehmen kann unabhängig von den es konstituierenden Personen, sondern nur durch diese handeln. Wenn wir z. B. sagen „Unternehmen X hat heute seinen Jahresbericht publiziert.", so stellt dies einen Anwendungsfall des rhetorischen Stilmittels „totum pro parte" (auf Deutsch: „Das Ganze (steht) für einen Teil") dar, dessen wir uns aus pragmatischen Gründen bedienen, das jedoch nicht im streng wörtlichen Sinn verstanden werden kann:

„We are often forced to adopt this elliptical way of speaking because, as outsiders, we are usually ignorant of the inner workings of a corporation. Suspecting that some members of a corporation knew that an act they were intentionally carrying out (or helping to carry out, or failing to prevent) was wrong, but not knowing who those members were, we refer to them under the rubric of ‚the corporation' and say that the corporation is morally responsible for the act." (Velasquez 1983, S. 13)

Ausdrücke wie „Unternehmen X handelt" sind linguistische Platzhalter und Zuschreibungen, die uns die Kommunikation über komplexe Sachverhalte vereinfachen und ermöglichen. Hinter der einem Unternehmen zugeschriebenen Handlung steht eine oder in den meisten Fällen eine Vielzahl von Handlungen der das Unternehmen konstituierenden Personen.

Dies bedeutet im Umkehrschluss, dass alle zur Sicherstellung der Zweck- und Zielerfüllung eines Unternehmens ergriffenen Management-Massnahmen auf die das Unternehmen konstituierenden Personen und ihr Handeln wirken müssen, um effektiv zu sein. Man kann das, was ein Unternehmen tut, nur wirksam beeinflussen, indem man die Handlungen der zum Unternehmen gehörenden Personen beeinflusst. Die Sicherstellung der Zweck- und Zielerfüllung ist somit nur möglich, wenn die Handlungen aller Glieder des Unternehmens auf den Unternehmenszweck ausgerichtet sind und einen Beitrag zur Realisierung des Unternehmenszwecks leisten. Oder wie Barnard (1938, S. 26) es ausdrückt: „Effectiveness [...] depends upon an ordered combination of personal efforts." (Barnard 1938, S. 26).

Die konkrete Herausforderung besteht hierbei darin, die von den einzelnen Elementen des Systems „Unternehmen" an den Tag gelegten Handlungen möglichst mit den im Hinblick auf die Zweck- und Zielerfüllung des Systems erwünschten Handlungen in Übereinstimmung zu bringen. Entsprechend bezeichnet Ulrich (2001a, S. 399) Unternehmensführung und damit Management als

> „Gesamtheit aller Bestimmungshandlungen in der Unternehmung [...], das heisst jener Vorgänge, welche das zukünftige Verhalten des Systems Unternehmung festlegen. Da das Verhalten des Gesamtsystems sich in den zahllosen Handlungen seiner verschiedenen produktiven Elemente äussert, umfasst der Begriff Unternehmungsführung alle Handlungen, welche das Verhalten der einzelnen Organe oder Systemelemente bestimmen." (Ulrich 2001a, S. 399)

Diese Beeinflussung und Bestimmung zukünftigen Verhaltens erfolgt durch die Bearbeitung einer Reihe von sog. „Managementaufgaben", auf die im nachfolgenden Kapitel eingegangen werden soll.

3.2 Managementaufgaben

Bei einer Managementaufgabe (auch: Managementfunktion; Aufgabenbereich der Unternehmensführung)[4] handelt es sich um „a major activity of management" (Cleland und King 1972, S. 117). Auch wenn der Ausdruck es vielleicht nahelegt, so ist darunter

---

[4]In der englischsprachigen Literatur finden sich Ausdrücke wie „management function", „task of management", „managerial task", „management phase" und „management work", aber auch Umschreibungen wie „organic functions of management" (Davis 1951, S. 154) oder „essential elements" (Brech 1953, S. 44). Fayol (1916) spricht von „éléments d'administration".

jedoch nicht eine einzelne Tätigkeit zu verstehen; der Ausdruck „Managementaufgabe" ist vielmehr ein Sammelbegriff für eine Vielzahl von Tätigkeiten ähnlicher Natur. So wie die Tätigkeit „Frühstücken" aus einer Mehrzahl von logisch miteinander verbundenen Einzelaktivitäten besteht, so stellt eine Managementaufgabe einen distinkten, d. h. von anderen Tätigkeiten, aber auch anderen Managementaufgaben abgrenzbaren Tätigkeitskomplex dar:

> „We have defined a management function as a group of related kinds of management work, made up of activities which are closely related to one another and which have characteristics in common derived from the essential nature of the work done. Each function can be defined so as to separate it logically from other functions." (Allen 1964, S. 67)

Was macht aber eine Tätigkeit zu einer Managementaufgabe? Nicht alles, was ein Manager tut, ist auch automatisch eine Managementaufgabe; Manager tun während ihrer Arbeitszeit auch vieles, das nicht genuinen Managementcharakter besitzt. Der Ausdruck „Managementaufgabe" ist also nicht deskriptiv zu verstehen; vielmehr hat er präskriptiven Gehalt. Managementaufgaben beschreiben nicht so sehr, was ein Manager tut, sondern was er tun sollte. Managementaufgaben sind Aufgabenbündel, derer sich ein Manager annehmen muss, um die Handlungen der Elemente des Systems „Unternehmen" möglichst mit den im Hinblick auf die Zweck- und Zielerfüllung des Systems erwünschten Handlungen in Übereinstimmung zu bringen – und so die Zweck- und Zielerfüllung des Unternehmens sicherzustellen.

Wenn ein Manager diese Grundaufgaben des Managements nicht wahrnimmt, wird das von ihm geführte System seinen Zweck und seine Ziele mit an Sicherheit grenzender Wahrscheinlichkeit nicht – und wenn dann nur zufällig – erreichen. Denn auf Dauer kann kein Unternehmen ohne die professionelle Erfüllung aller Managementaufgaben effektiv funktionieren: „Ohne die handwerklich-professionelle Erfüllung dieser Schlüsselaufgaben wird es keiner Organisation möglich sein, Ergebnisse zu erzielen." (Malik 2006, S. 173; 2003, S. 181 f.).

Welches sind aber nun die konkret von einem Manager zur Sicherstellung der Zweck- und Zielerfüllung des Unternehmens wahrzunehmenden Managementaufgaben? Aus den obigen Ausführungen wissen wir, dass es beim Managen darum geht, das Verhalten des Systems „Unternehmen" auf dessen Zweck und Ziele auszurichten, um so die Zweck- und Zielrealisierung des Systems sicherzustellen. Management bedeutet somit zweck- und zielorientierte Beeinflussung des zukünftigen Verhaltens eines Systems:

> „In einem allgemeinen Sinn bedeuten Führung wie Leitung, Ziele zu setzen und zu veranlassen, dass diese Ziele erreicht werden." (Ulrich und Fluri 1995, S. 281)

> „Führen heisst, etwas, das ausserhalb des Führenden liegt, zu bestimmen, festzulegen. Menschenführung bedeutet, das Verhalten anderer Menschen bestimmen, und demgemäss bedeutet Unternehmungsführung, das Verhalten des Gebildes ‚Unternehmung' bestimmen. Diese Bestimmungsvorgänge beziehen sich naturgemäss immer auf die Zukunft, die sehr nahe sein kann oder aber auch sehr weit entfernt. Es wird also ein zukünftiges Verhalten festgelegt." (Ulrich 2001a, S. 397 f.)

Die Beeinflussung des Verhaltens des Systems „Unternehmen" ist allerdings nur durch eine entsprechende Beeinflussung des Verhaltens der das Unternehmen konstituierenden Personen möglich. Es gilt, ihr Verhalten so zu beeinflussen, dass sie aus ihrem Handlungsrepertoire nur diejenigen Handlungen aktualisieren, die zur Zweck- und Zielerfüllung des Systems beitragen.

Damit ein Unternehmen seinen Zweck und seine Ziele realisieren kann, bedarf es also der zweck- und zielorientierten Beeinflussung der Handlungen aller Glieder des Unternehmens. Diese Beinflussung kann nun auf zwei Arten geschehen:

- *Direkt-unmittelbare Verhaltensbeeinflussung*
  Diese Form der Verhaltensbeeinflussung liegt vor, wenn eine Person P1 das Verhalten einer anderen Person P2 im unmittelbaren sozialen Arbeits- oder Interaktionskontext, d. h. in einem Setting physischer Anwesenheit von P2 (z. B. Besprechung, Sitzung, etc.) oder wenigstens direkter kommunikativer Verfügbarkeit von P2 (z. B. Telefonat, Email, etc.), beeinflusst.
- *Indirekt-mittelbare Verhaltensbeeinflussung*
  Diese Form der Verhaltensbeeinflussung liegt vor, wenn eine Person P1 das Verhalten einer anderen Person P2 trotz physischer Abwesenheit und direkter kommunikativer Unverfügbarkeit von P2, d. h. ohne dass P1 und P2 in einem im unmittelbaren Arbeits- oder Interaktionskontext stehen, beeinflusst.

Eine erste Unterscheidung innerhalb der Klasse der Managementaufgaben lässt sich anhand dieser beiden Ansatzpunkte zur Beeinflussung des Verhaltens der zu einem Unternehmen zusammengeschlossenen Personen und damit des Systemverhaltens treffen: Es muss a) wenigstens eine Managementaufgabe geben, die sich der direkten Verhaltensbeeinflussung, und b) wenigstens eine andere Managementaufgabe geben, die sich der indirekten Verhaltensbeeinflussung widmet.

Der direkten Verhaltensbeeinflussung lässt sich die Managementaufgabe zuordnen, die auf Deutsch den Namen „Führung", „Menschenführung" oder *„Führen"* und auf Englisch den Namen „Leading" trägt. Warum es nur diese eine und nicht weitere Managementaufgaben der direkten Verhaltensbeeinflussung gibt, wird deutlich, wenn man sich vor Augen führt, dass Führung die „persönliche Beeinflussung des Verhaltens eines anderen Individuums oder einer Gruppe in Richtung auf gemeinsame Ziele" (Ulrich und Fluri 1995, S. 161) oder kürzer „absichtsgeleitete soziale Beeinflussung" (Wunderer 2011, S. 4) ist.[5] Da die Definition des Begriffes „Führen" deckungsgleich mit der Definition der direkten Beeinflussung des Verhaltens einer oder mehrerer Personen ist, erschöpft sich die direkte Verhaltensbeeinflussung in der Managementaufgabe „Führung".

---

[5]Ähnlich sieht es auch Ulrich (2001a, S. 397 f.): „Führen heisst, etwas, das ausserhalb des Führenden liegt, zu bestimmen, festzulegen. Menschenführung bedeutet, das Verhalten anderer Menschen bestimmen […]."

Mit den Managementaufgaben der indirekten Verhaltensbeeinflussung ist es nicht ganz so einfach: Um herauszufinden, welche Managementaufgaben die indirekte Verhaltensbeeinflussung umfasst, müssen wir uns zunächst darüber Gedanken machen, wie eine Person P1 das Verhalten einer anderen Person P2 (oder mehrerer anderer Personen P2, …, Pn) trotz physischer Abwesenheit und kommunikativer Unverfügbarkeit von P2 beeinflussen kann. Dies ist P1 letzten Endes nur über die Etablierung von Regeln möglich, die in ihrer Gesamtheit die Rahmenbedingungen des Handelns von P2 darstellen und damit den Handlungsspielraum und die Handlungsfähigkeit von P2 determinieren. Möchte P1 die Zweck- und Zielerfüllung des von ihm geführten Unternehmens sicherstellen, so kann er dies durch das Setzen von Regeln tun, die zweck- und zielrealisierendes Verhalten fördern, oder durch das Streichen von Regeln, die zweck- und zielrealisierendem Verhalten entgegenstehen. Je nach gewählter Massnahme erhöht oder vermindert P1 den Handlungsspielraum bzw. die Handlungsfähigkeit von P2 von dem letzteren möglichen auf das hinsichtlich Zweck- und Zielerreichung des Systems sinnvolle Mass.

Wie bereits oben erwähnt, sind Regeln auf engste mit dem Begriff „Ordnung" verbunden, wird doch Ordnung durch „allgemeine Regeln, die die Verhaltensmöglichkeiten begrenzen" (Ulrich 2001g, S. 265), konstituiert. Ordnung ergibt sich aus dem Vorhandensein von Regeln, ja ist das Vorhandensein von Regeln. Entsprechend kann man sagen, dass sich indirekte Verhaltensbeeinflussung über das Schaffen und das adaptive Aufrechterhalten von Ordnung vollzieht. Die erste Managementaufgabe der indirekten Verhaltensbeeinflussung besteht somit in der gestaltenden Schaffung einer zweck- und zielentsprechenden Ordnung, v. a. in Form einer Aufbau- und Ablauforganisation. Diese Aufgabe wird gemeinhin auf Deutsch als *„Organisieren"* (auch: „Organisation") und auf Englisch als „Organising" bezeichnet[6]. Unternehmen sind künstliche soziale Systeme, deren Ordnung nicht vorgegeben ist, sondern geschaffen und adaptiv aufrechterhalten werden muss. Der Vorgang des Schaffens dieser Ordnung heisst „Organisieren", das Ergebnis des Vorganges „Organisation":

> „Management's business is building organizations that work." (Magretta 2002, S. 7)

> „Management handelt von Menschen in Organisationen und umgekehrt von Organisationen mit Menschen." (Malik 2006, S. 62; 2003, S. 59; vgl. 2007, S. 25; 2010, S. 31)

Ordnung bedarf jedoch gewisser Vorgaben bzw. eines Orientierungsrahmens. Da Organisation immer nur Mittel zum Zweck ist, d. h. zweck- und zielrealisierendes Verhalten möglich machen soll, bedarf es – bevor Ordnung gestaltet werden kann – der Beantwortung der Frage, wozu und auf was hin die Elemente des Systems und ihre Beziehungen überhaupt geordnet werden sollen. Ohne eine Antwort auf diese Frage kann ein System nicht organisiert werden. Um zwischen den verschiedenen möglichen Organisationsoptionen zu entscheiden bedarf es einer Entscheidungshilfe. Diese Entscheidungshilfe wird durch

---

[6]Mintzberg (2010, S. 84; 2009, S. 59) verwendet für die Tätigkeit, die hier als „Organisieren" beschrieben wird, die Begriffe „Entwerfen" bzw. „Designing".

die Bearbeitung einer Managementaufgabe generiert, die der Managementaufgabe „Organisieren" logisch vorgelagert ist. Diese Managementaufgabe heisst auf Deutsch *„Zweck- und Zielbestimmung"* (auch: „Zielbestimmung", „Zielbildung", „Planung", „Planen") und auf Englisch üblicherweise „Planning". Im Rahmen der Zweck- und Zielbestimmung ist zum einen der Systemzweck zu klären, d. h. der Zweck (lateinisch: finis; griechisch: τέλος; lies: telos), um dessentwillen das System existiert. Nachdem geklärt ist, wozu das System existiert, ist zum anderen festzulegen, was das System tun muss, um diesem seinem Zweck gerecht zu werden. Der Zweck muss also, mit anderen Worten, konkretisiert, d. h. in lang-, kurz- oder mittelfristig zu erreichende Ziele übersetzt werden, durch deren Realisierung das System der Erfüllung seines Zwecks näherkommt.[7]

Das Klären von Zweck und Zielen sowie das gestaltende Schaffen einer Organisation ist jedoch erst die halbe Miete; denn letzten Endes kommt es darauf an, ob die einzelnen Elemente des Systems und damit das System als Ganzes sich vor dem Hintergrund der gewählten Organisation so verhalten, dass auch wirklich Zweck und Ziele des Systems realisiert werden. Ob ein System effektiv ist, kann man nicht auf dem Papier sehen, sondern erst sagen, wenn es Ergebnisse produziert. Oder wie der Engländer sagt: „The proof of the pudding is in the eating." Nachdem die einzelnen Elemente des Systems durch die Managementaufgabe „Führung" der zweck- und zielorientiert ausgestalteten Ordnung entsprechend zu Aktivität angeregt worden sind, muss in einem nächsten Schritt sichergestellt werden, dass das hieraus resultierende Systemverhalten auch wirklich zweck- und zielrealisierend ist. Es gilt, die zweck- und zielentsprechende Organisation in Ergebnisse umzusetzen und damit effektiv zu machen. Hierzu ist es nötig, die durch das Verhalten des Systems produzierten Ergebnisse ständig mit dem Systemzweck und -zielen abzugleichen und auf dieser Basis zu entscheiden, ob die Organisation des Systems oder gar dessen Zweck und Ziele adaptiert werden müssen. Dies kann durch vorausschauende Steuerung oder rückblickende Regelung der im System ablaufenden Prozesse geschehen.

In Ergänzung zu den Managementaufgaben „Zweck- und Zielbestimmung" und „Organisation" bedarf es somit einer weiteren Managementaufgabe, nämlich der Managementaufgabe der lenkenden Effektivierung der Organisation. Diese Managementaufgabe trägt auf Deutsch die Bezeichnung **„Lenkung"** (auch: „Prozesslenkung", „Prozessabwicklung", „Lenken") und auf Englisch die – leider oftmals etwas irreführende[8] – Bezeichnung „Controlling". Lenkung bedeutet Überwachung des Systemverhaltens sowie proaktives oder reaktives Ergreifen von Massnahmen, sollte

---

[7]Da die Managementaufgaben „Organisieren" und „Zweck- und Zielbestimmung" so eng miteinander zusammenhängen, werden sie manchmal auch unter der kombinierten Managementaufgabe „Systemgestaltung" (auch: „Gestaltung", „Gestalten") zusammengefasst.

[8]Der englische Ausdruck „controlling", genauso wie der deutsche Ausdruck „Kontrolle" kann insofern irreführend sein, da er auch auf die Unternehmensführung als Ganzes angewendet werden kann. So schreibt z. B. Malik, dass Management bedeute, „ein System unter Kontrolle zu bringen

das prognostizierte oder effektive Systemverhalten von dem im Hinblick auf die Zweck-
und Zielerfüllung sinnvollen Systemverhalten abweichen. Da die ergriffenen Massnahmen nur in a) der Adaption von Zweck und Zielen des Systems, b) der Adaption
der Organisation des Systems und/oder c) Führungsinterventionen bestehen können,
stellt die Managementaufgabe „Lenkung" strenggenommen weder ein Instrument der
indirekt-mittelbaren noch der direkt-unmittelbaren Verhaltensbeeinflussung dar. Die
Managementaufgabe „Lenkung" kann das Verhalten der Elemente eines Systems und
damit des Systems als Ganzem nur mittels der Managementaufgaben „Gestalten" und
„Führen" beeinflussen.

Durch die Lenkung werden die Managementaufgaben „Zweck- und Zielbestimmung", „Organisation", „Führen" und „Lenken" sozusagen dynamisiert, d. h. so
mit dem Systemverhalten im Verlauf der Zeit gekoppelt, dass sie nicht nur einmal bei der
Gründung des Systems, sondern faktisch kontinuierlich bearbeitet werden müssen – und
die Managementaufgabe „Lenkung" sagt ihnen wie.

An sich könnte man es mit den vier bisher skizzierten Managementaufgaben bewenden
lassen. Denn die Hebel für die sowohl direkte als auch indirekte Beeinflussung des
Systemverhaltens sind ja ausgeschöpft; und die Beeinflussung des Systemverhaltens ist
ja das, worum es beim Management geht. Allerdings könnte so der Eindruck entstehen,
dass Management zwar ein Kreislauf ist, der aber nur aktiviert wird, wenn Probleme
vorliegen. Dies wäre jedoch eine verkürzte Sicht auf die Dinge. Das Management eines
Unternehmens erschöpft sich nicht nur darin, lenkend Störgrössen entgegenzuwirken und
die Wiederholung einmal gemachter Fehler zu vermeiden. Management umfasst darüber
hinaus auch die *„Entwicklung"* (auch: Weiterentwicklung) des Unternehmens. Die Aufgabe der Unternehmensentwicklung ist nicht durch effektiv eingetretene oder drohende
Ist-Soll-Abweichungen motiviert. Ihr Ziel ist vielmehr das Bemühen um ständiges Verbessern und qualitatives Lernen. Manager werden ihr gerecht, indem sie proaktiv die
bestehende Ordnung sowie das Was und Wie der Erfüllung der übrigen Managementaufgaben hinsichtlich ihrer Angemessenheit und ihres Verbesserungspotentials reflektieren.

Wir haben also nun fünf Managementaufgaben identifiziert, durch deren Bearbeitung
die Zweck- und Zielerfüllung eines Systems sichergestellt wird (vgl. Abb. 3.1): Eine
dieser Managementaufgaben dient der direkt-unmittelbaren Beeinflussung des Verhaltens der Elemente eines Systems, zwei stellen Instrumente der indirekt-mittelbaren
Verhaltensbeeinflussung dar und eine wirkt sich nur vermittels der anderen drei
Managementaufgaben auf das Verhalten der Elemente des Systems aus. Und die fünfte
Aufgabe dient der ständigen Verbesserung der Erfüllung der übrigen vier Aufgaben.

---

und unter Kontrolle zu halten" (Malik 2007, S. 40; 2010, S. 45). Wenn in diesem Buch von
„control" oder „controlling" die Rede ist, dann sollte der Leser diesen Ausdruck für sich am besten
mit „Überwachung", „Aufsicht" oder schlichtweg (was eine ebenfalls zulässige Möglichkeit darstellt) „Lenkung" übersetzen.

Managementaufgabe		Kerngehalt der Aufgabe
Gestaltung («Planning»)	Zweck- und Zielbestimmung	Schaffung einer das Verhalten der Systemelemente indirekt-mittelbar beeinflussenden Ordnung
	Organisation («Organising»)	
Führung («Leading»)		Effektivierung der Ordnung durch direkt-unmittelbare Beeinflussung des Verhaltens der Systemelemente
Lenkung («Controlling»)		Effektivierung der Ordnung durch Steuerung und Regelung
(Weiter-)Entwicklung		Proaktive Reflexion der Ordnung und des «Was» und «Wie» der Erfüllung der Managementaufgaben

Abb. 3.1 Die Managementaufgaben und ihr Kerngehalt

Die Managementaufgabe „Führen" stellt die personale bzw. personenbezogene Dimension von Management dar. Die übrigen Managementaufgaben verkörpern hingegen die sachliche Dimension von Management.

Da die Aufgabe der Entwicklung sich auf die Erfüllung der übrigen vier Aufgaben bezieht, kann diese Aufgabe zunächst ausser Betracht gelassen werden. Hierbei zeigt sich, dass die übrigen vier Managementaufgaben praktisch alle definitorische Aspekte des Systembegriffs einbeziehen (vgl. Abb. 3.2).

Die Managementaufgabe „Führen" beeinflusst direkt das Verhalten einzelner Elemente und Gruppen von Elementen (Subsysteme). Die Managementaufgabe „Organisieren" wirkt auf die Ablauf- und Aufbauorganisation des Systems und beeinflusst das Verhalten der Elemente des Systems damit indirekt. Die im Rahmen der Managementaufgabe „Zweck- und Zielbestimmung" definierten Festlegungen determinieren die Facette „Zweck und Ziele" und beeinflussen das Verhalten der Elemente des Systems aufgrund ihrer normativen Natur ebenfalls indirekt. Die Managementaufgabe „Lenken" wirkt über den Abgleich zwischen effektivem Verhalten und vorgegebenem Zweck und Zielen auf die übrigen Managementaufgaben ein.

Was sagt die Managementliteratur zu den auf den vorangegangenen Seiten herausgearbeiteten Managementaufgaben? Wirft man einen Blick in die Literatur, so finden sich zunächst hinsichtlich Umfang und Inhalt unterschiedliche Auflistungen von Managementaufgaben (vgl. Abb. 3.3).

Die zur Erarbeitung des diesem Buch zugrundeliegenden Managementkonzepts 36 konsultierten Managementautoren – eine zwar nicht vollständige, aber doch durchaus repräsentative und aussagekräftige Übersicht – schlagen im Schnitt eine Unterteilung in 4.25 distinkte Managementaufgaben vor, wobei das Maximum 7 und das Minimum

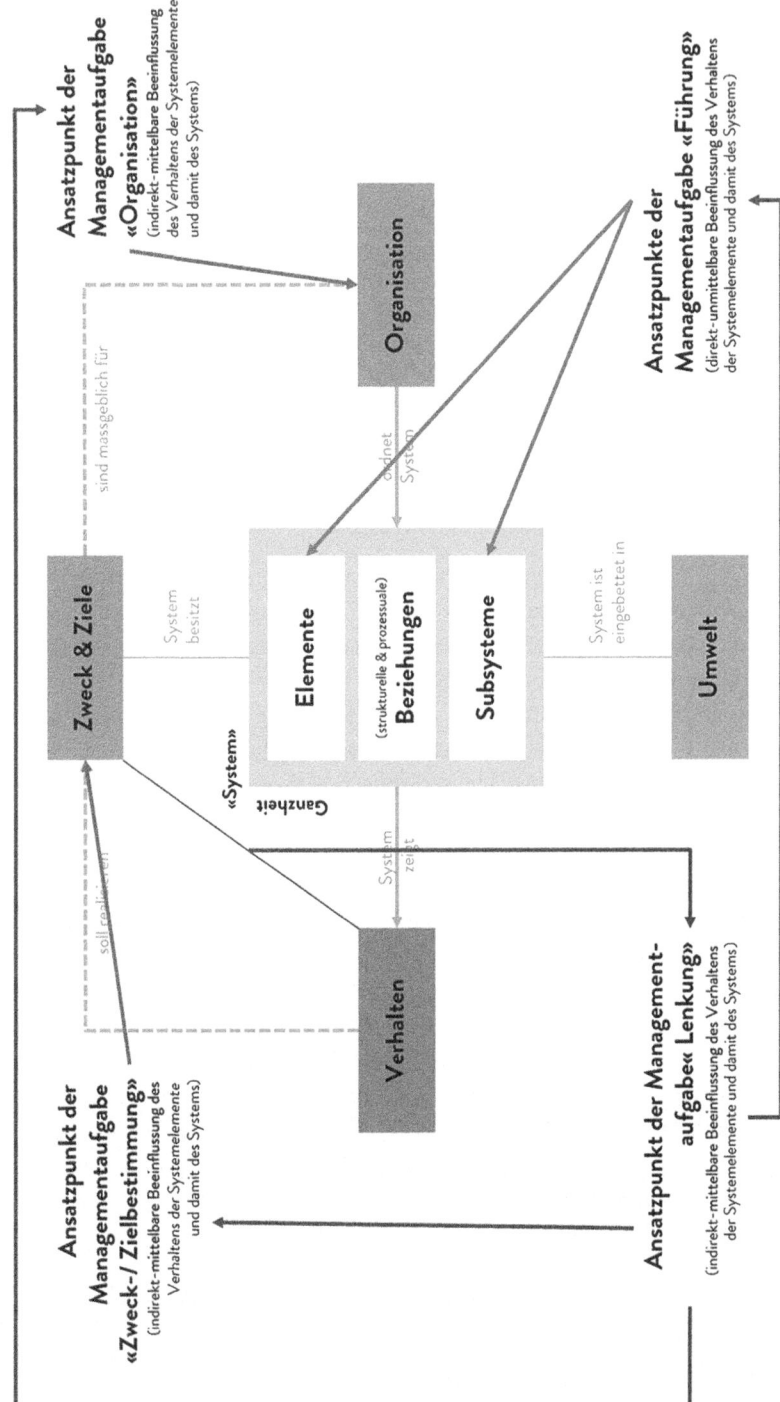

Abb. 3.2 Managementaufgaben und ihr Bezug zu den Dimensionen des Systembegriffs

Fayol (1916; 1949)	Gulick (1937: 13)	Barnard (1938: 217)	Davis (1951: 154)	Brech (1953: 11; 1967: 14)	Allen (1958: 24f)	Allen (1964: 68)	Mackenzie (1969: 87)	Koontz & O'Donnell (1972)	Cleland & King (1972)	Ford & Heaton (1980: 20)	Hub (1982)	Ulrich (1984)	Anzahl Nennungen pro Managementaufgabe
		Formulating and defining purpose											1
													0
													0
												Gestaltung	1
Planning	Planning		Planning	Planning	Planning	Planning	Planning	Planning	Planning	Planning	Planning		11
Organizing	Organizing	Providing a system of communication	Organizing		Organizing	Organizing	Organizing	Organizing	Organizing	Organizing	Organizing		11
	Staffing						Staffing	Staffing		Staffing			4
		Securing of essential efforts											1
Commanding	Directing			Motivating	Motivating	Leading	Directing	Leading	Directing	Leading	Leading	Lenkung	11
Coordinating	Coordinating			Coordinating	Coordinating								4
	Reporting												1
	Budgeting												1
Controlling			Controlling	Controlling	Controlling	Controlling	Controlling	Controlling	Controlling	Controlling	Controlling		10
												Entwicklung	1
													0
													0
													0
5	7	3	3	4	5	4	5	5	4	5	4	3	Anzahl unterschiedlicher Managementaufgaben pro Autor

Abb. 3.3 Managementaufgaben in der Managementliteratur

	Levitt (1991: ix; 1992: 7)	Certo (1994: 7f)	Schweninger (1994: 15)	Ulrich & Fluri (1995: 17, 28f)	Stoner, Freeman & Gilbert (1995: 4)	Ulrich & Probst (1991; 2001: 254ff)	Ulrich (2001a: 64, 403, 405ff, 178)	Thommen (2002: 47ff, 2011: 25ff; 2016: 79ff)	Rüegg-Stürm (2003: 22; 2009a: 70)	Steinmann & Schreyögg (2005)	Malik (2006: 171ff; 2007: 70ff; 2003: 181ff; 2010: 72ff)	Drucker (2007: 297f; 2008: 8)	Gomez-Meija, Balkin & Cardy (2008: 14f)	Anzahl Nennungen pro Managementaufgabe
Thinking about purposes and directions	Thinking about purposes and directions			Bestimmung der Unternehmungs-philosophie, -ethik und -politik										2
			Zielbestimmung				Zielbestimmung				Für Ziele Sorgen	Setting objectives		4
			Gestaltung			Gestalten	Systemgestaltung		Gestalten					4
		Planning		Planung	Planning			Planung		Planning			Planning	6
		Organizing		Organisation	Organizing					Organizing	Organisieren	Organising	Organizing	7
										Staffing				1
Operating	Operating		Lenkung			Lenken	Prozesssteuerung		Lenken					5
		Influencing		Führung	Leading			Aufgaben-übertragung		Leading		Motivating and communicating	Leading	7
		Controlling		Kontrolle	Controlling			Kontrolle		Controlling	Kontrollieren	Measuring	Controlling	8
Changing			Entwicklung	Führungskräfte-entwicklung/ Management Development		Entwickeln	Entwickeln		Entwickeln					5
	Changing										Menschen fördern und entwickeln	Developing People		3
								Entscheidung			Entscheiden			2
Anzahl unterschiedlicher Managementaufgaben pro Autor	3	4	4	6	4	4	3	4	4	3	5	5	4	

Abb. 3.3 (Fortsetzung)

	Koontz & Weihrich (2010)	Cole & Kelly (2011: 11, 16f)	Bleicher (2011: 46)	Macharzina & Wolf (2012: 209)	Robbins, DeCenzo & Coulter (2013: 30)	Schermerhorn (2013: 17f)	Kinicki & Williams (2013: 15)	Dillerup & Stoi (2013: 10)	Rüegg-Stürm & Grand (2015: 190, 36, 2019: 65)	Küppel (2016: 57)	Thommen et al. (2017: 499ff)	Jones & George (2017: 7ff)	Williams (2018)	Anzahl Nennungen pro Managementaufgabe
														0
				Zielbildung										1
				Strategieformulierung										1
			Gestalten					Zielorientierte Gestaltung	Gestaltung					3
	Planning	Planning		Planung	Planning	Planning	Planning			Plan (Planung)	Planning	Planning	Planning	10
	Organizing	Organizing		Organisation	Organizing	Organizing	Organizing				Organizing	Organizing	Organizing	9
	Staffing													1
			Lenken					Lenkung	Dynamische Stabilisierung	Do (Durchführung)				4
	Leading	Motivating		Personalführung	Leading	Leading	Leading				Leading	Leading	Leading	9
														0
														0
														0
	Controlling	Controlling		Kontrolle	Controlling	Controlling	Controlling			Control (Überprüfung)	Controlling	Controlling	Controlling	10
			Entwickeln					Entwicklung	Weiterentwicklung	Act (Verbesserung)				4
														0
														0
									Reflexion					1
Anzahl unterschiedlicher Managementaufgaben pro Autor	5	4	3	6	4	4	4	3	4	4	4	4	4	

Abb. 3.3 (Fortsetzung)

3 Managementaufgaben beträgt. Vergleicht man die einzelnen Vorschläge hinsichtlich ihrer Anzahl und ihrem Inhalt mit den oben herausgearbeiteten Managementaufgaben, so könnte sich auf den ersten Blick das Gefühl einer gewissen Unvereinbarkeit einstellen. Bei genauerem Hinsehen wird jedoch deutlich, dass sich die von den Management-denkern genannten Managementaufgaben ohne grössere Schwierigkeiten mit den oben herausgearbeiteten Managementaufgaben in Einklang bringen lassen:

- Kein Problem stellen die Nennungen „Führen" bzw. „Leading" dar, die so auch in der oben herausgearbeiteten Liste auftauchen. Nennungen von Aufgaben wie „Commanding", „Directing", „Motivating", „Influencing", „Securing of essential efforts" oder „Aufgabenübertragung" stellen entweder Synonyme zur oder Teilaspekte der Managementaufgabe „Führen" dar. Die vorgeschlagenen Managementaufgaben „Führungkräfteentwicklung/Management Development", „Menschen fördern und ent-wickeln", „Developing people" gehören ebenfalls zur Managementaufgabe „Führen".
- Unproblematisch sind auch die Aufgabenvorschläge „Organisieren" bzw. „Organising", die so ebenfalls in der vorgängig herausgearbeiteten Liste auftauchen. Zur Managementaufgabe „Organisation" kann auch die von Barnard (1938, S. 217) genannte Aufgabe „Providing a system of communication" gerechnet werden, ebenso wie die Aufgabe „Staffing".
- Vorschläge wie „Formulating and defining purpose", „Thinking about purposes and directions", „Bestimmung der Unternehmungsphilosophie, -ethik und -politik", „Zielbestimmung", „Für Ziele sorgen", „Setting objectives", „Zielbildung", oder „Strategieformulierung" sind in der oben herausgearbeiteten Managementaufgabe „Zweck- und Zielbestimmung" enthalten; diese deckt aber z. B. auch die von Gulick (1937, S. 13) genannte Aufgabe „Budgeting" ab.[9]
- Die von diversen Autoren vorgeschlagene Managementaufgabe „Gestaltung" bzw. „Systemgestaltung" umfasst üblicherweise die oben von uns herausgearbeiteten Managementaufgaben „Zweck- und Zielbestimmung" und „Organisation".[10]
- Etwas komplizierter wird es bei der in der Tabelle genannten Managementaufgabe „Planung" bzw. „Planning". Grundsätzlich impliziert diese Aufgabe „the process of thinking before doing" (Allen 1958, S. 25; vgl. 1964, S. 109): „It is the process a manager follows in thinking through beforehand what he wants to accomplish and

---

[9]Auch wenn z. B. Ulrich (vgl. 1984, S. 264, 253), Ulrich und Probst (vgl. 2001, S. 255) und Bleicher (vgl. 2011, S. 46) die Managementaufgabe „Zielbestimmung" als Teil der Management-aufgabe „Lenken" sehen, relativiert sich diese Aussage zumindest für Ulrich insofern, als dass er an anderer Stelle (vgl. Ulrich 2001a, S. 64, 403; 405 ff.; 178) die Aufgabe der Zielbestimmung neben der Systemgestaltung und der lenkenden Prozessabwicklung explizit als eigenen Aufgaben-bereich der Unternehmensführung aufführt.

[10]Wie in der vorangegangenen Fussnote bereits erwähnt, stellt Ulrich (2001a, S. 64, 403; 405 ff.; 178) insofern eine Ausnahme dar, als er die Aufgabe der Zielbestimmung teilweise als eigenen Aufgabenbereich aufführt und neben die Systemgestaltung stellt.

how he will do it." (Allen 1964, S. 99) Beim Planen geht es also darum, die vom System zu erreichenden Ziele und den Weg zu diesen festzulegen: „Grundsätzlich läßt sich Planung als geistige Vorwegnahme zukünftigen Handelns unter Unsicherheit verstehen. […] Inhaltlich richtet sich Planung auf das Festlegen von Zielen, Ressourcen und Maßnahmen der unternehmerischen Tätigkeit." (von der Oelsnitz 2009, S. 53). Gewisse Definitionen der Funktion „Planen" lassen sich so lesen, dass sie neben der Managementaufgabe „Zweck- und Zielbestimmung" entweder die gesamte Managementaufgabe „Organisieren" oder Teile von dieser, nämlich die Gestaltung der Ablauforganisation, abdecken. Für die weiteren Ausführungen wird ersteres Verständnis übernommen: Die Managementaufgabe „Planen" umfasst somit die Aufgaben „Zweck- und Zielbestimmung" sowie „Organisieren" und entspricht damit der Managementaufgabe „Gestaltung".

- Die Aufgabenvorschläge „Kontrollieren"/„Kontrolle" bzw. „control" sind in der von uns herausgearbeiteten Managementaufgabe „Lenken" enthalten, welche in dieser Formulierung zudem auch in den Listen der Managementdenker auftaucht. Aufgabenvorschläge wie „Prozessabwicklung", „Operating", „Durchführung", aber auch „dynamische Stabilisierung" können ebenfalls als Teile von oder Synonyme zur Managementaufgabe „Lenken" gewertet werden. Die von Drucker (2007, S. 297 f.; 2008, S. 8) bzw. Gulick (1937, S. 13) vorgeschlagenen Managementaufgaben „Measuring" und „Reporting" stellen ebenfalls Teilaspekte der Managementaufgabe „Lenkung" dar. Des Weiteren subsumiert Davis (1951, S. 154) die von gewissen Autoren vorgeschlagene Aufgabe „Coordinating" unter die Aufgabe „Control", die somit Teil der Aufgabe „Lenken" wird. Andere Autoren – wie z. B. Ulrich und Fluri (1995, S. 171) – sehen die Aufgabe der Koordination als den auf die Gestaltung der Ablauforganisation eines Unternehmens ausgerichteten Teil der Managementaufgabe „Organisieren".

- Diverse Autoren führen in ihren Listen die inhaltlich identischen Vorschläge „Entwicklung", „Changing", „Entwickeln", „Weiterentwicklung", oder „Verbesserung". Auch diese Aufgaben sind in dem hier entwickelten Modell abdeckt und entsprechen der oben aufgeführten Managementaufgabe „(Weiter-)Entwickeln".

- Die von gewissen Autoren vorgeschlagene Managementaufgaben „Entscheiden", „Kommunizieren" und „Reflexion" sind keine eigenen Managementaufgaben im engeren Sinn. Sie können entweder entweder als Querschnitts- bzw. Metafunktionen gewertet werden, die Teil jeder Managementaufgabe sind, sollten aber besser als Managementkompetenzen interpretiert werden, die nötig sind, um die Managementaufgaben effektiv bearbeiten zu können.

Wenn wir das bisher Gesagte zusammenfassen, so können wir die fünf Managementaufgaben, d. h. die fünf Grundaufgaben, die zur Sicherstellung der Zweck- und Zielerfüllung des Systems „Unternehmen" zwingend bearbeitet werden müssen, wie in Abb. 3.4 grafisch dargestellt festhalten.

Abb. 3.4 Fünf Aufgaben von Management

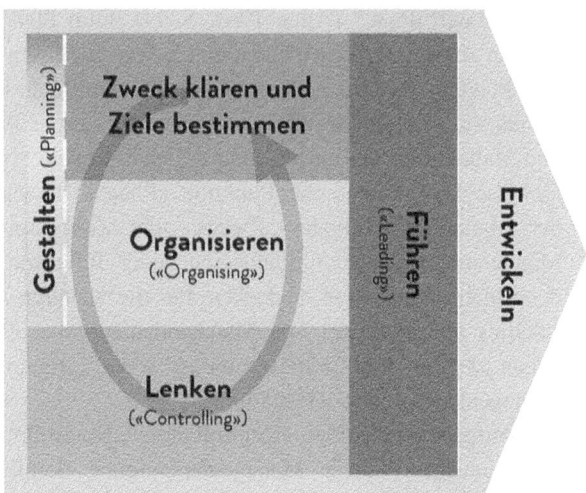

Diese Grundfunktionen des Managements sind allerdings – und dies soll hier betont werden – „nicht unabhängig voneinander und können nicht analytisch verschiedenen Führungskräften zugeordnet werden" (Ulrich und Probst 2001, S. 259). Ein Manager, der nur organisiert oder nur führt, ist kein Manager. Die Managementaufgaben stellen vielmehr ein zusammenhängendes Ganzes dar, dessen sich jeder Manager nicht nur in Teilen, sondern voll und dies nicht nur einmal, sondern iterativ annehmen muss:

> „The process of management [...] is a unity, and its several parts or aspects must be recognised as related items in the one integral process." (Brech 1953, S. 40)

> „The manager performs all of these functions [...] more or less continuously, and regardless of his organizational level, although the emphasis placed on each function is different at the different organization levels." (Cleland und King 1972, S. 137)

Des Weiteren stehen die ersten vier Managementaufgaben in einem logischen und zeitlichen Zusammenhang. Sie sind in einer bestimmten Reihenfolge zu bearbeiten und bilden einen kreislaufförmigen Prozess (vgl. Abb. 3.5).

Die Managementaufgaben „inter-play in the nature of a feedback cycle" (Brech 1965, S. 14). In Gang gesetzt wird dieser Prozesskreislauf durch die Managementaufgabe der Zweckklärung und Zielbestimmung. Er findet seine Fortsetzung in der Managementaufgabe des Organisierens, bevor er sich über die Managementaufgaben des Führens und Lenkens das erste Mal schliesst. Auch wenn die Managementaufgabe der Zweckklärung und Zielbestimmung der primus inter pares unter den Managementaufgaben ist, so stellt diese Sequenzierung (leider) nur eine mehr oder minder starke Vereinfachung der Realität dar. Denn das erstmalige Schliessen des Prozesskreislaufs ist kein finales Abhaken: Da die Managementaufgabe der Lenkung nur über die übrigen drei Managementaufgaben auf das Verhalten der Elemente und damit des Systems wirken kann, zieht jede

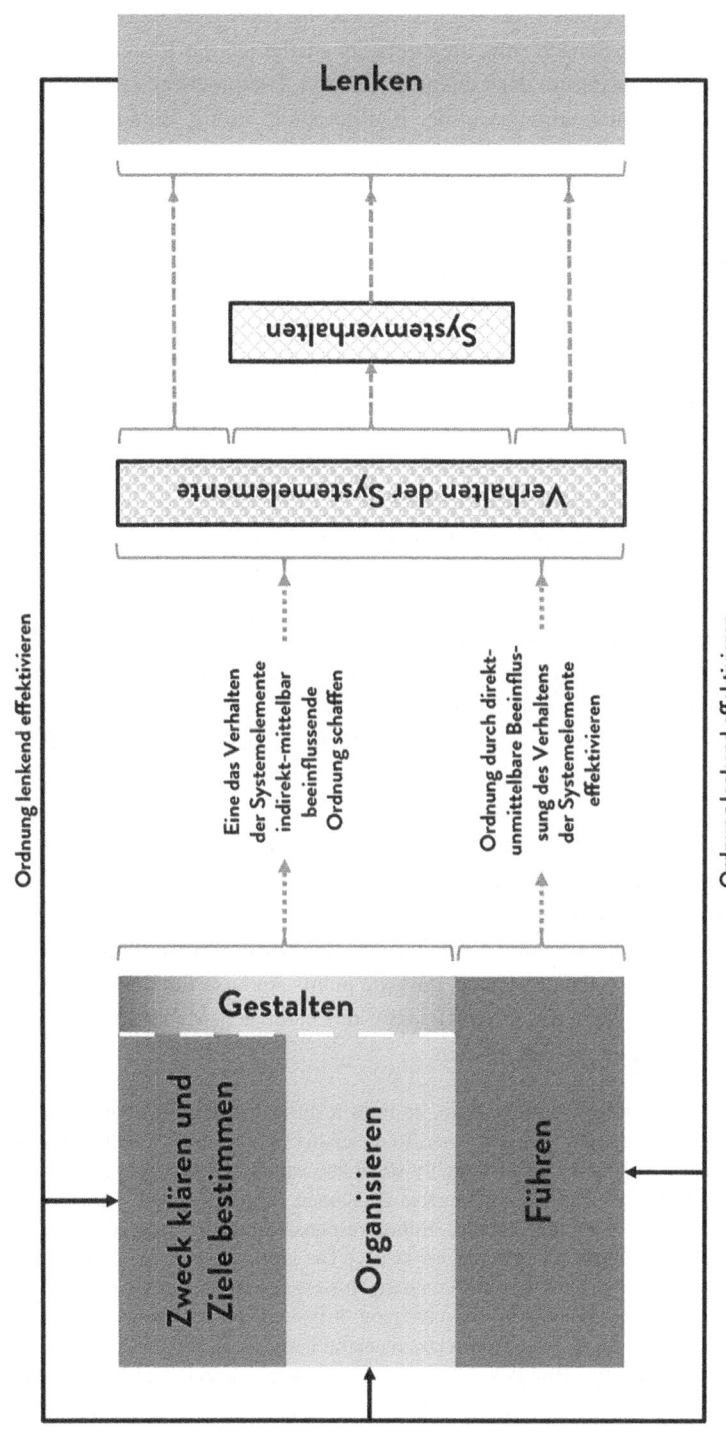

Abb. 3.5   Kreislauf der Managementaufgaben

Lenkungsmassnahme zwingend die Wiederbearbeitung einer oder mehrerer der übrigen drei Managementaufgaben nach sich, die ihrerseits wieder auf das Element- und Systemverhalten wirken, die wiederum der Lenkung bedürfen. Entsprechend ist die Bearbeitung der einzelnen Managementaufgaben in der Realität keine streng sequenzielle: Um z. B. ein System zu reorganisieren, müssen nicht immer erst Zweck und Ziele des Systems geklärt und bestimmt werden; Lenkungsmassnahmen können sich auch direkt des Mittels des Reorganisierens bedienen, um das effektive Systemverhalten wieder auf Zweck und Ziele des Systems auszurichten.

Aus diesen kurzen Überlegungen kristallisiert sich zudem ein besonderes Charakteristikum von Management heraus: Management ist etwas, das nie final erledigt werden kann. Management ist eine Daueraufgabe, die zu erledigen ist, solange ein System existiert. Ein Manager kann sich eigentlich nie und wenn dann nur kurzfristig zurücklehnen und die Früchte seiner Arbeit geniessen; denn während er dies täte, würden die Elemente des Systems weiter handeln, was nach mehr oder minder kurzer Zeit wieder lenkende Eingriffe nötig machen würde.

Die Managementaufgaben sind grundsätzlich zukunftsorientiert, da es ihnen immer um die Beeinflussung des zukünftigen Systemverhaltens geht: „The manager's decisions are primarily concerned with what is to be done and how it is to be done. Even when checking performance, and achievement, the managers have in mind the steps necessary to ensure continuance of good performance or the improvement for the future of what is deficient in the present." (Brech 1965, S. 15).

Das Bündel an Managementaufgaben, das nachfolgend expliziert werden soll, ist seinem Wesen nach subsidiärer Natur. Wie Allen (1964, S. 63) schreibt, sind Manager aufgrund ihrer Position in der Lage „to do work for the group that the individual members cannot do effectively for themselves" (Allen 1964, S. 63). So verstanden schafft Management die Voraussetzungen dafür, dass die Elemente des Systems ihren jeweiligen Aufgaben nachkommen können.

Die Aussage, dass Manager dafür da sind, um die Managementaufgaben zu erfüllen, darf nicht so rigoros verstanden werden, dass sie nichts Anderes tun dürfen. In der Realität befassen sich auch Manager mit Aufgaben, die nicht den Managementaufgaben im engeren Sinn zugerechnet werden können:

> „Much as a manager might want to do so, he finds it difficult if not impossible to concern himself exclusively with management work. To do so, his people would have to be perfectly competent, he would have to act in a highly stabilized situation, and his own skills would need to be nearly perfect. So long as managers are human, they will probably continue to do nonmanagement tasks in the performance of their responsibilities. All managers do a certain amount of nonmanagement or operating work. […] The kind of operating work a manager performs will vary. The president of the company, for example, may call upon an important customer to complete a sale. This is not managing; it is the functional work of selling. The vice president of research may be a first-class inventor. Perhaps he develops a new design of great value to the company. However, when he is doing such research, he is not managing." (Allen 1964, S. 74)

Das Verrichten von „operating work" – wozu für Allen (1964, S. 76) auch das Erfüllen von Managementaufgaben gehört, die auf tieferen Stufen der Managementhierarchie zu erfüllen wären – ist in Ordnung, solange dies nicht überhandnimmt und auf Kosten der Managementaufgaben geht.[11] Grundsätzlich sollte ein Manager sich aber auch bei der Erfüllung seiner genuinen Managementaufgaben fragen, ob er Detail- oder Routine-aspekte seiner Gestaltungs-, Führungs- oder Lenkungsaufgaben verrichtet, die von anderen Personen im Unternehmen gleichermassen oder gar besser ausgefüllt werden können. Tut er dies, „the manager is actually performing work that is operating work to him" (Allen 1964, S. 76). Der Manager muss seine Managementaufgaben nicht bis ins jedes Detail selber erfüllen; er kann und sollte sich – z. B. wenn es ans Erstellen von Budgets oder die Personalauswahl geht – Unterstützung aus den Funktionsbereichen holen, um Routinearbeiten abzudecken oder Fachwissen einzuholen. Wichtig ist jedoch, dass der Manager die Erfüllung der Managementaufgaben initiiert und auch die zu treffenden finalen Entscheidungen fällt.

Nach diesen einleitenden Ausführungen soll nachfolgend auf die einzelnen Managementaufgaben eingegangen werden. Die sich anschliessende vertiefte Dar-stellung der einzelnen Aufgaben der Unternehmensführung erfolgt allerdings nur unter Systemaspekten. Die Betrachtung endet hinsichtlich ihrer Tiefe dort, wo es nicht mehr um Zusammenhänge geht, die für das Gesamtsystem der Managementaufgaben von wesentlicher Bedeutung sind, sondern wo Themen betroffen sind, für die entsprechend eigenständige Fachbereiche zuständig sind (wie z. B. Strategieinhalt, Budgetierung, Kosten- und Leistungsrechnung).

3.2.1 Gestalten und Planen

Im Rahmen der Managementaufgabe „(System-)Gestaltung" (auch: Planung) macht sich Management Gedanken, welche Zweck und welche Ziele das Unternehmen besitzt und wie deren Realisierung organisiert werden kann. Die Managementaufgabe besteht im gedanklichen Entwerfen einer zweck- und zielorientierten Ordnung, d. h. einer Ordnung, die die Verhaltensvarietät des Systems „Unternehmen" reduziert und die das Unter-nehmen in die Lage versetzt, seinen Zweck und seine Ziele zu realisieren. Ziel ist es, „die Verhaltensmöglichkeit der Unternehmung zu reduzieren, um ein ganz bestimmtes,

---

[11]Hier gilt es der „very human tendency for managers to prefer to operate" (Allen 1964, S. 77) zu widerstehen. Manager übernehmen ihre Rolle nicht selten aus funktional orientierten Positionen kommend; so haben sie z. B. als Spezialisten in den Bereichen Verkauf, Finanzen oder Produkt-entwicklung gewirkt und waren gut in dem, was sie getan haben. Entsprechend neigen sie dazu, das, was sie gut und gern gemacht haben, weiter zu tun, wenn sich ihnen die Gelegenheit bietet. Es kann aber auch sein, dass Manager zu operativ wirken, weil es ihnen an Vertrauen in ihre Mit-arbeiter mangelt: „He assumes that nobody else can do the work as well as he can. By this, he probably means that nobody else would do it exactly the same way as he would. As a result, he tends to keep the most important jobs for himself." (Allen 1964, S. 77).

von der Führung gewolltes Verhalten zu erzeugen" (Ulrich 1984, S. 229). Die Systemgestaltung dient somit der Schaffung der Voraussetzungen der arbeitsteiligen Zweck-
und Zielrealisierung; durch sie soll sichergestellt werden, dass die das System
konstituierenden Elemente und damit das System zweck- und zielrealisierend handeln
können. Ihre Aufgabe ist die Schaffung eines grundsätzlich handlungsfähigen Systems
bzw. die Sicherstellung der zweck- und zielrealisierenden Handlungsfähigkeit des
Systems. Es werden zunächst einmal nur die dem Unternehmen offenstehenden Verhaltensmöglichkeiten definiert bzw. der Verhaltensrahmen festgelegt, innerhalb dessen
sich das Unternehmen bewegen sollte.

> „Die Gestaltungsfunktion des Managements besteht auf dieser geistigen Ebene betrachtet
> darin, ein System normativer Regeln zu entwerfen, das das Verhalten der Institution auf
> Werte und Ziele hin lenkt." (Ulrich 2001j, S. 157)

Ziel ist es, einen Ordnungsrahmen abstrakter Normen zu schaffen, welche vor allem
unerwünschtes Verhalten verbieten und so erwünschtes Verhalten festlegen. Das Vorhandensein einer solchen Ordnung ist zwar kein Garant, aber so doch wesentliche
Voraussetzung der Zweck- und Zielrealisierung.

Die Aufgabe der Gestaltung umfasst hierbei zwei Teilaufgaben, nämlich zum einen
die Zweck- und Zielbestimmung und zum anderen das Organisieren. Bei der Zweck-
und Zielbestimmung geht es um die Explizierung des Unternehmenszwecks und die
Festlegung des unternehmerischen Zielsystems, d. h. der Gesamtheit der den Zweck
konkretisierenden Ziele des Unternehmens. Die Aufgabe des Organisierens dient der
Schaffung einer zweck- und zieldienlichen Organisation, d. h. einer Ablauf- und Aufbauorganisation, die die Elemente und ihre strukturellen sowie prozessualen Beziehungen
so ordnen, dass Zweck- und Zielerfüllung möglich wird. Sowohl die Zweck- und Zielbestimmung als auch das Organisieren sind Mittel der indirekten Beeinflussung des Verhaltens der Elemente des Systems „Unternehmens" und des Unternehmens als Ganzem.

Da die Managementaufgabe „Gestalten" die wesentlichen Dimensionen eines
Systems – dessen Zweck und Ziele sowie die seine Elemente und Beziehungen
regelnde Organisation – adressiert, könnte man auch sagen, dass durch die Erfüllung
dieser Aufgabe das System „Unternehmen" überhaupt erst geschaffen wird, indem aus
einzelnen Teilen bzw. Elementen vermittels eines integrierend wirkenden Zweck- und
Zielsystems ein geordnetes Ganzes gemacht wird:

> „Gestalten bedeutet, eine Institution überhaupt zu schaffen und als zweckgerichtete
> handlungsfähige Ganzheit aufrechtzuerhalten." (Ulrich 1984, S. 114)

3.2.1.1 Ziele bestimmen

„Wer vom Ziel nicht weiß, kann den Weg nicht haben." Diese Aussage aus dem gleich-
namigen Gedicht von Christian Morgenstern ist nicht nur bekannte Lyrik, sondern drückt

eine allgemeine und damit auch für den Bereich der Unternehmensführung geltende Wahrheit aus:

„The manager who does not know where he is going will probably have difficulty getting there. Even though he happens to arrive at a destination that is to his liking, in the process he will probably have wasted a great deal of time and effort. If others are traveling with him and none knows the destination, it is almost certain that confusion, frustration, and waste will result. In order to prevent this, the professional manager determines the goals he wants to accomplish before he commits money and time to the effort." (Allen 1964, S. 122)

Die Zielbestimmung stellt die in logischer Hinsicht grundlegende Managementaufgabe dar. Zunächst müssen die zu verfolgenden Ziele festgelegt bzw. muss für Ziele gesorgt werden. Ist diese Aufgabe nicht erfüllt, können die anderen Managementaufgaben nicht sinnvoll bearbeitet werden. Die Logik diktiert, dass wir zuerst ein Handlungsziel haben müssen, um überlegt handeln zu können.[12] Ohne Ziel ist effektives Handeln unmöglich:

„Objectives are goals established to guide the effort of the company and each of its components. Effective management is always management by objectives." (Allen 1958, S. 27)

Unternehmerische Aktivität setzt notwendigerweise das Vorhandensein eines Ziels voraus. In Realität gibt es allerdings eine Mehrzahl von Zielen, die gleichzeitig angestrebt werden. Die Bearbeitung der Managementaufgabe „Zielbestimmung" verlangt dieser Einsicht entsprechend nach Entscheidungen über die Ziele des Unternehmens.[13] Im Zentrum dieser zu bestimmenden Ziele steht der Unternehmenszweck, welcher durch eine Reihe von untergeordneten Unternehmenszielen konkretisiert wird.[14] Zweck und Ziel haben hierbei gemeinsam, dass sie allgemein gesprochen „an end result" (Allen 1964, S. 122) darstellen, d. h. ein Endergebnis, das zu erreichen man die Absicht hat:

„An objective […] is a desired accomplishment whose achievement can be measured in a specific time period." (Cleland und King 1972, S. 271)

---

[12]Menschliche Handlungen lassen sich durch ihre Zielausrichtung charakterisieren, d. h. dass sie teleologisch sind, kurz um eines Zieles willen getan werden: „A human act is a voluntary act of a human person, i.e. an act caused and performed by its agent both 1) knowingly and 2) willingly. An agent performs an act knowingly if he knows what he is doing, i.e. if he knows what act he is taking (both with respect to its kind and moral quality), to what end (both with respect to its kind and moral quality) he is taking it, under which circumstances he is taking it and with which consequences he is taking it. An agent performs an act willingly if he freely wills what he is doing and to what end he is doing it." (Erk 2019, S. 61 f.).

[13]Wie Ulrich (2001a, S. 236) ausführt, haben Zielbestimmungen „den Charakter von Entscheidungen, das heisst, sie stellen eine Wahl zwischen verschiedenen Verhaltensmöglichkeiten dar".

[14]Wie das obige Zitat von Louis A. Allen zeigt, wird die Unterscheidung zwischen Zweck („goal") und Ziel („objective") nicht konsequent von allen Autoren getroffen.

„A goal or an objective is defined as a specific commitment to achieve a measurable result within a given time frame." (Kreitner 2009, S. 153; vgl. Kinicki und Williams 2013, S. 139)

Sowohl Zweck als auch Ziel sind also etwas, um dessentwillen etwas geschieht bzw. um dessen Realisierung willen eine Person oder eine Gruppe von Personen aktiv wird und handelt. In dieser Hinsicht ist der Zweck eine Art von Ziel.

Trotz dieser Gemeinsamkeiten sind Zweck und Ziel jedoch nicht das gleiche: Zweck und Ziele stehen nämlich in einem hierarchischen Verhältnis. Der Unternehmenszweck stellt als „Letztziel" des unternehmerischen Handelns das höchste Unternehmensziel dar. Inhaltlich betrachtet stellt der Zweck eines Unternehmens ein „broad statement of direction" (Cleland und King 1972, S. 294) bzw. „a broad, general, and timeless purpose" (Cleland und King 1972, S. 271) dar. Mit einer etwas aktuelleren Vokabel ausgedrückt kann man sagen, dass der Unternehmenszweck das ist, was heute als „Mission" eines Unternehmens bezeichnet wird.

Es ist wesentlich für den Unternehmenszweck, dass alle Handlungen der das Unternehmen konstituierenden Elemente auf die Realisierung des Zwecks ausgerichtet sind. Über oder neben dem Unternehmenszweck sollten keine anderen unternehmerischen Ziele existieren. Unternehmensziele werden hingegen nicht um ihrer selbst willen, sondern letzten Endes des Unternehmenszwecks wegen verfolgt; sie sind „instrumentelle Ziele", also Etappenziele auf dem Weg zur Realisierung des Unternehmenszwecks:

„Objectives are specific desired accomplishments which can be measured in a specified time period. Objectives thereby support goals in that the achievement of broad goals will usually require the achievement of a number of consistent objectives." (Cleland und King 1972, S. 294)

Diese Unterteilung der Ziele eines Unternehmens anhand ihrer Mittel-Ziel-Beziehung kann durch die Unterscheidung in Ober-, Zwischen- und Unterziele noch etwas weiter verfeinert werden: Während Zwischenziele Mittel zur Erreichung von Ober- bzw. übergeordneten Zielen sind, sind Unterziele Mittel zur Erreichung von Zwischen- und Oberzielen. Je nach eingenommener Perspektive kann ein und dasselbe Ziel ein Ober-, Zwischen- oder Unterziel sein. Dies gilt allerdings nicht für den Unternehmenszweck: Als oberstes Unternehmensziel ist dieser per definitionem ein Oberziel.[15]

Anstelle der Unterteilung in Ober-, Zwischen- und Unterziele findet sich in der Managementliteratur oftmals auch die Unterteilung der Unternehmensziele in „normativ", „strategisch" und „operativ" sowie manchmal auch „taktisch" und damit in „analytisch zu unterscheidende Problem- und Handlungsebenen" (Ulrich und Fluri 1995, S. 282; vgl. Kreitner 2009, S. 152, Kinicki und Williams 2013, S. 136 ff.). Diese beiden Kategorisierungen sind in Teilen deckungsgleich; allerdings ergänzt die Unterscheidung normativ/strategisch/operativ die in der Unterscheidung Ober-/Zwischen-/Unterziel

---

[15]Zusätzlich zu ihrer Mittel-Ziel-Beziehung lassen sich die Ziele eines Unternehmens anhand ihrer Wichtigkeit in Haupt- und Nebenziele untergliedern.

angelegte Differenzierung anhand der Dimension der Mittel-Ziel-Beziehung um die
Dimensionen Zeit und Raum:

- *Normative Ziele* – zu denen auch der Unternehmenszweck gehört – sind langfristig, d. h. mit einem Zeithorizont von mehr als fünf Jahren, zu erreichende Ziele.
  Sie beziehen sich auf das Unternehmen als Ganzheit und stellen einen Bezugs- und
  Referenzrahmen für die strategischen, taktischen und operativen Ziele dar. Sie sind
  somit der Rahmen, innerhalb dessen sich diese Ziele bewegen müssen.
- *Strategische Ziele* sind mittel- bis langfristig, d. h. mit einem Zeithorizont von einem
  bis fünf Jahren zu erreichende Ziele. Je nach Grösse des Unternehmens können sie
  sich auf das Unternehmen als Ganzheit oder auf eines oder mehrere seiner Sub-
  systeme (z. B. Funktionsbereiche, Sparten, Abteilungen) beziehen. Strategische
  Ziele konkretisieren die normativen Ziele; gleichzeitig stellen sie einen Bezugs- und
  Referenzrahmen für die taktischen und operativen Ziele dar.
- *Taktische Ziele* sind kurz- bis mittelfristig, d. h. mit einem Zeithorizont von sechs
  bis 24 Monaten zu erreichende Ziele. Sie sind üblicherweise Bereichsziele, die sich
  auf eines oder mehrere der Subsysteme des Unternehmens (z. B. Funktionsbereiche,
  Sparten, Abteilungen) beziehen. Sofern vorhanden, konkretisieren taktische Ziele die
  strategischen Ziele; gleichzeitig stellen sie einen Bezugs- und Referenzrahmen für die
  operativen Ziele dar.
- *Operative Ziele* sind kurzfristig, d. h. mit einem Zeithorizont von einer bis 52
  Wochen zu erreichende Ziele. Sie sind Bereichsziele, die sich auf eines oder mehrere
  der Subsysteme des Unternehmens (z. B. Abteilungen) beziehen. Operative Ziele
  konkretisieren die strategischen (oder, sofern vorhanden, die taktischen) Ziele.

Aus diesen Unterscheidungen ergibt sich eine üblicherweise pyramidenförmige
Hierarchie unternehmerischer Ziele, welche in ihrer Gesamtheit das *Zielsystem* eines
Unternehmens bilden (vgl. Abb. 3.6). Dieses dient nicht nur als handlungsleitender,
sondern auch sinnstiftender Orientierungs- bzw. Referenzrahmen für die Mitarbeiter des
Unternehmens.

Die Herausforderung der Festlegung des unternehmerischen Zielsystems liegt in
dessen Widerspruchsfreiheit. Die operativen sollten nicht anderen operativen oder den
strategischen, die strategischen nicht anderen strategischen oder den normativen Zielen
und die normativen Ziele nicht anderen normativen Zielen widersprechen. Um die vielen
Ziele eines Unternehmens zu einem widerspruchsfreien Zielsystem formen zu können,
müssen die Ziele zunächst verständlich, sinn- und gehaltvoll formuliert sein:

> „Ein Unternehmungsziel muss letztlich in den Dimensionen Qualität, Quantität, Zeit und
> Raum definiert sein, um genau angesteuert werden zu können; es muss ‚operational‘ sein.“
> (Ulrich 2001a, S. 235; vgl. Thommen et al. 2017, S. 47 f.)

Diese Dimensionen stellen jedoch nur ein definitorisches Minimum dar. Besser wäre es,
wenn für jedes Ziel jeweils klar definiert ist, was, warum, wie, in welchem Ausmass,

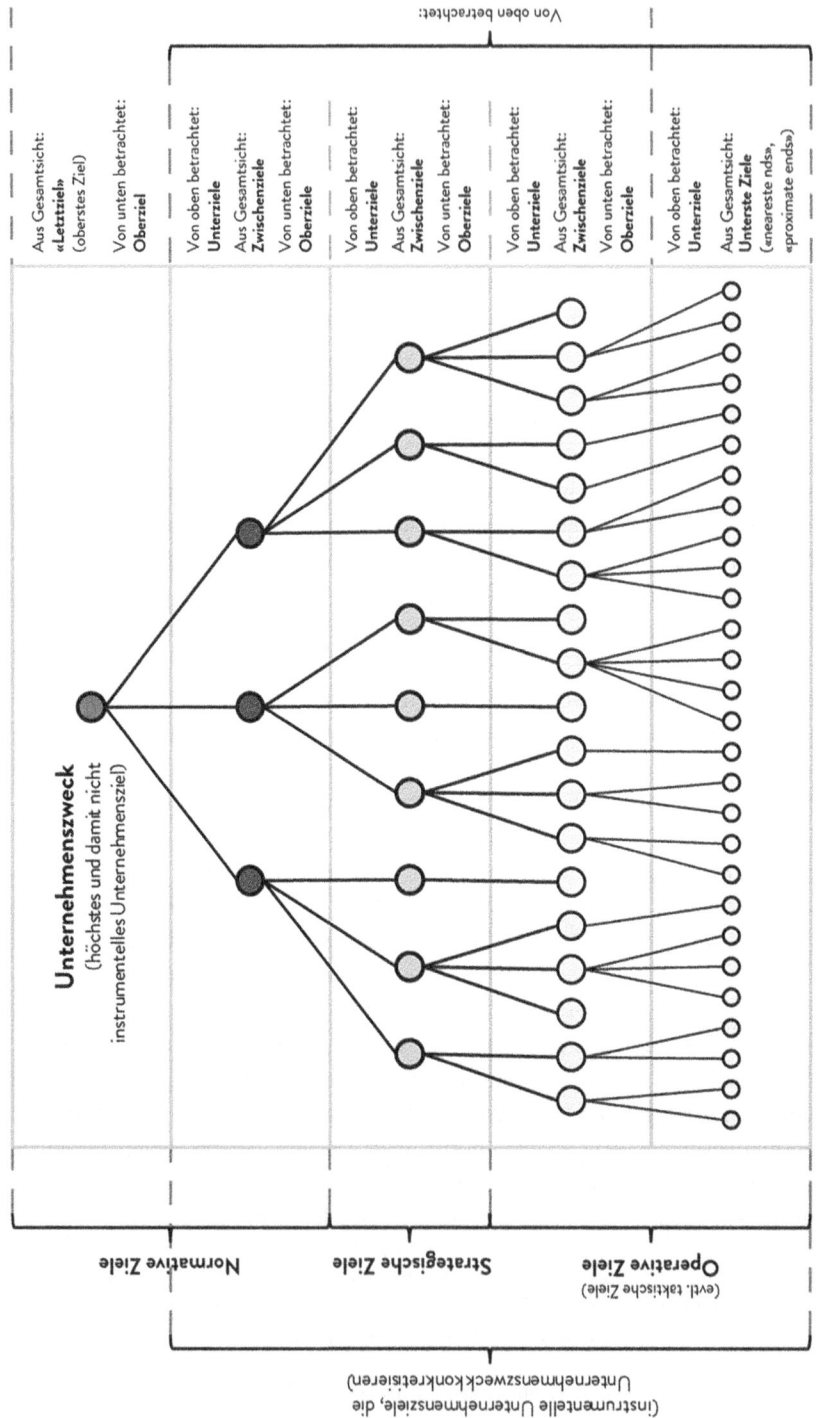

Abb. 3.6 Hierarchie von Unternehmenszielen. (Eigene Darstellung in Anlehnung an: Erk 2019, S. 81)

bis wann, wo, mithilfe welcher Mittel und von wem es zu erreichen ist. Abgesehen von dieser Spezifizierung ist es nötig, dass Unternehmensziele messbar sind, d. h. einen Zielmasstab haben; des Weiteren sollten sie realistisch, d. h. sowohl generell als auch unter den gegebenen Umständen erreichbar sein.[16]

Zudem muss bekannt sein, welche inhaltlichen Eigenschaften die Ziele besitzen und in welcher Beziehung sie zueinanderstehen (vgl. Ulrich 2001a, S. 240, 2001b, S. 66, 2001c, S. 288; Thommen et al. 2017, S. 47 f.; Göbel 2018, S. 69):

- Ein Ziel kann hinsichtlich seines Zielausmasses begrenzt oder unbegrenzt formuliert sein. Ein begrenzt formuliertes Ziel (z.B. 12% des Umsatzes) kann nur entweder erreicht oder nicht erreicht werden. Bei diesen „Satisfizierungszielen" (auch: „dichotomische Ziele") gibt es also hinsichtlich der Zielerreichung nur ein Schwarz oder Weiss. Anders sieht es bei den sog. „dimensionalen Zielen" (auch: „Extremalziele", „Maximierungsziele") aus. Diese weisen eine unbegrenzte Formulierung auf (z.B. maximaler Umsatz; minimale Kosten) und sind in mehr oder weniger grossem Ausmass erreichbar.
- Zwischen zwei Zielen kann eine harmonische (auch: komplementäre), neutrale (auch: indifferente) oder antinomische (auch: konkurrierende, konfliktäre, konfligierende) Beziehung bestehen. In ersterem Fall fördert die Verfolgung des einen Ziels die Verwirklichung des anderen Ziels. In zweiterem Fall sind die Ziele voneinander unabhängig: Die Realisierung des einen hat keinen förderlichen oder störenden Einfluss auf die Realisierung des anderen Ziels. Im dritten Fall kann ein Ziel kann nur auf Kosten des anderen Ziels, aber nicht gleichzeitig realisiert werden.

Stehen Unternehmensziele, die hinsichtlich ihres formalen und inhaltlichen Charakters sowie ihrer Beziehung zueinander bestimmt sind, miteinander im Widerspruch, so hilft folgende Vorgehensweise, um sie zu einem widerspruchsfreien Zielsystem zu harmonisieren:

> „Für die verschiedenen dimensionalen Zielsetzungen werden Anspruchsniveaus festgelegt in der Weise, dass keine Zielantinomien mehr bestehen; dichotomische Ziele können entweder – wenn sie mit den übrigen Zielen harmonieren oder neutral sind – als Bedingungen aufgenommen werden oder müssen als nicht gleichzeitig erreichbar vollständig ausgeschaltet werden. Man kann auch sagen, dass zur Aufstellung eines realisationsfähigen Zielsystems Kompromisse zwischen verschiedenen konkurrierenden Zielen geschlossen und dass nicht gleichzeitig erfüllbare Bedingungen eliminiert werden müssen." (Ulrich 2001a, S. 241)

---

[16]Nach Locke und Latham (1990) besteht ein Zusammenhang zwischen der Schwierigkeit bzw. Erreichbarkeit eines Ziels und der Leistung der mit der Zielrealisierung befassten Personen. Mit zunehmender Schwierigkeit steigt die Leistung bis zum maximalen Leistungspunkt; wird die Schwierigkeit des Ziels als zu hoch, d. h. die Zielrealisierung unter gegebenen Umständen als unmöglich wahrgenommen, fällt die Leistung abrupt ab.

Wenn wir das bisher Gesagte zusammenfassen, so können wir festhalten, dass es zunächst der Festlegung von drei Kategorien von Zielsystemen bedarf, um die Managementaufgabe „Zielbestimmung" zu erfüllen. Konkret bedarf es der Festlegung der normativen Ziele (inkl. des Zwecks), der strategischen Ziele und der operativen Ziele des Unternehmens. Die Gesamtheit der Ziele, die in einer Zielkategorie versammelt sind, stellt jeweils ein Zielsubsystem dar, das mit den anderen Zielsubsystemen zu einem widerspruchsfreien unternehmerischen Zielsystem zusammengefügt werden muss. Dabei gibt es vielfältige Ursachen für mögliche oder fortdauernde Widersprüche aufgrund verschiedener Motivationen, Fristigkeiten, Wettbewerber, wechselnder oder widersprüchlicher Umwelten, Pfadabhängigkeiten, Voraussetzungen etc. Auf den folgenden Seiten wird der Reihe nach auf die drei festzulegenden Zielkategorien eingegangen.

3.2.1.1.1 Bestimmung des normativen Zielsystems

Die Bestimmung des normativen Zielsystems des Unternehmens umfasst zum einen die Klärung des Zwecks des Unternehmens und zum anderen die Festlegung von den Zweck konkretisierenden normativen Zielen. Die Gesamtheit dieser Festlegungen ergibt die sog. „normative Positionierung" des Unternehmens. Konkret umfasst dieses für die zukünftige Unternehmensentwicklung richtungsweisende Gedankenmodells die folgenden Elemente (vgl. Abb. 3.7).

Neben der Klärung des Unternehmenszwecks, d. h. der Mission des Unternehmens, erfordert die Bestimmung des normativen Zielsystems die Festlegung der Vision des Unternehmens und die Bestimmung der Unternehmensphilosophie, d. h. der allgemeinen Wertvorstellungen, die beim Streben nach Realisierung von Mission und Vision eingehalten werden sollen.

3.2.1.1.1.1 Mission

Die Mission eines Unternehmens (auch: „statement of purpose") beschreibt dessen grundlegenden Existenzgrund. Sie ist „der Auftrag eines Unternehmens, der **grundlegende Zweck,** zu dessen Erfüllung es gegründet wird und existiert; die Aufgabe, in

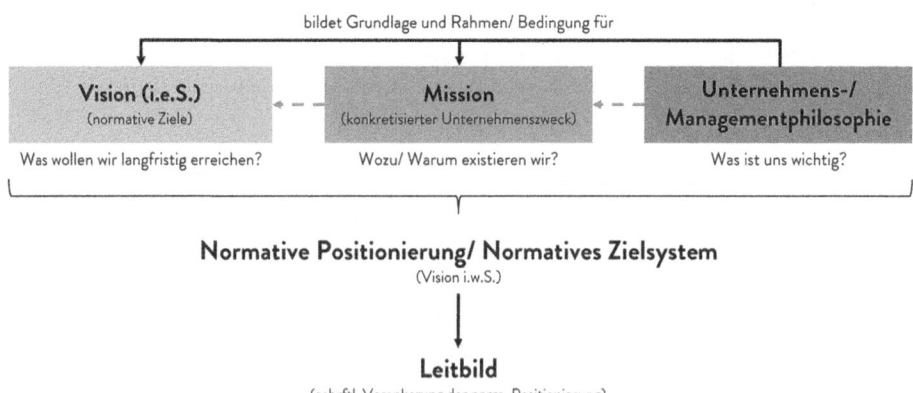

Abb. 3.7 Bestandteile des normativen Zielsystems bzw. der normativen Positionierung

dessen Dienst es steht und an der alles Handeln und dessen Ergebnisse zu messen sind"
(Malik 2007, S. 167; 2010, S. 164). Die Mission beinhaltet eine konzise Antwort auf
die Frage „what we stand for and why we exist" (Collins und Porras 1996, S. 66) bzw.
„what is our reason for being" (Kinicki und Williams 2013, S. 136). In der Mission ist
nicht das „Warum", sondern das „Wozu" des Unternehmens festgehalten. Ein „Warum"
macht eine vergangenheitsbezogene Aussage über die kausalen Faktoren, die dazu beigetragen haben, dass ein bestimmter Gegenstand existiert. Ein „Wozu" beinhaltet hingegen eine zukunftsbezogene Aussage über die Finalität eines Gegenstands, d. h. den
Zweck, den zu erfüllen es existiert. Die Mission drückt die grundlegende Motivation für
das unternehmerische Handeln aus und bildet das Band, das die zu einem Unternehmen
zugeschlossenen Personen eint.

> „**Management starts with a mission** worth accomplishing, with the value it sets out to
> create. [...] The basis of all performance is clarity of purpose. The first test of management
> is this: Does it have a clear sense of what it seeks to accomplish and has it effectively
> communicated that purpose to everyone in the organization?" (Magretta 2002, S. 216)

> „**It all starts with Why**.[...] Every single company and organization on the planet knows
> WHAT they do. [...] Some companies and people know HOW they do WHAT they do.
> Whether you call them a „differentiating value proposition," „proprietary process" or
> „unique selling proposition," HOWs are often given to explain how something is different
> or better. [...] Very few people or companies can clearly articulate WHY the do WHAT they
> do. When I say WHY, I don't mean to make money – that's a result. By WHY I mean what
> is your purpose, cause or belief? WHY does your company exist? WHY do you get of bed
> every morning? And WHY should anyone care?" (Sinek 2011, S. 39)

In der Praxis stellt die Mission die unternehmensspezifische Konkretisierung des allen
Unternehmen qua ihres Wesens als produktive Systeme zugrunde liegenden Grundzwecks
dar. Wie weiter oben ausgeführt, besteht dieser in der nutzenstiftenden Befriedigung
menschlicher Bedürfnisse und der Bedarfsdeckung. Dieser Zweck stellt – zusammen
mit ethischen und rechtlichen Einschränkungen – den Rahmen dar, innerhalb dessen
sich die von einem Unternehmen konkret verfolgte Mission bewegen muss. Es kann
diesen Zweck nicht verändern und darf schon gar nicht gegen diesen verstossen.[17]
Mit der Formulierung seiner Mission erklärt ein Unternehmen, wie es seinem Grundzweck konkret gerecht werden möchte, d. h. welches Bedürfnis das Unternehmen zu
befriedigen gedenkt.

Wie Drucker (2007, S. 32 f.; 2008, S. 101), Magretta (2002, S. 21 f.) und auch
Rüegg-Stürm und Grand (2015) nicht müde werden zu betonen, ist es jedoch nicht das
Unternehmen, das die Definitionshoheit darüber hat, welche Bedürfnisse es faktisch
befriedigt und welchen Nutzen es stiftet. Das Bedürfnis, das das Unternehmen zu
befriedigen denkt, muss nicht das Bedürfnis sein, das der Kunde befriedigt sehen will.
Der Nutzen, von dem das Unternehmen denkt, dass ihn stiftet, muss nicht der Nutzen

---

[17]Aus diesem Grund ist der Begriff der „Klärung" des Unternehmenszwecks treffender als die
Begriffe „Bestimmung" oder „Festlegung", die eine Freiheit suggerieren, die so nicht gegeben ist.

sein, den der Kunde für sich gestiftet sieht. Das gleiche Produkt kann bei unterschiedlichen Kunden einen unterschiedlichen Nutzen stiften, d. h. unterschiedliche Kunden können mit gleichem Produkt unterschiedliche Bedürfnisse befriedigen.

Es ist letzten Endes immer der Kunde, der darüber entscheidet, welches seiner Bedürfnisse mit einer materiellen oder immateriellen Leistung befriedigt wird und welchen Nutzen diese für ihn stiftet:

Was lernen wir aus der Managementliteratur?

„The point, which is both subtle and obvious, is that value is defined not by what an organization does but by the customers who buy its goods and services." (Magretta 2002, S. 21)

„Only by meeting the needs of customers, as customers themselves define those needs, can an organization perform." (Magretta 2002, S. 22)

„What the business thinks it produces is not of first importance – especially not the future of the business and to its success. What the customer thinks he is buying, what he considers ,value', is decisive – it determines what a business is, what it produces and whether it will prosper. The customer is the foundation of a business and keeps it in existence. He alone gives employment." (Drucker 2007, S. 32; cf. 2008, S. 98)

„The customer defines the business. A business is not defined by the company's name, statutes, or articles of incorporation. It is defined by the want the customer satisfies when he buys a product or a service." (Drucker 2008, S. 101)

„Die Primärwertschöpfung in Form eines Produkts oder einer Dienstleistung verkörpert sozusagen ein Möglichkeitenbündel, das als nutzenstiftende Ressource von den jeweiligen Zielgruppen in eine spezifische Nutzenstiftung transformiert werden muss." (Rüegg-Stürm und Grand 2015, S. 120; 35; vgl. 2019, S. 25)

Die grundlegende Herausforderung von Management besteht, wenn man die Kundenorientierung ernst nehmen will (was nicht in allen Kontexten geboten ist), darin, die Handlungen der Elemente des Systems a) nicht auf die Befriedigung des Bedürfnisses auszurichten, das das Unternehmen, sondern das die Kunden befriedigen möchten und b) nicht auf den Nutzen auszurichten, den das Unternehmen stiften, sondern den die Kunden gestiftet sehen möchten.

Wie Malik (2007, S. 170 ff.; 2008, S. 164 ff.; 2010, S. 166 ff.; 2011, S. 160 ff.) folgerichtig betont, ist es zur Formulierung einer Mission somit wesentlich notwendig, dass das Unternehmen zunächst versteht, was der Bedarf ist, den es faktisch befriedigt und wofür seine Kunden es wirklich bezahlen. Um dies zu verstehen, ist die Beantwortung der folgenden Fragen unabdingbar: Wer ist eigentlich unser Kunde? Wer sollte es sein? Wer ist nicht unser Kunde? Warum nicht? Wo kauft der Nicht-Kunde? Wo und wofür bezahlt der Nicht-Kunde? Wen wollen wir nicht als Kunden, weil er Risiken mit sich bringt, die den Nutzen übersteigen?

„The question ‚What is our business?‘ can, therefore, be answered only by looking at the business from the outside, from the point of view of customer and market. All the customer is interested in is his own values, his own wants, his own reality. For this reason alone, any serious attempt to state ‚what our business is‘ must start with the customer, and her realities, situation, behavior, expectations, and values." (Drucker 2008, S. 101)

Wie Chester Barnard richtigerweise anmerkt, bestimmt sich die Mission – und diese Aussage lässt sich so auch auf die Ziele des Unternehmens allgemein ausweiten – nicht so sehr durch Worte, die auf einem Stück Papier oder auf einer Webseite stehen, sondern durch das Verhalten des Systems „Unternehmen": „Strictly speaking, purpose is defined more nearly by the aggregate of action taken than by any formulation in words." (Barnard 1938, S. 231) Oder wie Stafford Beer es in seinem bekannten POSIWID-Prinzip ausgedrückt hat: „The purpose of a system is what it does." (Beer 1985, S. 99) Dies bedeutet auch, dass ein Mission nur dann Wirkung in Form von missions-konformem Handeln entfalten kann, wenn sie als „coördinating and unifying principle" von den zu einem Unternehmen zusammengeschlossenen Personen verstanden und akzeptiert worden ist: „A purpose does not incite coöperative activity unless it is accepted by those whose efforts will constitute the organization." (Barnard 1938, S. 86)[18]

Die ethischen Grenzen der unternehmerischen Mission
Die Mission eines Unternehmens konkretisiert den für das Unternehmen definierten bzw. entwickelten generellen Grundzweck, indem sie konzise und klar erläutert, welches menschliche Bedürfnis das Unternehmen durch seine produktive Tätigkeit direkt oder indirekt befriedigen möchte. In der Wahl seiner Mission sind dem Unternehmen jedoch Grenzen gesetzt. Denn nicht jedes menschliche Bedürfnis, das für ein Unternehmen zu befriedigen lukrativ wäre, ist aus ethischer Sicht auch befriedigenswert bzw. darf aus ethischer Sicht befriedigt werden. Wie weiter oben bereits erwähnt (vgl. Abschn. 2.3.3), darf der Mensch nur diejenigen seiner Bedürfnisse befriedigen, die einem der „basic human good" (BHGs) entsprechen, das zu erstreben der Mensch eine natürliche Neigung

---

[18]In diesem Zusammenhang ist anzumerken, dass für Barnard nicht so sehr das intellektuelle Nachvollziehen der Mission, sondern der Glaube an die diesem zugrunde liegende gemeinsame Sache bedeutsam ist: „It is belief in the cause rather than intellectual understanding of the objective which is of chief importance." (Barnard 1938, S. 138) Die Mission hat also mehr eine emotionale-einigende als eine intellektuell-motivierende Funktion. Barnard ist zudem Realist genug, um zu wissen, dass für die einzelne Person vor allem die Mission ihres Bereichs („this detailed purpose at the unit level" (Barnard 1938, S. 137)) und nicht die des Gesamtunternehmens zählt. Diese hält die Unternehmensbereiche und damit auch das Unternehmen zusammen: „It is this purpose which must be accepted first of all in each unit in order that there may be units of which a complex may be composed. If this local or detailed purpose is not understood or accepted, disintegration of the unit organization follows." (Barnard 1938, S. 137) Die Akzeptanz der Unter-nehmensmission ist hilfreich, aber in der Realität oftmals nicht gegeben: „But in general complex organizations are characterized by obvious lack of complete understanding and acceptance of general purposes or aims." (Barnard 1938, S. 137).

besitzt, weil er durch ihren Besitz sein Wesen als Mensch vervollkommnet und so sein *Individualwohl* („bonum individuale") verwirklicht. Entsprechend darf die Unternehmung ebenfalls nur eine Mission verfolgen, die wenigstens keines der Basisgüter des Menschseins beschädigt. Eine solche Motivation ist jedoch nur das ethische Minimum und dürfte zudem nicht sonderlich viel Inspirations- und Motivationspotential aufweisen. Idealerweise sollte ein Unternehmen sich nicht am ethischen Mindeststandard orientieren, sondern eine Mission verfolgen, die wenigstens eines der Basisgüter direkt oder indirekt befördert.

Der Mensch kann sein Individualwohl jedoch nicht auf sich allein gestellt erreichen. Er ist für die Vervollkommnung seiner Anlagen sowohl in materieller, kultureller als auch sittlicher Hinsicht auf die Unterstützung und Leistungen anderer Menschen und gesellschaftliche Kooperation angewiesen. Das Individualwohl des einzelnen Menschen ist somit auf engste mit dem Gemeinwohl (auch: Allgemeinwohl; „bonum commune"; „common good") verwoben. Wie das Individualwohl diejenigen Güter umfasst, durch deren Besitz der Mensch sein Wesen als Mensch vervollkommnet, so bezeichnet das Gemeinwohl die Vollkommenheit einer Gemeinschaft von Menschen als Gemeinschaft von Menschen (vgl. Erk 2015, S. 244 ff.). Das Gemeinwohl eint als ihnen gemeinsam aufgetragenes Ziel die Glieder der Gemeinschaft und ist als Zielwert der Gemeinschaft das, um deren Verwirklichung willen die Gemeinschaft überhaupt besteht.

Zur Bestimmung der im Gemeinwohl enthaltenen Güter ist von der logischen Einsicht auszugehen, dass die Vollkommenheit einer Gemeinschaft getrennt von der Vollkommenheit ihrer Glieder weder gedacht noch realisiert werden kann. Die Gemeinschaft kann nur vollkommen sein, wenn und insofern die sie konstituierenden Menschen ihr Individualwohl realisieren. Das Gemeinwohl einer Gemeinschaft umfasst zwar das Individualwohl seiner Glieder, ist aber nicht einfach nur die Summe der von ihnen jeweils für sich erstrebten und realisierten Individualwohle. Das Gemeinwohl ist in seinem Kern das von den Gliedern einer Gemeinschaft *gemeinsam* erstrebte Individualwohl aller Glieder. Um das Gemeinwohl und nicht etwas Anderes zu verwirklichen, müssen alle Glieder einer Gemeinschaft sowohl ihr eigenes Individualwohl als auch das Individualwohl aller anderen Glieder bewusst als gemeinsames Ziel erstreben.

Das Gemeinwohl in seiner bisher beschriebenen Form zeichnet sich dadurch aus, dass es nicht etwas Äusserliches, sondern nur etwas in den zu einer Gemeinschaft zusammengeschlossenen Menschen vorzufinden ist. Entsprechend wird dieser Kerngehalt des Gemeinwohls „immanentes Gemeinwohl" genannt. Das Gemeinwohl erschöpft sich jedoch nicht in seinem immanenten Aspekt. Denn die Verwirklichung des immanenten Gemeinwohls ist abhängig von einer Vielzahl von ausserhalb des einzelnen Menschen liegenden Bedingungen. Vom immanenten Gemeinwohl ist somit das „äussere Gemeinwohl" zu unterscheiden, welches alle durch gegenseitige Hilfeleistung zu erarbeitenden materiellen und immateriellen Bedingungen umfasst, deren Vorhandensein die Voraussetzung für die Verwirklichung des immanenten Gemeinwohls ist. Zu diesen Bedingungen gehört letzten Endes alle Güter, die als Ziel kollektiven, arbeitsteiligen Handelns entstehen und zur Beförderung des Individualwohls geeignet oder nötig sind.

Zur Konkretisierung dieser allgemeinen Charakterisierung bietet Melé (2009, S. 236) folgende Untergliederung des äusseren Gemeinwohls an:

- Allgemein geteilte sozio-kulturelle Werte, die soziales Leben ermöglichen, z. B. „respect for human dignity and human rights, freedom, safety, order, and peace with justice" (Melé 2009, S. 236)
- Institutionelle Voraussetzungen, „which permit access to health, educational, cultural and religious goods, and respect for human freedom, truth, justice and solidarity, including the prevention of corruption, just laws, and other regulations, and guarantees for trial and procedures" (Melé 2009, S. 236)
- Wirtschaftliche Voraussetzungen, „which favor human growth in such a way that everyone can enjoy reasonable wellbeing" (Melé 2009, S. 236)
- Umweltbezogene Voraussetzungen, v. a. „maintenance of an appropriate human habitat both for the current as well as future generations" (Melé 2009, S. 236)

Diese Aufstellung kann weiter ergänzt und konkretisiert werden (vgl. Erk 2015, S. 253). Beispiele für weitere dem äusseren Gemeinwohl zurechenbare Güter sind z. B. tangible äussere Güter (wie z. B. Häuser, Land, Wirtschaftsgüter, o.ä.), äussere Veranstaltungen (wie z. B. ein kulturelles Ereignis, ein Fußballspiel, etc.), aber auch gemeinsame Einrichtungen/Institutionen (wie z. B. das Verkehrswesen mit seinen Institutionen, die Verfassung der Wirtschaft, soziale Einrichtungen (u. a. Krankenhäuser), Ausbildungs- und Forschungsstätten, kulturelle Verbände, das Rechtssystem und die rechtliche Organisation, die Armee, die Polizei, etc.). Diese dem äusseren Gemeinwohl zurechenbaren Güter können aufgrund der Tatsache, dass sie Zielpunkt des gemeinsamen und arbeitsteiligen Strebens einer Gemeinschaft von Menschen sind, „Gemeingüter" genannt werden.[19]

Während das immanente Gemeinwohl einen absoluten Zielcharakter hat, hat das äussere Gemeinwohl einen solchen nur in einem relativen Sinn. Letzteres besitzt keinen Selbst-, sondern nur einen instrumentellen Wert, da es als Mittel zum Zweck auf die Realisierung des immanenten Gemeinwohls hingeordnet ist und ihm zu dienen hat. Eine Gleichsetzung von Gemeinwohl und äusserem Gemeinwohl würde das Konzept seines eigentlichen Bedeutungsgehalts berauben und zu einer soziologischen Grösse

---

[19]Der Ausdruck „Gemeingut" ist an dieser Stelle in seiner philosophischen Ausprägung zu verstehen. Der Hinweis ist deswegen angebracht und wichtig, da der Ausdruck sich auch in der ökonomischen Literatur findet, um ein sog. „Kollektivgut" (auch: „Allgemeingut"; „public good") zu bezeichnen. In seinem ökonomischen Sinn bezeichnet der Ausdruck „Gemeingut" ein Gut, von dessen Nutzung potenzielle Nutzer bzw. für die Nutzung des Gutes nicht zahlende Nutzer nicht (oder nur mit unverhältnismäßig hohem Aufwand resp. Kosten) ausgeschlossen werden können und bei deren Nutzung Rivalität herrscht (vgl. Erk 2015, S. 238 ff.).

reduzieren, die durch Umfragen definiert werden kann. Der Gehalt des Gemeinwohls ist jedoch unabhängig von demoskopischen Erhebungen, da es sich direkt aus dem Individualwohl des Menschen ergibt und in den natürlichen Neigungen des Menschen, d. h. im Wesen des Menschen als Menschen gründet.

Die ethische Qualität der Mission einer Unternehmung bemisst sich jedoch nicht nur anhand ihrer Konformität mit dem Individualwohl sowie dem (wenn auch nicht motivational, so doch inhaltlich mit dem Individualwohl deckungsgleichen) immanenten Gemeinwohl sowie dem äusseren Gemeinwohl. Sie darf des Weiteren keine Haltung zum Ausdruck bringen, die gegen eine der Tugenden (z. B. die Gerechtigkeit oder Mässigkeit) verstösst; und sie darf zudem in dem durch sie verfolgten Zweck nicht die Würde des Menschen als vom frühesten Zeitpunkt seiner Existenz mit Rationalität begabtem Wesen („Person") verletzen.

3.2.1.1.1.2 Vision

Die **Vision** eines Unternehmens stellt eine erste Konkretisierung der Unternehmensmission dar. Während der Unternehmenszweck streng genommen niemals erfüllt werden kann, beinhaltet eine Vision das in der Gegenwartsform formulierte Wunschbild einer erstrebenswerten Zukunft, die zu realisieren das Unternehmen sich aufgrund seiner Mission vorgenommen hat. Eine Vision drückt aus „what we aspire to become, to achieve, to create – something that will require significant change and progress to attain" (Collins und Porras 1996, S. 66) und beantwortet so die Frage „What do we want to become?" (Kinicki und Williams 2013, S. 136). Eine Vision ist die geistige Vorwegnahme eines in der Zukunft zu realisierenden Zustands: „Die Vision rückt eine denkbare Situation, die in der Zukunft eintreten oder herbeigeführt werden könnte, geistig vor." (Bleicher 2009b, S. 95) Sie ist – etwas salopp gesagt – „a dream with a deadline".

Eine Vision besteht im Kern aus einem zeitlich befristeten, hochgesteckten, herausfordernden und stimulierenden Ziel „that applies to the entire organisation and requires 10–30 years of effort to complete" (Collins und Porras 1996, S. 73).[20] Damit dieses Ziel auch wirklich die nötige Stimulation entfalten und Personen zur Realisierung dieser Vision begeistern kann, bedarf es einer lebendingen und plastischen Beschreibung bzw. „a vibrant, engaging, and specific description of what it will be like to achieve the BHAG" (Collins und Porras 1996, S. 74).

Eine Vision ist dann effektiv, wenn sie die Leistungsfähigkeit einer Organisation signifikant beeinflussen und zu Wachstum führen kann. Wie die Longitudinalstudie von Baum et al. (1998) bestätigt, weisen effektive Visionen eine Reihe von gemeinsamen Eigenschaften auf (vgl. Locke 1991, S. 51 f.): Sie sind kurz („brevity") gehalten, sind klar, verständlich und präzise („clarity") formuliert, setzen ein herausforderndes Ziel

---

[20]Collins und Porras (1996, S. 73) nennen dieses Ziel ein sog. „vision-level BHAG", wobei das Akronym „BHAG" für „**B**ig, **H**airy, **A**udacious **G**oal(s) with a clear finish line" steht.

(„challenge"), sind mehr allgemein als konkret („abstractness"),[21] beziehen sie auf die langfristige Zukunft des Unternehmens („future orientation"), werden im Laufe der Zeit – ausser in Phasen grundlegender Transformation – nur selten und nur graduell verändert („stability") und besitzen zudem – als wichtigste Eigenschaft – eine inhärente Attraktivität („desirability", „ability to inspire"), die Menschen zu ihrer Realisierung motiviert. Ergänzend könnte noch hinzugefügt werden, dass Visionen bei aller Herausforderung, die zu ihrer Verwirklichung nötig sein soll, realistisch sein müssen; sie sollten realistische Idealbilder sein und keine auf etwas Unmögliches gerichteten Anstrengungen verlangen.

> „Die Vision ist ein konkretes Zukunftsbild, nahe genug, dass wir die Realisierbarkeit noch sehen können, aber schon fern genug, um die Begeisterung der Organisation für eine neue Wirklichkeit zu erwecken." (Boston Consulting Group; zitiert in: Bleicher 2009b, S. 95)

3.2.1.1.1.3 Unternehmens-/Managementphilosophie

Mission und Vision spezifizieren, welchen Zweck und welche langfristigen Ziele ein Unternehmen verfolgt. Die sog. „Unternehmens- und Managementphilosophie" gibt diesen Bestrebungen den nötigen normativen Rahmen, indem sie „die der Führung bzw. der Gestaltung und Lenkung sozialer Systeme zugrunde liegenden Wertvorstellungen oder Wertstrukturen" (Probst 1983, S. 322) expliziert. Denn „auch für das Festlegen der obersten, originären Unternehmungsziele benötigen wir übergordnete Entscheidungskriterien" (Ulrich 1984, S. 332). Die Unternehmens- und Managementphilosophie – oder der „normative Referenzrahmen", wie Rüegg-Stürm und Grand (2015, S. 176) diese nennen – bildet das Orientierungs- und Leitsystem, anhand dessen Unternehmen ihre Mission und Vision zu bestimmen und zu erfüllen haben. In diesem Sinne kann die Unternehmens- und Managementphilosophie als das unternehmerische Gewissen bezeichnet werden.

Als die „gesollte (ethische) Ordnung" (Bleicher 2011, S. 104) eines Unternehmens umfasst die Unternehmens- und Managementphilosophie die Gesamtheit der „grundlegenden Einstellungen, Überzeugungen, Werthaltungen" (Ulrich 1990, S. 825) bzw. „Wertvorstellungen ethischer und moralischer Art" (Ulrich 2001a, S. 410), die als einzuhaltende Bedingung oder Norm das Denken und Handeln aller Mitglieder des Unternehmens beeinflussen und leiten:

---

[21]Wie Locke (1991, S. 51) anmerkt, ist die Eigenschaft der „abstractness" so zu verstehen, dass „the vision should represent a general ideal as opposed to a specific achievement. A vision is not a narrow, one-time goal that can be met, then discarded."

Was lernen wir aus der Managementliteratur?

„Die Management-Philosophie enthält damit Werthaltungen, Einstellungen oder Überzeugungen der Art, wie man sich verhalten soll, an was man sein Tun oder Lassen messen und beurteilen soll, wie man die Dinge einschätzen soll, wie etwas betrachtet („gesehen') werden soll usw." (Probst 1983, S. 323)

„Wir verstehen darunter die grundlegenden Einstellungen und Überzeugungen, welche Führungskräfte in bezug auf das zu führende Unternehmen und auf die eigene Funktion im Unternehmen haben." (Ulrich 1984, S. 328; vgl. S. 248 f.)

„An organization's philosophy conveys the principles and values it holds about how business should be conducted." (Levin 2000, S. 94)

„Die Unternehmungsphilosophie stellt einen Satz von ethischen Werten für das Verhalten der Systemmitglieder bereit. Durch sie wird die Moral, das sittliche Bewusstsein und Verhalten geprägt, an dem sich die Mitglieder eines Systems messen lassen müssen." (Bleicher 2009a, S. 51)

„In ihrem Ergebnis stellt eine Unternehmungs- und Managementphilosophie eine alle Dimensionen der Unternehmung durchdringende Werterhellung, Wertbekundung und Wertentwicklung dar. Alle Mitarbeiter müssen sich in ihrem Verhalten an diesen in der Philosophie zum Ausdruck kommenden Werten messen lassen." (Bleicher 2009b, S. 91)

Die Unternehmens- und Managementphilosophie eines Unternehmens ist eine Explizierung der Erwartungen, die an das Verhalten der Mitglieder des Unternehmens gestellt werden. Sie bildet so den Rahmen, innerhalb dessen die arbeitsteilige Erreichung des Unternehmenszwecks erfolgen muss. Zusätzlich zu dieser Funktion bietet die Unternehmens- und Managementphilosophie den Mitgliedern des Unternehmens jedoch auch die Leitideen, die ihrem Handeln einen Sinn geben und ihnen im Sinne einer Orientierung die Wahl zwischen Alternativen erleichtern. Sie dient aber nicht nur der Sinngebung und Sinnvermittlung nach innen, sondern auch der Imagebildung nach aussen.

Die Bestimmung der Unternehmens- und Managementphilosophie erfordert zunächst die bewusst-kritische Diskussion und Klärung der das Handeln der Elemente des Unternehmens leitenden Werte (Werterhellung) sowie deren Festschreibung (Wertdefinition). Die Beschäftigung mit solch existenziellen Wert- und Sinnfragen (Was finden wir falsch/ richtig, gut/böse, wertvoll/wertlos?) setzt eine Bereitschaft zu Reflexion und Selbstkritik voraus, „die bis an die Wurzeln der organisationalen Existenz und ihrer aktuellen Wertschöpfung reichen kann" (Rüegg-Stürm und Grand 2015, S. 177). In diesem Zusammenhang ist es wichtig zu erwähnen, dass die Quellen, aus denen sich die zu diskutierenden Werte speisen können, durchaus divers sind:

„Bei diesen Grundhaltungen handelt es sich stets um Normen, um Werturteile, die aus den verschiedensten Quellen stammen und ebenso geprägt sein können durch ethische und religiöse Überzeugungen wie auch durch die Erfahrungen der bisherigen Laufbahn einer Führungskraft." (Ulrich 1984, S. 312; 1990, S. 825)

Nachdem die Werte geklärt und festgeschrieben worden sind, müssen sie in einem nächsten Schritt nach aussen und innen kommuniziert werden (Wertbekundung). Dies ist deswegen essenziell, da die Unternehmens- und Managementphilosophie nur dann wirksam werden kann, wenn in Bezug auf sie zwischen den Mitgliedern des Unternehmens ein gemeinsam geteiltes Grundverständnis besteht.[22]

Nach Ulrich und Fluri (1995, S. 53) schliesst die Unternehmens- und Managementphilosophie immer drei Leitbilder ein, nämlich ein Menschenbild, ein Leitbild der Wirtschafts- und Gesellschaftsordnung und ein Unternehmungsleitbild.

- Ein Menschenbild beinhaltet das dem Handeln und sozialen Miteinander des Unternehmens zugrunde liegende Grundverständnis des Wesens „Mensch", seines Wesens und seiner Bestimmung. Als solches gibt eine Antwort auf die Frage „Was ist und wozu existiert der Mensch?".
- Das Unternehmensleitbild umfasst Aussagen zum Zweck (Mission) sowie den langfristigen Zielen (Vision) des Unternehmens und drückt zudem aus, welche Grundsätze das Verhalten der Mitglieder des Unternehmens auf dem Weg zur Realisierung dieser Ziele leiten. Letzterer Aspekt konkretisierend schreibt Göbel (2017, S. 207):

  „Im Unternehmensleitbild verpflichtet sich das Unternehmen freiwillig auf bestimmte moralische Werte und Verhaltensweisen, die zum einen die strikte Einhaltung von Gesetzen betreffen, zugleich aber über die bloße Einhaltung der Gesetze hinausgehen. Das Leitbild macht Aussagen über das Verhalten des Unternehmens gegenüber den Stakeholdern auf der Grundlage ethischer Prinzipien."

  Es beantwortet also die Frage nach dem „Wozu", „Was" und „Wie" der unternehmerischen Tätigkeit. Die oftmals in Verhaltensgrundsätzen oder einem sog. „Führungsleitbild" festgeschriebenen Festlegungen und Normen, die den Umgang der Mitglieder des Unternehmens miteinander, aber auch ihren Umgang mit Personen in der Umwelt des Unternehmens ordnen, sind hierbei ein direkter Ausfluss aus dem Menschenbild des Unternehmens.
- Das Leitbild der Wirtschafts- und Gesellschaftsordnung legt die Einstellung des Unternehmens zu dessen Rolle und Positionierung in Wirtschaft, Politik und Gesellschaft dar. Es umfasst diejenigen ethischen Festlegungen, die die Einbettung des Systems in und dessen Umgang mit seiner Umwelt betreffen. Sie „positioniert die Unternehmung in der Gesellschaft und leitet damit das Verhalten gegenüber Bezugsgruppen" (Bleicher 2009b, S. 84). Zu ihrer Definition bedarf es der Auseinandersetzung mit und

---

[22]Damit sie nicht als aus Leitbildern und -linien bestehender, aber zahnloser Papiertiger endet, bedarf es darüber hinaus jedoch der kontinuierlichen Wertentwicklung, d. h. der bewussten Entwicklung des Systems zu einem Wertsystem, d. h. zu einem von bestimmten Wertvorstellungen und -haltungen durchdrungenen und geprägten System, das diese Werte auch (vor)lebt; dies ist jedoch Aufgabe der Managementaufgaben „Führen" und „Lenken".

Die Begriffe „Werthellung", „Wertdefinition", „Wertbekundung" und „Wertentwicklung" sind entnommen aus Bleicher (2009a, S. 51).

der Beantwortung der Frage nach der (sozialen) Verantwortung von Unternehmen, ihrem Beitrag zum guten Leben sowie dem Umgang des Unternehmens mit seinen Bezugsgruppen. In diesem Zusammenhang ist insbesondere auch zu klären, welchem Anspruchsgruppenkonzept das Unternehmen anhängt.

Grundsätzlich sollten die in den Leitbildern enthaltenen Leitlinien einer Reihe von Ansprüchen genügen, damit sie Wirkung entfalten können: Die Leitlinien müssen

- allgemein verständlich und präzise formuliert sein,
- in sich und in ihrer Gesamtheit übersichtlich und geschlossen aufgebaut sein,
- die Handlungsverpflichtungen des Unternehmens in konkreter Form erkennen lassen,
- die sich aus diesen Pflichten ergebenden individuellen Pflichten der einzelnen Mitglieder des Unternehmens sowie ihre diesbezüglichen Kompetenzen genau beschreiben und
- nicht einzelfallbezogen, sondern so allgemeingültig formuliert sein, dass sie auf unterschiedliche Kontexte angewendet werden können.

3.2.1.1.2 Bestimmung des strategischen Zielsystems

Nachdem das normative Zielsystem eines Unternehmens festgelegt worden ist, müssen diese Festlegungen weiter konkretisiert werden. Ziel ist die Operationalisierung der normativen Positionierung, d. h. das Übersetzen und Herunterbrechen der abstrakten normativen Vorgaben aus Mission und Vision in ein konkret angehbares strategisches Zielsystem:

> „The basic definition of the business and of its purpose and mission have to be translated into objectives. Otherwise, they remain insight, good intentions, and brilliant epigrams that never become achievement." (Drucker 2008, S. 104)

Konkret umfasst das strategische Zielsystem eines Unternehmens die folgenden Elemente (vgl. Abb. 3.8).

Im Zentrum dieses strategischen Zielsystems, d. h. der Gesamtheit der strategischen Ziele eines Unternehmens, steht die sog. „Strategie" des Unternehmens. Allgemein gesprochen, ist unter einer Strategie ein etappierter Weg zu einem (vorgegeben) Ziel, eine Brücke zwischen Gegenwart und Zukunft zu verstehen. Das Ziel bzw. die Zukunft stellt hierbei das normative Zielsystem des Unternehmens dar. Als „concept of how the business will achieve its objectives" (Hambrick und Fredrickson 2001, S. 49) umschreibt die Strategie eines Unternehmens somit den Weg zur Realisierung seines normativen Zielsystems und die dabei zu nehmenden Etappenziele.

Zur Formulierung seiner Strategie muss ein Unternehmen zunächst die Vorgaben seiner normativen Positionierung in ein nachhaltig erfolgreiches *Geschäftsmodell* („business model") umsetzen. Ein Geschäftsmodell ist im Kern ein Modell, d. h. ein Abbild der Geschäftstätigkeit einer Unternehmung und der mittelfristigen Ziele, deren Realisierung die Unternehmung sich vorgenommen hat. Es beantwortet somit die Frage, womit, wie und für wen eine Unternehmung Nutzen stiften, wie sie sich hierbei von ihren Wettbewerbern abheben, wie sie ihre Kunden erreichen und erhalten möchte, aber auch welche

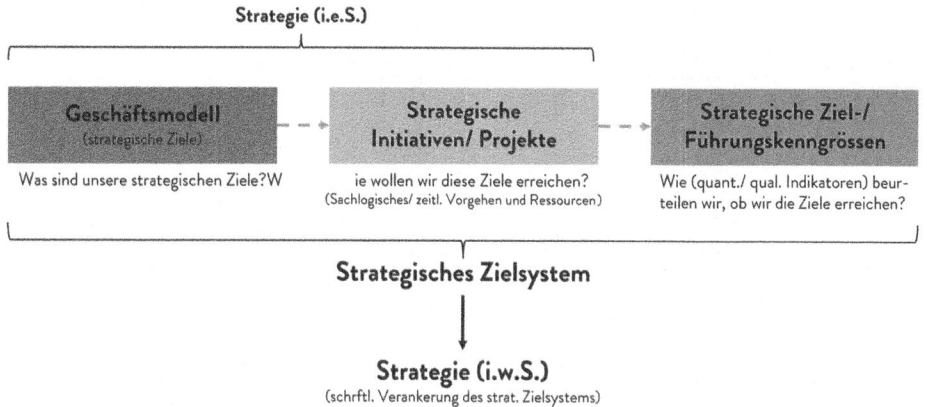

Abb. 3.8 Bestandteile des strategischen Zielsystems

Ressourcen, Aktivitäten und Strukturen hierzu nötig sind, und wie ihre Tätigkeit Gewinn generiert. Hierzu sind Festlegungen und damit Zielfestschreibungen zu einer Reihe von Dimensionen bzw. Aspekten der Tätigkeit der Unternehmung nötig (vgl. Abb. 3.9).[23],[24]

---

[23]Diese Dimensionen stellen das Ergebnis einer vergleichenden Analyse der folgenden Autoren und Werke zum Thema „Geschäftsmodelle": Stähler 2019; Rüegg-Stürm und Grand 2019, S. 68, 78; Grichnik et al. 2017; Gassmann et al. 2017; Müller-Stewens und Lechner 2016, S. 372 ff.; Rüegg-Stürm und Grand 2015, S. 162; Gassmann et al. 2014; Bieger und Reinhold 2011; Pigneur und Osterwalder 2010; Johnson et al. 2008; Rüegg-Stürm 2003, S. 40 f.; Stähler 2002, S. 42 ff.; Hembrick und Fredrickson 2001, S. 49; Hamel 2000, S. 66 ff.

Die Analyse nimmt aber auch Überlegungen zu strategischen Zielsetzung bzw. Arten von strategischen Zielen auf aus Thommen et al. 2017, S. 44 ff.; Malik 2008, S. 172 ff.; Malik 2011, S. 167 ff.; Thommen 2002, S. 151 ff.; Thommen 2016, S. 106 ff.; Thommen und Grösser 2015, S. 92 ff.; Ulrich und Fluri 1995, S. 97 f.; Ulrich 2001c, S. 371; Hambrick und Fredrickson 2001, S. 51.

[24]Das Geschäftsmodell eines Unternehmens umfasst auch dessen Marketingstrategie. Diese wird ja klassischerweise anhand des aus den sog. „vier Ps" bestehenden „Marketing-Mix" definiert (vgl. Kuß und Tomczak 2002, S. 203 ff.; Kotler und Bliemel 2001, S. 149 ff.): „product" (Markt-leistungsgestaltung), „price" (Preisgestaltung), „promotion" (Marktbearbeitung), „placement" (Distribution). Im Rahmen der Marktleistungsgestaltung wird das Produkt bzw. die Dienst-leistung konzipiert (z. B. anhand der fünf Produkt-Konzeptionsebenen (Kernnutzen, Basisprodukt, erwartetes produkt, augmentiertes Produkt, potentielles Produkt) (vgl. Kotler und Bliemel 2001, S. 717; Kotler und Keller 2016, S. 391), ebenso wie das Sortiment, die Marke, die Verpackung, der Service und die Garantie. Bei der Marktbearbeitung geht es um die Gestaltung und Über-mittlung von Informationen an marktrelevante Bezugsgruppen durch Werbung, Verkaufsförderung und Öffentlichkeitsarbeit, um diese zieladäquat zu beeinflussen. Die Distribution umfasst Ent-scheidungen, die den Weg eines Produkts vom Anbieter zum Endabnehmer betreffen. Die Preis-gestaltung zielt auf die Planung und Durchsetzung des zu erzielenden Preises, d. h. der Zahl der Geldeinheiten ab, die ein Käufer für eine Mengeneinheit des Produktes in bestimmter Qualität ent-richten muss. Das erste P des Marketing-Mix ist im Rahmen der Definition des Geschäftsfelds und das zweite im Zusammenhang mit dem Ertragsmodell abzuklären; das dritte und vierte P bilden den Kern der Überlegungen zur Kundenbeziehung.

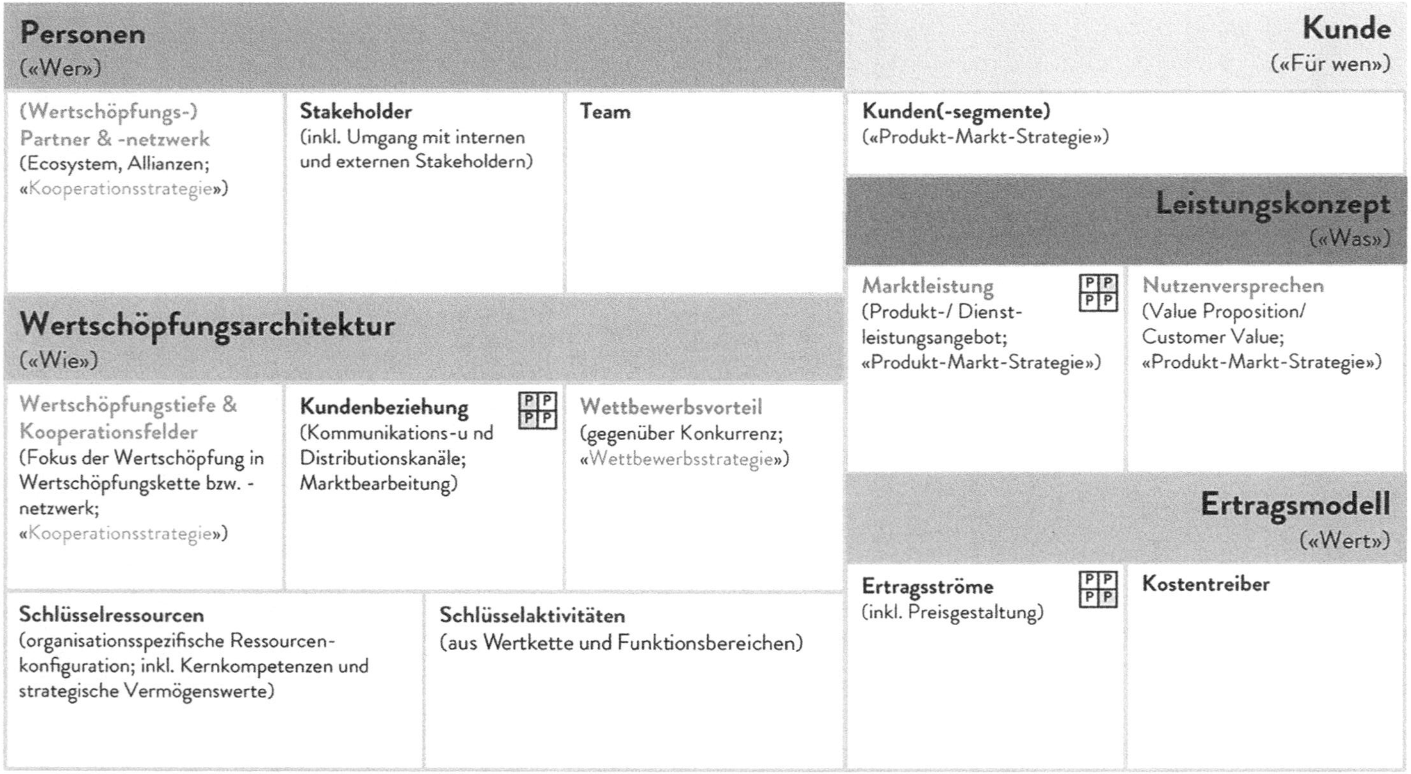

Personen
(«Wer»)

(Wertschöpfungs-)
Partner & -netzwerk
(Ecosystem, Allianzen;
«Kooperationsstrategie»)

Stakeholder
(inkl. Umgang mit internen
und externen Stakeholdern)

Team

Wertschöpfungsarchitektur
(«Wie»)

Wertschöpfungstiefe &
Kooperationsfelder
(Fokus der Wertschöpfung in
Wertschöpfungskette bzw. -
netzwerk;
«Kooperationsstrategie»)

Kundenbeziehung P|P P|P
(Kommunikations-und
Distributionskanäle;
Marktbearbeitung)

Wettbewerbsvorteil
(gegenüber Konkurrenz;
«Wettbewerbsstrategie»)

Schlüsselressourcen
(organisationsspezifische Ressourcenkonfiguration; inkl. Kernkompetenzen und
strategische Vermögenswerte)

Schlüsselaktivitäten
(aus Wertkette und Funktionsbereichen)

Kunde
(«Für wen»)

Leistungskonzept
(«Was»)

Kunden(-segmente)
(«Produkt-Markt-Strategie»)

Marktleistung P|P P|P
(Produkt-/Dienst-
leistungsangebot;
«Produkt-Markt-Strategie»)

Nutzenversprechen
(Value Proposition/
Customer Value;
«Produkt-Markt-Strategie»)

Ertragsmodell
(«Wert»)

Ertragsströme P|P P|P
(inkl. Preisgestaltung)

Kostentreiber

Abb. 3.9 Bestandteile eines Geschäftsmodells

Die Definition eines Geschäftsmodells bedarf zunächst der Definition des zu bearbeitenden Geschäftsfelds. Ein Geschäftsfeld ist hierbei als ein Betätigungsfeld eines Unternehmens zu verstehen, welches sich über eine bestimmte Markt-Leistungs-Kombination definiert, also die Kombination aus angebotener Leistung und bearbeiteten Markt- bzw. Kundensegmenten. Das zu definierende Geschäftsfeld eines Unternehmens umfasst somit die Geschäftsmodellbestandteile *„Leistungskonzept"* und „Kunde". „Kunde" ist dabei ein allgemeiner, vereinfachender bzw. mit vielen Konnotationen beladener Begriff für Leistungsempfänger, die zugleich noch andere Rollen wahrnehmen können oder an der Entstehung mitwirken müssen oder in spezifischen Austauschbeziehungen stehen (z. B. als Patienten, Mitglieder, Bürger, Wähler).

- Ein Unternehmen muss zuvorderst definieren, was es überhaupt tut. Es muss festlegen, mit welchem Leistungsangebot es welchen Nutzen für welche Kunden und Kundensegmente stiften möchte. Dies bedarf Aussagen zu den Marktzielen, d. h. den zu bearbeitenden Märkten und Marktsegmenten, zu den Leistungszielen, d. h. zu Art, Umfang (Sortimentstiefe, Sortimentsbreite[25]) und Qualität des Leistungsangebots, aber auch zu der zu erreichenden Marktstellung (Marktanteil). All diese Festlegungen lassen sich unter dem Begriff „Produkt-Markt-Strategie" (auch: Markt-Leistungs-Strategie) subsumieren.
- Im Hinblick auf die Bestimmung des zu stiftenden Kundennutzen hilft die sog. „Pyramide der Nutzenelemente" von Almquist et al. (2016). Wie diese Autoren herausgearbeitet haben, lassen sich 30 sog. Nutzenelemente („elements of value") identifizieren, die sich jeweils einer von vier Bedürfnisklassen[26] zuordnen lassen (vgl. Abb. 3.10).

Produkte und Dienstleistungen sind dann wertvoll für den Kunden, wenn sie ihm eines oder mehrere dieser Nutzenelemente bieten. Je mehr Nutzenelemente hierbei bedient werden, desto loyaler sind die Kunden und desto stärker ist das langfristige Umsatzwachstum. Die Nutzenelemente sind hierbei nicht gleichwertig. So ist z. B. die Qualität unabhängig vom Vorliegen weiterer Nutzenelemente eine „conditio sine

---

[25]Anstelle von Sortimentsbreite kann man auch von Wertschöpfungsbreite sprechen. Wertschöpfungs- und Sortimentsbreite beziehen sich beide auf die Breite des Angebots. Wenn man es genau nimmt, könnte man die Begriffe insofern abgrenzen, dass sich die Wertschöpfungsbreite auf die unterschiedlichen Geschäftsbereiche bzw. -felder bezieht, während die Sortimentsbreite sich auf die Breite des Leistungsangebots innerhalb eines Geschäftsfelds bezieht.

Vorsicht ist jedoch im Umgang mit den Begriffen Sortimentstiefe und Wertschöpfungstiefe geboten. Diese drücken wirklich unterschiedliche Dinge aus. Ersterer Begriff bezeichnet die Anzahl der von einem Unternehmen innerhalb einer Warengruppe angebotenen Leistungen und Leistungsvarianten. Zweiterer Begriff bezieht sich auf die Frage, wie viel ein Unternehmen selbst zu der Erstellung einer bestimmten Marktleistung beiträgt.

[26]Diese vier Bedürfnisklassen – funktionale Bedürfnisse, emotionale Bedürfnisse, Bedürfnis nach Lebensveränderung, Bedürfnis nach gesellschaftlicher Wirkung – orientieren sich an der bekannten Bedürfnishierarchie von Abraham Maslow (1943; 1971).

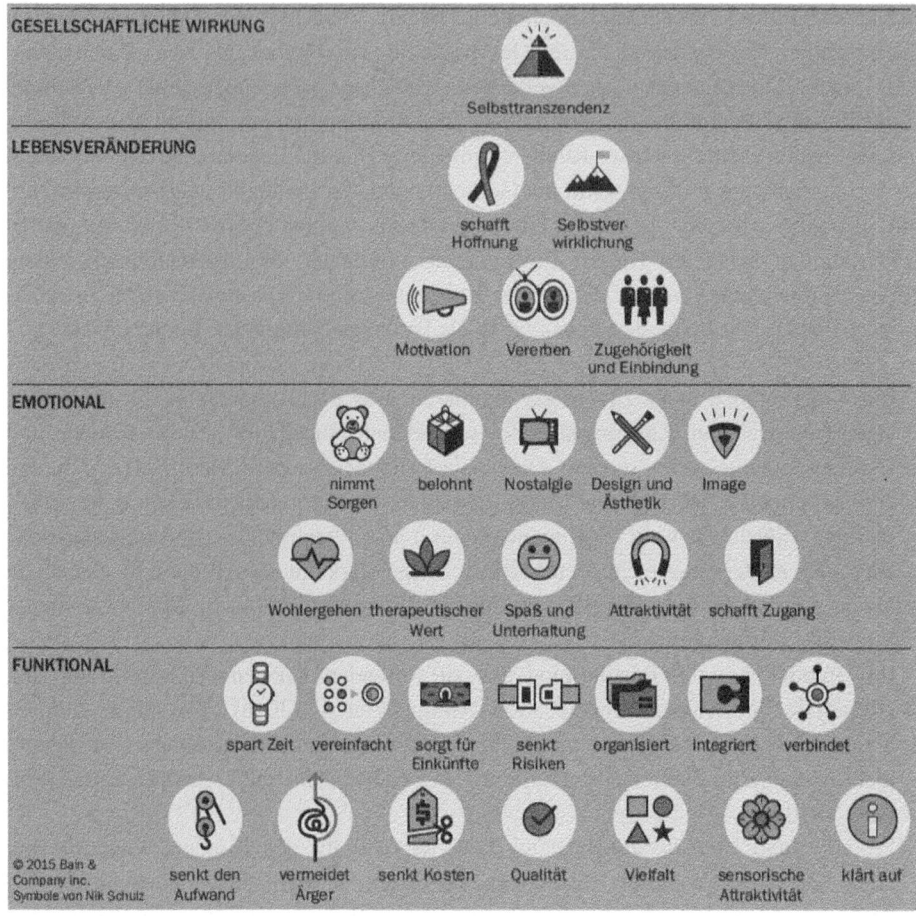

Abb. 3.10 Pyramide der Nutzenelemente (Almquist et al. 2016, S. 27)

qua non": „Jedes Produkt und jede Dienstleistung muss ein Mindestmaß an Qualität bieten, und kein anderes Nutzenelement kann einen erheblichen Mangel der Qualität wettmachen." (Almquist et al. 2016, S. 27)

Bei der Definition des zu stiftenden Kundennutzens geht es um die Festlegung auf das Nutzenelement oder die Nutzenelemente, die ein Produkt oder eine Dienstleistung den Kunden bieten soll.

Komplementär zu dieser Pyramide können auch die „Big Seven" von Teixeira (2019) verwendet werden. Laut Teixeira verwenden Menschen ca. 95 % ihrer Ausgaben auf eine der folgenden sieben Kategorien: „where to live (housing, home goods, and maintenance), how to move (air and land transportation), what to eat (food, drinks, and their preparation), what to wear (fashion, cosmetics, and personal grooming), how to learn (formal and informal education), how to entertain (media, electronics,

and sports), and how to heal ourselves (healthcare, physical and mental treatments)"
(Teixeira 2019, S. 250). Diese Kategorien entsprechen im Grunde den wesentlichen
Bedürfniskategorien der obigen Pyramide. Sie können zum einen zur Schärfung des
zu stiftenden Kundennutzens herangezogen werden, helfen Unternehmen aber auch
dabei, mögliche Veränderungen von Kundenverhalten bzw. Kundenbedürfnissen
strukturiert zu beobachten und zu antizipieren, da z. B. Trends von einem in einen
oder mehrere andere der sieben Bereiche überschwappen und dort u. U. disruptives
Potential entfalten können.

- Im Zusammenhang mit der Produkt-Markt-Strategie sollten auch Überlegungen
zur „inclusiveness of transaction" und der „customization of offering" angestellt
werden (vgl. Linz et al. 2017, S. 17). Bei erstem Aspekt geht es um die Verortung des Leistungsangebots auf einem Kontinuum, das sich „from stand-alone,
often physical offerings with vastly independent transactions to comprehensive
and interconnected offerings with recurring transactions" (Linz et al. 2017, S. 17)
erstreckt. Zu entscheiden ist also die Frage, wie umfassend und miteinander ver-
zahnt das Leistungsangebot sein soll. Es macht einen Unterschied, ob ein Unternehmen sich als Hersteller von Autos sieht oder als Anbieter von Mobilität, die es
Personen erlaubt, von A nach B zu kommen. Ein integriertes Leistungsangebot, das
ein Kundenproblem nicht punktuell und in einzelnen Aspekten, sondern umfassend
löst, ermöglicht die Erhöhung der Frequenz der Transaktionen zwischen Unternehmen und Kunde und die Generierung eines „Lock-In"-Effekts; dies erlaubt die
Entwicklung eines Monetarisierungsmodells, das sich nicht aus einmaligen Verkäufen
speist, sondern auf der Generierung langfristig wiederkehrender Gebühren (z. B.
durch „Service-Level-Agreements" oder Abonnements) aufbaut. Ein hohes Mass an
Inklusivität verlangt jedoch nach einer die Integration ermöglichenden Architektur
und bedarf entsprechend des Aufbaus geeigneter Plattformen und „Ecosystems".
Bezüglich der Dimension „Massschneiderung" gilt es, eine Position auf einem
Kontinuum zu wählen, das „from standardized, packaged and automated offerings
to individualized offerings that are co-created by company and customer" (Linz
et al. 2017, S. 17) reicht. Der Schritt von einem geringen zu einem hohen Mass
an Anpassung erfordert den Übergang von einem standardisierten zu einem
individualisierten Wertversprechen („value proposition"), das dem Kunden die Auswahl zwischen verschiedenen Optionen gibt, ein Produkt oder eine Leistung nach
seinen Bedürfnissen anzupassen. Des Weiteren erfordert dieser Schritt den Übergang
von skalierbaren Produktionsstrukturen zu einer flexiblen Dienstleistungsstruktur
sowie von einer kostenbasierten zu einer nachfrageorientierten Preisgestaltung.
Je nach Ausprägung der beiden Dimensionen „Inklusivität" und „Massschneiderung"
unterscheiden die drei Autoren vier generische Geschäftsmodelle (vgl. Abb. 3.11).

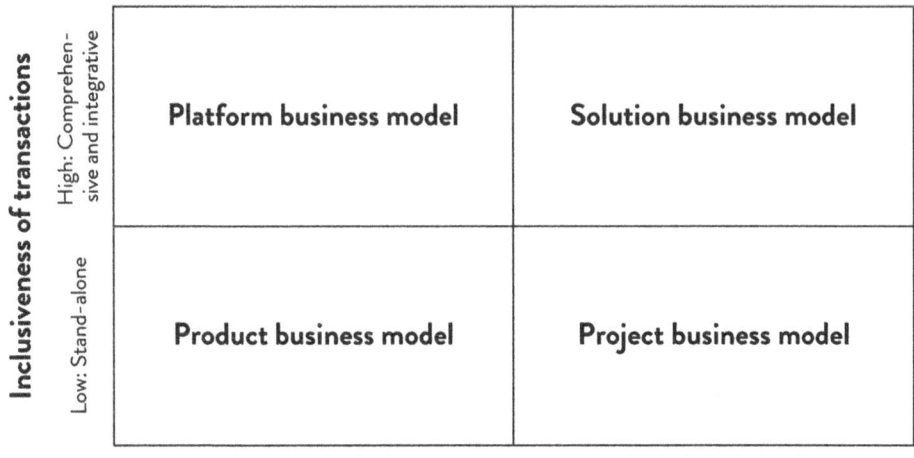

Abb. 3.11 Geschäftsmodelltypologie nach Linz et al. (2017, S. 19)

Ein Produkt-Geschäftsmodell ist durch ein Standardprodukt bzw. eine Standarddienstleistung charakterisiert, die in grossem Umfang angeboten und an viele und oft anonyme Käufer in unabhängigen Transaktionen verlauft wird. Das Platform-Modell ähnelt dem Produkt-Modell hinsicht der Standardisierung und der Skalierung („large scale"); zusätzlich basiert es jedoch auf einer Platform, über die ein umfangreiches Set von Produkten und/oder Dienstleistungen integriert werden kann, die die Regeln und Bedingungen der Interaktion definiert und den Nutzern durch das Angebot gemeinsamer Funktionen und Tool Mehrwert bietet. Das Projekt-Geschäftsmodell basiert auf massgeschneiderten Produkten or Dienstleistungen, die unter engem Einbezug des Kunden entwickelt und produziert werden. Auch wenn die Projekte (z. B. die Errichtung eines Damms) sich über einen längeren Zeitraum erstrecken und eine enge Interaktion mit dem Kunden mit sich bringen, sind es in den meisten Fällen nur einmalige Aufträge. Das Lösungs-Geschäftsmodell kombiniert ein in hihem Umfang massgeschneidertes Angebot mit einer Palette an integrierten Produkten and Leistungen. Es ist darauf ausgerichtet, ein Kundenproblem ganzheitlich umfassend zu lösen.

- Neben der Definition der zu verfolgenden Produkt-Markt-Strategie bedarf die Definition des Geschäftsfelds zudem der Beschäftigung mit der sog. „Portfoliostrategie" und der sog. „Wachstumsstrategie" des Unternehmens. Erstere lässt sich mithilfe der bekannten „BCG-Matrix" definieren. Die BCG-Matrix sortiert die verschiedenen Produkte und/oder Dienstleistungen eines Unternehmens anhand der beiden Achsen „Erwartetes Marktwachstum" und „Relativer Marktanteil", welcher sich als Relation des eigenen Marktanteils zu dem des stärksten Konkurrenten ergibt (vgl. Abb. 3.12). Üblicherweise starten Leistungen als „Question Mark" und ent-

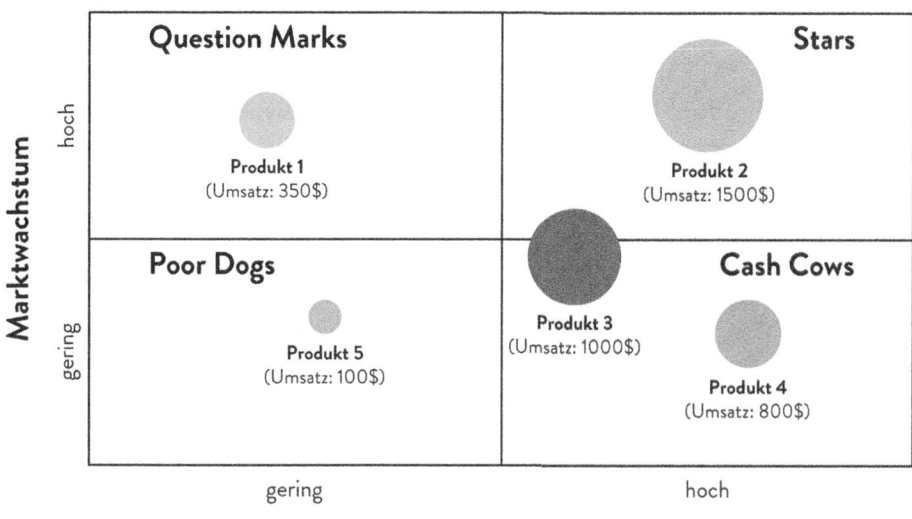

Abb. 3.12 BCG-Matrix

wickeln sich dann über die Stufen „Star" und „Cash Cow" zum „Poor Dog". Zur Erhöhung der Aussagekraft können die Produkte bzw. Dienstleistungen je nach Umsatzstärke in unterschiedlich grossen Kreisen dargestellt werden. Je nachdem, in welchem der vier Quadranten eine Leistung zu liegen kommt, ergeben sich vier Normstrategien: In Fragezeichen und Stars kann investiert werden, Cash Cows können ohne grössere Investitionen gemolken werden und von armen Hunden sollte sich spätestens bei einem negativen Deckungsbeitrag verabschiedet werden.

- Ein Hilfsmittel zur Erstellung der Wachstumsstrategie ist die sog. „Ansoff-Matrix" (auch: Produkt-Markt-Matrix), welche in Abb. 3.13 dargestellt ist. Nach Ansoff (1965) stehen wachstumswilligen Unternehmen vier Normstrategien offen, welche sich an dem Neuheitsgrad der Leistung sowie des Marktes orientieren, der von dem Unternehmen bedient wird.[27]
  Die Strategie der Marktdurchdringung zielt auf die Erhöhung des Marktanteils in bereits bestehenden Märkten mit bestehenden Produkten. Im Rahmen einer Produktentwicklungsstrategie werden neue Leistungen bzw. Leistungsvariationen auf einem

---

[27]Kotler (1999, S. 47) hat Ansoff's Matrix etwas weiter verfeinert und unterscheidet pro Achse anstelle von zwei drei Kategorien. Die Dimension des Zielmarkts wird anhand der Kategorien „Bestehende Zielgruppe und geographischer Markt", „Neuer Geographischer Markt" und „Neue Zielgruppe" unterteilt. Die Dimension Marktleistung wird von Kotler in „Bestehende Produkte", „Modifizierte Produkte" und „Neue Produkte" untergliedert. Entsprechend ergeben sich anstelle von vier neu neun Normstrategien.

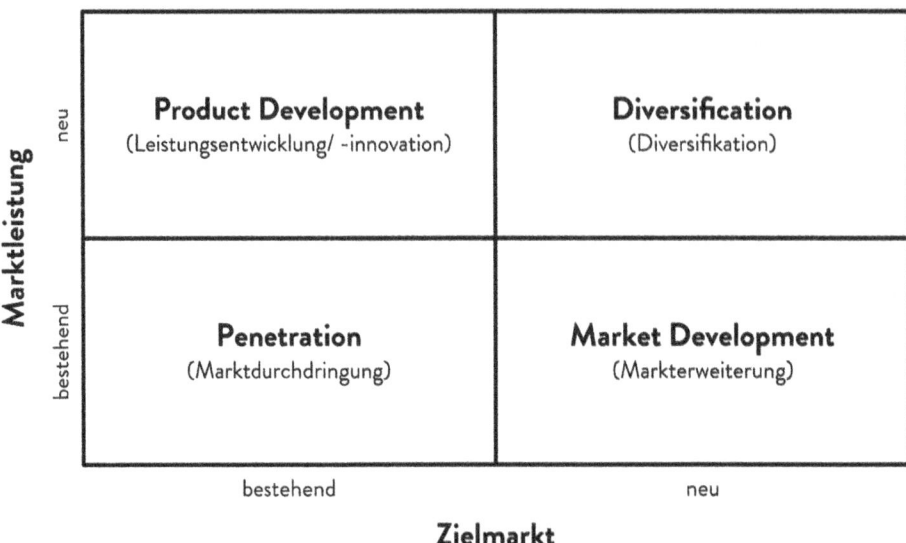

Abb. 3.13 Ansoff-Matrix. (Eigene Darstellung auf Basis von Ansoff (1965, S. 98 f.))

bestehenden Markt eingeführt. Die Marktentwicklung möchte durch Einführung bestehender Leistungen auf neue Märkte wachsen. Durch Diversifikation sollen bisher unerschlossene Märkte mit neuen Leistungen erschlossen, d. h. neue Leistungen für neue Märkte entwickelt werden.

Während die Ansoff-Matrix die Frage nach dem „Was" einer Wachstumsstrategie beantwortet, kann jede dieser vier Strategien auf unterschiedliche Arten in die Tat umgesetzt werden. Für das „Wie" von Wachstumsstrategien gibt es die folgenden drei generischen Möglichkeiten, nämlich 1) die interne Entwicklung, d. h. den eigenständigen Aufbau der entsprechenden Ressourcen- und Kompetenzgrundlage, 2) die Übernahme einer oder mehrerer anderer Organisationen („mergers and acquisitions") oder 3) das Eingehen von Allianzen und Partnerschaften bzw. den Aufbau eines Netzwerks. Welche dieser drei Optionen zum Tragen kommt, ist insbesondere von der Vertrautheit der Unternehmung mit den verschiedenen Dimensionen eines Geschäfts abhängig (z. B. Marktbedingungen, Technologien, etc.).

Wie leicht nachvollziehbar sein dürfte, besitzt die Diversifikation den höchsten Aufwandswert und gleichzeitig die geringste Erfolgswahrscheinlichkeit. Das beste Verhältnis von Aufwand und Erfolg bietet erfahrungsgemäss die Marktdurchdringung, während sich die übrigen beiden Strategien mehr oder weniger die Waage halten.

Sind Leistungsangebot und Kunde zumindest in groben Zügen definiert, sollte das Geschäftsmodell in einem nächsten Schritt im Hinblick auf dessen *Wertschöpfungs-architektur* konkretisiert werden:

- Ein erster Aspekt ist in diesem Zusammenhang das, was gemeinhin als „Wettbewerbs-strategie" umschrieben wird, nämlich die Frage nach dem *Wettbewerbsvorteil*[28] bzw. Alleinstellungsmerkmal, den das Unternehmen gegenüber der Konkurrenz aufbauen möchte. Geschäftsmodelle haben nicht nur eine kunden- bzw. marktbezogene, sondern auch eine konkurrenzbezogene Dimension: Möchte das Unternehmen sich von der Konkurrenz abheben, indem es höherwertige Leistungen anbietet oder indem es Kosten-führerschaft anstrebt (vgl. Porter 1998a, S. 12 ff.; 1998b, S. 34 ff.)? Diese Überlegungen stehen in engem Zusammenhang und sollten kongruent sein mit dem Nutzenver-sprechen, das das Unternehmen geben möchte.

Beim Nachdenken über den Kundennutzen sollte nicht vergessen werden, dass der Erfolg von Unternehmen sich nicht am absolut, sondern am relativ gestifteten Kundennutzen bemisst: Nur die Unternehmen setzen sich durch, die es schaffen, Kundennutzen in höherem Ausmass als ihre Konkurrenten zu stiften.

Um zu verstehen, wie ein Unternehmen seinen Kunden nutzen stiftet, bietet sich das Instrument des „Customer Journey Mapping" an, mit dem vom Erstkontakt bis zum Ende der Kundenbeziehung dargestellt wird, wie und über welche sowohl direkten als auch indirekten Kontaktpunkte („Touchpoints") das Unternehmen jeweils mit seinen Kunden interagiert und wie sich die Kundenerfahrung (Customer Experience) zusammensetzt.[29]

---

[28]Wenn ein Unternehmen einen Wettbewerbsvorteil („competitive advantage") besitzt, dann besitzt es etwas, das es ihm erlaubt, einen höheren Kundennutzen zu stiften als seine Konkurrenten. Dass ein Unternehmen einen Wettbewerbsvorteil besitzt, zeigt sich üblicherweise in einem der Konkurrenz überlegenen finanziellen Ergebnis. Entsprechend definiert Grant (2016, S. 168 f.) den Begriff „Wett-bewerbsvorteil" anhand dieses finanziellen Symptoms: „When two or more firms compete within the same market, one firm possesses a competitive advantage over its rivals when it earns a persistently higher rate of profit (or has the potential to earn a persistently higher rate of profit).".

[29]Die Customer Journey basiert im Grunde auf dem bekannten AIDA-Konzept, das über die Stufen „Attention" (Aufmerksameit), „Interest" (Interesse), „Desire" (Wunsch) und „Action" (Handlung) einen mehrstufigen Verkaufstrichter („sales funnel") aufspannt, an dessen Ende der Kaufentscheid des Kunden steht. Zum einen verfeinert die Customer Journey dieses Konzept üblicherweise etwas, indem sie – ähnlich dem aus den Phasen „Kontakt", „Evaluation", „Kauf", „Nutzung" und „Wiederkauf" bestehenden Konzept des „Buying Cycle" – nicht nur die Vor-kaufsphasen („Awareness" (Bewusstsein); „Consideration" (Abwägung)) und die Kaufphase („Conversion" (Konvertierung)), sondern auch die Phasen nach dem Kauf („Retention" (Erhalt); „Advocacy" (Befürwortung)) abzubilden versucht. Zum anderen behandelt sie diese Stufen nicht als monolithische Blöcke, sondern betrachtet innerhalb dieser systematisch alle Berührungspunkte

- Des Weiteren muss bestimmt werden, wie die **Kundenbeziehung** zu den vorgängig definierten zu bedienenden Kundensegmenten ausgestaltet werden soll. Konkret geht es um die Frage, durch welche auf die jeweiligen Kundensegmente abgestimmten Kommunikations- und Distributionskanäle diese erreicht werden können, d. h. wie die Marktbearbeitung am sinnvollsten erfolgen sollte.
- Zudem muss sich das Unternehmen Gedanken darüber machen, wie es seine Wertkette („value chain")[30] ausgestalten möchte. Die Wertkette untergliedert das Unternehmen durch die Gruppierung ähnlicher Aktivitäten und Prozesse in sog. „Funktionsbereiche". Insbesondere muss sich das Unternehmen überlegen, welche Funktionsbereiche im Hinblick auf die Realisierung des intendierten Wettbewerbsvorteils strategisch wichtig sind, d. h. welche Prozesse **Schlüsselprozesse** darstellen.

(„Touchpoints") zwischen Kunde und Unternehmen, um so die komplette Reise des Kunden abzubilden. Die Kundeninteraktionen, die sich einer der Vorkaufsphasen zuordnen lassen, können als „Customer Information Points", die, die sich der Kaufphase zuordnen lassen als „Customer Points of Sale" und die, die sich der Nachkaufphase zuordnen lassen, als „Customer Service Points" bezeichnet werden. Die Phasen und Touchpoints werden auf der horizontalen Achse der Customer Journey Map eingetragen.

Die vertikale Achse der Customer Journey Map setzt sich aus den Analyseebenen zusammen, mit denen die einzelnen Touchpoints konkretisiert und kategorisiert werden. Eine Kategorisierung kann anhand der Frage vorgenommen werden, ob der Touchpoint vom Unternehmen allein (z. B. Webseite), vom Unternehmen zusammen mit einem Partner oder vom Kunden kontrolliert wird. Des Weiteren ist jeweils zu definieren, über welchen Kanal das Unternehmen beim jeweiligen Touchpoint in Verbindung steht. Weitere Dimensionen der vertikalen Achse sind die Bedeutung des Touchpoint für die Kunden, die mit dem Touchpoint verbundenen bzw. von diesem beim Kunden ausgelösten Emotionen („Pain-Points" und „Pleasure Points"), dessen Wünsche und Ziele. Zudem können für jeden Touchpoint Überlegungen zum Wettbewerb angestellt, d. h. gefragt werden, welche Alternativen der Kunde hat, oder es kann überlegt werden, welche Mitarbeiter wie mit dem Kunden interagieren. Nachdem diese Dimensionen in Form von horizontalen Bändern („Swim Lanes") zu jedem Touchpoint definiert sind, ist zu guter Letzt zu überlegen, welche Massnahmen zur Verbesserung der Customer Journey das Unternehmen allenfalls ergreifen möchte.

Grundlage der Kundenreise ist jeweils eine sog. „Persona" (auch: Buyer Persona). Personas sind fiktive, aber auf Daten echter Kunden modellierte archetypische Vertreter der Kundensegmente des Unternehmens. Üblicherweise ist die Definition von vier bis sechs Personas sinnvoll, wobei sich als Grundlage hierfür die bekannten Marktsegmentierungskriterien – d. h. verhaltensbezogene, soziodemografische, geografische und psychografische Kriterien – anbieten.

[30]„The value chain disaggregates a firm into its strategically relevant activities in order to understand the behavior of costs and the existing and potential sources of differentiation. A firm gains competitive advantage by performing these strategically important activities more cheaply or better than its competitors." (Porter 1998a, S. 33 f.).

- Das Unternehmen muss ausserdem seine Position in der Wertschöpfungskette bzw. dem Wertschöpfungsnetzwerk („value system")[31] verstehen, in das es eingebettet ist (vgl. Abb. 3.14), und sich vor diesem Hintergrund überlegen, welchen Anteil an der Erstellung einer Leistung es selbst abdeckt und wie hoch der Anteil ist, der von ausserhalb erbracht wird. Es muss mit anderen Worten seine *Wertschöpfungstiefe*[32] und damit zusammenhängend *Kooperationsfelder* definieren.
- Sind diese Parameter geklärt bedarf es zudem der Beantwortung der Frage, welche wie allozierten Ressourcen bzw. welche „organisationsspezifische Ressourcen-konfiguration" (Rüegg-Stürm und Grand 2015, S. 66; vgl. 2019, S. 154)[33] für die

---

[31]„A firm's value chain is embedded in a larger stream of activities that I term the value system […]. Suppliers have value chains (upstream value) that create and deliver the purchased inputs used in a firm's chain. […] In addition, many products pass through the value chains of channels (channel value) on their way to the buyer. […] A firm's product eventually becomes part of its buyer's value chain. The ultimate basis for differentiation is a firm and its product's role in the buyer's value chain, which determines buyer needs. Gaining and sustaining competitive advantage depends on understanding not only a firm's value chain but how the firm fits in the overall value system." (Porter 1998a, S. 34).

[32]Die Wertschöpfungstiefe (auch: Fertigungstiefe) ist die Massgrösse für den Anteil, den ein Unternehmen zu der Produktion eines immateriellen oder materiellen Wirtschaftsgutes beiträgt. Eine Fertigungstiefe von 0% bedeutet, dass ein Unternehmen sich allein auf den Handel beschränkt und ausser dem Verkauf nichts zur Herstellung des Guts beiträgt. Eine Fertigungstiefe von 100% bedeutet, dass ein Unternehmen das betreffende Gut ohne jeglichen Zukauf von Komponenten oder Ressourcen komplett eigenständig und unabhängig produziert.

[33]Mit dem Ausdruck „organisationsspezifische Ressourcenkonfiguration" bezeichnen Rüegg-Stürm und Grand (2015, S. 66) „das tatsächlich erschlossene, realisierte Gefüge an Voraussetzungen, die für eine spezifische organisationale Wertschöpfung unabdingbar sind", die „zeitüberdauernd verfügbar" (Rüegg-Stürm und Grand 2015, S. 24) sind und die nicht isoliert, „sondern erst durch ihr organisationsspezifisches Zusammenspiel wirksam werden" (Rüegg-Stürm und Grand 2015, S. 67; 119; vgl. 2019, S. 156). Der Aufbau einer Ressourcenkonfiguration ist zeitintensiv und schafft Pfadabhängigkeiten, da die Konfiguration von heute die Ausgestaltung der Konfiguration von morgen beeinflusst.

Die in der Ressourcenkonfiguration zusammengefassten Ressourcen sind hierbei jedoch nicht einfach gegeben, sondern müssen „zuerst identifiziert, bewertet und mobilisiert, das heisst, für die organisationale Wertschöpfung zur Ressource gemacht werden" (Rüegg-Stürm und Grand 2015, S. 66) sowie permanent gepflegt werden. Die gleiche Person oder das gleiche Objekt kann für das eine Unternehmen eine Ressource darstellen, für das andere nicht.

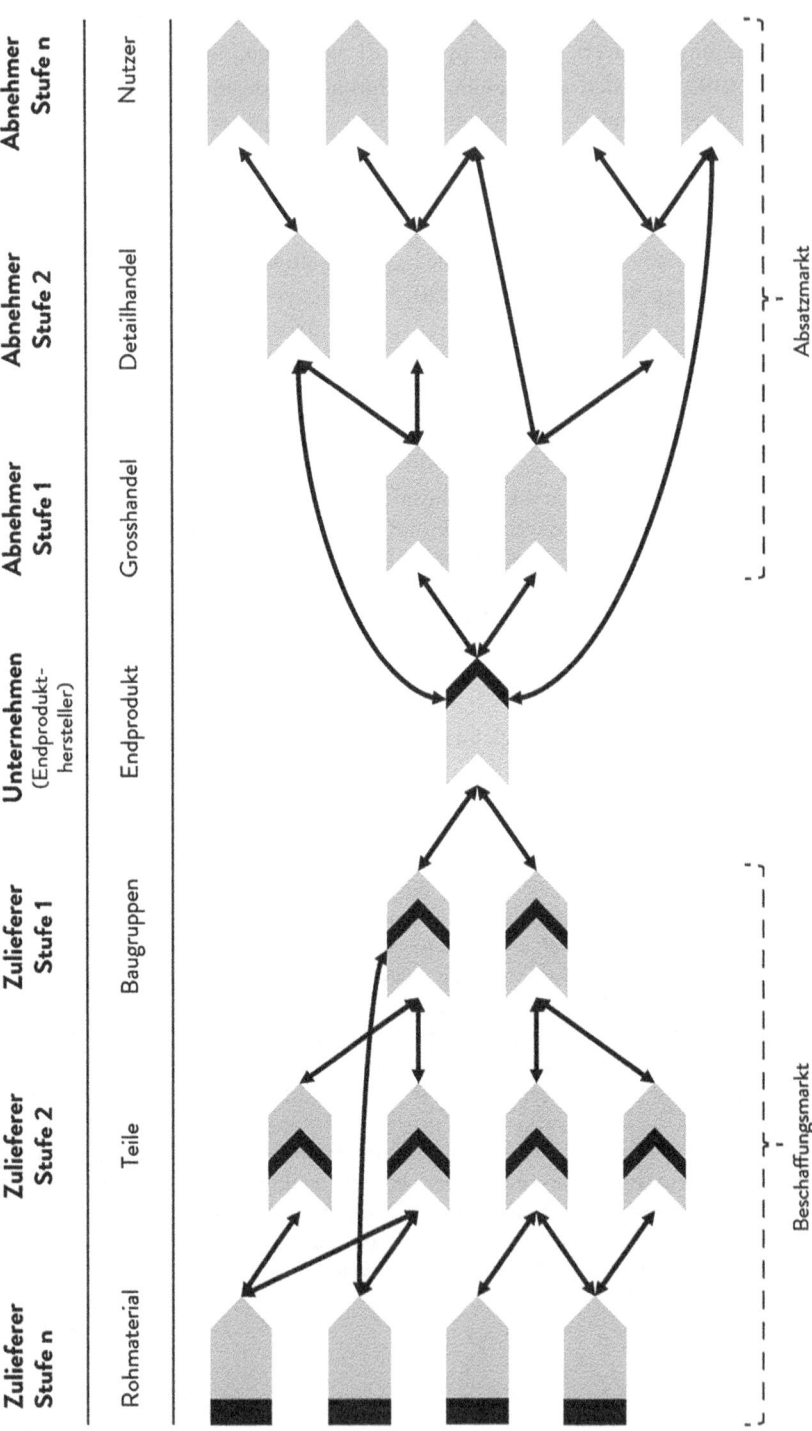

Abb. 3.14 Wertschöpfungsnetzwerk. (Eigene Darstellung in Anlehnung an Waser und Peter 2016, S. 30; 57)

anvisierte Nutzenstiftung nötig und zentral ist. In diesem Zusammenhang sind insbesondere die für die unternehmerische Tätigkeit strategisch wichtigen Ressourcen *("Schlüsselressourcen")* zu identifizieren.

Des Weiteren bedarf die Formulierung eines Geschäftsmodells konkreter Aussagen zu dem ihm zugrunde liegenden Finanzkonzept bzw. *Ertragsmodell.* In diesem Zusammenhang sind insbesondere die Ertragsströme und Kostentreiber wichtig: Zum einen ist zu überlegen, welche Kosten wesentlich mit der Umsetzung des Geschäftsmodells verbunden sind. Zum anderen ist zu definieren, wie viel der Kunde wofür genau und wie zu zahlen bereit und mit welchem Umsatzvolumen (Geld, Menge) zu rechnen ist. Es bedarf somit eines Verständnisses für Zahlungsbereitschaften und Preissensibilitäten sowie der Definition der Preisgestaltung.

Die – wenn auch nur in dieser Aufzählung – letzte Überlegung, die ein Unternehmen sich im Rahmen der Formulierung seines Geschäftsmodells machen muss, betrifft das „Wer" und damit die Frage, mit welchen *Personen* und Gruppen von Personen die Umsetzung des Geschäftsmodells erfolgen soll.

* Eine in diesem Zusammenhang wesentliche Festlegung betrifft die Frage, mit welchen Personen das Geschäftsmodell intern umgesetzt werden soll. Die Frage nach dem *Team* kann auch unter dem Aspekt der Schlüsselressourcen beantwortet werden. Da der Mensch jedoch der wichtigste unternehmerische Erfolgsfaktor ist, lohnt sich die Heraushebung aus der Masse der Ressourcen.
  In grossen Unternehmen kann diese Frage aufgrund der grossen Zahl der involvierten Personen wohl nicht abschliessend beantwortet werden. Jedoch geht es bei der Suche nach einer Antwort nicht so sehr um die Quantität und das Festlegen auf Namen, sondern darum, sich Gedanken zu machen, welcher Typ Mensch und welche Kompetenzen aufseiten der im Unternehmen arbeitenden Personen essenziell sind, um dem Geschäftsmodell zum Erfolg zu verhelfen.

Anstelle von Ressourcenkonfiguration könnte man auch – um einen nicht mehr ganz so modernen Begriff zu verwenden – vom „Leistungspotential" (auch: „Leistungskapazität") sprechen. Unter (strategischem) Leistungspotential versteht z. B. Ulrich (2001c, S. 371; vgl. 2001a, S. 405 ff.) das personelle Potential, das räumliche Potential, das anlagenmässige bzw. technische Potential, die Verbrauchsgüter, das Kapitalvolumen und die Kapitalstruktur, das gesellschaftsbezogene finanzielle, personelle und materielle Potential sowie das mitarbeiterbezogene Potential, das in seiner Gesamtheit zur Verwirklichung des allgemeinen Zielsystems notwendig ist.

Bei anderen Autoren findet sich der ebenfalls synonym zu verstehende Begriff „Erfolgspotential", „worunter ganz allgemein das gesamte Gefüge aller produkt- und marktspezifischen Voraussetzungen verstanden wird, welche spätestens dann vorliegen müssen, wenn es um die Erfolgsrealisierung geht" (Hub 1982, S. 114). Das Erfolgspotential eines Unternehmens umfasst somit die Gesamtheit der „erfolgsrelevante(n) Voraussetzungen" (Gälweiler 2005, S. 26), d. h. der Voraussetzungen, die (meist nur über einen längeren Zeitraum) geschaffen werden müssen, um in Zukunft Erfolg zu haben.

- Eine weitere Festlegung betrifft die *(Wertschöpfungs-)Partner* des Unternehmens und das daraus resultierende Wertschöpfungsnetzwerk und „Ecosystem". Aus der oben erfolgten Definition der Wertschöpfungstiefe und der Kooperationsfelder ergibt sich mehr oder weniger logisch, ob und mit welchen Partnern ein Unternehmen kooperieren muss, um sein Geschäftsmodell umsetzen zu können.

  Bei der Definition der Kooperationsstrategie sollten folgende Fragen mitbedacht werden (vgl. Frow et al. 2015, S. 470 ff.):
  - Was ist das gemeinsame Ziel der Zusammenarbeit?
  - Wer ist an der Kooperation beteiligt? Welche Rolle spielen die einzelnen Akteure?
  - Was ist das jeweils grundlegende Kooperationsmotiv der einzelnen Kooperationspartner?
  - In welcher Form findet die Kooperation statt, d. h. worin besteht und worauf bezieht sich die Kooperation?
  - Welche Bedingungen gelten für die Zusammenarbeit? Was erwarten die Kooperationspartner voneinander?
  - Auf welche Dauer (bestimmter Zeitraum vs. unbestimmter Zeitraum) ist die Kooperation angelegt?
  - Wie arbeiten die Teams aus den beteiligten Unternehmen zusammen und wie wird die Teambildung erleichtert?
  - Über welche Plattformen erfolgt die Kooperation, d. h. welche Plattformen werden zur Verfügung gestellt, um die Zusammenarbeit zu erleichtern?
  - Wie wird die Kooperation gesteuert? Gibt es einen Lenkungsausschuss („steering committee")? Welche Kompetenzen hat dieser und mit welcher Frequenz tritt dieser zusammen?
- Eine weitere Festlegung betrifft die Frage, wie das Unternehmen mit den Personen und Gruppen von Personen umgeht, die konkret von der Umsetzung des Geschäftsmodells betroffen sind. Es ist also zu definieren, welche Verhaltensnormen das Unternehmen im Umgang mit seinen internen und externen *Stakeholdern* sowie der ökologischen Umwelt leiten sollen. Diese Definition umfasst führungsbezogene Ziele (z. B. Führungsstil, Delegation), mitarbeiterbezogene Ziele (z. B. Entlohnung, Arbeitszufriedenheit, Entwicklungsmöglichkeiten; Attraktivität für die richtigen Leute), gesellschaftsbezogene Ziele (z. B. Leistungen für Stakeholder, Sponsoring) und ökologische bzw. Umweltschutzziele[34].

---

[34]Im Hinblick auf mögliche Umweltschutzziele unterscheidet Dyllick (1990, S. 25) zwischen a) inputbezogenen bzw. Ressourcenzielen, die auf den Schutz, Schonung und Erhalt natürlicher Ressourcen (Stoffe, Energie, Wasser, Boden, Luft, …) ausgerichtet sind, b) outputbezogenen Emissions- und Abfallzielen, die darauf ausgerichtet sind belastende Emissionen und Abfälle (feste Abfälle, Wasserbelastung, Luftverschmutzung, Bodenbelastung, Landschaftszerstörung, Strahlen, …) zu vermeiden, vermindern, verwerten oder entsorgen (Emissions- und Abfallbegrenzung), und c) Risikozielen, bei denen die Risikobegrenzung durch Verminderung potenzieller Gefahren und Verhinderung sowie Begrenzung von Unfällen, Störfällen, Gesundheitsschäden und Umweltschäden im Fokus steht.

Mit der rein inhaltlichen Festlegung bzgl. der oben aufgeführten Dimensionen ist es allerdings noch nicht getan; neben der konkreten Spezifizierung des Zielinhalts sind die Ziele zudem auch hinsichtlich ihres Zielausmasses (realistische Grössenordnung) sowie ihres zeitlichen Bezugs zu konkretisieren und es ist jeweils zu überlegen, mithilfe welcher Kenngrössen und Methoden die Zielerreichung gemessen werden kann.

Sind diese Überlegungen einmal gemacht, bedarf es jedoch darüber hinaus auch der Festlegung der Schritte und Etappen, die getan und passiert werden müssen, damit die im Geschäftsmodell enthaltenen strategischen Ziele auch effektiv realisiert werden können. Dies geschieht über die Ableitung *strategischer Initiativen* (auch: strategischer Projekte) aus dem Geschäftsmodell. Im Zentrum der Denkanstrengungen steht hierbei folgende Leitfrage: Was ist konkret zu tun, bzw. welche Voraussetzungen müssen wir schaffen, um unser gewähltes Geschäftsmodell realisieren zu können? Diese Initiativen sind in inhaltlicher, zeitlicher und ressourcentechnischer Hinsicht zu spezifizieren. Es muss für jede Initiative festgelegt werden, welche wesentlichen Schritte bzw. Massnahmen in welcher Reihenfolge zu welchen Zeitpunkten zu tätigen sind und es muss der bei der Realisierung anfallende quantitative und qualitative Bedarf an finanziellen und nicht-finanziellen Ressourcen bestimmt, in Form von Geld bewertet sowie in Form eines entsprechenden Budgets abgebildet werden.[35] Zudem sind die Projekte nicht nur in sich zu spezifizieren, sondern natürlich auch miteinander abzustimmen; es ist also festzulegen, wie die einzelnen strategischen Projekte zur Erreichung der strategischen Ziele beitragen und wie sie v. a. zeitlich ineinandergreifen.

Geschäftsmodell und strategische Initiativen bilden – wie gesagt – zusammen die Strategie eines Unternehmens. In diesem Zusammenhang sind drei Dinge zu bedenken:

- Zum einen ist zu bedenken, dass eine Strategie ein Plan ist, der aussagt, welches von mehreren Geschäftsmodellen mithilfe welcher strategischen Initiativen realisiert werden soll. In der Realität stehen einem Unternehmen immer mehrere Geschäftsmodelle zur Auswahl, wobei es sich bewusst für eines dieser Modelle entscheiden muss.
  Das wesentliche Wissen um eine Strategie besteht allerdings nicht so sehr im Wissen darum, welches Geschäftsmodell verfolgt werden soll, sondern welche möglichen Geschäftsmodelle aus welchen Gründen ausgeschlossen wurden und damit nicht verfolgt werden sollen. Die letzten Endes in einem Strategiepapier festgehaltene

---

[35]Die Frage, wie sinnvoll und nötig der jährliche Budgetprozess ist bzw. ob Unternehmen jährliche Budgets brauchen, um zu funktionieren oder mit rollierenden Budgets oder gar ohne Budgets auskommen können, soll an dieser Stelle nicht angeschnitten werden. Laloux (2014, S. 213 f.) plädiert aufgrund der grundsätzlichen Unabschätz- bzw. Unvorhersagbarkeit der Zukunft dafür, Budgets entweder nur quartalsweise oder gar nur dann zu erstellen, wenn Vorhersagen im Hinblick auf wichtige Entscheidungen notwendig sind; sie sollten aber nicht zur Leistungskontrolle verwendet werden. Die von den einzelnen Bereichen eingereichten Zahlen sollten zudem nicht von oberen Hierarchieebenen angepasst und geschönt werden.

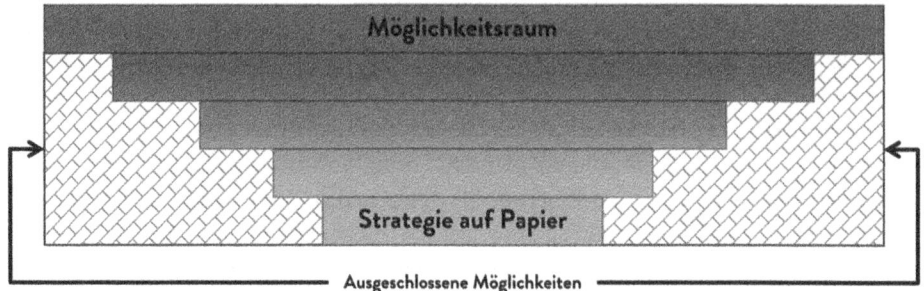

Abb. 3.15 Negative Strategie

Strategie ist das Ergebnis eines schrittweisen Ausschlusses alternativer Strategien und das zu realisierende Residuum eines vormals viel breiteren Möglichkeitsraums. Wichtig ist also nicht nur das Wissen um die positive Strategie, sondern ebenso das Wissen um die negativen, d. h. nicht gewählten Strategien (vgl. Abb. 3.15).

Es sind nämlich vor allem die ausgeschlossenen Möglichkeiten, die im Laufe der Zeit immer wieder „hochkommen". Wenn die Umsetzung einer gewählten Strategie vielleicht nicht wie erwartet läuft, kann man immer wieder Aussagen hören wie „Ich habe ja immer gesagt, dass Strategie A nicht funktioniert. Wir hätten, wie ich gesagt habe, Strategie B verfolgen sollen." Hierauf gilt es begründet entgegnen zu können. Entsprechend ist nicht nur die Dokumentation der Gründe, aus denen man sich für die gewählte Strategie entschieden hat, sondern ebenso der Ausschlussgründe wichtig, d. h. der Gründe, weswegen man sich gegen alternative Strategien entschieden hat. Kritische Aussagen, wie die eben skizzierte, lassen sich zudem leichter entkräften, wenn die Erarbeitung der Strategie nicht einem kleinen Zirkel innerhalb des Unternehmens vorbehalten ist, sondern möglichst gemeinschaftlich erfolgt.[36]

---

[36]Hiermit soll nicht vorbehaltlos einem demokratischen Strategieprozess das Wort geredet werden, in den alle Mitglieder eines Unternehmens eingeschlossen sind. Das ist schon aus rein praktischen Gründen nicht möglich. Unternehmen können auf unterschiedlichen Wegen zum Ziel kommen, d. h. den Prozess der Formulierung ihrer Strategie unterschiedlich angehen, wobei die Möglichkeiten hier von der zentralen Ausarbeitung der Strategie durch das Topmanagement bis zu einer der Selbstorganisation der Mitglieder des Unternehmens überlassenen Strategiefindung reichen. Keine dieser Optionen ist der anderen per se überlegen; sie alle können – je nach den internen und externen Umständen – zu erfolgreichen Strategien führen. Es gibt mit anderen Worten nicht den einen idealen Strategieprozess für alle Umstände.

Generell ist es jedoch hilfreich für die Erarbeitung der Strategie und im Hinblick auf deren Umsetzung erfolgversprechend, durch Einbindung der entsprechenden Personen a) das im Unternehmen vorhandene Wissen, das für die Wahl der zu verfolgenden Strategie relevant ist, zu explizieren und b) Verständnis und Akzeptanz für die Strategie zu generieren, bevor sie offiziell verabschiedet ist.

- Zum anderen ist zu bedenken, dass Strategien immer zukunftsgerichtet sind, d. h. auf Vorhersagen („Forecasts") über die Zukunft beruhen: „Forecasting is a systematic attempt to probe the future by inference from known facts. The purpose is to provide management with information in which it can base planning decisions." (Allen 1958, S. 26; vgl. 1964, S. 97, 110) Damit beinhalten Strategien aber notwendigerweise Aussagen über etwas, das fundamental ungewiss ist. Eine Strategie ist eine Wette auf das Eintreten eines als wahrscheinlich erachteten Zukunftsszenarios. Das Problem mit Szenarien ist, dass sie eintreten können, es aber nicht müssen.

Dies bedeutet, dass Strategien nicht etwas sind, das verabschiedet und an dem dann für drei bis fünf Jahre sklavisch festgehalten wird:

> „With all of its importance, it is necessary to accept the fact that forecasting is not a science. We cannot foretell future events with certainty. However, since we must look ahead in order to plan at all, forecasting of some kind must take place. The question is not whether to forecast, but whether to move ahead haphazardly and fortuitously, or in terms of a logical and systematic assessment of the future. We cannot forecast with precision. The best we can do is to estimate the range of possibilities of what will probably happen in the future. Forecasts can be wrong. It is well to remember this so that we can maintain an open mind and the flexibility to revise our forecasts as conditions change." (Allen 1964, S. 114)

- Als Konsequenz dieser Überlegung ist des Weiteren zu bedenken, dass – wie Mintzberg (1978) und Mintzberg und Waters (1985) betonen – in der Realität die realisierte nicht immer der ursprünglich geplanten bzw. intendierten Strategie entspricht (vgl. Abb. 3.16).[37] Es gibt eine Reihe von Gründen, weswegen eine intendierte Strategie, d. h. eine Strategie, deren Umsetzung man sich vorgenommen hat, nicht realisiert wird: Es kann sich im Laufe der Zeit zeigen, dass die Strategie aufgrund unrealistischer Erwartungen schlichtweg nicht umsetzbar ist; das Umfeld kann falsch eingeschätzt worden sein oder sich nach der Verabschiedung der Strategie so unvorhergesehen verändern, dass eine Abänderung der Strategie nötig ist; es kann sein, dass für die Umsetzung wichtige Personen in oder ausserhalb des Unternehmens nicht mitziehen oder sich der Realisierung gar entgegenstellen; oder es kann sein, dass dem Unternehmen von aussen eine andere als die intendierte Strategie „übergestülpt" wird. Ist weder die ursprünglich intendierte noch eine auferlegte Strategie realisiert worden, so ist eine sog. „emergente Strategie" realisiert worden, d. h. eine realisierte Strategie, die so nicht intendiert war, sondern durch Anpassung und Abänderung der intendierten Strategie oder unabhängig von dieser entstanden ist.

---

[37]Mintzberg (1978, S. 945) bezeichnet eine intendierte Strategie, die auch realisiert wird, als „deliberate strategy".

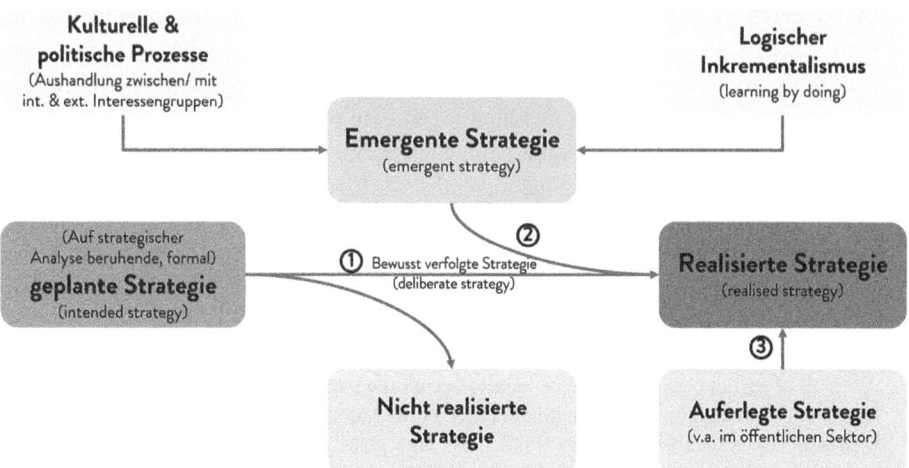

Abb. 3.16 Geplante, emergente und realisierte Strategie. (Eigene Darstellung in Anlehnung an: Mintzberg 1978, S. 945; Mintzberg und Waters 1985, S. 258; Mintzberg et al. 2009, S. 12)

„Planning theory postulates that the strategy-maker ‚formulates' from on high while the subordinates ‚implement' lower down. Unfortunately, however, this neat dichotomy is based on two assumptions which often prove false: that the formulator is fully informed, or at least as well informed as the implementor, and that the environment is sufficiently stable, or at least predictable, to ensure that there will be no need for reformulation during implementation. […] Strategy formation then becomes a learning process, whereby so-called implementation feeds back to formulation and intentions get modified en route, resulting in an emergent strategy." (Mintzberg 1978, S. 946).

In der unternehmerischen Praxis bestehen tatsächlich realisierte Strategien meist aus einer geplanten und einer emergenten Komponente. Reinformen realisierter Strategien, die nur bewusst geplant oder emergent sind, sind hingegen selten.

Die Unterscheidung zwischen bewusst realisierter und emergenter Strategie beinhaltet keine Aussage zu ihrer jeweiligen Qualität. Beide Strategiearten können erfolgreich sein oder scheitern (vgl. Abb. 3.17): „Emergent strategies can be effective too, while many deliberate strategies, successfully implemented, have proved to be disasters. It is the performance of the organization that matters, not the performance of its planning." (Mintzberg et al. 2009, S. 67)

Intended Strategy Realised?

	Yes	No
Yes (*Realised Strategy Successful?*)	**Deliberate success** (hooray for rationality)	**Emergent success** (hooray for learning)
No	**Failure of deliberateness** (efficient but not effective)	**Failure of everything** (try again)

Abb. 3.17 Erfolge und Misserfolge von Strategien (Eigene Darstellung in Anlehnung an: Mintzberg et al. 2009, S. 67; Mintzberg 1994, S. 360)

Die intendierte Strategie allein stellt jedoch noch nicht das strategische Zielsystem eines Unternehmens dar. Um von einem strategischen Zielsystem sprechen zu können, bedarf es zusätzlich zur Strategie noch einer weiteren Komponente: Damit das Unternehmen weiss, ob und in welchem Umfang seine Strategie erfolgreich ist, muss es **strategische Ziel-/Führungskenngrössen** („Key Performance Indicators (KPIs)") festlegen und – soweit möglich – zu einem Kennzahlensystem zusammenfassen. Die hier im Zentrum stehende und möglichst präzise zu beantwortende Leitfrage lautet: Anhand welcher quantitativen und qualitativen Indikatoren können wir beurteilen, ob wir erfolgreich sind? Oder genauer gefragt: Anhand welcher quantitativen und qualitativen Indikatoren können wir beurteilen, ob wir a) im Hinblick auf die Realisierung unseres grundlegenden Zwecks, nämlich der Schaffung von Kundennutzen, das Richtige tun, d. h. die richtige Strategie verfolgen, und b) das Richtige richtig tun, d. h. unsere Strategie richtig umsetzen?

Die in dieser Hinsicht grundlegenden Indikatoren des Erfolgs sind die „Effektivität" und „Effizienz" unternehmerischen Handelns.

„Whatever the specific objectives of an individual enterprise or company [...], the overriding and all-embracing responsibility is to secure effective and economical accomplishment of these operating objectives. [...] This means an endeavour to reach the best possible outcome from the operations with the minimum use of the resources devoted to them." (Brech 1967, S. 237)

„Effectiveness is the foundation of success – efficiency is a minimum condition for survival after success has been achieved. Efficiency is concerned with doing things right. Effectiveness is doing the right things." (Drucker 2008, S. 32)

Effektivität und Effizienz bilden die sog. „Formalziele" (auch: „Erfolgsziele") unternehmerischer Aktivität. Sie sind damit Grössen, „in denen der Erfolg unternehmerischen Handelns zum Ausdruck kommt" (Thommen et al. 2017, S. 44):

- Als Verhältnis von effektiv realisiertem Ergebnis und anvisiertem Ziel drückt die *„Effektivität"* einer Handlung deren Wirksamkeit aus. Anhand der Massgrösse Effektivität wird beurteilt, „in welchem Ausmaß die geplanten Ziele auch tatsächlich erreicht worden sind" (Thommen et al. 2017, S. 46). Die Effektivität ergibt sich als Quotient aus dem faktischen Ist-Ergebnis und dem geplanten Soll-Ergebnis. Sie misst somit den Grad der Zielerreichung, ohne die zur Realisierung des Ziels eingesetzten Ressourcen zu berücksichtigen.
  Ob ein Unternehmen erfolgreich im Sinne von effektiv ist, d. h. seinen grundlegenden Zweck erfüllt, lässt sich an den – finanziellen oder kundenbezogenen – Konsequenzen seiner Tätigkeit ablesen. Konkret kann die Effektivität unternehmerischen Handelns anhand folgender grundlegender Kenngrössen gemessen werden:
  - *Gewinn:* Ein Unternehmen erzielt Gewinn, wenn die Differenz zwischen den Geldgrössen „Ertrag" und „Aufwand" positiv ist. Ein Unternehmen arbeitet profitabel, wenn der von ihm erzielte Ertrag (auch: Umsatz) grösser ist als der Aufwand bzw. die Gesamtkosten, die zur Erzielung dieses Ertrags nötig waren.
  - *Wertschöpfung:* Unter „Wertschöpfung" („value added") wird der vom Unternehmen durch Eigenleistungen geschaffene Mehrwert verstanden, der sich aus der Subtraktion der in Geld bewerteten Vorleistungen von den Abgabeleistungen bzw. dem Umsatz ergibt. Die Vorleistungen als die im Produktionsprozess verbrauchten, verarbeiteten oder umgewandelten Leistungen umfassen hierbei allerdings „nur" die von Dritten bezogenen Wirtschaftsleistungen, lassen also die Kosten für die Nutzung gewisser Ressourcen unberücksichtigt. Während diese Grössen im

Gewinn bereits berücksichtigt, d. h. als Kosten aus dem Gewinn herausgerechnet, sind, umfasst die Wertschöpfung somit neben dem Gewinn noch die Personalkosten, die Fremdkapitalkosten (Zinsen) und die Steuern.[38]

– *Geldfluss:* Als dritte grundlegende finanzielle Massgrösse unternehmerischer Effektivität kann der von einem Unternehmen erzielte „Geldfluss" („Cashflow") verwendet werden. Dieser ergibt sich – zumindest in direkter Berechnung – aus der Differenz zwischen allen Einzahlungen und allen Auszahlungen. Der Cashflow entspricht der Veränderung des Finanzmittelbestandes eines Unternehmens, wobei dieser üblicherweise in der Liquiditätsgrösse „Geld" gemessen wird. Ist der Zufluss an Zahlungsmitteln grösser als der Abfluss an Zahlungsmitteln, ergibt sich ein positiver Cashflow.

– *(Kunden-)Zufriedenheit:* Die Kundenzufriedenheit ist eine grundlegende nicht-finanzielle Erfolgsgrösse unternehmerischer Tätigkeit. Sie drückt das Ausmass der Erfüllung des erwarteten Wertgewinns aus, den der Kunde mit dem Kauf eines Gutes bzw. der Inanspruchnahme einer Leistung verbunden hat. Sie „entsteht als Empfindung des Kunden durch seinen Vergleich von wahrgenommenem Wertgewinn (als Resultat des Kaufs) und erwartetem Wertgewinn (vor dem Kauf)" (Kotler und Bliemel 2001, S. 61; vgl. Kotler und Keller 2016, S. 153).

Aus der Perspektive des sog. „Erwartungs-Diskonfirmations-Modells" ergibt sich die Kundenzufriedenheit somit als Ergebnis des Vergleichs zwischen dem vor dem Kauf erwarteten Kundennutzen und dem nach dem Kauf effektiv realisierten Kundennutzen. Ein Kunde ist dann zufrieden, wenn der effektiv realisierte Kundennutzen grösser ist als der erwartete Kundennutzen oder diesem in der Höhe wenigstens entspricht. Die Kundenzufriedenheit ist damit Massgrösse für den effektiv gestifteten (Kunden-)Nutzen.

---

[38]Neben diesem „rechnungstechnischen" Verständnis von Wertschöpfung als „monetär bewertete Nettowirtschaftsleistung" (Ulrich 2016, S. 217) verwenden z. B. Rüegg-Stürm und Grand (2015; 2019) sowie Ulrich (2016) den Begriff „Wertschöpfung" in einem weiteren, nicht rein quantitativen Sinn: Für Ulrich (2016, S. 217) besteht Wertschöpfung im Schaffen von „Lebenswerten", d. h. lebensdienlichen und damit menschlichen Zwecken dienenden Marktwerten. Rüegg-Stürm und Grand (2015, S. 35; vgl. 2019, S. 22) verstehen unter Wertschöpfung v. a. „Wirkungen und Ergebnisse in Form von Produkten und Dienstleistungen, die einen Unterschied machen und aus Sicht spezifischer Wertschöpfungsadressaten einen differenzierenden Mehrwert schaffen, d. h. einen Nutzen zu stiften vermögen". Es ist also Vorsicht geboten, da der gleiche Begriff nicht bei allen Autoren den gleichen Inhalt hat.

Konkret gemessen werden kann die Kundenzufriedenheit mit dem sog. „Net Promoter Score (NPS)" (zu Deutsch: Promotorenüberhang).[39]

Kundenzufriedenheit kann allerdings nur gestiftet werden, wenn die Erwartung des Kunden hinsichtlich bestimmer Merkmale der Leistung konfirmiert oder übertroffen werden. Das nach seinem „Erfinder" benannte „Kano-Modell" der Kundenzufriedenheit (vgl. Kano et al. 1984) unterscheidet – in Anlehnung an die Hygiene- und Motivationsfaktoren von Herzberg (1968) – zwischen folgenden Produkt- oder Dienstleistungsmerkmalen, die die Kundenzufriedenheit beeinflussen:

Basis-Merkmale („Must-be Quality") sind so implizit vorausgesetzte Merkmale, dass der Kunde sich ihrer erst bei Nichterfüllung bewusst wird. Ist ein solch selbstverständlich erwartetes Basis-Merkmal nicht vorhanden, entsteht Unzufriedenheit; ist es vorhanden, generiert dies allerdings noch keine Zufriedenheit.

Leistungs-Merkmale („One-dimensional Quality") sind bewusst erwartete grundlegende Merkmale. Über ihr Vorhandensein freut sich der Kunde, ihr Fehlen würden ihn sehr stören. In Abhängigkeit vom Ausmass der Erfüllung kann ihr Vorhandensein Unzufriedenheit senken oder Zufriedenheit generieren; ihr Fehlen resultiert aber in Unzufriedenheit.

Begeisterungs-Merkmale („Attractive Quality") sind Merkmale, deren Vorhandensein den Kunden positiv überrascht, da er nicht unbedingt mit ihnen rechnet. Ihr Vorhandensein kann somit Zufriedenheit bzw. Begeisterung auslösen. Wenn ein solches Merkmal fehlt, stört dies den Kunden allerdings nicht.

Wie ihr Name bereits andeutet, haben unerhebliche Merkmale („Indifferent Quality") keinen fördernden Einfluss auf die Zufriedenheit, aber auch nicht auf die Unzufriedenheit. Ihr Vorhandensein oder Fehlen ist dem Kunden schlichtweg egal.

Rückweisungs-Merkmale („Reverse Quality") sind das Negativ der Basis-Merkmale. Ihr Fehlen wird vorausgesetzt und kann somit keine Zufriedenheit generieren. Ihr Vorhandensein würden den Kunden hingegen sehr stören und zu Unzufriedenheit führen.

---

[39]Um den NPS zu berechnen, wird den Kunden zunächst die Frage vorgelegt, mit welcher Wahrscheinlichkeit sie das gekaufte Wirtschaftsgut Freunden und Bekannten empfehlen würden. Die Antwortskala reicht von 0 („äusserst unwahrscheinlich") bis 10 („äusserst wahrscheinlich"). Kunden, die mit 9 oder 10 antworten, werden als „Promotoren", Kunden, die mit 0 bis 6 antworten, werden als „Detraktoren" und Kunden, die mit 7 oder 8 antworten, „Indifferente" oder „Passive" bezeichnet. Konkret errechnet sich der NPS als Differenz zwischen den „Promotoren" und den „Detraktoren" (jeweils in % aller Befragten), wobei die „Indifferenten" nicht weiter in die Berechnung einfliessen. Es gilt somit folgende Formel: NPS = Promotoren − Detraktoren.

Auch wenn der NPS die am weitesten verbreitete Kennzahl ist, so gibt es noch weitere Instrumente zur Messung der Kundenzufriedenheit bzw. der sog. „customer experience": Customer Satisfaction (CSAT), Customer Effort Score (CES; vgl. Dixon et al. 2010), Churn Rate, Retention Rate, Customer Lifetime Value (CLV).

Im Hinblick auf das Ziel der Nutzenstiftung besitzen die Begeisterungs-Merkmale den grössten Hebel. Entsprechend wichtig ist das Verständnis dafür, welche Produkt- oder Dienstleistungsmerkmale für welchen Kunden oder welche Kundengruppe Begeisterungs-Merkmale sind. In diesem Zusammenhang ist jedoch zu berücksichtigen, dass einzelne Merkmale im Laufe der Zeit unterschiedlichen Kategorien angehören können; was einmal ein Begeisterungs-Merkmal war, kann im Laufe der Zeit zu einem Basis-Merkmal werden. Abb. 3.18 fasst diese Merkmale grafisch zusammen.

- Die *„Effizienz"* einer Handlung ergibt sich als Quotient aus „der erbrachten Leistung und dem Ressourceneinsatz" (Thommen et al. 2017, S. 46). Zur Berechnung der Effizienz werden somit, allgemein gesprochen, ein Ergebnis und die zum Zwecke der Erzielung dieses Ergebnisses verbrauchten Ressourcen ins Verhältnis zueinander gesetzt.

Dem Bemühen um Effizienz liegt das Bemühen um den optimalen Einsatz knapper Ressourcen zugrunde; es ist somit Ausdruck des sog. „ökonomischen Prinzips".

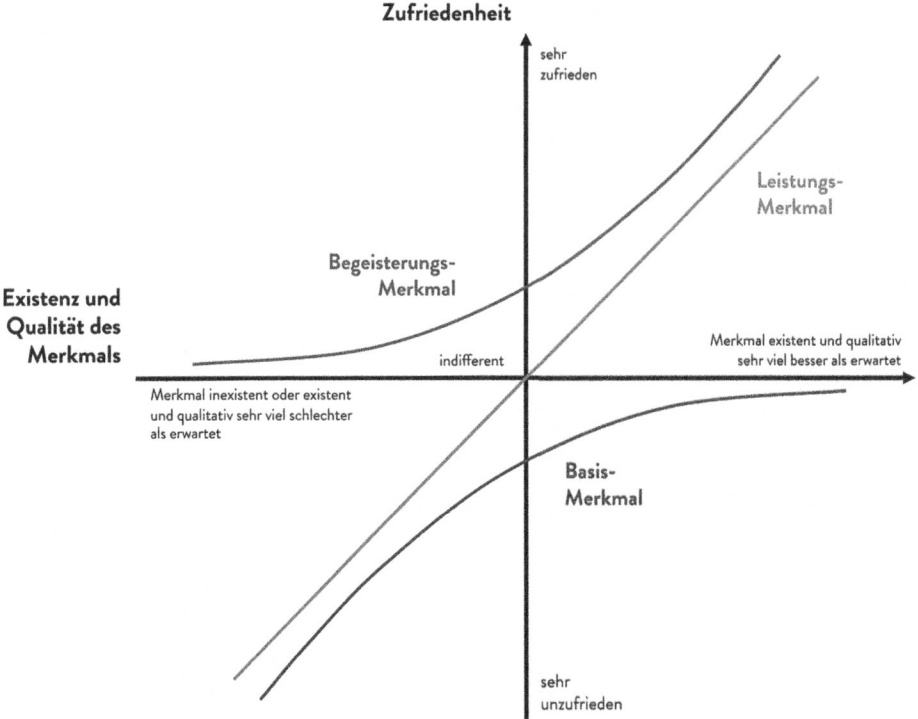

Abb. 3.18 „Kano-Modell" der Kundenzufriedenheit. (Eigene Darstellung in Anlehung an Kano et al. 1984)

Nach diesem Prinzip ist es angesichts knapper Ressourcen (ökonomisch) rational, a) bei vorgegebenem Output den zur Erzielung dieses Outputs benötigten Input zu minimieren (Sparsamkeitsprinzip; Minimalprinzip), b) bei vorgegebenem Input den mit diesem zu erzielenden Output zu maximieren (Ergiebigkeitsprinzip; Maximalprinzip) oder c) bei variablem Input und Output das Verhältnis zwischen Input und Output zu optimieren (Optimumprinzip; Extremumprinzip).

In Abhängigkeit ihrer jeweiligen inhaltlichen Ausprägungsform wird die Effizienz unternehmerischen Handelns hauptsächlich in drei Formen gemessen:

– *Wirtschaftlichkeit:* Die Wirtschaftlichkeit unternehmerischen Handelns berechnet sich als Quotient aus den geldmässig bewerteten Grössen Ertrag und Aufwand.

– *Rentabilität:* Die Rentabilität unternehmerischen Handelns ergibt als Quotient aus Gewinn und dem zur Erzielung dieses Gewinns eingesetzten Kapitals.

– *Produktivität:* Die Produktivität unternehmerischen Handelns ist der Quotient aus Produktionsergebnis (auch: Ausbringungsmenge, realer Output, Arbeitsergebnismenge) und einem, mehreren oder allen im Rahmen der Produktion eingesetzten Produktionsfaktoren (auch: Einsatzmenge, realer Input, Ressourceneinsatzmenge).

Nachstehende Abbildung (vgl. Abb. 3.19) fasst die beiden strategischen Formalziele der unternehmerischen Tätigkeit, die Effektivität und Effizienz, nochmals zusammen.

Mit der Messung allein ist es jedoch noch nicht getan. Denn woher wissen wir, ob ein bestimmter gemessener Wert ein guter Wert oder zu hoch oder zu tief ist? Die Auswahl von KPIs bedarf wesentlich auch der Definition eines Zielwertes (auch: Zielausmass), der zu einem bestimmten Zeitpunkt erreicht werden soll: Wie hoch sollen Gewinn, Wertschöpfung, Geldfluss, Kundenzufriedenheit, Wirtschaftlichkeit, Rentabilität und Produktivität jeweils sein? Innerhalb welcher Bandbreite sollen sie sich bewegen?

Abb. 3.19 Strategische Erfolgs- bzw. Formalziele des Unternehmens

Im Hinblick auf die anzustrebende Höhe des finanziellen Erfolgs plädieren Drucker und Malik grundsätzlich dafür, nicht das mögliche Maximum, sondern das für die Fortführung der Unternehmensaktivität notwendige Minimum anzustreben – denn dieses zu erreichen, ist schon schwer genug:

Was lernen wir aus der Managementliteratur?

„For the problem of any business is not the maximization of profit but the achievement of sufficient profit to cover the risks of economic activity and thus to avoid loss." (Drucker 2007, S. 30; 2008, S. 97)

„It is the first duty of a business to survive. The guiding principle of business economics, in other words, is not the maximization of profits: it is the avoidance of loss. Business enterprise must produce the premium to cover the risks inevitably involved in its operation. And there is only one source for this risk premium: profits." (Drucker 2007, S. 40)

„Profitabilität mit Relevanz für die Führung des Unternehmens muss vom Gegenteil des Gewinnmaximums her gesehen werden, nämlich vom Gewinnminimum. Die lenkungsrelevante Frage muss lauten: Wieviel Gewinn brauchen wir mindestens, um morgen noch im Geschäft zu sein? […] Das hier verwendete Gewinnminimum ist auf die Zukunft gerichtet, nämlich darauf, was das Unternehmen mindestens verdienen muss, um eine Zukunft zu haben." (Malik 2008, S. 151; 2011, S. 175)

Auch wenn diese Aussagen auf die Kenngrösse „Gewinn" gemünzt sind, so lassen sie sich analog ohne Weiteres auch auf die übrigen Formalziele anwenden. Wie hoch das Gewinn-, Wertschöpfungs-, Geldfluss-, Kundenzufriedenheits-, Wirtschaftlichkeits-, Rentabilitäts- und Produktivitätsminimum jeweils sein muss, variiert von Unternehmen zu Unternehmen und muss jeweils situationsgerecht festgelegt werden.

3.2.1.1.3 Bestimmung des operativen Zielsystems

Nachdem das Unternehmen sein normatives und strategisches Zielsystem festgelegt hat, muss es diese Zielsysteme in einem letzten Schritt in das sog. operative Zielsystem konkretisieren. Wie das strategische Zielsystem eine Operationalisierung des normativen Zielsystems darstellt, so stellt das operative Zielsystem eine Operationalisierung des strategischen Zielsystems dar. Das operative Zielsystem (vgl. Abb. 3.20) bricht die strategischen Ziele des Unternehmens auf die konkrete Umsetzungsebene herunter. Die diesem Zielsystem zugrunde liegende Frage lautet: „Was muss kurzfristig getan werden, damit wir unser strategisches Ziel X (z. B. Aufbau eines Netzwerks zur indirekten Distribution) erfolgreich realisieren können?"

Im Rahmen einer operativen Jahresplanung legt das operative Zielsystem die kurzfristig zu erreichenden Ziele der kurzfristig bzw. täglich laufenden Aktivitäten der Unternehmung auf der Ebene der Subsysteme (Funktionsbereiche) und der Subsubsysteme (Abteilungen) fest. Es stellt somit wesentlich eine „Umsetzung der in den Strategien vor-

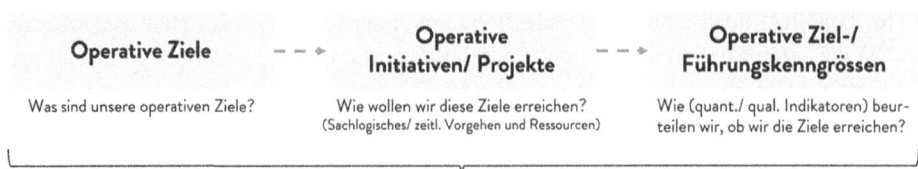

Operative Ziele		Operative Initiativen/ Projekte		Operative Ziel-/ Führungskenngrössen
Was sind unsere operativen Ziele?	– – ▸	Wie wollen wir diese Ziele erreichen? (Sachlogisches/ zeitl. Vorgehen und Ressourcen)	– – ▸	Wie (quant./ qual. Indikatoren) beurteilen wir, ob wir die Ziele erreichen?

Operatives Zielsystem

Abb. 3.20 Bestandteile des operativen Zielsystems

gesehenen Massnahmen auf zeit- und bereichsbezogene Ziele und Aktivitäten" (Ulrich und Fluri 1995, S. 134) dar.

Sind die strategischen Ziele einmal in operative Ziele heruntergebrochen, müssen in einem nächsten Schritt aus diesen Zielen operative Projekte definiert werden, mit deren Hilfe diese Ziele realisiert werden sollen. Auch die operativen Projekte gilt es hierbei in inhaltlicher, zeitlicher und ressourcentechnischer Hinsicht zu spezifizieren. So ist auch für jede operative Initiative festzulegen, welche wesentlichen Schritte in welcher Reihenfolge zu welchen Zeitpunkten zu ihrer Realisierung zu tätigen sind; des Weiteren muss der bei der Realisierung anfallende quantitative und qualitative Bedarf an finanziellen und nicht-finanziellen Ressourcen bestimmt, in Form von Geld bewertet und in Form eines entsprechenden Budgets abgebildet werden. Zudem sind die Projekte nicht nur in sich zu spezifizieren, sondern natürlich auch miteinander abzustimmen; es ist also festzulegen, wie die einzelnen operativen Projekte zur Erreichung der operativen Ziele beitragen und wie sie v. a. zeitlich ineinandergreifen.

Und zu guter Letzt müssen noch die nötigen quantitativen und qualitativen operativen Ziel- und Führungskenngrössen bestimmt werden, mit denen die Effizienz, Produktivität und Qualität der operativen Aktivitäten gemessen wird (z. B. finanzielle Zielgrössen, Auslastungszielgrössen, Prozesskenngrössen).

3.2.1.1.4 Zusammenfassung

Der Managementaufgabe „Zielbestimmung" hat im Wesentlichen dafür zu sorgen, dass ein Unternehmen Ziele besitzt. Denn ohne Ziele ist effektives Handeln nicht möglich. Es ist nicht so, dass Handeln ohne Ziel und Zweck nichts erreicht; es wird auch so irgendwann etwas erreicht, nur kann – wie der folgende kurze Dialog von Alice mit der „Cheshire Cat" in Lewis Carrolls Buch „Alice's Adventures in Wonderland" exemplarisch zeigt – dieses etwas eben alles sein…

> „Cheshire Puss,' she began, rather timidly, as she did not at all know whether it would like the name […]. ‚Would you tell me, please, which way I ought to go from here?'
> ‚That depends a good deal on where you want to get to,' said the Cat.
> ‚I don't much care where –' said Alice.
> ‚Then it doesn't matter which way you go,' said the Cat.
> ‚– so long as I get somewhere,' Alice added as an explanation.

‚Oh, you're sure to do that,' said the Cat, ‚if you only walk long enough.'" (Carroll 1867, S. 89 f.)

Es ist also wichtig, dass Unternehmen Ziele besitzen, damit dieser ihr Handeln leiten können. Entsprechend besteht der Kerngehalt der Aufgabe „Zielbestimmung" zuvorderst in der

1) Festlegung bzw. Bestimmung eines gemeinsamen, d. h. von allen Elementen des Systems „Unternehmen" geteilten, widerspruchsfreien Zielsystems, welches primär aus einer Mehrzahl von messbaren Einzelzielen mit unterschiedlichem Zeithorizont und Abstraktionsgrad besteht.

Während das normative Zielsystem aus der Vision, Mission und Unternehmens- bzw. Managementphilosophie des Unternehmens besteht, umfassen das strategische und operative Zielsystem neben den operativen Zielen und den im Geschäftsmodell zusammengefassten strategischen Zielen noch weitere zielkonkretisierende Elemente.

Ziele können nur insofern handlungsleitend sein, als sie ausreichend operationalisiert sind. Unternehmen brauchen nicht einfach Ziele, sondern präzise und praktisch brauchbare Ziele. Entsprechend muss für jedes Ziel nicht nur definiert werden, was zu erreichen ist, sondern auch wie, in welchem Ausmass, bis wann, wo, mithilfe welcher Mittel und von wem das Ziel zu erreichen ist. Neben ihren eigentlichen Zielen umfassen das strategische und operative Zielsystem eines Unternehmens entsprechend dreierlei weitere Festlegungen:

2) Festlegung des sachlogischen und zeitlichen Vorgehens bei der Realisierung dieser Ziele,

3) Festlegung der zur Realisierung dieser Ziele nötigen Mittel bzw. Ressourcen[40], und

---

[40]Unter „Ressourcen" sind hierbei Handlungsermöglichungen bzw. -voraussetzungen zu verstehen; alles, ohne das unternehmerisches Handeln nicht möglich ist, stellt eine Ressource für das Unternehmen dar: „Ressourcen sind Voraussetzungen, die für die Erbringung einer organisationalen Wertschöpfung zeitüberdauernd erforderlich sind und daher zuverlässig verfügbar sein müssen." (Rüegg-Stürm und Grand 2019, S. 214; 154) Ressourcen durch die Interaktion mit Stakeholdern zu beschaffen ist jedoch nur ein erster Schritt; denn Ressourcen entfalten ihre Wirkung im Verbund und durch konkreten und kompetenten Gebrauch. Ressourcen müssen deswegen zu einer sog. „organisationsspezifischen Ressourcenkonfiguration" (vgl. Fussnote 33) zusammengefügt und durch entsprechende Kompetenzen wirksam gemacht bzw. ausgeschöpft werden.

Ressourcen sind „beispielsweise finanzielle Mittel, technologische Infrastrukturen, Herstellungsverfahren, Wissensstrukturen, Kunden-Communities, Mitarbeitende und deren Fähigkeiten, rechtliche Rahmenbedingungen, Reputation und Vertrauen" (Rüegg-Stürm und Grand 2015, S. 66). Diese Liste liesse sich problemlos weiter ergänzen, z. B. um strategische Partnerschaften.

Für eine typisierende Zusammenstellung materieller und immaterieller Ressourcen von Unternehmen siehe auch Waser und Peter (2016, S. 50) sowie Lombriser und Abplanalp (2015, S. 158 (Abb. 4.2)).

4) Festlegung geeigneter und präziser quantitativer und/oder qualitativer Ziel-/Führungs-
kenngrössen, anhand derer (z. B. am Ende der nächsten Periode) festgestellt werden kann,
ob man ein bestimmtes Ziel erreicht hat bzw. dem Ziel nähergekommen ist oder nicht.

Das Gesamtzielsystem eines Unternehmens setzt sich somit aus drei hierarchisch
gegliederten Bestandteilen zusammen (vgl. Abb. 3.21).

Das normative und das strategische Zielsystem werden grundsätzlich auf Ebene
des Gesamtunternehmens definiert und entfalten Geltung für das gesamte Unternehmen und alle seine Subsysteme. Ausser bei kleinen Unternehmen wird auf dieser
Ebene aber üblicherweise nicht auch das operative Zielsystem festgelegt; diese Aufgabe obliegt nachgeordneten Unternehmensstufen, also den Subsystemen erster, zweiter
oder n-ter Ordnung. Allerdings ist zu beobachten, dass vor allem in grösseren divisional
organisierten Unternehmen die Subsysteme erster Ordnung – die sog. „Divisionen" –
innerhalb des Rahmens, der ihnen durch das normative und strategische Zielsystem des
Unternehmens gesetzt ist, ein eigenes strategisches Zielsystem entwickeln. Dieses hat
allerdings keinen Bindungscharakter für das Gesamtunternehmen. Je nach Grösse des
Unternehmens wird dann auf Stufe der Subsysteme erster Ordnung oder nachgelagerten
Subsystemstufen das strategische Zielsystem in das operative Zielsystem heruntergebrochen und so die Grundlage für die Handlungsfähigkeit des Unternehmens gelegt
(vgl. Abb. 3.22).

Was das Entwickeln von Zielen angeht, so finden sich bei Malik (2006, S. 176 ff.;
2003, S. 184 ff.) eine Reihe von Empfehlungen: Grundsätzlich ist es besser, wenige, dafür
aber grössere Ziele zu definieren. Ziele sollten ins Gewicht fallen, d. h. es sollte etwas
bedeuten, wenn sie erreicht werden. Da das Formulieren guter Ziele Zeit in Anspruch
nimmt, sollte man sich diese Zeit auch nehmen. Gerade in schwierigen Unternehmens-
lagen mag dies etwas paradox klingen, aber die für diese Situationen festzulegenden Ziele
müssen nicht unbedingt schnell bestimmt werden, sondern vor allem kurzfristiger Natur
sein. „Wenn du es eilig hast, gehe langsam. Wenn du es noch eiliger hast, mache einen
Umweg." Diese Lebensweisheit ist also auch in solchen Fällen zu bedenken.

Da die in einem Zielsystem versammelten Ziele selten alle auf einmal erreicht
werden können, müssen die Ziele – z. B. mithilfe der sog. „Eisenhower-Matrix" –
vor dem Hintergrund ihrer Wichtigkeit und Dringlichkeit priorisiert, andere dafür
posteriorisiert werden. Nur so können die knappen Ressourcen sinnvoll alloziert werden.
Nachrangige Ziele verdienen nicht die gleiche Aufmerksamkeit wie vorrangige Ziele.

Des Weiteren müssen Ziele nicht immer ein Tun beinhalten; sie können auch in einem
Unterlassen bestehen bzw. ein Unterlassen erfordern: Etwas nicht (mehr) zu tun ist
genau so ein Ziel, wie etwas weiter oder zusätzlich zu tun. Wirksame Ziele sind immer
persönliche Ziele. Die Verantwortung der Zielerreichung sollte individualisiert sein:
Hinter jedem Ziel sollte der Name einer für dieses Ziel verantwortlichen Person, nicht
der einer Gruppe stehen – wobei die entsprechende Person für die Realisierung des Ziels
natürlich durchaus auf andere Personen zurückgreifen kann. Um das Verantwortungs-
bewusstsein zu erhöhen, sollten die den Personen zugeordneten Ziele jeweils mit diesen

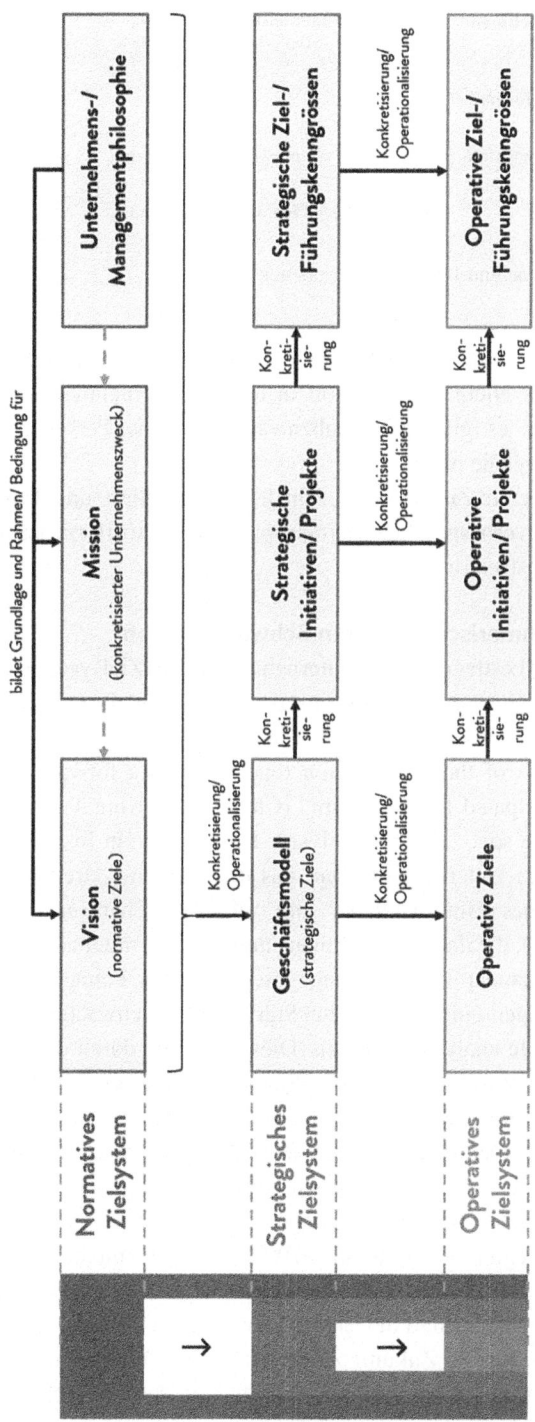

Abb. 3.21 Bestandteile des Zielsystems eines Unternehmens

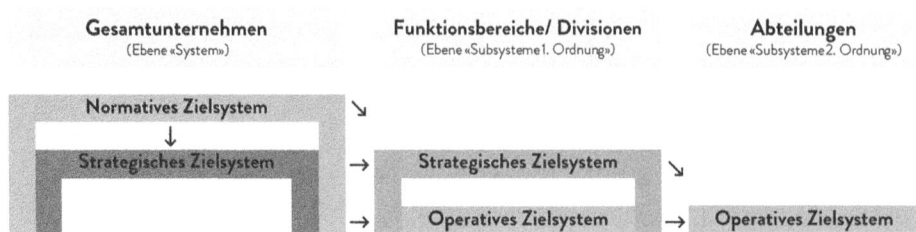

Abb. 3.22 Zielsysteme und Unternehmensebenen

vereinbart, d. h. abgestimmt und bestenfalls gemeinsam entwickelt, und nicht einfach
vorgegeben werden. Nicht jeder Person in einem Unternehmen muss jedoch ein Ziel
zugeordnet werden; es gilt jeweils abzuwägen, welche Personen Zielverantwortung
tragen sollten und welche nicht.

Und zu guter Letzt: Ziele sollten schriftlich formuliert und festgehalten sein. Sie
können und sollen vorbesprochen werden, aber die Schriftform ist und bleibt präziser
und vor allem rekonstruierbarer.

3.2.1.1.5 Unternehmerisches Stärken-Schwächen-Profil

Grundlage für die Festlegung des unternehmerischen Zielsystems ist eine belastbare
Informationsbasis. Gute Ziele bedürfen der Auseinandersetzung mit den Gegebenheiten innerhalb und ausserhalb des Unternehmens. Es bedarf eines „critical assessment
of the current status of the organization together with a forward look at the environment which is anticipated for the future" (Cleland und King 1972, S. 271). Bei diesem
Assessment hilft die sog. „SWOT-Analyse". Diese stellt ein Instrument zur Analyse der
In- und Umwelt des Unternehmens dar, das die Stärken („strenghts") und Schwächen
(„weaknesses") eines Unternehmens und mit den Chancen („opportunities") und
Gefahren („threats"), die das Unternehmensumfeld birgt, miteinander in Beziehung setzt.

Bevor sie miteinander in Beziehung gesetzt werden können, müssen die Chancen
und Gefahren auf der einen sowie die Stärken und Schwächen eines Unternehmens
auf der anderen Seite analysiert werden. Dies geschieht durch die Erstellung eines sog.
„Chancen-Gefahren-Profils" und eines „Stärken-Schwächen-Profils". Um diese Profile
erstellen zu können, muss jedoch zunächst festgelegt werden, wofür die SWOT-Analyse
erstellt werden soll. Der Fokus einer SWOT-Analyse kann auf ganzen Unternehmen,
Divisionen innerhalb von Unternehmen, aber auch den von einem Unternehmen
angebotenen Produkten und Dienstleistungen liegen.

Üblicherweise beginnt man für die SWOT-Analyse mit der Analyse der Chancen
und Gefahren, denen sich ein Unternehmen gegenübersieht. Diese Analyse nimmt die
Umwelt des Unternehmens und die Entwicklungen in den Blick, die in den Teilbereichen
der Umweltsphären für die Zukunft zu erwarten sind. Wie bei der Analyse dieser Entwicklungen und der darauf basierenden Erstellungen des Chancen-Gefahren-Profils vor-
zugehen ist, wird weiter unten in Kap. 5.2 erläutert.

Ist das Chancen-Gefahren-Profil erstellt, können in einem nächsten Schritt die Stärken und Schwächen des Unternehmens in den Fokus genommen werden. Wenn im Zusammenhang mit der SWOT-Analyse von Stärken und Schwächen die Rede ist, so ist zu berücksichtigen, dass es sich immer um *relative* Stärken und Schwächen handelt. Ein Unternehmen besitzt dann eine Stärke bzw. eine Schwäche, wenn es hinsichtlich eines Vergleichskriteriums besser bzw. schlechter abschneidet als seine Konkurrenz. Aus diesen Bemerkungen wird bereits ersichtlich, was es für die Erstellung eines Stärken-Schwächen-Profils bedarf. Es müssen Vergleichskriterien begründet festgelegt und die relevanten Konkurrenten identifiziert werden, bevor dann die eigentliche Beurteilung der Stärken und Schwächen vorgenommen werden kann.

- Die Stärken-Schwächen-Analyse auf Unternehmensebene nimmt hierbei v. a. Unternehmensfunktionen, Leistungsprozessketten, strategische Fähigkeiten/Kernkompetenzen, Ressourcen, Marktanteile, Gewinnsituation, Kostenstruktur und Finanzkraft in den Blick (vgl. Abb. 3.23).

Kriterien \ Wettbewerber	Konkurrent A	Konkurrent B	Konkurrent ...
Erkennbare Strategie • Produkt- und Preispolitik • Marktstrategie • wichtige Investitionen • Konzernstrategie • Ziele (Wachstum, Rentabilität)			
Umsatz/ Trend • insgesamt • pro Produktgruppe			
Marktanteil/ Trend • insgesamt • pro Produktgruppe			
Gewinnsituation			
Kostenstruktur			
Finanzkraft			
Fähigkeiten in relevanten Bereichen • Produkte • Funktionsbereiche (Produktion (inkl. Kapazitäten), Forschung & Entwicklung, Absatz & Verkauf, Technischer Service, Marketing, Personal, Finanzen, Informatik, ...) • Managementsystem (Planung und Planungssysteme, Organisation, Führung, Kontrolle)			
Zugang zu Ressourcen			

Abb. 3.23 Checkliste zur Konkurrentenanalyse. (Eigene Darstellung auf Basis von Lombriser und Abplanalp 2015, S. 132; Mintzberg et al. 2009, S. 31)

Vergleichskriterium		Konkurrent(en)		Beurteilung der relativen Stärke/ Schwäche des Unternehmens im Hinblick auf Vergleichskriterium	Begründung für Beurteilung
Bezeichnung	Begründung für Wahl	Name	Gewichtung		
1. ...		...		Stärke ⟵———┼———⟶ Schwäche	
		...		Stärke ⟵———┼———⟶ Schwäche	
2. ...		...		Stärke ⟵———┼———⟶ Schwäche	
		...		Stärke ⟵———┼———⟶ Schwäche	
... ...		...		Stärke ⟵———┼———⟶ Schwäche	
		...		Stärke ⟵———┼———⟶ Schwäche	

Abb. 3.24 Tabelle zur strukturierten Ermittlung der relativen Stärken und Schwächen eines Unternehmens („Stärken-Schwächen-Profil")

- Auf der Ebene der Marketinganalyse, d. h. wenn Produkte oder Dienstleistungen im Fokus stehen, geht es um die Beurteilung der betreffenden Marktleistung anhand konkreter Vergleichsgrössen wie Nutzendimensionen, Kaufkriterien und Konzeptionsebenen der Marktleistung oder um Stärken/Schwächen in Bezug auf die Erreichung von Marketingzielen.

Nach der Auswahl der relevanten Vergleichskriterien kann die Stärken-Schwächen-Analyse mithilfe der nachstehenden Tabelle strukturiert und durchgeführt werden (vgl. Abb. 3.24).

Sind Stärken-Schwächen- sowie Chancen-Gefahren-Profil erstellt, werden in einem letzten Schritt die im Rahmen dieser Analysen gewonnenen Erkenntnisse in der eigentlichen SWOT-Analyse zusammengeführt (vgl. Abb. 3.25).

Der genuine Nutzen der SWOT-Analyse entfaltet sich dadurch, dass die identifizierten Stärken und Schwächen jeweils mit den identifizierten Chancen und Gefahren kombiniert werden und für jede Kombination gefragt wird, welche Herausforderungen und Handlungsfelder sich aus der Kombination konkret ergeben. Die SWOT-Analyse besteht also nicht einfach in einer summarischen Auflistung der Stärken und Schwächen sowie Chancen und Gefahren in einer Vierfeldermatrix, sondern in der dezidierten gedanklichen Kombination dieser vier Elemente und im Durchdenken der sich aus dieser Kombination ergebenden Konsequenzen.

3.2.1.2 Organisieren

Wie weiter oben erwähnt, kann die Zweckerfüllung eines Systems über die direkte oder indirekte Beeinflussung des Verhaltens der Elemente eines Systems sichergestellt werden. Zweiteres geschieht über die Etablierung von Regeln, die in ihrer Gesamtheit die Rahmenbedingungen des arbeitsteiligen Handelns der Systemelemente darstellen und

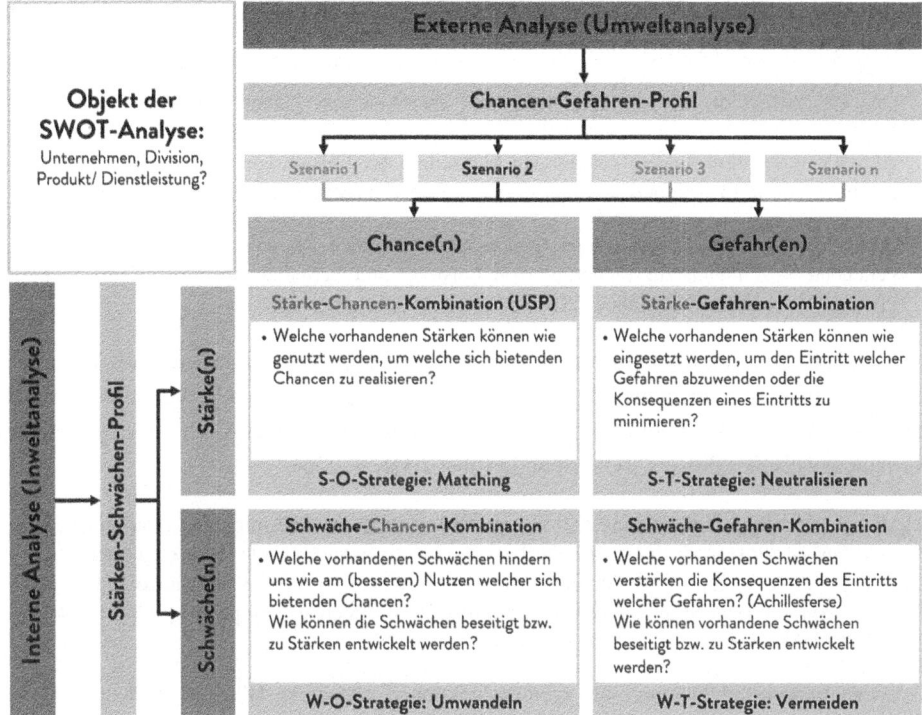

Abb. 3.25 SWOT-Analyse

damit ihren Handlungsspielraum und ihre Handlungsfähigkeit determinieren. Indirekte Verhaltensbeeinflussung vollzieht sich wesentlich über das Schaffen und das adaptive Aufrechterhalten von Ordnung, welche sich durch „allgemeine Regeln, die die Verhaltensmöglichkeiten begrenzen" (Ulrich 2001g, S. 265), konstituiert.

Auf der Zweck- und Zielbestimmung aufbauend und sich an dieser orientierend bedarf es somit der gestaltenden Schaffung einer zweck- und zielentsprechenden Ordnung. Und hierin besteht der Kern der Managementaufgabe *„Organisieren"*, nämlich im „Formalisieren (formales Regeln) von Verhaltenserwartungen" (Ulrich und Fluri 1995, S. 161) – Organisieren hat es im Kern mit dem Schaffen von Verhaltensregeln zu tun, mit dem Ziel der Gestaltung eines zweck- und zielentsprechend handlungs**fähig** geordneten Systems.

Das Ergebnis des formalen Regelns des von den Mitgliedern des Unternehmens erwarteten Verhaltens wird als „Organisation" (auch: „Organisationsstruktur") bezeichnet. Als „durch Regeln geschaffene Ordnung eines sozialen Systems" (Steinmann und Schreyögg 2005, S. 439) bzw. als „deliberate and systematic structure that defines and limits the behaviour of its members" (Robbins et al. 2013, S. 5) umfasst die „Organisation" eines Unternehmens somit.

> „die Gesamtheit der auf die Erreichung von Zwecken und Zielen gerichteten formalen Regelungen […], durch die ein solches soziotechnisches System strukturiert wird und die Aktivitäten der zum System gehörenden Menschen, der Einsatz von Mitteln und die Verarbeitung von Informationen geordnet werden." (Ulrich und Fluri 1995, S. 171; vgl. 282)

> „Unter der formalen Struktur einer Organisation verstehen wir zunächst ein System von geltenden Regelungen zur Steuerung von Leistung und Verhalten der Organisationsmitglieder." (Kieser und Walgenbach 2010, S. 21)

Die Organisation eines Unternehmens besteht somit in der Gesamtheit der das Verhalten seiner Mitglieder ordnenden Regeln, die „die potenziell sehr grosse Verhaltensvarietät eines aus vielen selbst komplexen Elementen bestehenden Systems auf zweckgerichtete Verhaltensweisen reduziert" (Ulrich und Probst 2001, S. 255).[41]

> „People in a group undertaking will always find work to do. The important requirement is that they perform work that will contribute to objectives and not the work they happen to want to do. Management organizing is the work a manager performs to arrange and relate the work to be done so that it can be performed most effectively by people." (Allen 1964, S. 162 f., 70, 173)

> „Organisation und Führung sind Leitungsfunktionen, mit deren Hilfe das Verhalten der Systemmitglieder so strukturiert und koordiniert wird, dass die in der Unternehmungspolitik umrissenen und in der Planung konkretisierten Ziele und Massnahmen realisiert werden können." (Ulrich und Fluri 1995, S. 161)

So hilfreich diese ersten Darlegungen sind, um zu verstehen, was eine Organisation ist, so wenig sagen sie noch über den konkreten Inhalt der Managemenaufgabe „Organisieren" aus. Welche Festlegungen müssen denn konkret getroffen werden, um ein Unternehmen zu organisieren?

Um diese Frage beantworten zu können, muss man sich vor Augen führen, dass der Zweck und die Ziele des sozio-technischen Systems „Unternehmen" nur durch eine Vielzahl zusammenhängender arbeitsteiliger Aktivitäten vieler verschiedener Systemelemente erreicht werden. Es ist die Organisation, die als Ordnung der Systemelemente und ihrer Beziehungen eine auf die Erfüllung von Mission und Vision ausgerichtete arbeitsteilige Zusammenarbeit der Systemelemente ermöglicht:

---

[41]Da jedes System und damit auch das System „Unternehmen" per definitionem eine Organisation besitzen, werden sie – wie bereits in FN 9 erwähnt – nicht selten auch als Organisationen bezeichnet bzw. die Begriffe „Unternehmen", „System" und „Organisation" synonym verwendet werden. Ein Unternehmen hat und ist eine Organisation.

Was lernen wir aus der Managementliteratur?

„,To organize' means ,To arrange the parts so that the whole shall act as one body.' ,The organization' of a business is an arrangement of the people in it so that they shall act as one body." (Puckey 1945, S. 44)

„Organization is a mechanism or structure that enables living things to work effectively together." (Allen 1958, S. 52; 57)

„The organization […] is not an end in itself. Organization, properly designed, can help improve teamwork and productivity by providing a framework within which people can work together most effectively." (Allen 1958, S. 273)

„Organisieren ist das Gestalten des Wirksystems durch strukturelle Regelungen bezüglich des Zusammenwirkens von Menschen und Sachmitteln untereinander und miteinander, um günstige Voraussetzungen für die Zielerreichung zu schaffen." (Hub 1982, S. 94)

„Organzing is structuring working relationships so organizational members interact and cooperate to achieve organizational goals." (Jones und George 2017, S. 10)

Die Organisation eines Unternehmens soll es den Mitgliedern des Unternehmens erleichtern, gemeinsam Leistung zu erbringen, d. h. arbeitsteilig im Sinne von Mission und Vision des Unternehmens Kundennutzen zu stiften. Wo zwei oder mehr Personen durch gemeinsame arbeitsteilige Tätigkeit ein Ziel realisieren wollen, dort bedarf es „organizational thought": „Wherever two or more people are gathered together there is a nucleus for its application." (Puckey 1945, S. 44) Organisieren ist somit immer Mittel zum Zweck zur Erfüllung dieser Gesamtaufgabe, nicht Selbstzweck.

Um sich eine Organisation zu geben, muss ein Unternehmen eine Reihe von Festlegungen treffen, die das arbeitsteilige Zusammenwirken seiner Elemente regeln (vgl. Abb. 3.26). Ausgangspunkt der hierzu nötigen Überlegungen ist immer die Gesamtaufgabe des Unternehmens, wie sie in dessen Mission und Vision sowie den sich aus diesen ableitenden normativen, strategischen und operativen Zielsystemen beschrieben ist. Diese Gesamtaufgabe gilt es in einem ersten Schritt, der sog. „Differenzierung" (auch: Analyse; „division of work"), zu analysieren sowie auf Elementaraufgaben und Elementararbeiten herunterzubrechen.

Mit der Differenzierung allein ist es jedoch noch nicht getan. Zusätzlich und im Nachgang zur Differenzierung bedarf es der „Integration" (auch: Synthese; Koordination). Im Rahmen der Integration werden a) die Elementaraufgaben zu Stellen und Abteilungen zusammengefasst sowie in hierarchische Beziehung gesetzt, und b) die Elementararbeiten in personale, zeitliche und räumliche Beziehung gesetzt und so ein die Gesamtaufgabe realisierender Gesamtprozess gebildet.

Das Ergebnis der Integration der Elementaraufgaben und -arbeiten zum Ganzen der unternehmerischen Tätigkeit ist zum einen die sog. *„Aufbauorganisation"* und

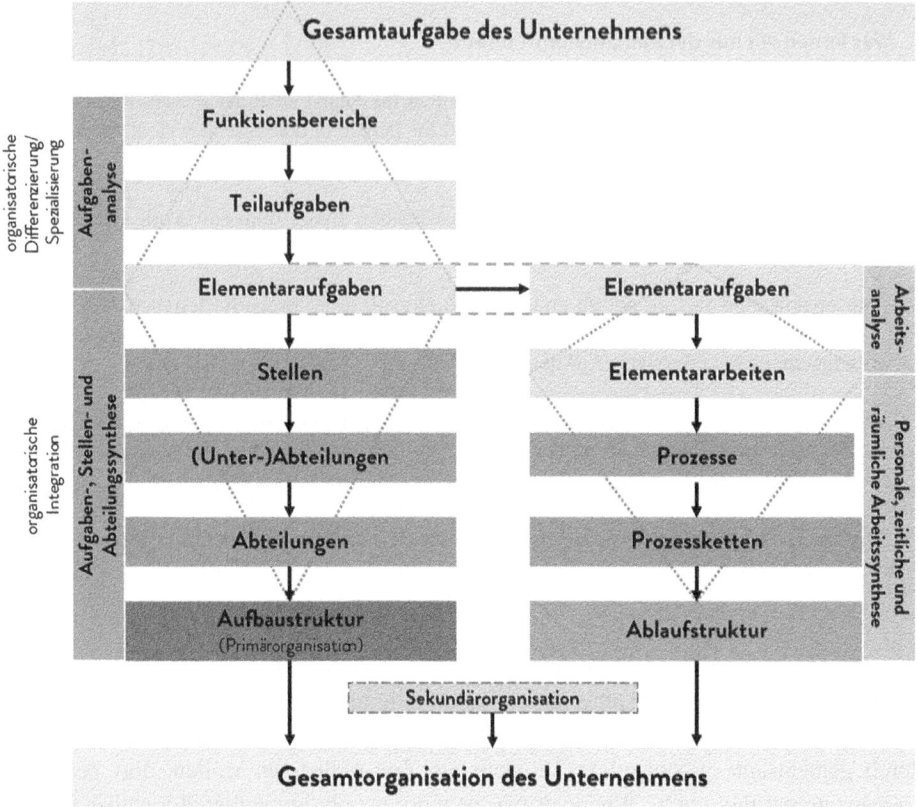

Abb. 3.26 Von der Gesamtaufgabe zur (Gesamt-)Organisation

zum anderen die sog. *„Ablauforganisation"* des Unternehmens. Während die Aufbauorganisation ein statisches Abbild der Tätigkeit des Unternehmens und „durch
eine bestimmte gegenseitige Anordnung der Elemente und durch Art und Anzahl von
Beziehungen zwischen den Elementen" (Ulrich 2001a, S. 198) gekennzeichnet ist,
betrachtet die Aufbauorganisation die Tätigkeit des Unternehmens in dynamisierter
Form, d. h. erfasst das personale, zeitliche und räumliche Zusammenspiel der Einzelaktivitäten, die in der Aufbauorganisation stattfinden.

> „Die formale Betrachtung der Strukturverhältnisse in der Unternehmung findet ihren
> besonderen Ausdruck in der Unterscheidung zweier real verbundener Seiten des einen Tat-
> bestandes Organisation. Die Strukturierung erstreckt sich einerseits auf den Aufbau der
> Unternehmung als Gebilde und Beziehungszusammenhang, anderseits auf den Ablauf des
> Geschehens in der Unternehmung als Arbeitsprozeß." (Kosiol 1976, S. 32)

> „Unternehmensführung ist die zielgerechte Lenkung, Gestaltung und Entwicklung von
> Strukturen und Prozessen." (Schwaninger 1994, S. 15)

Die Unterscheidung zwischen Aufbau- und Ablauforganisation als strukturell-hierarchische Ordnung der Beziehungen der Elemente auf der einen Seite und als prozessuale Ordnung der Beziehung der Elemente auf der anderen Seite ist eine hilfreiche gedankliche Abstraktion. In der unternehmerischen Realität ist eine isolierte Betrachung von Ablauf- und Aufbauorganisation jedoch nicht möglich, da sie ineinandergreifen und sich gegenseitig bedingen.

Die Kernaufgabe des Organisierens besteht – wie bereits vorgängig erwähnt – in der Gestaltung eines zweck- und zielentsprechend handlungs**fähig** geordneten Systems. Um dies zu bewerkstelligen, bedarf es jedoch nicht nur der Bestimmung der Ordnung der Elemente und ihrer Beziehungen. Darüber hinaus müssen zudem die im Rahmen der Zielbestimmung als nötig definierten Ressourcen aus der Umwelt des Unternehmens verfügbar gemacht werden; in diesem Zusammenhang gilt es also „bestimmte Menschen und ‚Dinge' aus der Umwelt auszuwählen und sie zu Komponenten des Systems zu machen" (Ulrich und Probst 2001, S. 254; vgl. Cleland und King 1972, S. 136).

Wenn wir das bisher Gesagte zusammenfassen, so können wir somit festhalten, dass der Kerngehalt der Aufgabe „Organisieren" somit darin besteht,

1) eine zweck- und zielentsprechende Aufbau- und Ablauforganisation des Unternehmens zu entwerfen sowie
2) das im Rahmen der Zielbestimmung als zur Zweck- und Zielrealisierung nötig erachtete Leistungspotential aus der Umwelt des Unternehmens verfügbar und zu Elementen des Systems zu machen.

3.2.1.2.1 Aufbauorganisation

Wenn in klassischen Managementwerken von „Organisieren" die Rede ist, dann ist damit in den meisten Fällen die Aufgabe des Ausgestaltens der Aufbauorganisation des Unternehmens gemeint. Diese umfasst ja, wie oben erwähnt, das analytische Herunterbrechen der unternehmerischen Gesamtaufgabe auf die zu deren Erfüllung nötigen Elementaraufgaben sowie die integrierende Zusammenfassung dieser Elementaraufgaben zu organisatorischen Einheiten (Stellen, Abteilungen, Gesamtunternehmen) und damit zur Aufbauorganisation des Unternehmens:

Was lernen wir aus der Managementliteratur?

Urwick (1943, S. 36) umschreibt die Aufgabe „Organiseren" als „**determining what activities are necessary** to any purpose (or ‚plan') **and arranging them in groups** which may be assigned to individuals".

„The foundation of an organisation structure is the descriptive definition of the responsibilities that are to be undertaken." (Brech 1953, S. 25; 40)

„Knowing what work must be done and seeing to it that the proper people do it are a basic requirement for efficient performance. Developing organization structure is the work a manager does to **identify and group the work to be performed.**" (Allen 1964, S. 70, vgl. 1964, S. 163, 174; 1958, S. 57)

„In organizing, the **manager determines, with his team, the total work** that has to be done in order to reach the over-all objectives that have been established. **Drawing upon the advice of his group, he decides what positions have to be created, and what should be done by each person in each of these positions.** Working with his own superior and with other groups, he arranges and relates the jobs that have been created to form streamlined, balanced positions, units, divisions, departments, and other organizational components." (Allen 1964, S. 164)

„The organization is not the people of the company but, rather, the arrangement and relationship of the work to be done by people" (Allen 1964, S. 166)

„Entsprechend der Mehrstufigkeit und Vielschichtigkeit der meisten Leistungserstellungsprozesse ist die Gesamtaufgabe eines Unternehmens in mehreren Stufen zu gliedern. D. h. daß die aus einer Gliederung der Gesamtaufgabe hervorgehenden Teilaufgaben u. U. ihrerseits jeweils wieder in Teilaufgaben zu gliedern sind." (Hub 1982, S. 97)

„Die durch die Unternehmung **zu erfüllenden Aufgaben müssen in Teilaufgaben zerlegt werden** und diese Teilaufgaben verschiedenen Aufgabenträgern zugeordnet werden: Differenzierung." (Ulrich und Fluri 1995, S. 171)

„Hier stellt sich die Frage nach der **zielwirksamsten** art- und mengenmäßigen **Zerlegung der Gesamtaufgabe** in Teilaufgaben und nach der Bildung leistungsfähiger Organisationseinheiten." (Vahs 2009, S. 51)

„Spezialisierung bzw. Differenzierung umfasst sowohl die **Verteilung von Aufgaben bzw. Arbeiten** (Pflichten, Lasten, Verantwortung) als auch die Zuweisung der organisatorischen Kompetenzen." (Dilerup und Stoi 2013, S. 445)

„Organisieren bedeutet, die **Gesamtaufgabe** des Unternehmens, die von Menschen und Maschinen arbeitsteilig erfüllt werden muss, sinnvoll **in Teilaufgaben zu gliedern und diese zueinander in Beziehung zu setzen,** damit die Ziele des Unternehmens optimal erreicht werden." (Thommen et al. 2017, S. 434; vgl. Thommen 2002, S. 184)

„Die Struktur einer Organisation umfasst formale Festlegungen und damit verbundene Vorstellungen, wie die organisationsinterne Arbeitsteilung strukturiert werden soll [...]." (Rüegg-Stürm und Grand 2019, S. 85)

Im Rahmen der *Aufgabenanalyse* wird die unternehmerische Gesamtaufgabe systematisch in die Unter- bzw. Teil- und schlussendlich in die Elementaraufgaben zerlegt, die in ihrer Gesamtheit erfüllt werden müssen, damit die Gesamtaufgabe erfüllt wird. Diese Zerlegung geschieht solange, bis die Aufgaben „nicht weiter zerlegbar sind oder in der anschließenden Arbeitssynthese ohnehin wieder zusammengefasst werden müssten und deshalb eine weitere Zerlegung nicht sinnvoll wäre" (Thommen et al. 2017, S. 438; vgl. Kosiol 1976, S. 47).

Das Unternehmen sollte hier bei darauf achten, dass alle von ihm erbrachten Teilaufgaben auch wirklich zur Erfüllung der Gesamtaufgabe beitragen:

> „The organization as a whole exists for the purpose of accomplishing predetermined objectives. All work done in the organization should be dedicated to this end; if it does not contribute to objectives, the work is not necessary and should not be performed. […] A sound statement of objectives will in itself identify the major kinds of work to be performed and hence the primary line activities of the company." (Allen 1958, S. 72)

Während eine Elementaraufgabe eine letzte Teilaufgabe bzw. Unteraufgabe niedrigster Ordnung ist, wird unter dem Begriff „Aufgabe" allgemein gesprochen eine Soll-Leistung verstanden, welche üblicherweise aus mehreren Aktivitäten besteht, durch die ein vorgegebenes Ziel erreicht werden soll:

Was lernen wir aus der Managementliteratur?

„Unter Aufgaben sind Zielsetzungen für zweckbezogene menschliche Handlungen – Handlungsziele – zu verstehen. Sie stellen ein gesetztes (aufgegebenes) Soll dar, das zu verwirklichen ist. Jede Aufgabe2) ist daher als Aufforderung, als zu erfüllender Anspruch an Menschen gerichtet." (Kosiol 1976, S. 41)

„**Aufgaben** enthalten eine **Aufforderung**, eine **Zustands- oder Lageveränderung** von Objekten durch Verrichtungen über Aktionen oder Arbeiten **vorzunehmen.** Ziele sind immer ergebnisorientiert: Was ist zu erreichen? Aufgaben sind tätigkeitsorientiert: Was ist an einem Objekt zu tun, um ein bestimmtes Ziel zu erreichen?" (Bleicher 1991, S. 35)

„Die dauerhaft wirksame **Verpflichtung, bestimmte Tätigkeiten auszuführen**, um ein definiertes Ziel zu erreichen (Erbringung einer Soll-Leistung), wird als **Aufgabe** bezeichnet." (Vahs 2009, S. 52).

„Unter einer **Aufgabe** ist bei statischer Betrachtung eine **bestimmte Soll-Leistung** zu verstehen. Bei einer dynamischen Sichtweise werden zusätzlich die Aktivitäten einbezogen, die zur Erfüllung dieser Soll-Leistung durchgeführt werden müssen." (Thommen et al. 2017, S. 436; vgl. Thommen 2002, S. 188)

Am Ende der Aufgabenanalyse sollte eine Auslegeordnung stehen, die alle Elementaraufgaben umfasst, in welche sich die Gesamtaufgabe logischerweise untergliedert. Für die Wahl der richtigen Abstraktionsebene hinsichtlich der Abgrenzung zwischen Elementaraufgabe und Aktivität gibt es leider keine allgemeingültige Regel.

Ein Instrument der Aufgabenanalyse ist der sog. *„Aufgabengliederungsplan".* Dieser stellt eine Aufgabenübersicht dar, die einen systematischen Überblick über die Struktur einer Gesamtaufgabe gibt. Er zeigt in Form einer hierarchisch gegliederten Liste oder eines Baumdiagramms (vgl. Abb. 3.27) die Teilaufgaben, in die sich eine Gesamtaufgabe untergliedern lässt. Der Aufgabengliederungsplan nimmt hierbei eine rein aufgabenorientierte Sichtweise ein und macht noch keine Aussage darüber, wer die jeweiligen Aufgaben wann, wo und womit zu erfüllen hat.

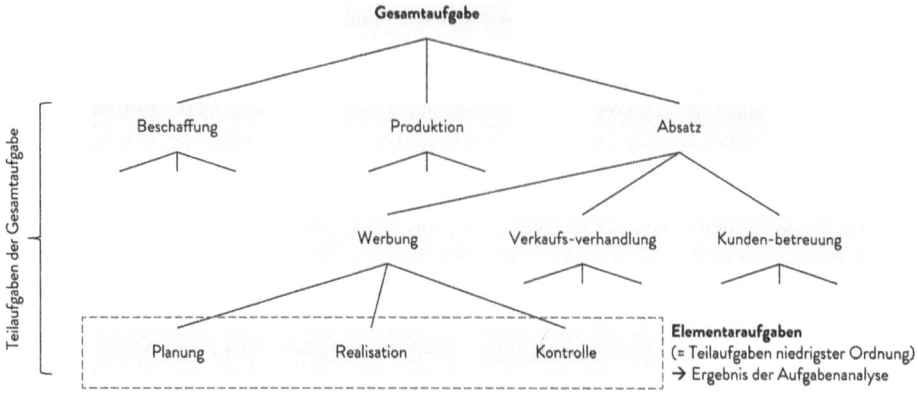

Abb. 3.27 Aufgabengliederungsbaum als Ergebnis der Aufgabenanalyse

Stellensynthese

Der Aufgabenanalyse folgt mit der Stellensynthese der erste Schritt der Aufgabensynthese (auch: „grouping"). Die Stellensynthese ist „the process of building balanced packages of work to accomplish objectives" (Allen 1958, S. 73):

> „In organizing, the manager must first identify the work that must be done to reach his objectives. The work must be divided into parcels that can be performed by single individuals." (Allen 1958, S. 56 f.)

> „Grouping is the process of arranging work to form positions, functions, and other organizational elements. To provide for most effective performance, closely related work should be grouped together. The problem in grouping is deciding what belongs with what." (Allen 1958, S. 73)

Die Stellensynthese „fasst die in der Aufgabenanalyse gewonnenen Teilaufgaben zu sinnvollen und verteilungsfähigen Aufgabenkomplexen zusammen" (Vahs 2009, S. 57), die dann einzelnen Mitgliedern der Organisation (Aufgabenträgern) zugeordnet werden.[42] Die Aufgabenkomplexe sind hierbei so zu bilden, dass sie hinsichtlich Umfang und Schwierigkeit der Aufgaben dauerhaft von einer Person übernommen werden können.

---

[42]Diese Zusammenfassung kann – wie z. B. Vahs (2009, S. 52; vgl. Kosiol 1976, S. 82) ausführt – anhand vom einem oder mehreren der folgenden Bestimmungsmerkmale einer Aufgabe geschehen: a) Was ist zu tun? (Verrichtungen/Tätigkeiten gleicher Art werden zu einem Aufgabenkomplex zusammengefasst; aufgabenbezogene Stellenbildung); b) Woran ist etwas zu tun? (Objekt/Gegenstand, an dem oder in Bezug auf das Tätigkeit ausübt wird); c) Womit ist etwas zu tun? (Sachmittel, die zur Ausführung der Aufgabe nötig sind (Hilfsmittel); sachmittelbezogene Stellenbildung); d) Wo ist etwas zu tun? (Ort, an dem Aufgabe erfüllt wird); e) Wann ist etwas zu tun? (Zeitpunkt/Zeitraum, die zur Erledigung notwendig ist); f) Wer bzw. was muss etwas tun? (Aufgabenkomplex wird auf vorgegebenen Stelleninhaber zugeschnitten (personenbezogene Stellenbildung).

Wenn für die Bearbeitung von Aufgabenkomplexen, die auch gut von einer Person erledigt werden könnten, immer – weil man eben so organisiert ist – mehrere Personen zusammenkommen müssen, um sich abzustimmen, ist man schlecht organisiert.

Diese Aufgabenkomplexe werden als „Stellen" bezeichnet und stellen die kleinste Organisationseinheit des Unternehmens dar:[43]

Was lernen wir aus der Managementliteratur?

„Unter einer Stelle soll der personenbezogene Aufgabenkomplex (Teilaufgabengesamt) verstanden werden, der vom Personenwechsel unabhängig ist." (Kosiol 1976, S. 89)

„Die Stelle ist die Kombination aus einem Aufgabenkomplex, der von einer Person (oder einer Gruppe) erfüllt werden kann, und den dazu notwendigen Kompetenzen und Verantwortlichkeiten." (Ulrich und Fluri 1995, S. 176)

„Stellen sind die kleinste eigenständig handelnde organisatorische Einheit. Sie sind auf Dauer angelegt. Die Aufgabeninhalte sind von einem durchschnittlich begabten Menschen (der dafür qualifiziert ist) zu bewältigen." (Jones und Bouncken 2008, S. 46)

„Sie ist das Grundelement (Basiselement) der Aufbauorganisation und entsteht durch die dauerhafte Zuordnung von Teilaufgaben auf eine oder mehrere gedachte Personen (personale Aufgabensynthese)." (Vahs 2009, S. 63)

„Eine Stelle ist eine organisatorische Einheit, der ein Aufgabenkomplex zugewiesen wird, der von einer qualifizierten Person unter normalen Umständen bewältigt werden kann." (Dillerup und Stoi 2013, S. 447)

„Eine Stelle ist die kleinste organisatorische Einheit eines Unternehmens. Sie setzt sich aus verschiedenen Teilaufgaben zusammen (z.B. Schreiben, Telephonieren, Daten eingeben), die einen bestimmten Aufgabenkomplex bilden (z.B. Sekretariatsarbeiten)." (Thommen et al. 2017, S. 436; vgl. Thommen 2002, S. 189)

Eine Stelle ist eine Organisationseinheit, die auf einen nach einem bestimmten Merkmal gebildeten Aufgabenkomplex spezialisiert ist. Eine saubere Aufgabenanalyse erlaubt es Unternehmen, „(to) parcel out the entire complex work effort to be performed by specialists, resulting in greater efficiency" (Kinicki und Williams 2013, S. 241). Das Instrument der *„Aufgaben-Checkliste"* ist ein Hilfsmittel zur tabellarischen Darstellung der Kombination von Aufgabenkomplex und Stelle: Sie „listet diejenigen Aufgaben auf, die einer Stelle übertragen sind und enthält u. U. Angaben über Termine sowie Bearbeitungshinweise" (Hub 1982, S. 100).

---

[43]Auch wenn die Begriffe in der Umgangssprache eine gewisse Nähe aufweisen, so ist der Begriff „Stelle" nicht mit dem Begriff „Arbeitsplatz" zu verwechseln. Letzterer bezeichnet den konkreten Ort der Aufgabenerfüllung sowie allenfalls zusätzlich noch die zur Aufgabenerfüllung nötigen Sachmittel.

Bei der Stellenbildung ist jedoch zu berücksichtigen, dass die in einer Stelle zusammengefassten Aufgaben nicht zu spezialisiert und damit monoton ausfallen. Auch wenn eine hohe Arbeitsteilung und damit Spezialisierung, d. h. „the arrangement of having discrete parts of a task done by different people" (Kinicki und Williams 2013, S. 241), gewisse Effizienzvorteile mit sich bringen, so gehen sie doch mit einer Reihe von v. a. psychologischen Nachteilen einher (vgl. Ulrich und Fluri 1995, S. 194 f.):

- Vorteile sind z. B. ein sich einstellender Routine-Effekt und damit eine Steigerung des Arbeitsrhythmus, eine Verkürzung der Anlern- und Einarbeitungszeit, die Möglichkeit der Produktion unabhängig vom Ausbildungsniveau der zur Verfügung stehenden Mitarbeiter und die Möglichkeit der optimalen Anpassung des Arbeitsplatzes an die Teilaufgabe.
- Nachteile sind z. B. Ermüdung durch einseitige psycho-physische Belastung, Monotonie der Arbeit durch Reizarmut, ein Gefühl der Entfremdung durch die ständige Wegnahme eines unvollendeten Produkts, Verkümmerung nichtgebrauchter Fähigkeiten und damit die Frustration persönlicher Entfaltungs- und Erfolgsbedürfnisse und soziale Isolation des Individuums am technisierten Arbeitsplatz.

Zudem geht eine Zunahme des Spezialisierungsgrads nicht nur mit einer Zunahme an Produktivität, sondern auch einer Zunahme der Komplexität der Organisation und damit des Koordinations- bzw. Abstimmungsbedarfs zwischen den einzelnen Stellen sowie der Abhängigkeiten einher. Bei der Stellenbildung gilt es somit, die Balance zwischen den Vor- und Nachteilen der Defintion von eng oder weit gefassten Aufgabenkomplexen zu finden.

Genauso wie eine zu enge Ausgestaltung des von einer Stelle zu erfüllenden Aufgabenkomplexes negative Konsequenzen zeigt, genauso ist jedoch auch die zu weite Ausgestaltung problematisch. Eine Stelle sollte sich im Idealfall zwar auf ein Ziel fokussieren, dafür aber ein grosses, das dem Stelleninhaber Freiraum bei der Zielerreichung lässt:

> „Jobs mit ‚ein bisschen von allem' führen zur Flucht aus der Leistung und aus der Verantwortung. Sie verunmöglichen es dem Mitarbeiter, das Wichtigste zu erlangen, das er braucht, um motiviert zu sein, um respektiert zu werden und um vielleicht sogar zufrieden und glücklich zu werden: sichtbare, vorzeigbare Resultate, auf die er stolz sein kann und derentwegen er auf Dauer von seinen Kollegen, Vorgesetzten und Mitarbeitern geachtet und anerkannt wird." (Malik 2006, S. 201; 2003, S. 210)

Bei der Stellenbildung ist das *AKV-Prinzip* zu berücksichtigen, das die Kongruenz von **A**ufgabe, **K**ompetenz und **V**erantwortlichkeit verlangt. Der Aspekt „Aufgabe" bezeichnet die Soll-Leistung, die der Inhaber der Stelle erfüllen muss; sie besteht „in einem bestimmten Verhalten, das in der materiellen Dimension als qualitativ und quantitative definierte Tätigkeit im zeitlichen und räumlichen Ablauf beschrieben werden kann" (Ulrich 2001a, S. 314). Diese Pflicht darf jedoch nicht nur auf ihre sachliche

Dimension reduziert werden, sondern kann neben Sachaufgaben auch Führungsaufgaben, Organisationsaufgaben und persönliche Aufgaben umfassen. Unter Kompetenzen sind „die einem Stelleninhaber übertragenen formalen Rechte und Befugnisse" (Vahs 2009, S. 64) z. B. in Form von Entscheidungsbefugnissen und Verfügungsmacht zu verstehen:

Was lernen wir aus der Managementliteratur?

„The manager will see to it that each individual knows exactly what work he is to do and what rights and powers he may exercise in doing it." (Allen 1958, S. 57)

„Damit eine Stelle ihre Aufgaben erfüllen kann, muss sie das Recht haben, handelnd tätig zu werden und jene Massnahmen zu ergreifen, die zur ordnungsgemässen Aufgabenerfüllung notwendig sind. Diese Handlungsrechte werden als Kompetenzen bezeichnet." (Ulrich und Fluri 1995, S. 174)

„Unter Kompetenz versteht man den positionsspezifisch autorisierten Handlungsspielraum eines Stelleninhabers, der dafür als spiegelbildliches Gegengewicht gleichzeitig Verantwortung übernimmt, d. h. der Rechenschaftspflicht für zielgebundenes Handeln unterliegt. Aus dieser Spiegelbildlichkeit sowie der Logik der Aufgabenerfüllung ergibt sich der Grundsatz der Kongruenz von Aufgabe, Kompetenz und Verantwortung." (Bleicher 1991, S. 36)

Das dritte Element im Bunde, die Verantwortlichkeit, bezeichnet die „Pflicht einer Person, für die Folgen ihrer Entscheidungen und Handlungen einzustehen" (Vahs 2009, S. 66). Gemäss dem AKV-Prinzip sollte somit jeder Stelleninhaber nicht nur die nötigen Ressourcen (inkl. der Rechte bzw. Entscheidungsbefugnisse) zur Verfügung gestellt bekommen, um das in seinem Pflichtenheft abgebildete Aufgabenspektrum erfüllen zu können; es sollte auch klar sein, wem gegenüber der Stelleninhaber Bericht erstatten und Rechenschaft ablegen muss über die Quantität und Qualität seiner Aufgabenerfüllung.[44]

Während die Aufgaben-Checkliste die einer Stelle zugeordneten Aufgaben expliziert, werden die drei Stellenkomponenten Aufgaben, Kompetenzen und Verantwortlichkeiten

---

[44]In der angelsächsischen Literatur werden die Bestandteile des AKV-Prinzips „responsibility", „authority" und „accountability" genannt (vgl. Allen 1964; Kinicki und Williams 2013). Erstere bezeichnet „the work assigned to a position" (Allen 1964, S. 163, 198) bzw. „the obligation you have to perform the tasks assigned to you" (Kinicki und Williams 2013, S. 242) und entspricht damit dem Element „Aufgaben". Als „the sum of the powers and rights assigned to a position" (Allen 1964, S. 163, 198) bzw. „the rights inherent in a managerial position to make decisions, give orders, and utilize resources" (Kinicki und Williams 2013, S. 242) ist „authority" gleichbedeutend mit dem Element „Kompetenzen". Entsprechend ist unter „accountability", d. h. „the obligation to perform responsibility and exercise in terms of established performance standards" (Allen 1964, S. 163, 198), das Element „Verantwortung" zu verstehen: „Authority means accountability – managers must report and justify work results to the managers above them." (Kinicki und Williams 2013, S. 242).

Alternativ zu diesen Begriffichkeiten finden sich auch die Begriffe „tasks", „competences" und „responsibilities" oder „tasks", „authority" und „responsibilities".

üblicherweise in einer sog. *„Stellenbeschreibung"* (auch: Arbeitsplatzbeschreibung) dokumentiert. Wie Abb. 3.28 entnommen werden kann, enthalten Stellenbeschreibungen neben stichpunktartigen, aber konkreten Aussagen zu diesen drei Elementen zusätzlich z. B. Aussagen zur Stellenbezeichnung, zur organisatorischen Eingliederung der Stelle (Unterstellung, Überstellung, Stellvertretung) und zur kommunikativen Eingliederung der Stelle. Stellenbeschreibungen können darüber hinaus auch Angaben zum geografischen Ort der Tätigkeit, zum Stellenpensum und zu einer allfälligen zeitlichen Begrenzung der Stelle enthalten.

Stellenbeschreibungen dienen jedoch nicht nur der Erwartungsklärung von Mitarbeitern und Vorgesetzten hinsichtlich der mit der Stelle verbundenen Aufgaben, Kompetenzen und Verantwortlichkeiten. Da sich aus einer Stellenbeschreibungen auch ableiten lässt, welche Anforderungen die Stelle an ihren Inhaber stellt (Anforderungsprofil; Qualifikationsprofil), bilden sie zudem die Grundlage für die Formulierung der Stellenausschreibung und die Auswahl des zukünftigen Stelleninhabers aus dem Bewerberpool.[45]

Wie Malik (vgl. 2006, S. 298 ff.; 2003, S. 317 ff.) anmerkt, sollte bei der Stellengestaltung grundsätzlich darauf geachtet werden, dass der in einer Stelle zusammengefasste Aufgabenkomplex („job") weder zu klein noch zu gross ist; das Ausfüllen der Stelle sollte den Stelleninhaber fordern, aber weder unter-, noch überfordern. Während Überforderung eher leicht zu erkennen und damit korrigieren ist, ist Unterforderung allerdings nicht gleichermassen leicht zu erkennen. Stellen mit grossem Einfluss, aber völligem oder weitgehendem Mangel an Verantwortung (z. B. Assistenten, Stabsstellen) sind zu minimieren. Der Stelleninhaber sollte den ihm zugewiesenen Aufgabenkomplex idealerweise allein erledigen können und nicht auf ständige Kooperation angewiesen sein; eine Aufgabe sollte, mit anderen Worten, von der geringstmöglichen Anzahl an Personen bearbeitet werden. Der einer Stelle zugewiesene Aufgabenkomplex sollte nicht zu viele, sondern wenig umfangreiche Teilaufgaben umfassen. Aufgabenkomplexe mit ein bisschem von allem führen zu Verzettelung und Zersplitterung der Kräfte; die Stelleninhaber sind zwar ständig beschäftigt, produzieren aber keine Ergebnisse. Ebenso wenig sollte der in einer Stelle zusammengefasste Aufgabenkomplex nicht zu viele diverse Teilaufgaben umfassen, die qua ihrer Natur unterschiedliche Fähigkeiten seitens des Stelleninhabers erfordern; Stellen sollten somit hinsichtlich ihres Anforderungsprofils insofern realistisch ausgestaltet sein, dass sie nicht Fähigkeiten voraussetzen, die selten in ein und derselben Person vereinigt sind.

---

[45]Wie Thommen (2016, S. 606) sowie Krummenacher et al. (2016, S. 195) darlegen, umfasst ein Anforderungsprofil v. a. die folgenden Anforderungsarten: Ausbildungskenntnisse, Zusatzkenntnisse (Erfahrung, Sprachkenntnisse), geistige Fähigkeiten (logisches Denken, kreatives Denken, etc.), Ausdrucksfähigkeit, körperliche Anforderungen (Geschicklichkeit, körperliche Belastbarkeit, Empfindungsvermögen). Neben diesen eher fachlichen Kompetenzen kann ein Anforderungsprofil auch Aussagen zu Alter und Sozialkompetenz umfassen.

Unternehmen:
Beschäftigungsart:

1. Instanzenbild

a) Stellenkennzeichnung

1. Stellenbezeichnung:
2. Stellennummer:
3. Abteilung:
4. Stelleninhaber:
5. Dienststufe:
6. Gehaltsbereich:

b) Hierarchische Einordnung

7. Der Stelleninhaber erhält fachliche Weisungen von:
8. Der Stelleninhaber gibt fachliche Weisungen an:
9. Stellvertretung
   ■ Stellvertretung des Stelleninhabers:
   ■ Stellvertretung für andere Stellen:
10. Anzahl der disziplinarisch unterstellten Mitarbeiter (z. B. Abteilungsleiter, Gruppenleiter, Sachbearbeiter, Meister, Vorarbeiter):
11. Kompetenzen (z. B. Prokura, Handlungsvollmacht)

c) Kommunikationsbeziehungen

12. Der Stelleninhaber liefert folgende Berichte ab:
13. Der Stelleninhaber erhält folgende Berichte:
14. Teilnahme an Konferenzen:
15. Die Zusammenarbeit mit folgenden Stellen (intern/extern) ist erforderlich:

2. Aufgabenbild

16. Beschreibung der Tätigkeit
    ■ Sich wiederholende Sachaufgaben:
    ■ Unregelmäßig anfallende Sachaufgaben:
17. Arbeitsmittel:
18. Richtlinien, Vorschriften:

3. Leistungsbild

a) Leistungsanforderungen

19. Kenntnisse, Fertigkeiten, Erfahrungen:
20. Arbeitscharakterliche Züge (z. B. Genauigkeit und Sorgfalt, Kontaktfähigkeit):
21. Verhalten (z. B. Führungsqualitäten, Durchsetzungsvermögen):

b) Leistungsstandards

22. Quantitative Leistungsstandards (z. B. Umsatz):
23. Qualitative Leistungsstandards (z. B. Betriebsklima):

Unterschriften mit Datum:

Personalleiter   Stelleninhaber   Vorgesetzter

Abb. 3.28 Schema einer Stellenbeschreibung (Thommen et al. 2017, S. 385; vgl. Kieser und Walgenbach 2010, S. 159 f.; Thommen 2002, S. 210; Thommen 2016, S. 608; Hub 1982, S. 152; Kosiol 1976, S. 94 f.)

Abteilungssynthese (Stellenvereinigung)

Der nächste Schritt der Aufgabensynthese besteht in der Bildung von Abteilungen („departmentalisation"), d. h. in der Zusammenfassung von zwei oder mehr Stellen, die gemeinsame oder direkt zusammenhängende Aufgaben erfüllen, zu Stellengruppen („Abteilungen"), aber auch von Unterabteilungen zu Abteilungen und von Abteilungen zur Gesamtorganisation.[46]

Was lernen wir aus der Managementliteratur?

„Eine Verbindung von Stellen und Stellenmehrheiten zu höheren Organisationseinheiten erfolgt durch Hinzufügung einer übergeordneten Leitungsinstanz, der die Koordinierung und Integration der Gesamtaufgabenkomplexe übertragen wird. Die neu entstehende Gliederungseinheit wird als Abteilung bezeichnet." (Kosiol 1976, S. 175)

„Eine Abteilung entsteht durch die unbefristete Unterstellung von einer oder mehreren Ausführungsstellen unter eine gemeinsame Leitungsstelle." (Vahs 2009, S. 98)

„Eine Abteilung entsteht durch Zusammenfassung mehrerer Stellen, die nach einem gemeinsamen Spezialisierungsmerkmal gebildet worden sind." (Dillerup und Stoi 2013, S. 447)

Die Abteilungsbildung setzt also die Definition eines Leitungssystems voraus, das die Stellen hinsichtlich ihrer hierarchischen Stellung im Gesamtzusammenhang des Unternehmens verortet und so den Stellengliederungsplan um eine hierarchische Dimension ergänzt. Hinsichtlich ihrer unterschiedlichen hierarchischen Bedeutung kann hierbei zwischen Linienstellen („line elements") und unterstützenden Stellen („staff elements") unterschieden werden:

„Line refers to those positions and elements of the organization which have responsibility and authority and are accountable for accomplishment of primary objectives. Staff elements are those which have responsibility and authority for providing advice and service to the line in the attainment of objectives." (Allen 1958, S. 206; 223; 249)

Innerhalb der Klasse der Linienstellen kann wiederum zwischen ausführenden Stellen und Leitungsstellen unterschieden werden; eine unterstützende Stelle kann entweder als

---

[46]Kosiol (1976, S. 175) nennt aus Abteilungen, die durch die Zusammenfassung von Ausführungsstellen unter einer Instanz gebildet werden, „primäre Abteilungen" oder „Abteilungen erster Ordnung". Werden Abteilungen durch eine ranghöhere Instanz vereinigt, handelt es sich im Gegensatz dazu um sekundäre, tertiäre etc. Abteilungen oder Abteilungen zweiter, dritter, etc. Ordnung.

Stabsstelle, Assistenzstelle oder Dienstleistungsstelle ausgestaltet sein (vgl. Thommen et al. 2017, S. 436 f.; Kosiol 1976, S. 114 ff, 131 ff.; Allen 1958, S. 205 ff.):

- *Ausführende Stellen* sind einer Leitungsstelle unterstellte Stellen, die aber selbst keine Weisungsbefugnis gegenüber anderen Stellen haben.
- *Leitungsstellen* (auch: Instanzen) sind Stellen, die hauptsächlich Entscheidungs- und Leitungsaufgaben wahrnehmen. Sie sind per definitionem anderen Stellen hierarchisch übergeordnete Stellen, die gegenüber den ihnen unterstellten Stellen fachliche und disziplinarische Weisungsbefugnis besitzen. Instanzen können selbst anderen Instanzen unterstellt sein.[47]
  Wie Kieser und Walgenbach (2010, S. 83 f.) ausführen, sind Instanzen mit zwei besonderen Kompetenzen ausgestattet, tragen aber auch besondere Verantwortung: „Entscheidungsbefugnisse oder Entscheidungskompetenzen beziehen sich auf das Recht, für die Organisation nach innen oder außen verbindliche Entscheidungen zu fällen. […] Weisungsbefugnisse oder Anordnungsrechte beziehen sich demgegenüber auf das Recht, anderen Stellen bzw. ihren Inhabern vorzugeben, welche Aktivitäten im Rahmen der jeweiligen Stellenaufgaben konkret durchzuführen sind. […] Gleichzeitig mit diesen Rechten werden den Instanzen auch bestimmte Pflichten übertragen. Die Instanzen übernehmen die Verantwortung für die Aktivitäten innerhalb des Aufgabenbereiches des gesamten Stellenkomplexes, der eine Abteilung bildet."
- *Stabsstellen* sind Stellen, „deren Aktivitäten sich auf die Information und Beratung von Leitungsstellen beschränken und die insbesondere über keine Anweisungsbefugnisse verfügen" (Hub 1982, S. 110): „Staff has the right to counsel, advise, assist, and recommend to line. It can do things tor line. But it has no authority over line." (Allen 1958, S. 226)
  Stabsstellen sind spezialisierte Leitungshilfstellen, die im Führungsprozess durch Beratung, Informationsverarbeitung, qualifizierte Problemanalyse, Entscheidungsvorbereitung und Übernahme von Spezialaufgaben unterstützend beteiligt sind. Sie

---

[47]Im Hinblick auf die oberste Instanz des Unternehmens unterscheidet Kosiol (1976, S. 116 f.; 124) zwischen der Ausgestaltung in Form einer „Pluralinstanz" und einer „Singularinstanz". In einer Singularinstanz übt nur eine Person Leitungsfunktion aus. Im Gegensatz zur Singularinstanz, die nach dem Direktorialprinzip funktioniert, funktionieren Pluralinstanzen nach dem Kollegialprinzip. Im Rahmen einer Pluralinstanz üben mehrere Instanzen gemeinsam diese Leitungsaufgabe aus: „Die Pluralinstanz besteht zwar aus einer Personenmehrheit, sie nimmt jedoch als Ganzes, als Stellengesamt und geschlossener Personenkreis, einen einzigen Platz im Gliederungssystem ein. So gilt auch eine von ihr getroffene Entscheidung als die Stellungnahme der gesamten Pluralinstanz, wobei die Meinungen ihrer einzelnen Mitglieder nach außen hin unerheblich sind. Streng genommen besitzen die Mitglieder einer Pluralinstanz als Einzelpersonen grundsätzlich keinerlei Entscheidungsbefugnis, nur als Personengruppe oder als Element einer solchen Gesamtheit steht ihnen eine derartige Kompetenz zu." (Kosiol 1976, S. 117) Da Pluralinstanzen üblicherweise keiner Instanz untergeordnet sind, handelt es sich bei ihnen um Stellenmehrheiten, d. h. um eine Kombination von Stellen ohne übergeordnete Instanz.

entlasten Instanzen, besitzen aber keine Anordnungskompetenz gegebenüber Linien-stellen: „Specialized staff provides advice and service in one kind of work, such as finance or personnel, to the organization at large." (Allen 1958, S. 223)

Stabsstellen sind von Fachexperten mit Informations- und Beratungsaufgaben besetzt, die in der Realität aber trotz des Mangels an offizieller Weisungsbefugnis aufgrund ihres Informationsvorsprung und ihrer Nähe zu den Entscheidungsträgern oftmals informale Macht innehaben. Die Existenz von Stäben kann zu Kompetenzstreitig-keiten zwischen Stab und Linie und zu einem Zuviel an Planung auf Kosten von Ent-scheidungsschnelligkeit führen.

Weist eine Organisation Stabsstellen auf, so wird sie als Stab-Linien-Organisation (auch: Stab-Linien-System) bezeichnet.

• Während Stabsstellen spezialisierte Leitungshilfsstellen sind, sind *„Assistenzstellen"* („personal staff") generalisierte Leitungshilfstellen, die eine Instanz nicht so sehr inhaltlich, sondern mengenmässig entlasten: „Personal staff consists of line assistants and staff assistants, who provide advice and service to one principal in helping him to perform his reserved responsibilities." (Allen 1958, S. 223)

Stabsstellen unterscheiden sich insofern von Assistenzstellen als dass erstere klar definierte Daueraufgaben, zweitere wechselnde Aufgaben besitzen, die vom Sekretariat bis zur Lösung komplexer Probleme reichen können.

• Eine *„Dienstleistungsstelle"* (auch: Zentralstelle, Servicestelle, (Shared) Service Center) besitzt Unterstützungsaufgaben für mehrere Leitungsstellen und führt üblicherweise operative Routineaufgaben aus.

Abteilungen (auch: „working units") werden jeweils von einer Instanz, d. h. einer Stelle mit Weisungsbefugnis geleitet. Als Subsysteme des Systems „Unternehmen" können Abteilungen als Elemente nicht nur Stellen, sondern auch Abteilungen umfassen, welche dann „Unterabteilungen" genannt werden. Das Gesamtunternehmen bildet hierbei die oberste Ebene der Abteilungsbildung.

Bei der Abteilungsbildung ist zunächst zu entscheiden, nach welchem Prinzip bzw. *Gliederungskriterium* die Abteilungen gebildet werden sollen. Grundsätzlich sollten Stellen nur dann zu einer Abteilung zusammengefasst werden, wenn sie in gewisser Hin-sicht wenigstens eine Gemeinsamkeit aufweisen. Die Wahl eines Gliederungskriteriums gibt eine Antwort auf die Frage, worin die Gemeinsamkeit der zu einer Abteilung zusammengefassten Stellen besteht. Die wesentlichen für die Zusammenfassung von Stellen zu einer Abteilung zur Wahl stehenden Gliederungskriterien sind in Abb. 3.29 dargestellt.

Da die hierarchisch tieferliegenden Organisationseinheiten praktisch immer nach funktionalen Gesichtspunkten zusammengestellt sind, besteht auf der zweite Hierarchie-ebene, d. h. der Ebene direkt unter der Unternehmensleitung bzw. der ersten geleiteten Ebene des Unternehmens, eine gewisse Wahlfreiheit. Nach dem auf dieser Ebene gewählten Gliederungskriterium bestimmt sich denn auch die Organisationsform bzw.

Kriterium der Gliederung bzw. der Abteilungssynthese auf der zweiten Hierarchieebene des Unternehmens		Aus gewähltem Kriterium resultierende Organisationsform
Funktionen/ Verrichtungen (= Aufgabenbereiche, die zur Erfüllung der Gesamtaufgabe des Unternehmens nötig sind)	→	Funktionale Organisation
Objekte • Produkte • Regionen/ Absatzgebiete • Kunden/ Kundensegmente	→	Divisionale Organisation • Spartenorganisation • Regionalorganisation • Marktorganisation
Funktionen/ Verrichtungen und ein Objektkriterium	→	Matrixorganisation
Funktionen/ Verrichtungen und zwei Objektkriterien	→	Tensororganisation
Rechtlich selbständige Einheiten	→	Holdingorganisation
Wirtschaftlich selbständige Einheiten	→	Netzwerkorganisation
Projekte	→	Projektorganisation

Abb. 3.29 Kriterien zur Abteilungsbildung und daraus resultierende Organisationsformen. (Eigene Darstellung auf Basis von Schulte-Zurhausen 2014, S. 263)

Organisationskonfiguration und damit die grundlegende Aufbaustruktur eines Unternehmens:

- Eine *funktionale Organisationskonfiguration* ergibt sich durch eine Gliederung der zweitobersten Hierachieebene eines Unternehmens nach funktionalen Aspekten, d. h. nach den Aufgabenbereichen, die zur Erfüllung der unternehmerischen Gesamtaufgabe nötig sind (z. B. Beschaffung, Marketing und Sales, Produktion, Finanzen und Controlling, Forschung und Entwicklung).
- Ist die oberste Abteilungsebene eines Unternehmens nach Objektaspekten – also der geografischen Tätigkeitsgebiete, der Kundengruppen oder der Produkte eines Unternehmens – gegliedert, besitzt das Unternehmen eine *divisionale Organisationskonfiguration.*
- Eine *Matrixorganisation* ergibt sich, wenn dieselbe Ebene (typischerweise die zweitoberste Hierachieebene) eines Unternehmens nach zwei Kriterien – üblicherweise Funktionen und einem Objektkriterium – gegliedert ist.
- Eine *Tensororganisation* entsteht, wenn die oberste Abteilungsebene sowohl funktional als auch nach zwei Objektkriterien gegliedert ist: „Werden nicht nur zwei sondern alle drei Organisationsformen (Verrichtungsmodell, Objektmodell *und* Regionalmodell) einander überlagert, so bezeichnet man die entstehende Struktur als *Tensor-Organisation.*" (Hub 1982, S. 110).

Grundsätzlich sollte die gewählte Organisationsform mit dem normativen und strategischen Zielsystem übereinstimmen. Strebt ein Unternehmen z. B. Kostenführerschaft an, so wird es tendenziell eine funktionale Organisationsform wählen; verfolgt es eine Differenzierungsstrategie wird es tendenziell eine divisionale Organisationsform wählen.

Wenn man davon spricht, dass *ein Unternehmen* eine funktionale, divisionale oder Matrixorganisation aufweist, so bedeutet das nicht, dass alle Abteilungen des Unternehmens nach der entsprechenden Logik gegliedert sind oder gegliedert sein müssen. Auch wenn sie der Aufbaustruktur des ganzen Unternehmens den Namen verleiht, so bezieht sich die Aussage nur auf die zweite Hierarchieebene des betreffenden Unternehmens. Wenn man weiss, nach welchen Kriterien die Subsysteme erster Ordnung eines Unternehmens gebildet sind, so weiss man damit also noch nicht, nach welchen Gliederungskriterien das Unternehmen auf tieferliegenden Ebenen strukturiert ist, d. h. nach welchen Kriterien die Subsysteme zweiter, dritter, usw. Ordnung des Unternehmens gebildet worden sind.

Dies bedeutet im Umkehrschluss auch, dass die Wahl des Gliederungskriteriums nicht einmal für das ganze Unternehmen getroffen werden kann. Vielmehr muss für jede Hierarchiebene entschieden werden, nach welchem Kriterium die unter dieser Ebene liegenden Abteilungen gebildet werden sollen. In der Realität weisen z. B. Unternehmen mit einer divisionalen Organisationsstruktur, d. h. Unternehmen, die auf der zweiten Hierarchieebene nach Objektgesichtspunkten gegliedert sind, auf der dritten (und wohl auch tieferen) Hierarchieebene praktisch immer eine funktionale Gliederung auf.

Genausowenig wie ein Gliederungskriterium für das ganze Unternehmen gewählt wird, genausowenig wird es für alle Zeiten gewählt. Organisationsformen müssen sich den im Laufe der Zeit ändernden Rahmenbedingungen anpassen können. Wie Allen anmerkt, starten alle Unternehmen mit einem funktionalen Organisationsdesign und divisionalisieren sich später:

> „Every company, without exception, begins its existence with a functional type of structure and as it expands, diversifies, and spreads geographically, it eventually outgrows it. The company must now divisionalize or suffer the dangers of organizational strangulation. We conclude that every business enterprise that grows and expands successfully should expect to develop in successive stages from a functional to a divisionalized type of organization." (Allen 1964, S. 185)

Als „Ergebnis eines Ausdifferenzierungsprozesses auf der Markt- und Produktseite" (Rüegg-Stürm und Grand 2019, S. 89) hilft die Divisionalisierung dabei, die Handlungsfähigkeit des Unternehmens auch bei zunehmender Grösse zu erhalten: „Divisionalization is a means of dividing the large and monolithic functional organization into smaller, flexible administrative units. This move enables the company to recapture some of the advantages of the small, functional organization, while minimizing the disadvantages that come with increasing size, diversity, and dispersion." (Allen 1958, S. 90).

Selbst wenn sich Unternehmen im Laufe ihrer Existenz eine divisionale oder eine Matrixorganisation geben, so wird die funktionale Organisationslogik damit jedoch nicht komplett aufgelöst. Praktisch alle Matrixorganisationen beinhalten als eines von zwei Gliederungskriterien die Gliederung nach Funktionen und die Divisionen praktisch aller divisional gegliederten Organisationen sind selbst wieder nach funktionalen Gesichtspunkten gegliedert. Im Kern ist jedes Unternehmen zeit seiner Existenz funktional organisiert. Entsprechend wichtig ist das Verständnis der Funktionsbereiche von Unternehmen.

Des Weiteren ist im Zuge der Abteilungssynthese die sog. *„Leitungsspanne"* und *„Leitungstiefe"* der Organisation festzulegen. Die Leistungsspanne (auch: Leitungsbreite, Kontrollspanne, Subordinationsquote; span of control, span of supervision) bezeichnet die Anzahl der einer Instanz direkt unterstellten Stellen bzw. Mitarbeiter. Die Leitungstiefe (auch: Gliederungstiefe, vertikale Spanne) ist demgegenüber das Mass der Anzahl der Hierarchieebenen unterhalb einer Instanz. Da die Leitungsspanne und Leitungsbreite nicht auf jeder Hierarchieebene gleich sein müssen, müssen sie für jede Hierarchieebene separat festgelegt werden. Diese Festlegungen können allerdings nicht unabhängig voneinander getroffen werden und haben direkte Auswirkungen aus die Gestalt der Organisation: Geht man – wie in Abb. 3.30 dargestellt – von einer Organisation mit 31 Linienstellen aus, so ergibt sich in Abhängigkeit von der Wahl der Leitungsspanne und -tiefe eine unterschiedliche Organisationskonfiguration. Bei fixer Zahl an Linien- und ausführenden Stellen, geht a) eine geringe Leitungsspanne mit einer hohen Leitungstiefe und einer steilen („tall") Konfiguration und b) eine hohe Leitungsspanne mit einer geringen Leitungstiefe und einer flachen („flat") Konfiguration einher. Eine flache Organisationskonfiguration weist somit relativ viele, eine steile relativ wenige Hierarchieebenen in Relation zur Grösse der Organisation auf.

Aus Abb. 3.30 wird ebenfalls ersichtlich, dass sich in Abhängigkeit von der gewählten Leitungsspanne und -tiefe die Anzahl der Abteilungen und Unterabteilungen innerhalb des Gesamtunternehmens ändert. Je höher – bei fixer Anzahl an Linien- und ausführenden Stellen – die gewählte Leitungsspanne, desto geringer die Anzahl an Abteilungen im Unternehmen.[48]

Wie Jones und Bouncken (2008) unter Bezug auf empirische Studien von Blau (1970) darlegen, lässt sich ein Beziehungszusammenhang zwischen der Grösse eines Unternehmens und a) der Höhe der vertikalen Hierarchie auf der einen sowie b) der Anzahl an Führungspersonen auf der anderen Seite herstellen. Organisationen bis 1.000 Mitglieder haben durchschnittlich vier Hierarchieebenen (Geschäftsführer, Funktions- oder Bereichsleiter, Abteilungsleiter, Mitarbeiter), Organisationen ab 3.000 Mitglieder besitzen meist sieben Hierarchieebenen, während Organisationen mit 10.000 oder gar

---

[48]Hinter der Frage, wie hoch die Führungsspanne sinnvollerweise sein sollte, steht letzten Endes die Frage, wie viele Personen ein Manager direkt führen kann. Entsprechend wird dieses Thema im Kapitel zur Managementaufgabe „Menschen führen" diskutiert werden.

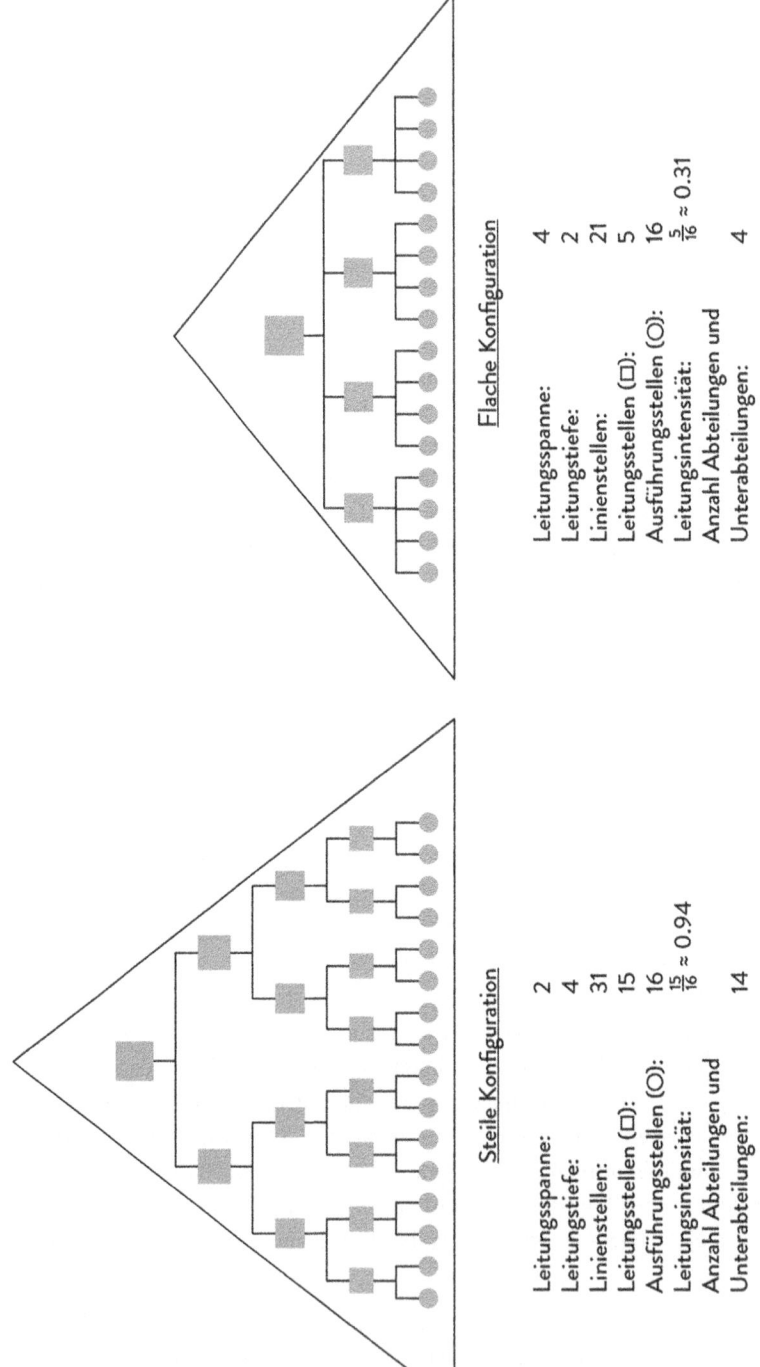

Abb. 3.30 Zusammenhang zwischen Leitungsspanne und Leitungstiefe. (Eigene Darstellung in Anlehnung an Vahs 2009, S. 106; vgl. Kieser und Walgenbach 2010, S. 150)

100.000 Mitgliedern nicht mehr als neun oder zehn Hierarchieebenen aufweisen. Was die Relation zwischen Unternehmensgrösse und Anzahl Führungspersonen angeht, so wächst zweitere unterproportional zu ersterer: Gemäss Untersuchungen führt eine 50 %-ige Steigerung der Unternehmensgrösse von 2.000 auf 3.000 Personen zu einer 33 %-igen Zunahme des Führungspersonals, während eine 66 %-ige Steigerung der Unternehmensgrösse von 6.000 auf 10.000 Personen in einer nur 14 %-igen Steigerung der Anzahl an Führungspersonen resultiert.

Wie genau das optimale Verhältnis zwischen Leitungsspanne und Leitungstiefe ausgestaltet sein sollte, kann nur im konkreten Einzelfall entschieden werden; hier handelt es sich um ein jeweils unternehmensspezifisches Optimierungsproblem. Wie Kosiol (1976, S. 109 f.) darlegt, erlaubt eine geringe Leitungstiefe eine straffe Führung des Unternehmens, während eine hohe Leitungstiefe mit langen Kommunikationswege einhergeht und mit einem Anwachsen von Verwaltungsaufgaben verbunden ist. Malik plädiert in diesem Zusammenhang grundsätzlich für die geringstmögliche Zahl von Hierarchieebenen und damit kürzestmögliche Kommunikationswege:

> „Jede zusätzliche Ebene macht das gegenseitige Verständnis schwieriger, produziert mehr ‚Rauschen' in den Kanälen, verzerrt die Information, verfälscht die Ziele und steuert die Aufmerksamkeit der Mitarbeiter in die falsche Richtung. Jede Ebene bedeutet zusätzlichen Stress und ist eine neue Quelle von Trägheit, Reibung und Kosten." (Malik 2006, S. 198; 2003, S. 207)

Sind Stellen und Abteilungen einmal definiert, ist zudem jeweils die Frage zu beantworten, welche Stellen in welcher Beziehung zueinander stehen sollen. Es müssen also die *Beziehungen bzw. Verbindungen zwischen den Stellen und Abteilungen* geklärt werden. Denn:

> „Organization relationships are the rules established to ensure effective teamwork among people working together." (Allen 1964, S. 235)

Beziehungen sind „rules for teamwork" (Allen 1958, S. 53), die regeln, „how individuals are to work together, who makes decisions and what channels to follow in establishing contact and working together with people in different units and authority levels" (Allen 1958, S. 53). Erst die Festlegung der Arbeitsbeziehung zwischen den Stellen und Abteilungen und damit zwischen den Elementen und Subsystemen des Unternehmens schafft „the conditions necessary for mutually cooperative efforts of people" (Allen 1964, S. 163, 217). Hierbei ist zum einen die Art der Verbindungswege zwischen den Stellen und Abteilungen zu definieren (vgl. Abb. 3.31): Handelt es sich um Transportwege, die dem Austausch physischer Objekte dienen, oder um Kommunikationswege, die dem (ein- oder zweiseitigen) Austausch von Informationen dienen?

Während die meist zweiseitigen Mitteilungswege zum Austausch von Informationen benutzt werden, dienen Entscheidungswege der Willensbildung und Willensdurchsetzung (vgl. Thommen et al. 2017, S. 438). Die Gesamtheit der Festlegungen der Informations- bzw. Kommunikationswege, welche die Systemelemente verbindlich

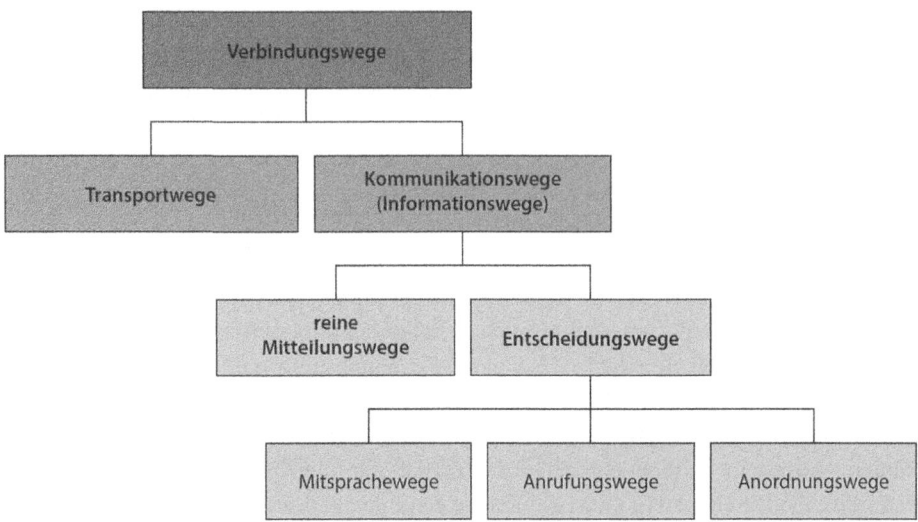

Abb. 3.31 Arten von Verbindungswegen zwischen Stellen (Thommen et al. 2017, S. 439; vgl. Thommen 2016, S. 689)

einzuhalten haben, nennt man „formaler Dienstweg" (auch: „chain of command"; „line of authority"). Dieser definiert vor allem, in welchem hierarchischen Verhältnis die Stellen zueinander stehen, d. h. welche Stelle gegenüber welcher anderen Stelle Autorität besitzt und welche Stelle welcher anderen Stelle gegenüber verantwortlich ist. Der Dienstweg legt – mit anderen Worten – fest, „who gets to decide what, and how the internal game is played" (Magretta 2002, S. 95).

Welche Stelle mit welcher Stelle dauerhaft in Beziehung stehen soll, ergibt sich üblicherweise aus dem Aufgabenzusammenhang, „der sich sich aus der ständigen Zusammenarbeit bei der Aufgabenerfüllung herleitet" (Kosiol 1976, S. 147).

Die Kommunikationswege zwischen den Stellen sind jedoch nicht nur hinsichtlich ihrer Art bzw. Qualität, sondern auch hinsichtlich der Quantität der Beziehungen festzulegen, die eine Stelle mit übergeordneten, untergeordneten und gleichrangigen Stellen verbindet. Eine besondere Bedeutung nimmt hierbei die Bestimmung der Anordnungswege an, die eine Stelle mit der ihr übergeordneten Hierarchieebene verbindet: Wie viele Verbindungen bestehen zwischen zwei Stellen und verlaufen diese horizontal, vertikal oder diagonal? Es gilt also mit anderen Worten das sog. *„Leitungsprinzip"* zu wählen und damit die Weisungsbefugnisse festzulegen. Wie in Abb. 3.32 dargestellt, lassen sich in Abhängigkeit des gewählten Leitungsprinzips zwei Grundformen von Aufbauorganisation unterscheiden (vgl. Dillerup und Stoi 2013, S. 448; Kieser und Walgenbach

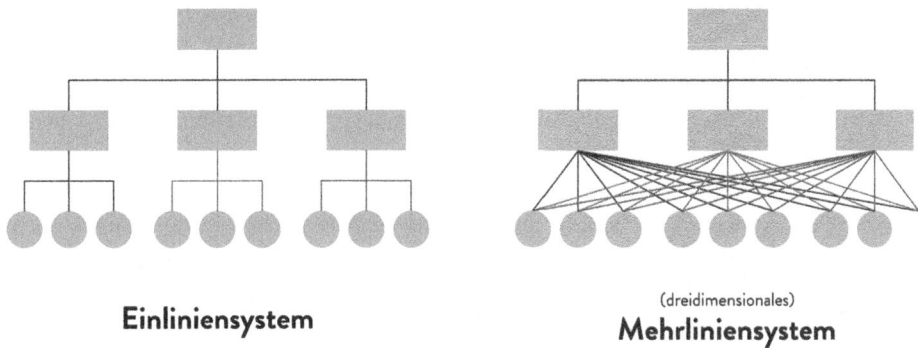

Einliniensystem

(dreidimensionales)
Mehrliniensystem

Abb. 3.32 Einliniensystem und Mehrliniensystem

2010, S. 128; Jones und Bouncken 2008, S. 247; Bleicher 1991, S. 40; Hub 1982, S. 109; Kosiol 1976, S. 110 f.):

- Im *„Einliniensystem"* untersteht eine Stelle bzw. Organisationseinheit nur einer übergeordneten weisungsbefugten Instanz. Jeder Mitarbeiter hat somit nur einen einzigen unmittelbaren Vorgesetzten, von dem er Weisungen erhält. Aufgrund dieser Tatsache werden Einliniensysteme auch als „eindimensional" bezeichnet. Im Einliniensystem gilt somit das sog. „Prinzip der Einheit der Auftragserteilung", nach dem jeder Mitarbeiter nur einen einzigen direkt weisungsbefugten Vorgesetzten, ein Vorgesetzter jedoch mehrere untergeordnete Stellen haben kann.
- Im *„Mehrliniensystem"* untersteht eine Stelle zwei oder mehreren übergeordneten weisungsbefugten Instanzen. Da ein Mitarbeiter zwei oder mehr unmittelbare Vorgesetzte hat, von denen er Weisungen erhalten kann, entsteht eine gewollte Überschneidung von Weisungsbefugnissen. Im Mehrliniensystem wird somit das sog. „Prinzip des kürzesten Wegs" realisierbar.
  Untersteht in einem Mehrliniensystem eine Stelle jeweils zwei Instanzen, so wird das Mehrliniensystem als „zweidimensional" bezeichnet; untersteht sie drei Instanzen, wird das Mehrliniensystem als „dreidimensional" bezeichnet; usw.

Auch wenn sie hier als aufeinanderfolgende Festlegungen dargestellt sind, so sind Leitungsprinzip und organisatorisches Gliederungskriterium in der Realität so eng miteinander verbunden, dass sie sich nicht unabhängig voneinander festlegen und beliebig miteinander kombinieren lassen:

- Die Leitung funktionaler und divisionaler Organisationen erfolgt per definitionem nach dem Einliniensystem. Entsprechend schliessen sowohl die funktionale als auch die divisionale Organisation das Mehrliniensystem als Leitungsprinzip aus.

- Eine Matrixorganisation ist per definitionem ein zweidimensionales Mehrlinien-system, eine Tensororganisation stellt per definitionem ein wenigstens drei-dimensionales Mehrliniensystem dar. Somit ist es logisch nicht möglich, eine Matrix- oder Tensororganisation mit dem Einliniensystem als Leitungsprinzip auszu-gestalten.

Die Festlegung von Gliederungskriterium und Leitungsprinzip kann somit nicht sequenziell, sondern nur gleichzeitig erfolgen. Man kann sich entweder für ein aus Mehrliniensystem und Matrix- bzw. Tensororganisation oder ein aus Einliniensystem und funktionaler bzw. divisionaler Aufbauorganisation bestehendes Paket entscheiden. Um diese Entscheidung treffen zu können, bedarf es des Wissens um die Vor- und Nach-teile der beiden möglichen Leitungssysteme und der hier vorgestellten drei Aufbau-organisationen. Diese Vor- und Nachteile sind in Abb. 3.33 zusammenfassend dargestellt (vgl. Thommen et al. 2017, S. 461 ff.; Dillerup und Stoi 2013, S. 448, 453, 456, 459; Vahs 2009, S. 112 f., 155, 167, 175; Jones und Bouncken 2008, S. 48, 351 ff., 373 ff., 389 ff.; Thommen 2002, S. 261 f.; Allen 1958, S. 79 ff.).

Das Ergebnis der Stellen- und Abteilungssynthese ist das sog. *„Organigramm"* (auch: Organisationsplan; Organisationsschaubild). Ein Organigramm ist eine ver-einfachte visuelle Darstellung – ein „visual display" (Kreitner 2009, S. 240) bzw. eine „box-and-lines illustration" (Kinicki und Williams 2013, S. 239) – der Aufbaustruktur eines Unternehmens zu einem bestimmten Zeitpunkt (vgl. Abb. 3.34). Wie Thommen et al. (2017, S. 443) darlegen, enthält ein Organigramm folgende Informationen über das von ihm abgebildete Unternehmen:

- Eingliederung der Stellen in die Gesamtstruktur des Unternehmens
- Art der Stelle (Linienstelle (Ausführungs- oder Leitungsstelle) oder unterstützende Stelle (Stabs-, Assistenz-, oder Dienstleistungsstelle))
- Unterstellungsverhältnisse (vertikale Hierachie)
- Informations- und Kommunikationswege (formaler Dienstweg)
- Weitere Beziehungen zwischen den Stellen (z. B. als Mitglied eines Ausschusses)
- Bereichsgliederung, die Zusammensetzung einer Abteilung und die Stellen-bezeichnung

Je nach Zweck des Organigramms kann dieses darüber hinaus die Namen der Stellen-inhaber, die Mitarbeiterzahl, die Kostenstellennummern sowie allenfalls weitere Informationen enthalten.

		Vorteile	Nachteile

Einliniensystem	**Einliniensystem allgemein**	Einliniensysteme weisen gegenüber Mehrliniensystemen bzw. Matrixorganisationen folgende Vorteile auf:
		
		• Klare Regelung der Kommunikationsbeziehungen («formaler Dienstweg»)
		• Geringes Risiko von Konflikten aufgrund von
		  • eindeutiger Regelung der Unterstellungsverhältnisse und
		  • klarer Zuordnung und Abgrenzung von Aufgaben, Kompetenzen und Verantwortung
		• Lückenloser Informationsfluss top-down und bottom-up über alle Hierarchieebenen
		• Überschaubare und einfache Leitungsstrukturen
		• Gute Kontrollmöglichkeiten
			Einliniensysteme weisen gegenüber Mehrliniensystemen bzw. Matrixorganisationen folgende Nachteile auf:
			
			• Lange und umständliche Kommunikations- bzw. formale Dienstwege
			• Zeitverluste, langwierige Entscheidungsprozesse v.a. bei bereichsübergreifenden Problemstellungen
			• Informationsfilterungen
			• Betonung von Hierarchiedenken und Positionsmacht
			• Ausgeprägte (personale) Abhängigkeit nachgeordnete von vorgesetzten Stellen
			  • Förderung einer Risikovermeidungs- und Sicherheitshaltung nachgeordneter Stellen
			• Starke quantitative und qualitative Be-/Überlastung der Instanzen führt («Kamineffekt»)

	Funktionale Organisation	Funktionale Organisationen weisen gegenüber Mehrliniensystemen die allgemeinen Vorteile von Einliniensystemen auf; gegenüber divisionalen Organisationen weisen funktionale Organisationen die folgenden Vorteile auf:
		
		• Funktionale Spezialisierung erlaubt Aufbau funktionsspezifischer Fähigkeiten/ Expertise innerhalb der Funktionsbereiche → Grundlage von Wettbewerbsvorteilen («Specialization leads to competitive advantage.» (Allen, 1958: 81))
		• Reduziert Notwendigkeit bereichsübergreifender Koordination bzgl. gleichartiger Tätigkeiten und hilft Doppelspurigkeiten/ Redundanzen über Organisationseinheiten hinweg vermeiden
		• Nutzung von Routinisierungs- und Grösseneffekten (Economies-of-Scale, Lern-/Erfahrungskurve) sowie bessere Auslastung der Potentialfaktoren → Effizienzsteigerung/ -gewinne innerhalb einzelner Funktionsbereiche
		• Klare Aufgaben-, Kompetenz- und Verantwortungsbereiche
		  • Funktionsbereiche in sich geschlossen und klar abgegrenzt → Bereiche zentral gut plan-, organisier- und kontrollierbar
		  • Klares Anforderungs-/Stellenprofil: Funktionsbereiche können mit Spezialisten besetzt werden
			Funktionale Organisationen weisen gegenüber Mehrliniensystemen die allgemeinen Nachteile von Einliniensystemen auf; gegenüber divisionalen Organisationen weisen funktionale Organisationen die folgenden Nachteile auf:
			
			• Hoher Koordinationsaufwand zwischen den einzelnen Bereichen
			  • Gefahr der Ineffizienz bereichsübergreifender Prozesse
			  • Starke Belastung übergeordneter Instanzen mit Koordinationsaufgaben
			• Bereichsübergreifende Entscheidungen müssen von Unternehmensführung getroffen werden
			  • Entscheidungsdelegation nach oben («Kamineffekt»)
			  • Langwierige Entscheidungsprozesse, Inflexibilität und Gefahr der Überlastung der Unternehmensführung
			  • Tendenziell hohe Leitungsspanne auf oberster Hierarchieebene → Gefahr der Überlastung der Unternehmensführung
			• Verantwortung für das Gesamtergebnis liegt bei Unternehmensführung
			  • Bereiche werden nicht zu unternehmerischem Denken ermuntert
			  • Geringe Produkt-/ Marktorientierung der Bereiche
			  • Eingeschränkte Möglichkeiten der Entwicklung von Nachwuchs für oberste Managementposition innerhalb der Bereiche
			• Spezialisierung führt zu Partikularisierung und Verlust des «big picture»
			  • Blickwinkel der Führungskräfte primär auf ihrem Bereich → Bildung operativer Inseln und Entstehung von Bereichsegoismen
			  • Rivalität und Konflikte zwischen Funktionsbereichen aufgrund unterschiedlicher funktionaler Interessen (z.B. Produktion vs. Verkauf)
			  • Funktionale Spezialisierung erschwert Überblick über gesamten Wertschöpfungsprozess und Verständnis der Bereiche für Anteil anderer am Gesamtergebnis
			  • Funktionale Spezialisierung erschwert funktionsbereichsübergreifende Stellenwechsel

		Die funktionale Aufbauorganisation ist typisch und geeignet v.a. für kleine und mittlere Unternehmen bzw. Unternehmen, die über eine begrenzte oder homogene Produktpalette verfügen und nur in einem Geschäftsfeld tätig sind. Bei zunehmender Unternehmensgrösse nehmen die Nachteile dieser Organisationskonfiguration im Vergleich zu den Vorteilen überproportional zu.	

	Divisionale Organisation	Divisionale Organisationen weisen gegenüber Mehrliniensystemen die allgemeinen Vorteile von Einliniensystemen auf; gegenüber funktionalen Organisationen weisen divisionale Organisationen die folgenden Vorteile auf:
		
		• Unternehmerische Ausrichtung und Selbstständigkeit als «Unternehmen im Unternehmen»
		  • Ergebnisverantwortung liegt bei den Divisionen
		  • Exaktere Erfolgs- und Leistungsbeurteilung möglich
		  • Konsequente Entwicklung des Führungsnachwuchses möglich
		• Konsequente Produkt-/ Marktorientierung
		  • Divisionen können sich auf die Besonderheiten eines bestimmten Produktes, einer Region oder einer Kundengruppe konzentrieren
		  • Umfeldentwicklungen können schneller erkannt werden
		• Mehr Entscheidungskompetenzen bei den Divisionen als relativ autonome Einheiten
		  • Divisionale Entscheidungen können schneller und selbständig getroffen werden
		  • Divisionen können auf Umweltänderungen flexibel reagieren
		  • Geringerer Bedarf an divisionenübergreifender Koordination → Entlastung der Unternehmensführung
		  • Erhöhung der Motivation der Divisionsleiter
		• Struktur strategisch und strukturell sehr anpassungsfähig → Divisionen können leicht zugekauft/ verkauft werden
			Divisionale Organisationen weisen gegenüber Mehrliniensystemen die allgemeinen Nachteile von Einliniensystemen auf; gegenüber funktionalen Organisationen weisen divisionale Organisationen die folgenden Nachteile auf:
			
			• Divisionen verhalten sich wie «Unternehmen im Unternehmen» → Gefahr von Divisionsegoismus und Zentrifugalkräften
			  • Mangelnde Beachtung des Gesamtinteresse des Unternehmens bei Differenz zwischen Divisions- und Unternehmenszielen (z.B. kurzfristiger Gewinn- und Rentabilitätsorientierung der Divisionen)
			  • Geringerer Einfluss der Unternehmensführung auf Divisionen als auf Bereiche in funktionaler Organisation
			• Divisionen erfüllen ihre Aufgaben unabhängig voneinander
			  • Spezialisierungsvorteile gehen verloren
			  • Konfliktpotential zwischen Divisionen (z.B. bei Betreuung gemeinsamer Kunden)
			  • Gleichartige Funktionsbereiche u. U. mehrfach im Unternehmen gebildet
			  • Mehrbedarf an Leitungsstellen → höhere Personalkosten
			  • Erhöhter Bedarf an qualifizierten Führungskräften
			  • Geringe Ressourceneffizienz
			  • Doppelarbeiten und Redundanzen
			  • Wissensmanagement komplex → Erkenntnisse aus einer Division nur schwer an andere zu vermitteln
			• Schaffung von Synergien obliegt der Unternehmensführung → Höherer Aufwand zur übergreifenden Koordination der Divisionen

		Die divisionale Aufbauorganisation ist typisch und geeignet v. a. für mittlere und grosse Mehrproduktunternehmen in einer dynamischen Unternehmensumwelt.	
Mehrliniensystem	**Matrix- organisation** (gilt in erhöhtem Ausmass auch für Tensororganisation)	Die Matrixorganisation ist entstanden, um die Stärken der beiden eindimensionalen Organisationsformen zu kombinieren und ihre Schwächen zu vermeiden.	

		Daher gelten die Vorteile der beiden anderen Idealtypen hier analog. Ergänzend weisen Matrixorganisationen als Mehrliniensystem gegenüber Einliniensystemen bzw. funktionalen und divisionalen Organisationen folgende weitere Vorteile auf:
		
		• Spezialisierung der Leitung durch Verteilung einzelner Funktionen auf mehrere Instanzen
		  • Betonung der fachlichen Autorität der Vorgesetzten → Hierarchie steht nicht im Vordergrund/ geringere hierarchische Distanz
		  • Entlastung der Unternehmensführung
		• Doppel- bzw. Mehrfachunterstellung erhöht Problemlösungskapazität und Innovationsfähigkeit
		  • Fördert produktive Konflikte («Institutionalisierung beabsichtigter Konflikte» (Hub, 1982: 110))
		  • Ermöglicht mehrdimensionale Entscheidungsfindung durch Berücksichtigung und Zusammenführung unterschiedlicher Standpunkte und Sichtweisen
		  • Unterstützt innerbetriebliche Kooperation und Aufbau von Konsens
		• Direkte, kurze und schnelle Kommunikationswege
		• Vielfältige Möglichkeiten der Personalentwicklung durch unternehmerische Perspektiven der Matrixmanager
		• Flexible Anpassung der Organisation an die Markt- und Wettbewerbserfordernisse
			Matrixorganisationen weisen als Mehrliniensystem gegenüber Einliniensystemen bzw. funktionalen und divisionalen Organisationen folgende Nachteile auf, die in letzteren nicht auftreten:
			
			• Hoher Bedarf an Leitungsstellen (im Verhältnis zu den geführten Personen)
			  • Hohe Personalkosten
			  • Hoher Bedarf an qualifizierten Führungskräften
			• Konfliktpotential aufgrund Doppel- bzw. Mehrfachunterstellung der Ausführungsstellen und daraus resultierender unklarer Leitungsverhältnisse
			  • Gefahr von Aufgabenüberschneidungen sowie Kompetenz- und Verantwortlichkeitskonflikten → Gefahr von Machtkämpfen
			    • Erfordern umfangreichen und zeitintensiven Abstimmungsaufwand, die Entscheidungen verlangsamen («Reibungsverluste»)
			    • Bringen zu viele wenig sachgerechte Kompromisslösungen hervor
			  • Fördern Innenorientierung
			  • Unternehmensführung muss im Konfliktfall entscheiden → Gefahr der Überlastung der Unternehmensführung
			• Hoher Abstimmungs- und Kommunikationsbedarf → Bürokratisierungstendenzen durch aufwendige Kommunikations- und Kompetenzregelungen
			• Hohe Leitungsspanne der Unternehmensführung, da zwei Linien zu führen sind
			• Schwierige Zurechenbarkeit von Fehlern
			• Komplexes System bei wachsender Stellenzahl

		Wie die divisionale Aufbauorganisation ist die Matrixorganisation geeignet v.a. für grosse Mehrproduktunternehmen einer dynamischen Unternehmensumwelt.	

Abb. 3.33 Vor- und Nachteile von Einlinien- und Mehrliniensystemen

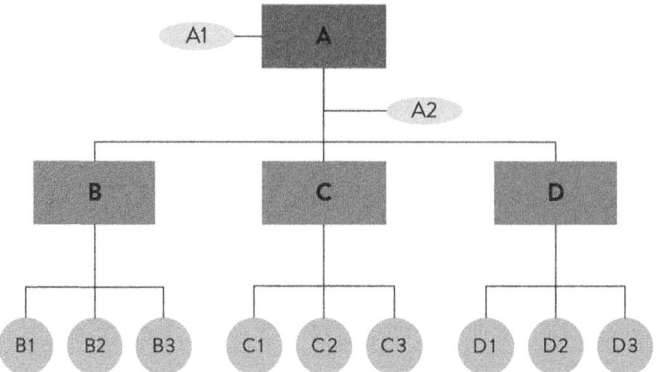

Abb. 3.34 Organigramm

Aus dem abgebildeten vertikalen[49] Organigramm einer eindimensionalen Stab-Linien-Organisation lassen sich die folgenden Informationen über die Aufbau-organisation des betreffenden Unternehmens ablesen:

- Das Organigramm weist drei Hierarchieebenen auf.
- Jedes Rechteck, jeder Kreis bzw. jeder Ellipse symbolisiert eine Stelle. Diese Formen müssten in Realität noch mit der Stellenbezeichnung, dem Namen des Stelleninhabers und allenfalls der Bezeichnung der Abteilung ergänzt werden.
- Bei den Stellen A, B, C und D handelt es sich um Leistungsstellen (Instanzen), die Stellen B1–B3, C1–C3 und D1–D3 sind ausführende D, D1, D2 und D3 Stellen, die Stelle A1 ist eine Assistenzstelle und die Stelle A2 ist eine Stabsstelle.
- Die Stellen B, B1, B2 und B3, C, C1, C2 und C3 sowie D, D1, D2 und D3 stellen jeweils eine Abteilung dar.
- Die Verbindungen zwischen den Stellen sind hierarchische Beziehungen (Über-/Unterstellungen) und Kommunikationswege.

---

[49]Neben dieser vertikalen Darstellungsform gibt es zudem eine vertikal inverse, eine horizontale, eine säulenförmige und eine kreisförmige bzw. konzentrische Darstellungsform. Ein vertikales inverses Organigramm stellt das vertikale Organigramm auf den Kopf, d. h. stellt die höchste Hierachieebenen nicht an das obere und die tiefste Hierachieebene nicht an das untere Ende des Organigramms, sondern umgekehrt. So soll meist zum Ausdruck gebracht werden, dass die obersten Leitungsebenen im Dienst der unteren stehen. In einem horizontalen Organigramm ist die höchste Hierarchieebene links und die tiefste Hierarchieebene rechts dargestellt. In einem Säulen-diagramm sind die Ausführungsstellen unterhalb ihrer Instanzen nicht neben-, sondern unter-einander angeordnet. In einem Kreisorganigramm steht die höchste Hierarchieebene im Zentrum der Darstellung, während die tieferliegenden Hierarchieebenen auf konzentrischen, das Zentrum umgebenden Kreisen angeordnet sind.

- Die Leitungsspanne für die Instanzen A bis D beträgt 3, während die Organisation aus Sicht von Instanz A eine Leitungstiefe 2 und aus Sicht der Instanzen B, C und D eine Leitungstiefe 1 aufweist.
- Wenn Ausführungsstelle D3 formal korrekt mit Ausführungsstelle B2 kommunizieren will, so muss die Kommunikation über den vorgeschriebenen Dienstweg und damit über die Instanzen D und B gehen.
- Da es sich um eine eindimensionale Organisation handelt, kann diese funktional oder divisional strukturiert sein. Welche dieser beiden Organisationskonfigurationen effektiv vorliegt, kann aus dem Organigramm allerdings nicht herausgelesen werden.

So interessant es ist, sein Unternehmen oder seine Abteilung in Form eines Organigramms abzubilden: Jedes Organigramm ist nur so gut wie die gedanklichen Anstrengungen, die in die Aufgabenanalyse sowie die Stellen- und Abteilungssynthese eingeflossen sind. Sind diese Vorarbeiten nicht ausreichend gut gemacht worden, nutzt auch das Zeichnen eines mit „Organigramm" betitelten Bildes nichts:

> „An organisation structure is not a chart. The chart is an illustration of the grouping of the responsibilities and of the relations that arise among the groups. [...] Of itself it does not codify the responsibilities of the various executive or supervisory posts concerned. This can be done only by clear definitions of the scope and breakdown of such responsibilities [...]."
> (Brech 1953, S. 25)

Jeder Manager muss sich zudem bewusst sein, was Organigramme zu leisten imstande sind und was nicht:

> „A manager will often lay his organization chart on his desk, smooth it out, and say: ‚Here is my organization.' This is far from the fact. The organization chart is an inadequate representation of the organization that actually exists. Properly prepared, the chart can identify the large areas of work that are to be performed, it can indicate basic relationships, and it can specify who gives orders to whom. But this about marks its capacity." (Allen 1964, S. 165)

Abgesehen davon sind Organigramme immer nur Momentaufnahmen, die die zu einem bestimmten Zeitpunkt sinnvolle formale Struktur der Kooperation abbilden. Wenn sich die Rahmenbedingungen ändern, muss überprüft werden, ob sich auch die Organisation ändern muss:

> „The organization chart is a graphic means of showing organization data. Organization charts are snapshots; they show only the formal organization and depict it for only a given moment in time; an outdated chart is as useful as yesterday's newspaper." (Allen 1958, S. 289 f.)

Zu bedenken ist des Weiteren auch, dass ein Organigramm nur die sog. „Primärorganisation" eines Unternehmens ab bildet. Bei dieser handelt es sich um die dauerhafte
Aufbaustruktur des Unternehmens, d. h. die hierarchische Verbindung aller dauerhaften
Organisationseinheiten des Unternehmens. Die Primärorganisation dient der Bearbeitung
der regelmässig anfallenden Dauer- und Routineaufgaben und verleiht dem Unternehmen Stabilität.

Die Primärorganisation wird in der Realität durch eine *„Sekundärorganisation"*
ergänzt, die meist nicht im Organigramm dargestellt ist (vgl. Schulte-Zurhausen 2014,
S. 306 ff.). Diese setzt sich aus nicht selten temporären (d. h. befristet angelegten) und
oft hierarchieübergreifenden (traversierenden) Organisationseinheiten zusammen,
die die Primärorganisation überlagern und üblicherweise aus zwei und mehr Personen
bestehen. Das Wesen der Organisationseinheiten der Sekundärorganisation besteht also
„in einer Zusammenarbeit mehrerer Stellen in zeitlich begrenzten Zusammenkünften"
(Kosiol 1976, S. 157). Die Sekundärorganisation dient der Lösung von Schnittstellen-
problemen, unterstützt die hierarchieübergreifende Koordination, erhöht die Sorgfältig-
keit und Ausgewogenheit der Willensbildung, verkürzt Kommunikationswege, verbessert
die zwischenmenschlichen Beziehungen und erhöht so die unternehmerische Flexibilität. Wenn es zu einer Neugestaltung der Primärorganisation kommt, muss in Konsequenz
auch die Sekundärorganisation angepasst werden. Beispiele von Organisationseinheiten
der Sekundärorganisation sind Koordinationsstellen (z. B. Kundenmanagement,
Produktmanagement), Projektteams, Arbeitsgruppen, Kollegien, Gremien, Aus-
schüsse, Kommissionen, Komitees, Zirkel, aber auch Besprechungen, Tagungen oder
Sitzungen. Hierbei handelt es sich um „Koordinations- und Integrationsstellen, die mehr
oder minder zeitlich befristet sind und zur Erfüllung von komplexen und meist nicht
routinisierbaren Aufgaben gebildet werden" (Jones und Bouncken 2008, S. 47).

Kombiniert man die Instrumente „Aufgabengliederungsplan" und „Organigramm", so
ergibt sich das dritte Instrument der Aufbauorganisation, nämlich das sog. *„Funktionendiagramm".* Dieses zeigt die von den jeweiligen Stellen zu bewältigenden (Teil-)Auf-
gaben, zeigt das Zusammenwirken mehrerer Stellen bei der Bewältigung einer Aufgabe
und hilft so Kompetenzstreitigkeiten zu vermeiden:

Was lernen wir aus der Managementliteratur?

„Welcher Aufgabenträger mit welcher Funktion an der Erfüllung welcher Aufgabe beteiligt ist, kann in übersichtlicher Weise in einem Funktionendiagramm [...] dargestellt werden" (Hub 1982, S. 99)

„Funktionendiagramme setzen die verschiedenen Aufgaben gemäss Aufgabengliederungs-plan (A) und die gemäss Organigramm (B) gebildeten Stellen in einer Matrix in Beziehung zu einander. Im Schnittpunkt zwischen Aufgaben und beteiligten Stellen wird die jeweilige Kompetenz dieser Stellen durch ein Kurzsymbol charakterisiert. Als ‚Funktion' wird dabei die Kombination einer Teilaufgabe mit der zu bestimmenden Kompetenz[50] und der dazu-gehörigen Verantwortung bezeichnet." (Ulrich und Fluri 1995, S. 219)

„Das Funktionendiagramm zeigt in matrixförmiger Darstellung das funktionelle Zusammenwirken mehrerer Stellen zur Bewältigung einer Aufgabe." (Thommen et al. 2017, S. 444)

Liest man ein Funktionendiagramm – wie z. B. das in Abb. 3.35 dargestellte – zeilen-weise, so „erkennt man die jeweilige Arbeitsteilung und die damit erforderliche Zusammenarbeit (Koordinierung)" (Hub 1982, S. 100); liest man es spaltenweise so „erkennt man, welche Funktionen die jeweilige Stelle hat" (Hub 1982, S. 100).

Wenn wir das bisher Gesagte *zusammenfassen,* so können wir festhalten, dass die Gestaltung der Aufbauorganisation eines Unternehmens eine Reihe von zwingend zu treffenden Festlegungen umfasst. Damit ein Unternehmen sich eine Ablauforganisation

---

[50]Als mögliche Kompetenzen führen Ulrich und Fluri (1995, S. 218) folgende Kompetenzstufen auf: Zielvorgabe, Grundsatzentscheid oder letztinstanzlicher Entscheid (Sollwert-Vorgabe; Z), Leitung der Aufgabenerfüllung durch Kontrolle der Ergebnisse bestimmter Arbeitsphasen und Ver-gleich mit den vorgegebenen Sollwerten (Sollwert-Regelung, Regeln; R), Erteilen konkreter, dis-positiver Anweisungen und Instruktionen (Auslösen, Anordnen; A); die eigentliche Ausführung einer Tätigkeit (Sachbearbeitung, Durchführen; D); zwingende Beteiligung oder Möglichkeit der Einflussnahme auf die Durchführung durch eine Stelle, die der anordnenden Stelle nicht unterstellt ist (Mitwirken; M); selbstständiges Durchführen (AD); Steuern von Arbeitsprozessen durch direkte Instruktionen an die durchführende Stelle (RA).
Allen (1958, S. 289; 227 f.) listet folgende Formen von „authority" auf: „final authority" („Power or right to make final decisions"), „must be consulted" („Final decision may be made after consultation. Disagreement must be carried to higher authority before final decision can be made."), „advisory authority" („Authority to advise, suggest, recommend, counsel, consult."), „service authority" („Authority to carry out for manager having final authority by specific and restricted delegation."), „must be informed" („Must be notified of action taken. Applies only to notification outside normal channels.").
Alternativ bzw. ergänzend dazu finden sich auch folgende Bezeichnung der Funktionen (vgl. z. B. Hub 1982, S. 106 f.): Ausführen/Durchführen (A), Antrag stellen (AN), Bewilligen (B), Entscheiden (E), Entscheid genehmigen (EG), Initiative/Anregung (I), Planen/Vorbereiten (P), Kontrollieren/Evaluieren (K), Mitsprache (M).

Aufgaben \ Stellen	Verwaltungsrat	Geschäftsleitung	Bereiche				Bemerkungen
			F & E	Produktion	Marketing	Administration	
Festlegung der Unternehmenspolitik	E	P	M	M	M	M	
Erstellung der 5-Jahrespläne							
▪ Umsatzentwicklung	E				P		
▪ Kosten-Ertragsentwicklung	E	P	P	P	P	P	
▪ Investitionen	E						
Erstellung des Jahresbudgets							bis 10.11.
▪ Umsätze		E			P		
▪ betriebliche Kosten		E	P	P	P	P	
▪ Investitionen		E		P			
Aufstellung und Überwachung der Jahresaktionspläne		A					
Erarbeiten von Führungskennziffern						A	
P = Planen, E = Entscheiden, M = Mitspracherecht, A = Ausführen							

Abb. 3.35 Funktionendiagramm (Thommen et al. 2017, S. 443; vgl. Krummenacher et al. 2016, S. 284; Thommen 2002, S. 213; Thommen 2016, S. 699; Ulrich und Fluri 1995, S. 219; Hub 1982, S. 102 f.; Kosiol 1976, S. 96)

geben kann, muss es die folgenden Gestaltungsfelder/-parameter der Ablauforganisation bearbeiten:

1) Aufgabenanalyse
   - Herunterbrechen der Gesamtaufgabe auf Teil- und Elementaraufgaben
   - Darstellung der Ergebnisse in Form eines Aufgabengliederungsplans
2) Aufgabensynthese
   Schrittweise Zusammenfassung der Teil- und Elementaraufgaben zu Stellen (Stellenbildung) sowie Abteilungen und letzten Endes zur Gesamtorganisation des Unternehmens (Abteilungsbildung)
   - Stellenbildung
     Zusammenfassung der Teil- und Elementaraufgaben zu Aufgabenkomplexen („Stellen")
     Zusammenfassende Darstellung der einer Stelle zugeordneten Aufgaben, Kompetenzen und Verantwortlichkeiten mithilfe einer Aufgaben-Checkliste sowie einer Stellenbeschreibung
     Zusammenfassende Darstellung der auf Stellen heruntergebrochenen Gesamtaufgaben mithilfe des Stellengliederungsplans

– Abteilungsbildung

Festlegung der jeweiligen Art der Stelle (Linienstelle, unterstützende Stelle)

Zusammenfassung von jeweils zwei oder mehr Stellen zu Stellengruppen („Abteilungen") sowie von Unterabteilungen zu Abteilungen und von Abteilungen zur Gesamtorganisation

Festlegung des Gliederungskriteriums zur Bildung von Abteilungen auf der zweiten Hierarchieebene des Unternehmens (Makroebene)

Festlegung des Gliederungskriteriums zur Bildung von Abteilungen auf den tieferliegenden Hierarchieebenen des Unternehmens (Meso- und Mikroebene)

Bestimmung der Leitungs-/Kontrollspanne und Leitungstiefe

Festlegung der Art der Beziehungen bzw. Verbindungen und damit der Hierarchie zwischen den Stellen und Abteilungen

Bestimmung der Weisungsbefugnisse bzw. Wahl des Leitungsprinzips, d. h. Festlegung der Anzahl der Beziehungen bzw. Verbindungen zwischen den Stellen und Abteilungen

– Grafische Darstellung dieser Festlegungen in Form eines Organigramms sowie eines Funktionendiagramms (Kombination aus Aufgabengliederungsplan und Organigramm)

– Festlegung der die Primärorganisation des Unternehmens ergänzenden und überlagernden Sekundärorganisation

Die Aufbauorganisation eines Unternehmens lässt sich vor diesem Hintergrund also nicht einfach auf dessen Organigramm reduzieren; sie umfasst vielmehr die Gesamtheit der Festlegungen zu den Gestaltungsparametern der Aufbauorganisation. Das Organigramm ist nur eine grafische Kurzform für diese Gesamtheit an Festlegungen und kann ohne das Wissen um Letztere nicht richtig verstanden und interpretiert werden.

Bei der Ausgestaltung der Aufbauorganisation eines Unternehmens sollte man nicht vergessen, dass es keine ideale Aufbauorganisation gibt. Alle Organisationskonfigurationen weisen jeweils eigene Schwächen auf und bringen Probleme mit sich:

„Much of what we regard as reliable, foreseeable, and stable is so obviously a result of formally organized effort that it is readily believed that organized effort is normally successful, that failure of organization is abnormal. [...] But in fact, successful coöperation in or by formal organizations is the abnormal, not the normal, condition. What are observed from day to day are the successful survivors among innumerable failures." (Barnard 1938, S. 4 f.)

„Alle Organisationen sind unvollkommen: alle produzieren Konflikte, Kooperationsaufwand, Informationsprobleme, zwischenmenschliche Reibungsflächen, Unklarheiten, Schnittstellen und alle Arten von sonstigen Schwierigkeiten. Man ist gut beraten, davon auszugehen, dass man daher nicht die Wahl zwischen guten und schlechten Organisationen hat, sondern nur zwischen mehr oder weniger schlechten. Alle Organisationen erfordern Kompromisse." (Malik 2006, S. 194; 2007, S. 215; 2003, S. 203; 2010, S. 207)

Man sollte also realistisch genug bleiben und die Entscheidung für eine bestimmte Organisationskonfiguration eher danach treffen, welche Probleme diese Konfiguration nicht schafft bzw. welche Probleme alternative Konfigurationen geschaffen hätten: „Man darf Organisation nicht danach beurteilen, welche Probleme sie schafft, sondern welche sie nicht schafft." (Malik 2007, S. 215; 2010, S. 207).

3.2.1.2.2 Funktionsbereiche des Unternehmens und der Zweck des Managementsystems

Wie bereits oben angedeutet wurde, sind alle Unternehmen in ihrem Kern funktional gegliedert. Dies gilt für Unternehmen, die eine funktionale Aufbauorganisation auf-weisen; es gilt aber auch für Unternehmen, die eine divisionale Aufbauorganisation aufweisen oder eine Matrix- oder gar eine Tensororganisation besitzen. Denn während das funktionale Gliederungskriterium integraler Bestandteil von Matrix- oder Tensor-organisationen ist, so sind die Divisionen eines divisional strukturierten Unternehmens in sich üblicherweise funktional gegliedert. Entsprechend wichtig ist es die Logik der funktionalen Organisation zu verstehen.

Der funktionalen Organisation liegt die Vorstellung zugrunde, dass Unter-nehmen „materielle Transformationssysteme" (Ulrich 2001a, S. 287) sind, d. h. (sozio-technische) Systeme, die Input in Output transformieren. Die Gesamtauf-gabe der Transformation von Ressourcen in (materielle oder immaterielle) „Markt-leistungen bestimmter Qualität, die in bestimmter Menge zu bestimmten Zeitpunkten an bestimmten Orten für Kunden bereitstehen sollen" (Ulrich 2001a, S. 288 f.), umfasst hierbei eine Reihe von distinkten Teilaufgaben. Das, was gemeinhin als „Funktions-bereiche" der funktionalen Organisation bezeichnet wird, sind so verstanden die Sub-systeme des Systems „Unternehmen", deren Zweck in der Erfüllung jeweils einer dieser funktionalen Teilaufgaben besteht.

Soll das Unternehmen Input in Output transformieren, so muss zum einen für den Input gesorgt werden und dieser dann zum anderen in geeigneter Form zum gewünschten Output verarbeitet werden. Entsprechend lassen sich innerhalb des Unternehmens zwei grundlegende Funktionsbereiche bzw. funktionale Subsysteme unterscheiden, die zusammen das sog. „operative System" (auch: operationelle System) des Unternehmens darstellen (vgl. auch Abb. 3.27):

- Das *„Versorgungssystem"* (auch: Unterstützungssystem; betriebsmittelbezogener/ inputbezogener Funktionsbereich; Versorgungsbereich) versorgt das Unternehmen mit den für die Outputerstellung nötigen Inputfaktoren bzw. Ressourcen. Das Ver-sorgungssystem verbindet das Unternehmen mit seinen Beschaffungsmärkten und „nimmt aus diesen die für die Leistungserstellung benötigten Mittel auf und sorgt für deren Einsatzbereitschaft" (Ulrich und Krieg 2001, S. 27). Das Versorgungssystem umfasst die sog. Unterstützungsprozesse (auch: support activities), welche der Bereit-stellung grundlegender Infrastrukturen und Ressourcen dienen. Es ist für die Bereit-stellung der Infrastruktur zuständig, „welche die Produktion von direkten Werten für den Kunden ermöglicht, aber nicht vollzieht" (Gomez et al. 2019, S. 63).

- Im *„Vollzugssystem"* (auch: Geschäftssystem; primäres System; unmittelbar produktives System; marktleistungsbezogener/outputbezogener Funktionsbereich; Vollzugsbereich) geschieht die Umwandlung der Inputfaktoren in den gewünschten Output. Das Vollzugssystem umfasst die sog. Geschäftsprozesse (auch: primary activities), d. h. „diejenigen Prozesse, die mit den Marktleistungen in einem unmittelbaren Zusammenhang stehen" (Ulrich und Krieg 2001, S. 27). Das Vollzugssystem verbindet das Unternehmen zudem mit seinen Absatzmärkten. In ihm vollzieht sich die Entwicklung, Erstellung und Abgabe der vom Unternehmen produzierten Produkte und/oder Dienstleistung für und an den Absatzmarkt. Somit sind im Vollzugssystem „alle Businessfunktionen enthalten [...], die der Kunde im Produktlebenszyklus erwartet" (Gomez et al. 2019, S. 63). Diejenigen Prozesse im Vollzugssystem, die einem Unternehmen aus Sicht des Kunden zur strategischen Differenzierung gegenüber der Konkurrenz verhelfen, werden als Kernprozesse bezeichnet.

Zusätzlich zu dem operationellen Bereich des Unternehmungsgeschehens bedarf es eines weiteren funktionalen Subsystems, das das Unternehmen führt und so die Zweckerfüllung des operativen Systems und des Gesamtsystems sicherstellt.

> „Durch operationelle Prozesse werden die benötigten Mittel aus der Umwelt aufgenommen, miteinander kombiniert und zu Leistungen umgewandelt, die an die Umwelt abgegeben werden. Durch Führungsprozesse werden die operationellen Prozesse gestaltet." (Ulrich und Sidler 2001, S. 97)

Dies ist der Zweck des sog. *„Managementsystems"* (auch: unternehmensbezogener Funktionsbereich; Führungsbereich), das das Versorgungs- und Vollzugssystem durchdringt und auf das in einem eigenen Kapitel eingegangen wird.

Das Versorgnungs- und Vollzugssystem des Unternehmens bestehen in der Realität wiederum aus diversen Subsystemen, die sich aus den jeweils von diesen Subsystemen zu erbringenden Teilaufgaben ergeben. So kann z. B. das Versorgungssystem anhand der beschafften und verwalteteten Inputfaktoren kategorisiert und in Subsysteme untergliedert werden. Die Abb. 3.36 und 3.37 bieten eine zusammenfassende Übersicht über das Versorgungs- und Vollzugssystem sowie die laut Literatur typischerweise in ihnen vorfindbaren Subsysteme (vgl. auch Ulrich und Sidler 2001, S. 97; Ulrich 2001a, S. 59 ff., 3001, 374; Rüegg-Stürm 2003, S. 67 ff.; Rüegg-Stürm und Grand 2019, S. 64 ff.; Ulrich und Krieg 2001, S. 26 f.; Bieger 2015, S. 40 ff.; Bieger et al. 2009; Porter 1998a, S. 39 f.).

3.2.1.2.3 Ablauforganisation

So wichtig die Aufbauorganisation als Gliederungsgefüge aller Stellen und Abteilungen eines Unternehmens ist, so sagt sie letzten Endes doch nichts darüber aus, wie genau die Organisationseinheiten in Raum und Zeit zusammenwirken. Und das müssen sie, möchte das Unternehmen seine Mission und Vision verwirklichen. Dem Kunden ist es im Grunde egal, wie das Unternehmen hinsichtlich seiner Aufbaustruktur aufgestellt ist. Er möchte,

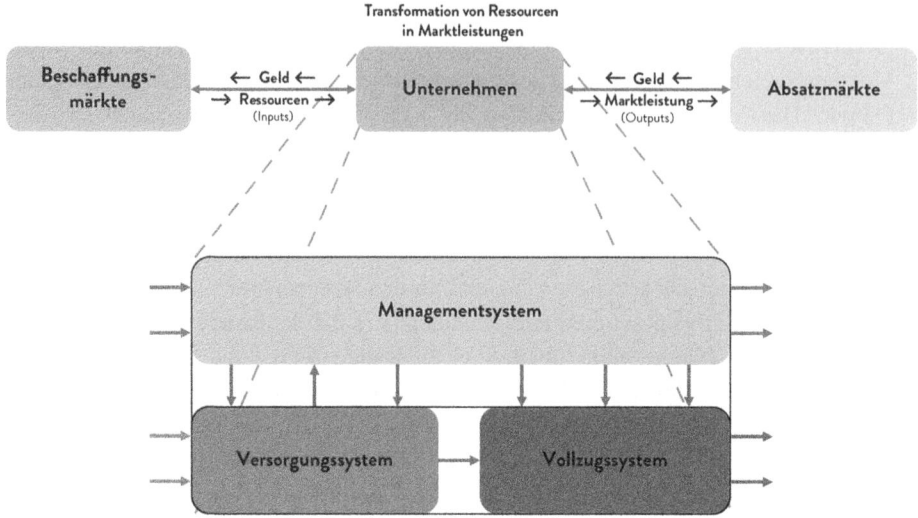

Abb. 3.36 Versorgungs-, Vollzugs- und Managementsystem

dass das Unternehmen seinen Auftrag abwickelt und ihm so den Kundennutzen bietet, den er erwartet und für den er bezahlt. Damit dies möglich ist, müssen – wie Abb. 3.38 anhand des Beispiels der Abwicklung des Auftrags „Entwicklung und Fertigung einer Kaffeemaschine" zeigt – die Aktivitäten verschiedener Organisationseinheiten arbeitsteilig ineinandergreifen.

Damit dies möglich wird, müssen die Aktivitäten der einzelnen Elemente der Aufbauorganisation koordiniert und zu sog. „Prozessen" (auch: Arbeitsgängen), d. h. raumzeitlich strukturierten Abfolgen menschlicher Handlungen, zusammengefasst werden. Denn die Erfüllung der Gesamtaufgabe des Unternehmens sowie der Elementaraufgaben erfolgt in Prozessen:

> „Unter einem **Prozess** wird [...] die zielgerichtete Erstellung einer Leistung durch eine **Folge von logisch zusammenhängenden Aktivitäten** verstanden, die innerhalb einer Zeitspanne nach bestimmten Regeln durchgeführt wird." (Vahs 2009, S. 226)

Aus einer Prozessperspektive stellen sich Unternehmen als „vernetztes Zusammenspiel von Prozessen" (Rüegg-Stürm und Grand 2019, S. 64) dar.

Funktionsbereiche/ funktionale Subsysteme			Zweck des Funktionsbereichs bzw. funktionalen Subsystems		
Managementsystem			Sicherstellung der Zweck- und Zielerfüllung des Gesamtsystems und seiner Subsysteme		
Operatives/ operationelles System	Versorgungssystem	Personal	Gewinnung, Entwicklung/ Weiterqualifizierung, Beurteilung und Honorierung der zur Zweckerfüllung nötigen Mitarbeiter		Source
		Anlagen/ Infrastruktur	Beschaffung und Verwaltung/ Bewirtschaftung der zur Zweckerfüllung nötigen v.a. materiellen, aber auch immateriellen Potentialfaktoren (z.B. Software)		
		Material (Einkauf/ Beschaffung)	Beschaffung und Verwaltung der zur Zweckerfüllung nötigen materiellen Repetierfaktoren		
		Informationsversorgung- und -bewältigung/ Rechnungswesen	Erfassung, Überwachung und informatorische Verdichtung der Geld- und Leistungsströme (Informationsbewältigung)	Externes Rechnungswesen (Rechnungslegung; Corporate Accounting)	
				Internes Rechnungswesen (Controlling; Management Accounting)	
		Finanzen	Beschaffung und Verwaltung der zur Zweckerfüllung nötigen Finanzmittel		
		Energie	Beschaffung und Verwaltung der zur Zweckerfüllung nötigen Energie		
		Public Relations-/ Öffentlichkeitsarbeit	Entwicklung und Pflege tragfähiger Beziehungen zu internen und externen Anspruchs-gruppen (Aufbau von Goodwill; Befriedigung des Bedürfnisses nach Information)		
		...	...		
	Vollzugssystem	Leistungserstellungs- und -innovation	Leistungserstellung/ Produktion/ Operations (schliesst Kundenanfrage/ Bestellung und Lieferung/ Kundendienst mit ein)		Make
			Leistungsinnovation (Produkt-/ Leistungsentwicklung; Forschung und Entwicklung)		
		Kundensystem (Absatz; Marketing und Vertrieb)	Reputations-/ Markenführung (Schaffung und Erhalt eines positiven Image; Förderung der Bekanntheit)		Deliver
			Kundenselektion (Auswahl der zu akquirierenden und bindenden Kunden(segmente))		
			Kundenakquisition (Erschliessung neuer Kundenpotentiale (Nichtverwender; Kunden der Konkurrenz))		
			Kundenbindung (Erhaltung/ Ausbau bestehender Kundenpotentiale)		

Abb. 3.37 Funktionsbereiche bzw. funktionale Subsysteme des Systems „Unternehmen"[51]

Zusätzlich zur aufgabenorientierten, aber statischen Betrachtung bedarf es somit der aktivitäts- bzw. prozessorientierten und damit dynamischen Betrachtung des Unternehmens. Entsprechend umfasst die Managementaufgabe „Organisieren" neben der Gestaltung der Aufbauorganisation zudem die zweck- und zielentsprechende raumzeitliche Strukturierung der Aktivitäten des Unternehmens. Diese auch Ablauforganisation genannte Struktur fokussiert sich auf die Aufgabenerfüllung; zu diesem Zweck legt sie die Aktivitäten der Systemelemente hinsichtlich ihres zeitlichen und sachlogischen

---

[51]In Bezug auf das Thema finanzielle Führung sind Rüegg-Stürm und Grand (2019, S. 70 f.) der Auffassung, dass „Prozesse der Finanzierung, d. h. der Kapitalbeschaffung und Liquiditätsplanung sowie der externen Rechnungslegung" als Unterstützungsprozesse zu werten und damit dem Versorgungssystem zuzurechnen sind. Diese dienen der Bereitstellung einer zweckmässigen Ressourcenkonfiguration. Hingegen sind „Prozesse der finanziellen Jahres- und Mehrjahresplanung einschliesslich Investitionsplanung, des betrieblichen Accounting und Controlling" als Managementprozesse zu betrachten, da sie der Schaffung von finanzieller Transparenz dienen.

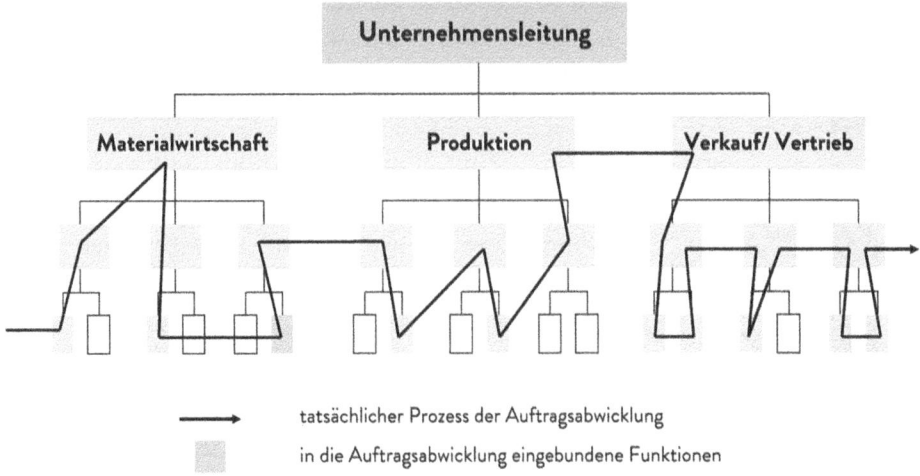

tatsächlicher Prozess der Auftragsabwicklung

in die Auftragsabwicklung eingebundene Funktionen

Abb. 3.38 Zusammenspiel der Organisationseinheiten bei der Abwicklung eines Auftrags. (Eigene Darstellung in Anlehnung an Vahs 2009, S. 219)

Zusammenspiels fest und richtet sie so auf die Erfüllung der Vision und Mission des Unternehmens aus:

Was lernen wir aus der Managementliteratur?

„Während bei der Aufbauorganisation die Aufgabe als Zielsetzung für zweckbezogene menschliche Handlungen im Mittelpunkt der Betrachtungen steht, rückt bei der Ablauforganisation der Arbeitsprozeß als raumzeitlich sich abspielender Vorgang, der zur Zielerreichung hinführt und sie bewirkt, in den Vordergrund." (Kosiol 1976, S. 185; 32)

„Im einzelnen geht es bei der Ablauforganisation um Dauerregelungen der Reihenfolge und Gruppierung von Arbeitsgängen in zeitlicher und räumlicher Hinsicht." (Hub 1982, S. 96)

„**Prozesse** sind **Folgen einzelner Aktivitäten,** die untereinander einen erkennbaren Zusammenhang aufweisen. In zielorientierten Systemen ist dieser Zusammenhang durch ein bestimmtes Ziel gegeben, das durch den Prozess insgesamt erreicht werden soll; die einzelnen Aktivitäten oder Arbeitsvorgänge sind dann einzelne Stufen im ganzen Prozess der Zielverwirklichung. Die **Aufgabe des Organisators** besteht **in dieser Hinsicht** grundsätzlich darin, **von** einem solchen **Ziel ausgehend die Aktivitäten der einzelnen Elemente zu bestimmen** und den **Ablauf der Interaktionen in ihrer Reihenfolge und in zeitlicher Hinsicht zu bestimmen.**" (Ulrich 2001a, S. 272)

„Während sich die Aufbauorganisation mit der Strukturierung des Unternehmens in organisatorische Einheiten (Stellen, Abteilungen) beschäftigt, steht bei der Ablauforganisation die **Festlegung der Arbeitsprozesse unter Berücksichtigung von Raum, Zeit, Sachmittel und Personen** im Mittelpunkt." (Thommen et al. 2017, S. 441)

Die Gestaltung der Ablauforganisation wird von manchen Managementdenkern auch als „Koordination" bezeichnet:

> „Coordination is often described as [...] having to do with the synchronization of activities with respect to time and place in order to make the best use of the resources directed toward the same or related purposes." (Cleland und King 1972, S. 137)

> „Die **Teilaufgaben bzw. deren Träger** müssen **aufeinander abgestimmt** und die durch die einzelnen Aufgabenträger vollzogenen Teilleistungen **zur Gesamtleistung zusammengesetzt** werden: Koordination." (Ulrich und Fluri 1995, S. 171)

Wie die Gestaltung der Aufbauorganisation auch, so hat die Gestaltung der Ablauforganisation einen analytischen und einen synthetischen Aspekt:

Arbeitsanalyse

Unter Arbeitsanalyse ist die Fortführung der Aufgabenanalyse unter besonderer Betonung der für die Aufgabenerfüllung erforderlichen Arbeitsschritte zu verstehen. Die Elementaraufgaben werden hierbei – üblicherweise anhand des Verrichtungsprinzips – „weiter in einzelne Arbeitsteile, d. h. Tätigkeiten zur Erfüllung einer Aufgabe, zerlegt" (Thommen et al. 2017, S. 441).

> „Die Arbeitsanalyse gibt (wie jede Aufgabenanalyse) einen Überblick über die Gesamtheit aller anfallenden und auf Aufgaben- und Arbeitsträger zu verteilenden analytischen Arbeitsteile beliebiger Ordnung. Sie unterscheidet sich von der Aufgabenanalyse nur durch die besondere Betonung der in Raum und Zeit zu realisierenden Erfüllungsvorgänge." (Kosiol 1976, S. 189; vgl. 211).

Die Elementaraufgaben der Aufgabenanalyse sind also die analytischen Arbeitsteile höchster Ordnung, die im Rahmen der Arbeitsanalyse weiter heruntergebrochen werden. Am Ende der Arbeitsanalyse stehen die sog. „Elementaraktivitäten", d. h. die einzelnen voneinander abhängigen und üblicherweise in einer bestimmten Reihenfolge zu absolvierenden Arbeitsschritte („tasks"), aus denen sich eine Elementaraufgabe zusammensetzt. Bezüglich der Anzahl der Analysestufen lässt sich hierbei keine allgemeingültige Aussage treffen.

Arbeitssynthese

Die in der Arbeitsanalyse gewonnenen Arbeitsteile bzw. Elementaraktivitäten werden im Rahmen der Arbeitssynthese zunächst zu sog. „Arbeitsgängen" (auch: Arbeitsprozessen) kombiniert. Jeder dieser Arbeitsteilkomplexe ist hinsichtlich Umfang und Inhalt so zu gestalten, dass er a) eine logisch zusammenhängende und raumzeitlich in sich geschlossene Menge an Arbeitsteilen umfasst, die am gleichen Objekt erbracht wird, und b) von einem einzelnen Arbeitsträger erledigt werden kann. Sind die Arbeitsteile zu Arbeitsgängen kombiniert, sind sie in einem nächsten Schritt in personaler, temporaler und lokaler Hinsicht miteinander in Beziehung zu setzen (vgl. Kosiol 1976, S. 190, 211 ff.; Thommen et al. 2017, S. 441):

- Bei der „personalen Arbeitssynthese" (auch: Arbeitsverteilung) werden die Arbeitsgänge auf menschliche Arbeitsträger verteilt. Neben der Beantwortung der Frage, welche Arbeitsgänge welchem Arbeitsträger übertragen werden, umfasst die Arbeitsverteilung auch die Definition der vom Arbeitsträger jeweils zu leistenden Arbeitsmenge (Arbeitspensum). Bei der Festlegung, welche Arbeitsgänge ein Arbeitsträger wie oft pro Zeiteinheit auszuführen hat, ist zu berücksichtigen, dass der Arbeitsträger sein Pensum dauerhaft ohne Überlastung leisten kann.
- Die „temporale Arbeitssynthese" (auch: Arbeitsvereinigung) stimmt die einzelnen Arbeitsgänge in zeitlicher Hinsicht aufeinander ab und fügt die Leistungen mehrerer, arbeitsteilig voneinander abhängiger Personen so zu einem Prozessganzen zusammen. Hierzu werden die Arbeitsgänge zunächst zu sog. „Arbeitsprozessen" (auch: Gangfolgen, Arbeitsgangfolgen) kombiniert. Ein Arbeitsprozess umfasst hierbei die Gesamtheit der gleich- oder verschiedenartigen Arbeitsgänge, die in zeitlicher geordneter Form einem Arbeitsträger zugeordnet sind.
  Ist die zeitliche Abstimmung für die einzelnen Arbeitsträger abgeschlossen, sind in einem nächsten Schritt die Arbeitsprozesse über die einzelnen Arbeitsträger hinweg zu einem Gesamtprozess zu koordinieren. Ziel ist die stellenübergreifende Leistungsabstimmung, sodass die Arbeitsprozesse aller Mitglieder des Unternehmens im Sinne von Vision und Mission des Unternehmens ineinandergreifen. Die einzelnen Arbeitsprozesse werden somit in Beziehung zueinander und so zu „Prozessketten", d. h. Abfolgen mehrerer Prozesse in einem übergeordneten grösseren Prozess, zusammengesetzt. Die Teilprozesse einer solchen Prozesskette werden als Subprozesse bezeichnet. Es ist also die temporale Synthese, die über die Definition von Prozessen und aus diesen gebildeten Prozessketten letzten Endes in die Ablauforganisation mündet.
- Bei der „lokalen Arbeitssynthese" (auch: Raumgestaltung) geht es um die zweckmässige räumliche Anordnung und die Ausstattung der Arbeitsplätze. Bei ersterer geht es v. a. um die Minimierung der Transportwege, bei zweiterer um die Bereitstellung der zur Arbeit nötigen Mittel, aber auch um die Schaffung günstiger allgemeiner Arbeitsbedingungen.

Handlungsleitend für die Arbeitssynthese sollte das Bemühen um die möglichst schlanke („lean") Ausgestaltung der Prozesse. Wo immer möglich, sollten – von Haus aus fehleranfällige – Schnittstellen minimiert und „Blindleistungen" (z. B. unnötige Wartezeiten, Mehrfacharbeiten) systematisch eliminiert werden. Zudem gilt es, die Prozesse kundenzentriert und nicht nur mit einem internen Fokus zu gestalten.

Stellen					Arbeitsablauf: Betriebsmaterial IST		
Dir	Pr	Ei	V	A	Nr.	Aufgaben, Tätigkeiten	Bemerkungen
					1	■ Wöchentliche Bestandeskontrolle ■ Festlegung der zu bestellenden Artikel und Mengen ■ Ausstellung einer Bedarfsanforderung	Lieferanten- kartei beim Einkauf
					2	■ Ergänzt Bedarfsanforderung mit Preisen, Liefer- bedingungen ■ Eintrag der Kostenstellen-Nummer ■ Schreiben der Bestellung	Produktion
					3	■ Kontrolle der Bestellung, Unterschrift ■ Eintrag der bestellten Menge in Lagerkartei ■ Weiterleitung an Administration	Lagerkartei könnte vom Einkauf geführt werden
					4	■ Kenntnisnahme und Kontrolle ■ Versand, Verteilung der Bestellkopien	Weshalb nicht Einkauf?
					5	■ Eingang der Auftragsbestätigung ■ Kenntnisnahme, Weiterleitung	
					6	■ Kontrolle der Daten ■ Eintragung der Liefertermine ■ Meldung an Produktion	
					7	■ Kontrolle der Daten ■ Eintragung der Liefertermine	Doppelspurig- keit!
					8	■ Eingang der Ware ■ Überprüfung der gelieferten Ware mit Auftrags- bestätigung ■ Ausstellen Wareneingangsschein ■ Eintragung in Lagerkartei ■ Weiterleitung der Kopien	

Abb. 3.39 Beispiel eines Ablaufplans (Thommen 2007: Abb. 306)

Die Gesamtheit der Festlegungen aus Arbeitsanalyse und Arbeitssynthese stellt das dar, was wir als gemeinhin als Ablauforganisation eines Unternehmens bezeichnen. Diese kann mithilfe einer Reihe von Instrumenten bzw. grafischen Hilfsmitteln dargestellt werden. In diesem Zusammenhang sind v. a. der Ablaufplan, die Ablaufkarte, *das* funktionsübergreifende Flussdiagramm („cross-functional flowchart"), die Prozesslandkarte („process map"), der Netzplan, der Wert- bzw. Servicestrom und das Balken- bzw. Gantt-Diagramm (vgl. Abb. 3.39, 3.40, 3.41, 3.42, 3.43, 3.44 und 3.45) zu erwäh nen.

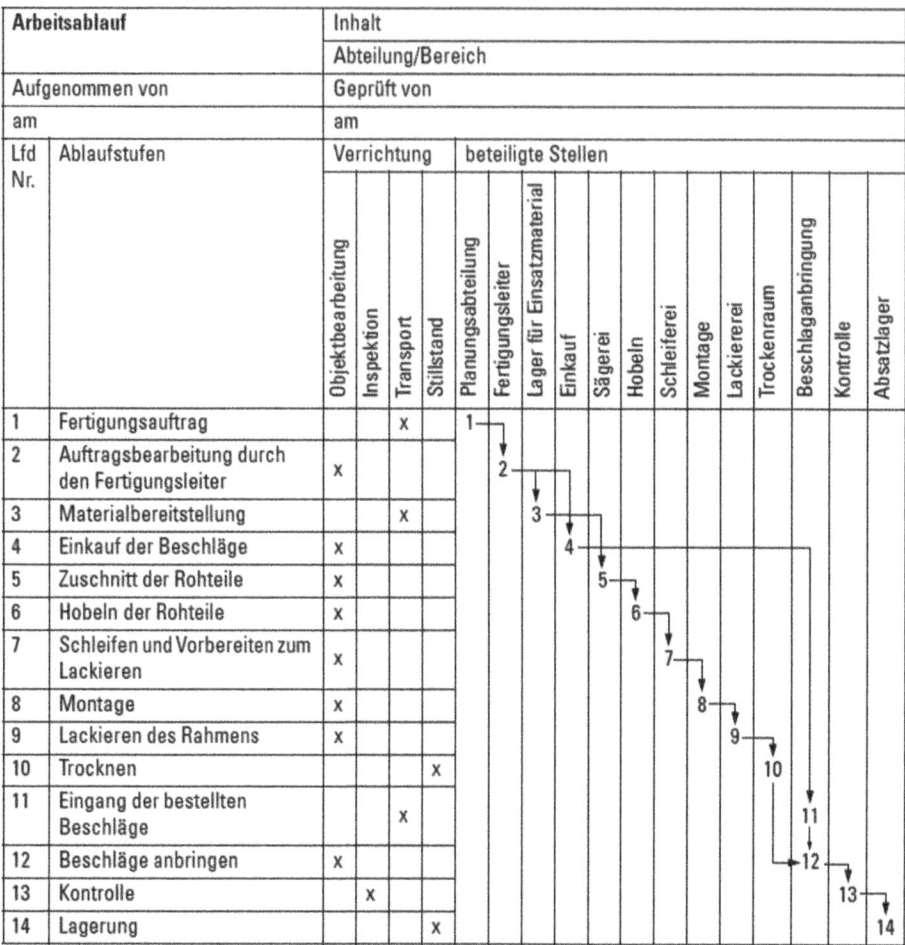

Abb. 3.40 Beispiel einer Ablaufkarte (Thommen 2007: Abb. 307)

3.2.1.2.4 Zusammenhang zwischen Aufbau- und Ablauforganisation

Während die Aufbaustruktur eines Unternehmens Unter- bzw. Überordnungs-
beziehungen zwischen Aufgabenkomplexen (Stellen) und aus diesen gebildeten
Abteilungen abbildet, stellt die Ablauforganisation eines Unternehmens
Vorgänger-Nachfolger-Beziehungen zwischen Elementaraktivitäten dar. Die Aufbau-
und Ablauforganisation eines Unternehmens sind jedoch nicht unabhängig voneinander,
sondern hängen eng miteinander zusammen:

> „Die dauerhaften Elemente des Systems Unternehmung – Menschen und Anlagen –
> müssen gegenseitig so angeordnet werden, dass diese System-Struktur ein rationelles,
> zielorientiertes Handeln in Form arbeitsteiliger Prozesse ermöglicht. Dies bedeutet genau

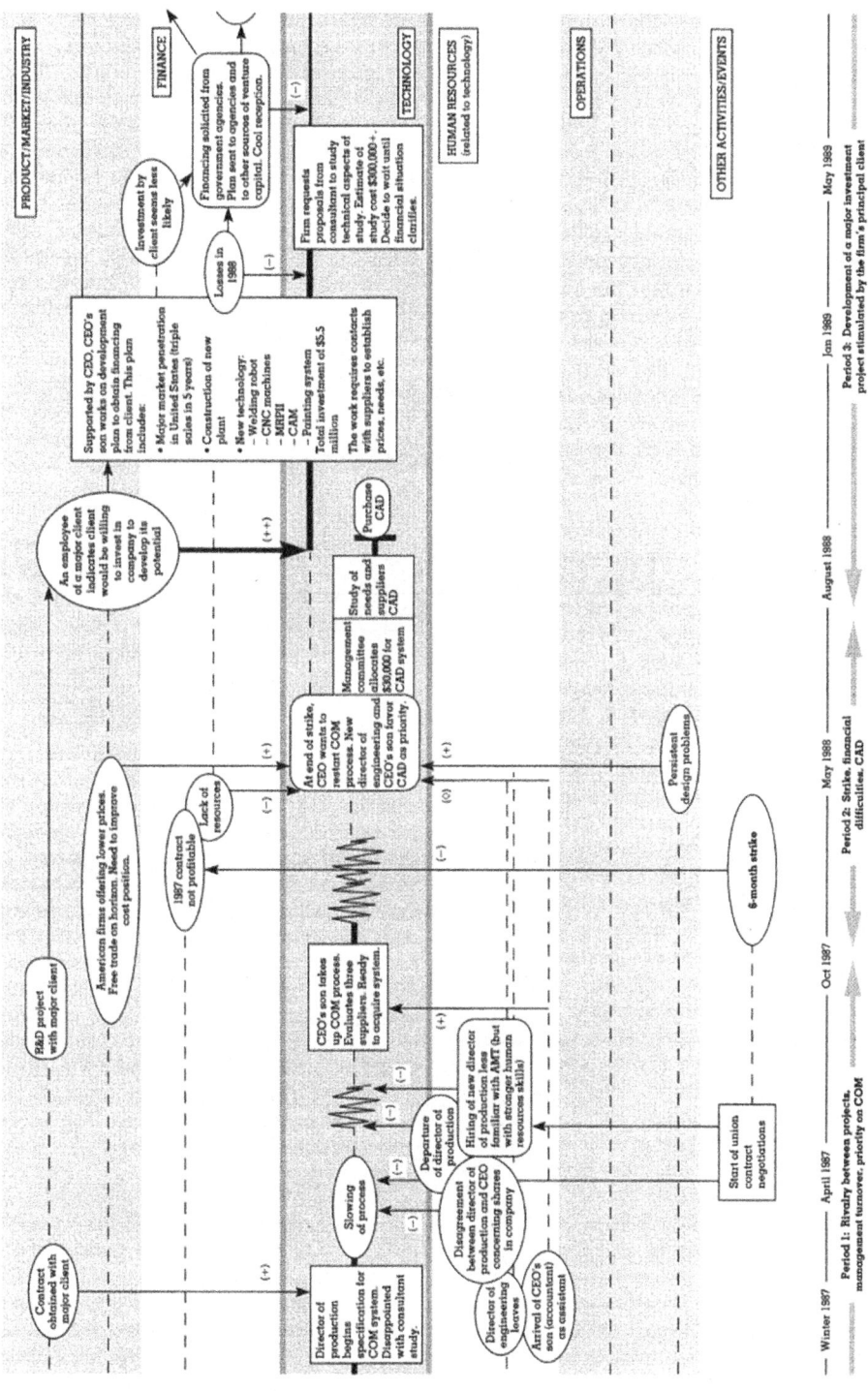

Abb. 3.41 Auszug aus einer „Process Flowchart" (Langley 1999, S. 701)

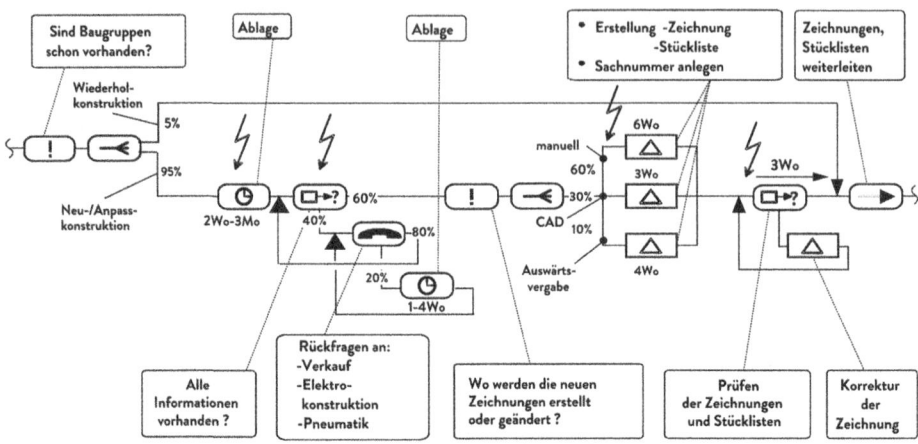

Abb. 3.42 Ausschnitt aus einer Prozesslandkarte (Rüegg-Stürm und Grand 2019, S. 72)

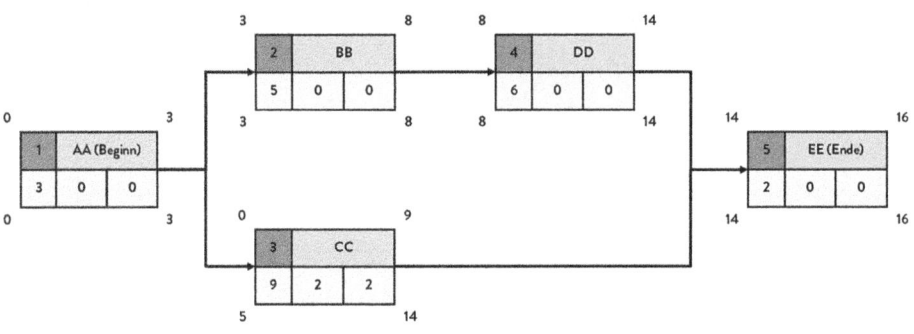

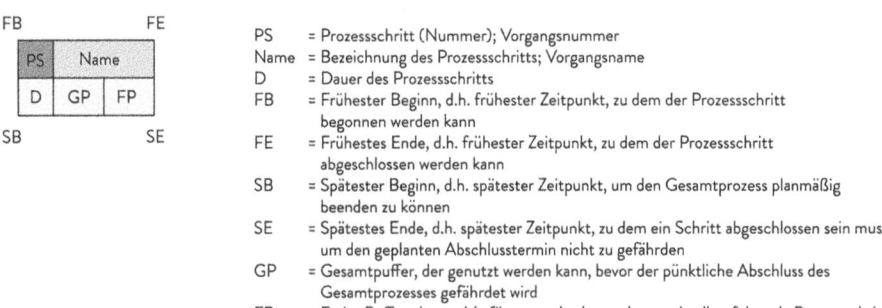

FB		FE
PS	Name	
D	GP	FP
SB		SE

PS   = Prozessschritt (Nummer); Vorgangsnummer

Name = Bezeichnung des Prozessschritts; Vorgangsname

D   = Dauer des Prozessschritts

FB   = Frühester Beginn, d.h. frühester Zeitpunkt, zu dem der Prozessschritt begonnen werden kann

FE   = Frühestes Ende, d.h. frühester Zeitpunkt, zu dem der Prozessschritt abgeschlossen werden kann

SB   = Spätester Beginn, d.h. spätester Zeitpunkt, um den Gesamtprozess planmäßig beenden zu können

SE   = Spätestes Ende, d.h. spätester Zeitpunkt, zu dem ein Schritt abgeschlossen sein muss, um den geplanten Abschlusstermin nicht zu gefährden

GP   = Gesamtpuffer, der genutzt werden kann, bevor der pünktliche Abschluss des Gesamtprozesses gefährdet wird

FP   = Freier Puffer, der zur Verfügung steht, bevor der unmittelbar folgende Prozessschritt beeinflusst wird

Abb. 3.43 Einfaches Beispiel eines Netzplans

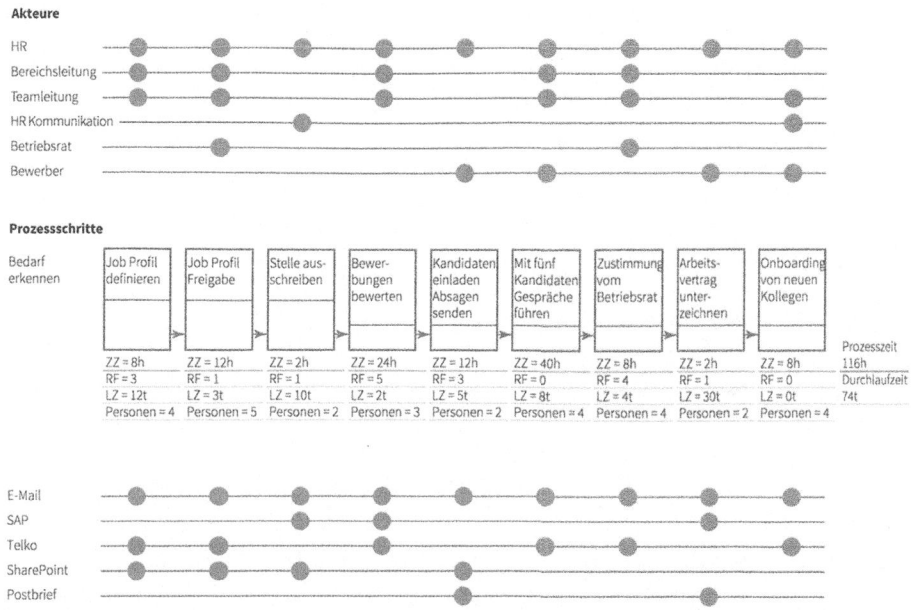

Abb. 3.44   Servicestrom für einen Recruiting-Prozess (Gomez et al. 2019, S. 261)

genommen, dass man zur Schaffung einer zweckmässigen Beziehungs-Struktur sowohl die Ziele wie auch die geplanten Prozesse zur Zielerreichung genau kennen müsste. Dies ist jedoch in Wirklichkeit nur für eine sehr kurze Zeitperiode möglich. Andererseits ist ein ständiges Ändern der Beziehungs-Struktur nicht zweckmässig, da solche Umstellungen der inneren Ordnung Kosten verursachen und von den einzelnen Systemelementen eine sehr grosse, oft nicht erreichbare Anpassungsfähigkeit verlangen." (Ulrich 2001a, S. 268)

„Beide betrachten das gleiche Objekt, wenn auch unter verschiedenen Aspekten. Sie bedingen sich gegenseitig und bauen aufeinander auf: Die Aufbauorganisation liefert den organisatorischen Rahmen, innerhalb dessen sich die erforderlichen Arbeitsprozesse vollziehen können. Andererseits ist ein solcher Rahmen nur dann sinnvoll festlegbar, wenn genaue Vorstellungen über die Arbeitsprozesse bestehen, die sich innerhalb dieses Rahmens vollziehen sollen." (Thommen et al. 2017, S. 442)

Aufbau- und Ablauforganisation bedingen sich also gegenseitig. Sie können, auch wenn dies in der Theorie jeweils so dargestellt wird, in der Realität nicht unabhängig voneinander oder komplett sequenziell entwickelt werden. Während die Zerlegung der Gesamtaufgabe in Elementaraufgaben und Elementararbeiten eine logische Schrittfolge bildet, so können aus den Elementaraufgaben nur dann sinnvoll Stellen und Abteilungen gebildet werden, wenn man um auch die Prozesse weiss, mit deren Hilfe die Elementaraufgaben erledigt werden sollen.

Diese Verwobenheit von Aufbau- und Ablaufstruktur hat zudem eine weitere Konsequenz: Ablaufstrukturen werden in der Realität in u. U. relativ kurzen Zyklen

	Was?	Wer?	Beginn	Dauer	Ende
1	Aufgabe 1	A. E.	06.04.2020	5 Tage	10.04.2020
2	Meilenstein 1				
3	Aufgabe 2	N. K.	13.04.2020	7 Tage	21.04.202
4	Aufgabe 3	C. M.	21.04.2020	14 Tage	08.05.2020
5	Aufgabe 3.1	C. M.	21.04.2020	2 Tage	22.04.2020
6	Aufgabe 3.2	K. F.	23.04.2020	4 Tage	28.04.2020
7	Aufgabe 3.3	K. F.	28.04.2020	1 Tag	28.04.2020
8	Aufgabe 3.4	V. R.	29.04.2020	3 Tage	01.05.2020
9	Aufgabe 3.5	C. M.	04.05.2020	5 Tage	08.05.2020
10	Meilenstein 2				
11	Aufgabe 4	A. E.	24.04.2020	7 Tage	04.05.2020
12	Aufgabe 5	B. B.	27.04.2020	15 Tage	15.05.2020
13	Aufgabe 5.1	B. B.	27.04.2020	9 Tage	07.04.2020
14	Aufgabe 5.2	B. B.	07.05.2020	7 Tage	15.05.2020
15	Aufgabe 6	T. Z.	ab sofort	33 Tage	20.05.2020
16	Aufgabe 7	T. Z.	28.04.2020	10 Tage	11.05.2020
17	Aufgabe 7.1	U. C.	28.04.2020	4 Tage	01.05.2020
18	Aufgabe 7.2	V. R.	05.05.2020	5 Tage	11.05.2020
19	Aufgabe 8	K. F.	01.05.2020	6 Tage	08.05.2020
20	Aufgabe 9	N. B.	07.05.2020	12 Tage	22.05.2020
21	Meilenstein 3				
22	Aufgabe 10	F. E.	18.05.2020	10 Tage	29.05.2020
23	Aufgabe 10.1	M. O.	18.05.2020	3 Tage	20.05.2020
24	Aufgabe 10.2	F. E.	21.05.2020	7 Tage	29.05.2020
25	Aufgabe 11	U. C.	22.05.2020	10 Tage	04.06.2020
26	Aufgabe 12	J. R.	ab sofort	44 Tage	04.06.2020
27	Meilenstein 4				

Abb. 3.45 Beispiel eines Balken- bzw. Gantt-Diagramms

angepasst, um so z. B. auf sich verändernde Umfeldbedingungen zu reagieren; Ablaufstrukturen bergen somit ein Element der Flexibilität in sich. Aufbaustrukturen sind
hingegen auf relative Dauerhaftigkeit hin angelegt und sollen dem Unternehmen eine
gewisse Grundstabilität verleihen. Da die Prozesse der Ablaufstruktur eines Unternehmens sich aber innerhalb der Gegebenheiten von dessen Aufbaustruktur abspielen,
muss die Aufbauorganisation einen schwierigen Spagat machen: Zum einen muss sie
dem Unternehmen eine dauerhafte Beziehungsstruktur verleihen, die eine gewisse über-
zeitliche Gültigkeit und damit auch ein gewisses Mass an Starrheit besitzt. Gleichzeitig
muss sie aber zum anderen ausreichend Flexibilität zulassen, damit die innerhalb von ihr
ablaufenden Prozesse – falls nötig – adaptiert werden können ohne jedes Mal die Aufbaustruktur anpassen zu müssen. Sie muss somit auf der einen Seite ausreichend Klarheit
bzgl. der hierarchischen und sachlogischen Beziehungen innerhalb des Unternehmens
schaffen, auf der anderen Seite aber auch mit allenfalls ändernden Prozessabläufen
umgehen können. Wie dieser Spagat im unternehmerischen Alltag gemeistert werden
kann, dafür gibt es leider kein Patentrezept.

Sowohl Aufbau- als auch Ablauforganisationen sind also nur relativ dauerhafte
Strukturen. Sie können und müssen den sich ändernden Gegebenheiten – sei es innerhalb oder ausserhalb des Unternehmens – angepasst werden. Strukturen haben keinen
Selbstzweck, sondern sind dazu da, um zielgerichtete Aktivität zu ermöglichen. Wenn
die Ziele, Umweltansprüche und -bedingungen oder die Elemente des Systems im Zeitablauf wechseln, müssen die Strukturen immer wieder entsprechend angepasst werden.
Organisieren ist nicht eine Einmal-, sondern eine Daueraufgabe; Organisieren bedeutet
also immer auch ständige „Organisationspflege" (Ulrich 2001a, S. 267).

Was lernen wir aus der Managementliteratur?

„There are many who think that once having created an organization, they and it may rest
on their laurels. This is a static outlook – the antithesis of organization. Such people will
one day awake to find that national and local trends or international changes have left the
organization ill-fitted to deal with current and future policies. The remedy is obvious: they
should see that the organization is brought under continuous review in the light of changing
demands, performances, personalities and policies." (Puckey 1945, S. 45)

„An organization structure cannot be regarded as immutable; it must be flexible enough
to admit of adjustment when required by changes in basic circumstances." (Brech 1967,
S. 232)

„Die gestalterische Aufgabe erschöpft sich nicht mit der Gründung der Institution; immer
wieder muss diese in ihren Teilen neu geschaffen und umgestaltet werden, damit sie als
Ganzes erhalten bleibt." (Ulrich und Probst 2001, S. 254)

„Because strategy is dynamic, organizations must be flexible. Drawing the lines of
organization is an ongoing struggle to stay relevant, not a job done once and for all."
(Magretta 2002, S. 96)

Organisieren bedeutet in der Realität praktisch immer Reorganisieren bereits vorhandener Organisation. Die Tatsache, dass die Managementaufgabe „Organisation" – wie die übrigen Managementaufgaben auch – eine Daueraufgabe darstellt, sollte jedoch nicht so verstanden werden, dass andauernd reorganisiert wird. Organisation ist in dem Sinn als Daueraufgabe zu verstehen, dass sie iterativ-regelmässig und konsequent, aber nicht kontinuierlich auszuführen ist. Organisatorische Veränderungen können mit chirurgischen Eingriffen in einen lebenden Organismus verglichen werden. Und wie bei diesen auch sollte mit einer einmal als nötig erkannten Operation nicht zugewartet werden und eine einmal begonnene Operation möglichst schnell zu Ende gebracht werden. Wenn organisatorische Veränderungen nötig sind, dann sollten also die mit ihnen verbundenen Änderungen im Voraus durchdacht und dann rasch und kompromisslos durchgezogen werden:

> „Zögerlichkeit und Unschlüssigkeit entmutigt die Befürworter und stärkt die Gegner der erforderlichen Maßnahmen. Geschwindigkeit ist wichtig, damit nach einer Strukturänderung alle wieder ungestört arbeiten können, die Produktivität zurückkehrt, die während einer Restrukturierung immer leidet, und damit auch wieder Humanität einkehren kann, die Menschen brauchen, um vernünftig zu arbeiten." (Malik 2006, S. 201; 2003, S. 211)

3.2.1.2.5 Formale vs. informale Organisation
Bisher war die Rede von Aufbau- und Ablaufstrukturen, die bewusst gestaltet werden. Wie jedoch bereits bei der Darlegung der systemtheoretischen Grundlagen des in diesem Buch formulierten Managementverständnisses erwähnt worden ist, bildet sich Ordnung auch ohne bewusste Eingriffe einer regelnden Instanz heraus. Neben einer formalen Organisation weisen Unternehmen somit immer auch eine informale Organisation auf.

Die formale Organisation bildet die offizielle Organisation des Unternehmens ab und ist das üblicherweise schriftlich fixierte Ergebnis eines bewussten und rationalen Gestaltungsprozesses. Die formale Organisation umfasst die Aufbau- und Ablaufstrukturen, an die sich die menschlichen Elemente in ihrem Handeln offiziell halten sollten.

> „Formal organization is that kind of coöperation among men that is conscious, deliberate, purposeful." (Barnard 1938, S. 4)

Die informale Organisation eines Unternehmens ist hingegen dessen tatsächlich gelebte Organisation. Informale Strukturen sind emergent, d. h. bilden sich „bottum up" aus den persönlichen Interaktionen zwischen den zu einem Unternehmen zusammengeschlossenen Personen heraus. Informale Strukturen können zwar beeinflusst, aber nicht wie formale Strukturen soz. auf dem Reissbrett entworfen bzw. bewusst oder rational geschaffen werden.

Ein Unternehmen stellt im Kern „ein soziales Beziehungsgefüge dar, das sich aus Individuen und Menschengruppen aufbaut" (Ulrich 2001a, S. 312). Organisationen sind nicht denkbar ohne Menschen: „By definition there can be no organization without persons." (Barnard 1938, S. 83) Das Zusammenleben dieser Menschen in einem Unternehmen führt notwendigerweise zu einem Netz von zwischenmenschlichen

Beziehungen und Interaktionen, die sich durch formale Strukturen nicht begrenzen lassen:

> „It is a matter of general observation and experience that persons are frequently in contact and interact with each other when their relationships are not a part of or governed by any formal organization." (Barnard 1938, S. 114)

> „Mit dem Menschen als Betriebsmittel dringt notwendigerweise das menschliche ‚Gefühls- leben' mit all seinen Aspekten und Ausprägungen in die Unternehmung ein." (Ulrich 2001a, S. 323)

Dieses „Gefühlsleben" bzw. die spontanen, d. h. die nicht geplanten Beziehungen zwischen den Systemelementen, die auf „weichen" Faktoren wie persönlicher Sympathie, gleichen Wertvorstellungen, Gefühlen, informeller Autorität etc. beruhen, sind die Grundlage für das Entstehen und die Entwicklung informaler Strukturen.

Was lernen wir aus der Managementliteratur?

„By informal organization I mean the aggregate of the personal contacts and interactions and the associated groupings of people [...]." (Barnard 1938, S. 115)

„The informal organization refers largely to what people do because they are human personalities – to their actions in terms of needs, emotions, and attitudes, not in terms of procedures and regulations. In the informal organization, people work together because of their personal likes and dislikes." (Allen 1958, S. 61)

„The concept of ‚informal organisation' pertains to a nexus of social sentiments generated from mutually sympathetic association among the members of a group." (Brech 1965, S. 36)

„Die informelle bzw. informale Organisation beschreibt ein Organisationsphänomen, das sich auf soziale Prozesse und Strukturen bezieht, die eher spontan und ungeplant aus den Bedürfnissen und Interessen der Organisationsmitglieder sowie ihren Kontakten und Inter- aktionen erwachsen." (Lang 2004, S. 497 f.)

„Die informale Organisation umfasst die durch die persönlichen Ziele, Wünsche, Sympathien und Verhaltensweisen der Organisationsmitglieder bestimmten sozialen Strukturen" (Schulte-Zurhausen 2014, S. 3).

Die Existenz informaler Strukturen lässt die Aussagekraft von formalen Organigrammen in einem anderen Licht erscheinen:

> „Traditionally, organizations are described by organization charts. An organization chart specifies the authority or reportorial structure of the system. Although it is subject to frequent private jokes, considerable scorn on the part of sophisticated observers, and dubious championing by archaic organizational architects, the organization chart communicates some of the most important attributes of the system. It usually errs by not

reflecting the nuances of relationships within the organization; it usually deals poorly with informal control and informal authority, usually underestimates the significance of personality variables in molding the actual system, and usually exaggerates the isomorphism between the authority system and the communication system. Nevertheless, the organization chart still provides a lot of information conveniently – partly because the organization usually has come to consider relationships in terms of the dimensions of the chart." (Cyert und March 1963, S. 289)

„The inaccuracy of the customary organization chart as a model of a firm is not that it assigns functions to discrete boxes, but that the connections assumed (blue) between the boxes are absurdly naïve. The real lines of communication are more likely to resemble those shown in black." (Beer 1967, S. 175)

„Aber ein solches Organigramm sagt uns noch nicht einmal etwas über die wirklichen Machtzusammenhänge im Unternehmen aus, über die Statushierarchie. Es sagt uns im Grund fast gar nichts aus, ausser: wer, wenn alles so wäre, wie beim Zeichnen des Organigramms angenommen, unter günstigen Umständen wem Weisungen erteilen könnte." (Malik 1993, S. 135)

Die in nachfolgender Abbildung (vgl. Abb. 3.46) in durchgezogenen Linien dargestellten formalen Verbindungswege zwischen den Stellen eines Organigramms definieren die offiziellen Kommunikationswege; die informalen und damit faktisch wirksamen Verbindungen – in gestrichelten Linien eingezeichnet – zeichnen jedoch ein anderes Bild der kommunikativen Beziehungen zwischen den Stellen.

Informale Strukturen sind sowohl Vorbedingung für das Entstehen als auch Konsequenz aus der Existenz formaler Strukturen:

„Formal organizations arise out of and are necessary to informal organization; but when formal organizations come into operation, they create and require informal organizations." (Barnard 1938, S. 120)

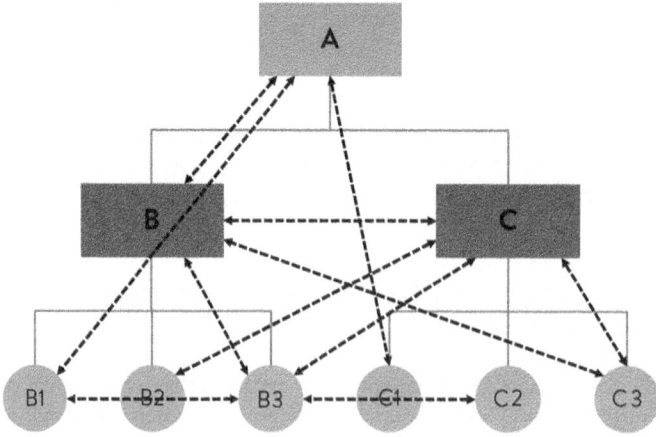

Abb. 3.46 Formale vs. informale Beziehungen in einem Organigramm. (Eigene Darstellung in Anlehnung an Beer 1967, S. 175)

Dies wird allein schon aus der Tatsache klar, dass Unternehmen zur Entwicklung formaler Strukturen einer geordneten Grundlage bedürfen, um dies zu tun. Und wenn diese Strukturen nicht in formaler Hinsicht gegeben sind, so kann diese Grundlage nur die informale Struktur sein.

Informale Strukturen können die formalen Strukturen eines Unternehmens ergänzen. Der positive Effekt der Existenz formaler Strukturen besteht darin, dass sowohl über- als auch unterorganisierte Systeme trotz ihrer Unter- oder Überorganisation funktionieren können. In einem unterorganisierten System schliessen dessen informale Strukturen die Lücken der in nicht ausreichendem Umfang vorhandenen formalen Strukturen und stellen so die Effektivität sicher. In einem überorganisiersten System bilden sich oftmals einfachere informale Strukturen heraus, die die Effizienz erhöhen.

Gute informale Strukturen bilden zudem den sozialen Kleber, der die formale Organisation zusammenhält. Sie tragen „zur sozialen Integration der Organisationsmitglieder und zur Kohäsion der Organisation durch Befriedigung wichtiger individueller und Gruppenbedürfnisse, z. B. nach sozialen Kontakten, Freundschaft, Geborgenheit oder sozialer Anerkennung, Macht und Einfluss" (Lang 2004, S. 499) bei. Informale Strukturen können somit die Bereitschaft zur Kooperation im Rahmen der formalen Organisation befördern. Sie bilden so die Grundlage der Effektivität formaler Strukturen (vgl. Barnard 1938, S. 116 ff.), fördern aber zudem auch die Flexibilität und Anpassungsfähigkeit des Unternehmens.

Formale Strukturen sind Kulturvermittler und -träger, die Einstellungen, Verhaltensweisen und Gepflogenheiten sowie Verständnisse vermitteln. Entsprechend können informale Strukturen auch als „agencies of social control" (Litterer 1963, S. 18) fungieren, die von den Mitgliedern der Organisation Konformität im Verhalten und Denken verlangen. Diese Anforderungen können unter Umständen in Kontrast zu der offiziellen Unternehmenskultur stehen und einzelnen Personen somit konfligierenden Ansprüchen aussetzen.

Die formalen Strukturen überlagernde informale Strukturen können diese aber auch behindern. Indem sie eine Parallelordnung etablieren, können sie hierarchische Verhältnisse unterminieren und so die Instanzen in ihrer Arbeit blockieren. Sie können auch ein nicht unwesentliches Widerstandspotential in Situationen des Wandels darstellen.

Trotz dieses Nachteils und auch wenn es den Anschein hat, dass die formale Organisation kausal für das erfolgreiche arbeitsteilige Zusammenarbeiten der in einem Unternehmen zusammengeschlossenen Personen verantwortlich ist, so entscheidet die informale Organisation eines Unternehmens als dessen soziales Rückgrat wesentlich mit über den Erfolg oder Misserfolg des Unternehmens.

Angesichts ihrer sozialen Bedeutung und angesichts der Tatsache, dass sie sowieso nicht beseitigt werden können, besteht die Herausforderung im Umgang mit informalen Strukturen darin, diese in Deckungsgleichheit mit den formalen Strukturen des Unternehmens zu bringen. Ein erster Schritt hierbei besteht in einer Explizierung der informalen Organisation, was z. B. mithilfe einer soziometrischen Analyse geschehen kann. Diese legt die nur schwer fassbaren informalen Strukturen offen, die sich z. B. in der Existenz informaler Gruppen, informaler Normen, informaler Rollen, informaler Kommunikation und informaler Machtbeziehungen niederschlagen (vgl. Lang 2004, S. 500 f.):

> „The form of human interrelationships in the informal organisation requires techniques of analysis different from those used to plot the relationships of people in a formal organisation. The method used for determining the structure of the informal group is called ‚sociometric analysis‘. Sociometry reveals the complex structure of interpersonal relations which is based on premises fundamentally unlike the logic of the formal organisation." (Litterer 1963, S. 18)

Einer soziometrischen Analyse liegt oftmals eine qualitative Befragung der Vorgesetzten und der von diesen geführten Personen zugrunde. Personen auf unterstellten Organisationsebenen können hierbei z. B. folgende Fragen gestellt werden (vgl. Krackhardt und Hanson 1993, S. 106):

- Mit wem sprechen Sie jeden Tag?
- An wen wendet Sie sich mindestens einmal pro Woche zwecks Hilfe oder Rat?
- Wessen Job könnten Sie mit einem Tag Einarbeitung übernehmen?
- Wen würden Sie mobilisieren, um einen allenfalls unpopulären Vorschlag von Ihnen zu unterstützen?
- An wen würden Sie sich mit vertraulichen berufsbezogenen Anliegen wenden?

Personen mit Führungsverantwortung können zusätzlich die folgenden Fragen gestellt werden:

- An wen wendet sich Person X Ihrer Meinung nach, um arbeitsbezogenen Rat einzuholen?
- An wen wendet sich Person X Ihrer Meinung nach mit vertraulichen berufsbezogenen Anliegen?

Die Ergebnisse einer solchen Analyse werden in einem sog. „Soziogramm" festgehalten (vgl. Abb. 3.47). Dieses stellt soz. die informale Version des formalen Organigramms dar und gibt Auskunft darüber, wie sich die Beziehungen zwischen einer Gruppe von Personen in informaler Hinsicht darstellen.

Als eines ihrer wesentlichen Ergebnisse lässt die soziometrische Analyse zudem Rückschlüsse darauf zu, welche Person oder Personen in einem sozialen System die Rolle des „informal leaders" innehaben. Wenn sie wissen, wer informal das Sagen im System hat, können die Personen, die formal das Sagen haben, wichtige Unterstützung zur Durchsetzung ihrer Anliegen mobilisieren.

Wie es die Natur der Sache nahelegt, ist die Steuerungsmöglichkeit informaler Strukturen generell begrenzt. Wie Lang (2004, S. 504) darlegt, lassen sich nichtsdestotrotz eine Reihe von Möglichkeiten der Beeinflussung und allenfalls Steuerung der informalen Organisation ausmachen:

Abb. 3.47 Organigramm vs.
Soziogramm (Krackhardt und
Hanson 1993, S. 106 f.)

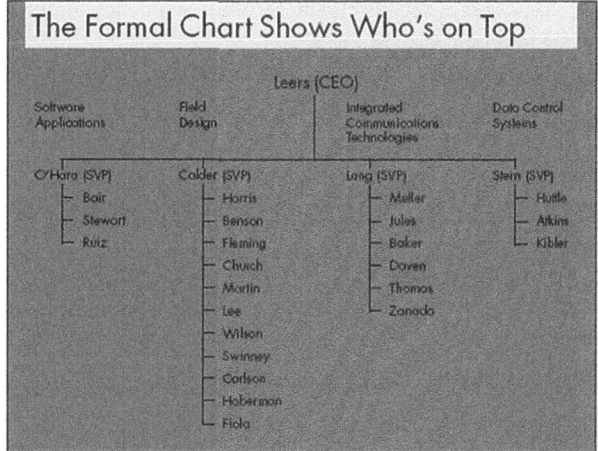

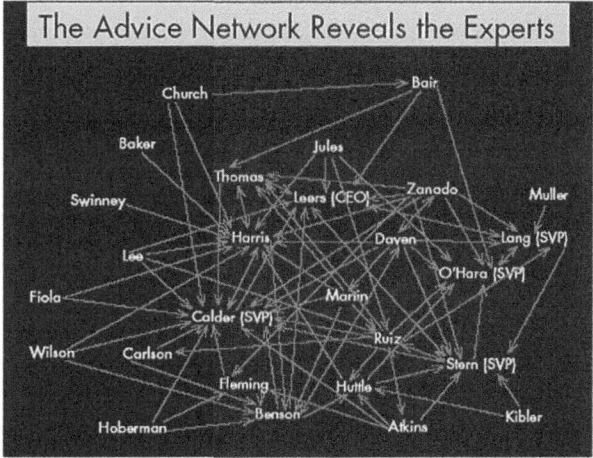

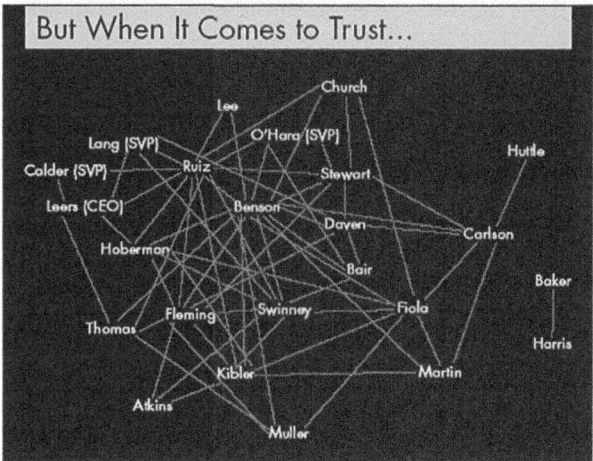

- „Anpassung der formalen Strukturen an bewährte, funktionale informelle Prozess-
  abläufe und Strukturen;
- Stärkere Verknüpfung und Verflechtung formeller und informeller Prozesse und
  Strukturen, z. B. durch Ernennung informeller Führer zu Stellvertretern oder Nutzung
  informeller Kommunikationskanäle;
- Duldung informeller Praktiken, wenn sie bestimmte Funktionen erfüllen;
- Gezielter Arbeitsplatzwechsel oder Versetzung von bestimmten Organisationsmit-
  gliedern durch Eingriffe in Gruppenstrukturen;
- Nutzung von Techniken der Konfliktlösung bei erkannten Problemen;
- Verbesserung der Interaktions- und Kommunikationsmöglichkeiten von Individuen
  und Gruppen;
- Gezielte Personalauswahl und -entwicklung unter Nutzung der Stärken und
  Potenziale der Organisationsmitglieder.".

Das Bewusstsein um die informale Dimension von Organisation hilft nicht zu vergessen,
dass auch formale Organisationen für die Menschen da sind, deren Handeln durch sie
organisiert werden soll. Entsprechend müssen sie auch auf die Personen zugeschnitten
werden, die sich in ihnen bewegen.

Was lernen wir aus der Managementliteratur?

„Manifestly that is a drawing-office job. It is a designing process. And it may be objected
with a great deal of experience to support the contention that organisation is never done
that way … human organisation. Nine times out of ten it is impossible to start with a clean
sheet. The organiser has to make the best possible use of the human material that is already
available. And in 89 out of those 90 %. of cases he has to adjust jobs round to fit the man: he
can't change the man to fit the job. He can't sit down in a cold-blooded, detached spirit and
draw an ideal structure, an optimum distribution of duties and responsibilities and relationships, and then expect the infinite variety of human nature to fit into it." (Urwick 1943,
S. 36)

„You cannot organize a company or department – you organize the people, or perhaps, more
accurately, the personalities within it. We can therefore state as a principle: Organization
is centred on and around man himself – on living personalities, and not on and around
inanimate things which may be the creation of man." (Puckey 1945, S. 46)

„Organizing work according to its own logic is only the first step. The second and far
more difficult one is making work suitable for human beings – and their logic is radically
different from the logic of work. Making the worker achieving implies consideration of the
human being as an organism having peculiar physiological and psychological properties,
abilities, and limitations." (Drucker 2008, S. 28)

Berücksichtigt man dies nicht ausreichend, dann verkommt auch die technisch
exzellenteste Organisation zu einem „lifeless pattern" (Allen 1958, S. 273). Dieser

Zuschnitt auf die sich in ihnen bewegenden Personen sollte jedoch nicht auf einzelne Personen ausgerichtet sein und zudem Raum lassen, damit im Fall einer geänderten Personenkonstellation nicht gleich die ganze Organisation angepasst werden muss.

> „Organisation is developed for people. To assume otherwise would be as fallacious as to assume that an automobile can be designed apart from the people who will drive it. However, just as it would be unwise to design an automobile exactly to fit the dimensions, personality, and tastes of one individual, because it would then be unlikely to fit the needs of anybody else, in the same way, the organization should not be tailored to fit individual personalities. People who build an organization around themselves shape it to their day-to-day actions. They fit the mold because the mold is themselves. But the fit is never good for the next occupant." (Allen 1958, S. 58)

3.2.1.3 Zusammenspiel von Zielbestimmung und Organisation

Aus den bisherigen Ausführungen könnte der Eindruck entstehen, dass die Management-aufgaben der Zielbestimmung und des Organisierens – ganz wie sie in aufeinander-folgenden Kapiteln abgehandelt worden sind – sequenziell ablaufen. Dies würde jedoch nicht der Realität entsprechen. Denn in der unternehmerischen Praxis laufen diese Auf-gaben nicht komplett sequenziell, sondern in Teilen parallel zueinander ab.

Wie in Abb. 3.48 dargestellt, wird das normative Zielsystem zunächst in ein strategisches Zielsystem konkretisiert. Die Überlegungen zur Definition dieses Ziel-systems müssen begleitet werden von Überlegungen zur Frage, wie eine Organisation aussehen könnte, die die Realisierung des strategischen Zielsystems ermöglicht. Diese Überlegungen sollten hierbei stattfinden, bevor das strategische weiter in das operative Zielsystem heruntergebrochen wird.

Dem ist so, weil nicht nur das strategische Zielsystem den Rahmen für das operative Zielsystem darstellt; auch die Organisation, die ein Unternehmen sich zur Realisierung des strategischen Zielsystems gibt, bildet einen Rahmen, auf den das operative Ziel-system Rücksicht nehmen muss. Ist das operative Zielsystem definiert, kann in einem nächsten Schritt dessen Realisierung organisiert werden.

Aufgrund dieses Zusammenhangs und -spiels können und werden die beiden Managementaufgaben „Zielbestimmung" und „Organisation" auch zusammengefasst in der Managementaufgabe „Gestaltung". Denn sowohl der einen als auch der anderen Managementaufgabe geht es um die Gestaltung einer das Verhalten der Systemelemente indirekt-mittelbar beeinflussenden Ordnung, die die Realisierung von Zielen möglich macht.

3.2.2 Menschen führen

Wie bereits oben dargelegt, ist die Managementaufgabe „Führen" mit der direkten Beeinflussung des Verhaltens der menschlichen Elemente eines sozialen Systems befasst. Führen bedeutet „persönliche Beeinflussung des Verhaltens eines anderen Individuums

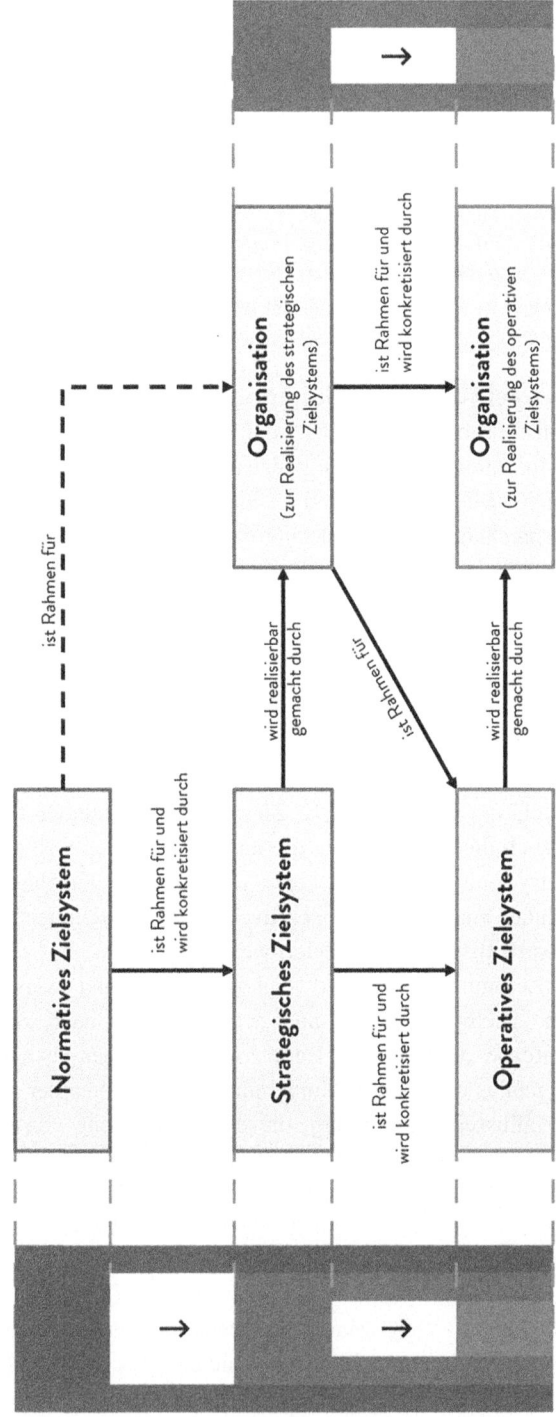

Abb. 3.48 Zusammenspiel der Managementaufgaben „Zielbestimmung" und „Organisation"

oder einer Gruppe in Richtung auf gemeinsame Ziele" (Ulrich und Fluri 1995, S. 161; vgl. 282) bzw. – kurz gefasst – „absichtsgeleitete soziale Beeinflussung" (Wunderer 2011, S. 4). Durch direkte, d. h. im Interaktionskontext erfolgende Einflussnahme auf das Verhalten aller oder ausgewählter ein System konstituierenden Personen soll sichergestellt werden, dass das System seinen Zweck und seine Ziele realisiert. Führung im Kontext von Management bedeutet, dass eine Person das Verhalten anderer dem gleichen sozialen System angehörenden Personen in einem sozialen Interaktionskontext direkt zweck- und zielorientiert beeinflusst, um so „etwas durch andere (zu) bewirken" (Ulrich 1984, S. 302).

Was lernen wir aus der Managementliteratur?

„Leadership may be considered as the process (act) of influencing the activities of an organized group in its efforts towards goal setting and goal achievement." (Stogdill 1950, S. 4)

„A leader is one who guides and directs other people. Because he has other subordinate to him and subject to his command, the leader must give their efforts direction and purpose." (Allen 1958, S. 5)

„Leading is the work a manager performs to get people to take required action." (Allen 1964, S. 246)

„In leading, a manager must do the things necessary to get people to carry out established plans and to act within the limits defined by the organization." (Allen 1964, S. 240)

„Führen als Managementfunktion wurde als Aktivität des Vorgesetzten umschrieben, auf die Mitarbeiter Einfluß auszuüben, daß diese sich in einer gewollten Weise verhalten. Das Führen stellt somit eine personenbezogene Managementaktivität dar, im Unterschied zum Planen, Organisieren und Kontrollieren als sachbezogenen Managementaktivitäten." (Hub 1982, S. 117, 89)

„Effective leadership is the successful influence by the leader that results in the attainment of goals by the influenced followers." (Bass 2008, S. 19)

„Als solche besitzen sie die Aufgabe, ihre Untergebenen und Mitarbeiter zur Zielerreichung zu bringen, d.h. konkret, sie zu motivieren, zu unterweisen und anzuleiten (Lokomotionsfunktion). Darüber hinaus müssen Vorgesetzte aber auch soziale Beziehungen zu den Geführten und zwischen den Geführten pflegen (Kohäsionsfunktion). Hier gilt es, eine Atmosphäre zu schaffen, die die Untergebenen emotional befriedigt und sozial als Einheit zusammenschweißt." (von der Oelsnitz 2009, S. 72)

„The managerial function of leading is defined as the process of influencing people so that they will contribute to organizational and group goals." (Koontz und Weihrich 2010, S. 284)

„Führung wird verstanden als wert-, ziel- und ergebnisorientierte, aktivierende und wechselseitige, soziale Beeinflussung zur Erfüllung gemeinsamer Aufgaben in und mit einer strukturierten Arbeitssituation. Mitarbeiterführung gestaltet die Einflussbeziehungen in führungsorganisatorisch differenzierten Rollen im Rahmen von Arbeitsverträgen." (Wunderer 2011, S. 4)

„Leadership is a process whereby an individual influences a group." (Northouse 2013, S. 3)

„Leadership is the process of influencing others to understand and agree about what needs to be done and how to do it, and the process of facilitating individual and collective efforts to accomplish shared objectives." (Yukl 2013, S. 7)

Führung ist eine notwendige Managementaufgabe, da es mit der Bestimmung des Zielsystems und der Auf- und Ablauforganisation eines Unternehmens nicht getan ist; diese müssen effektiviert werden und Wirkung entfalten. Was zählt, sind nicht schriftlich oder visuell fixierte Artefakte (z. B. Statuten, Kompetenzordnung, Organigramm, Strategiepapier, Ethik-Kodex), sondern „deren Lesart (Interpretation) und das daraus abgeleitete Verständnis, d. h. das konkret verinnerlichte und tatsächlich handlungsleitende Wissen der Mitarbeitenden sowie dessen Wirkung im alltäglichen Entscheiden und Handeln" (Rüegg-Stürm und Grand 2019, S. 75). Letzten Endes kann diese Wirkung nur über Führung sichergestellt werden.

Hinsichtlich der Anzahl der Objekte der Führung, d. h. der geführten Person(en), sowie der hierarchischen Beziehung zu diesen, kann hierbei zwischen folgenden Arten von Führung unterschieden werden:

- Anzahl geführter Personen
  - *Individualorientierte Führung:* Führung einer einzelnen Person im Kontext „Dyade" (1:1)
  - *Gruppenorientierte Führung:* Führung einer Mehrzahl von Personen im Gruppen-/Teamkontext (z. B. Führung einer Projektgruppe oder eines Meetings)
- Hierarchische Beziehung zu geführter Person/geführten Personen
  - *Hierarchische* (auch: vertikale) *Führung:* Führung hierarchisch unter- oder überstellter Personen[52]

    Führung von oben: Führung hierarchisch unterstellter durch eine hierarchisch überstellte Person

    Führung von unten: Führung überstellter durch eine hierarchisch unterstelle Person
  - *Laterale* (auch: horizontale) *Führung:* Führung einer Person durch eine hierarchisch gleichgestellte Person

---

[52]Auch wenn üblicherweise die Verhaltensbeeinflussung in häufigerem und stärkerem Umfang von der hierarchisch übergeordneten Person ausgeht bzw. ausgehen sollte, so ist eine Verhaltensbeeinflussung auch in umgekehrter Richtung möglich und manchmal sogar sinnvoll.

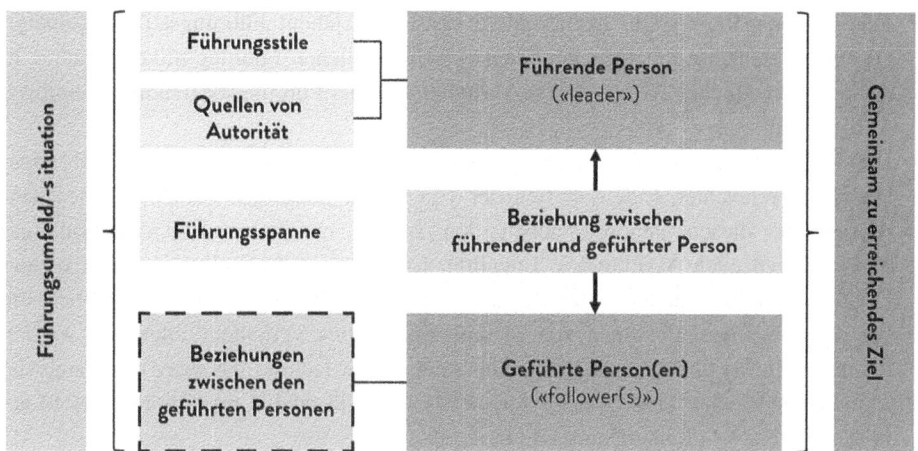

Abb. 3.49 Grundlegende Parameter der Managementaufgabe „Führung"

- Anzahl führender Personen
  - *Individuelle Führung:* Führung durch eine einzelne Person
  - *Geteilte (auch: kollaborative, komplementäre, distributive) Führung:* Führung durch eine Mehrzahl von Personen bzw. Aufteilung des Führungshandelns auf mehrere Personen („shared leadership")[53]

Um die Managementaufgabe „Führen" möglichst gut erfüllen zu können, d. h. um das Verhalten anderer Personen möglichst effektiv im Sinne eines zu erreichenden Ziels zu beeinflussen, müssen Manager sich der grundlegenden Parameter der Führung bewusst sein (vgl. Abb. 3.49):

- Die führende Person muss sich zunächst im Klaren über sich und ihre führungs-relevanten Eigenschaften sein. Hierzu gehören zuvorderst natürlich vorhandene bzw. allenfalls nicht vorhandene (soziale und kommunikative) Kompetenzen, aber auch Charaktereigenschaften und Verhaltensneigungen, Unsicherheits- und Ambiguitäts-toleranz sowie das Ausmass an Vertrauen anderen Personen gegenüber: „There must be self examination by the manager himself – to understand his own attitudes and behaviour as objectively as he does those of the men and women he commands." (Brech 1967, S. 170)

---

[53]Diese Form von Führung, die sich durch die Praxis des „broadly sharing power and influence among a set of individuals rather than centralizing it in the hands of a single individual who acts in the clear role of a dominant superior" (Pearce et al. 2009, S. 234) auszeichnet, ist z. B. in Matrix-organisationen zu beobachten.

- Jede Führungskraft sollte insbesondere wissen, welchem Führungsstil sie zuneigt. Dies setzt zunächst Kenntnis der idealtypisch möglichen Führungsstile voraus, d. h. der unterschiedlichen Arten, auf die Verhalten in einer Führungsbeziehung beeinflusst werden kann.

- Die führende Person sollte zudem so gut als möglich über die für die Führungsbeziehung relevanten Eigenschaften der von ihr zu führenden Person(en) Bescheid wissen; zu diesen gehören neben den bereits erwähnten Eigenschaften und Kompetenzen auch Aspekte wie Loyalität, Engagement, Einstellungen, Motive und Leistungsziele. Besonders wichtig ist die Kenntnis der motivationalen Hebel, die bei den jeweiligen Personen zur Beeinflussung ihres Verhaltens angesetzt werden können: „The better the manager understands these factors, the more accurately he can determine what kind of behavior on his part will enable his subordinates to act most effectively." (Tannenbaum und Schmidt 1958, S. 99)

- In diesem Zusammenhang muss sich die führende Person zudem überlegen, wie viele Personen sie im Rahmen der individualorientierten Führung effektiv führen kann. Dies tut sie, indem sie die für sie und ihre Führungssituation geeignete „Führungsspanne" (auch: Kontrollspanne; Subordinationsspanne) festlegt: „Unter der Kontrollspanne wird die Anzahl der einem Vorgesetzten unterstellten Mitarbeiter verstanden." (Thommen et al. 2017, S. 439) Diese sollte sich hierbei an der im Zuge der Abteilungssynthese festgelegten Leitungsspanne der Organisation orientieren. Bei der gruppenorientierten Führung besteht die Definition der Führungsspanne in der Festlegung der Grösse und Anzahl der zu führenden Teams.

- Des Weiteren sollte die führende Person die Qualität (und hierbei auch die Belastbarkeit) der Beziehung zu jeder von ihr geführten Person abschätzen können. Im Fall der gruppenorientierten Führung bedarf es zudem der Einschätzung der Quantität und Qualität der Beziehung zwischen den geführten Personen. Hierzu gehört auch die geschätzte Effektivität der Zusammenarbeit der geführten Gruppe, welche von Faktoren wie Erfahrung, Homogenität bzw. Heterogenität etc. abhängt. Wichtig ist aber auch das Wissen um das Wesen der zu führenden Gruppe. Denn wie Mitzberg (2010, S. 95; 2009, S. 68) betont, sind es „zwei ganz verschiedene Aufgaben [...], Mitarbeiter zu managen, die in einer Mannschaft spielen (wie beim Baseball), oder solche, die als Mannschaft spielen (wie beim Fußball oder in einem Orchester)".

- Die führende Person sollte zudem sensibel für das konkrete Führungsumfeld bzw. die konkrete Führungssituation sein. In diesem Zusammenhang spielen allenfalls vorhandene Führungsvorgaben und Wertvorstellungen der Organisation eine Rolle, an die sich die führende Person unabhängig von ihren eigenen Präferenzen qua Funktion und Kultur zu halten hat; wichtig ist aber auch die Frage, wann und wo eine Führungsepisode stattfindet, welche Vorgeschichte sie allenfalls hat und an welchem Zeitpunkt eines Projekts sie geschieht, d. h. ob die Führungsepisode unter Zeitdruck stattfindet oder nicht.

- Wichtig ist auch ein klares Wissen um Art und Komplexität der Ziele, deren Realisierung durch die Verhaltensbeeinflussung befördert werden soll. Diese sind insofern bedeutsam, als dass das Ziel den Weg und damit vorgibt, wie das Verhalten konkret beeinflusst werden muss.

- Führung basiert letzten Endes auf dem Vorhandensein von Autorität bzw. Macht. Damit das Verhalten einer anderen Person beeinflusst werden kann, muss dieses beeinflusst werden können; die in ihrem Verhalten zu beeinflussende Person muss akzeptieren, dass die führende Person ihr Verhalten beeinflusst. Die führende Person sollte sich deswegen über die unterschiedlichen Quellen der Autorität bewusst sein, aus denen sie zum Zwecke der Beeinflussung des Verhaltens der geführten Person(en) theoretisch schöpfen kann und faktisch schöpft.

Klarheit in Bezug auf diese Aspekte der Führung sind die Voraussetzung dafür, dass ein Manager das Verhalten anderer Person zweck- und zielentsprechend beeinflussen kann. Um diese Klarheit zu befördern soll auf den nachfolgenden Seiten im Sinne eines einführenden Überblicks auf wesentliche Punkte der Aspekte Führungsstil, Quellen von Autorität sowie der Führungs- bzw. Leitungsspanne eingegangen werden.

Grundsätzlich darf bei der Managementaufgabe „Führung" nicht vergessen werden, dass die führende Person es – wenn man den Ausdruck „human resources" verwenden möchte – nicht mit irgendwelchen Ressourcen, sondern mit menschlichen Personen zu tun hat.

Was lernen wir aus der Managementliteratur?

„A person employed in any organisation necessarily goes into that employment as a ‚total person', continuously subject to influences derived from temperament, background, domestic circumstances and many other factors external to the working situation." (Brech 1953, S. 43)

„Treating individuals simply as an ‚organisational resource' ignores many of the important specifics that must be taken into account for action to happen." (Eccles und Nohria 1992, S. 12)

„Work has to be performed; and the resource to perform it with is workers […]. This implies organization of the work so as to make it most suitable for human beings, and organization of people so as to make them work most productively and effectively. It implies consideration of the human being as a resource – that is, as something having peculiar physiological properties, abilities and limitations that require the same amount of engineering attention as the properties of any other resource, e.g., copper. It implies also consideration of the human resource as human beings having, unlike any other resource, personality, citizenship, control over whether they work, how much and how well, and this requiring motivation, participation, satisfactions, incentives and rewards, leadership, status and function." (Drucker 2007, S. 13)

Die Führungsperson darf also nicht vergessen, dass die von ihm geführten Personen dem Unternehmen zwar ihre Arbeitskraft gegen Lohn zur Verfügung stellen, dabei aber trotzdem Wesen bleiben, deren Personsein dem Umgang mit ihnen absolute moralische Grenzen setzt: „In hiring a worker one always hires the whole man. […] (O)ne cannot ‚hire a hand'; its owner always comes with it." (Drucker 2007, S. 227).

„As a resource, man can be ‚utilized'. A person, however, can only utilize himself. This is
the great and ultimate distinction. [...] The human being, unlike any other resource, has
absolute control over whether he works at all." (Drucker 2007, S. 228)

Die Herausforderung von Führung besteht darin, die individuellen Personen mit all ihren
unterschiedlichen Eigenschaften zum einem Ganzen zu integrieren:

„The people who make up an organization represent a larger or smaller collection of human
differences. They are of different characteristics mental and physical; of different skills and
abilities, different in outlook and personal aims. They differ, too, in the reasons that bring
them to work in the organization. The task confronting a manager is to fuse these human
capacities and powers into a smoothly working team, while preserving the full strength that
springs from the personal individualities." (Brech 1967, S. 168)

Hierzu ist es auch nötig zu wissen, ob und inwieweit die individuelle Berufung der
jeweils geführten Person mit der Mission des Unternehmens übereinstimmt. Führungspersonen sollten dieser Frage bereits im Rahmen des Rekrutierungsprozesses nachgehen
und einmal eingestellten Personen durch Trainings und Bewertungen dabei helfen, ihre
Berufung zu finden.

3.2.2.1 Führungsstile

Wenn man vom „Führungsstil" einer Person spricht, so macht man damit eine Aussage
über die Art und Weise, auf die diese Person das Verhalten ihr unterstellter Personen
üblicherweise zu beeinflussen versucht. Ein Führungsstil ist ein führungsrelevantes Verhaltensmuster:

„Unter dem Führungsstil wird ein ‚verfestigtes Verhaltensmuster' verstanden, dem man in
den verschiedensten Führungssituationen folgt." (Hub 1982, S. 133)

„Mit dem Begriff" Führungsstil „bezeichnen wir ein innerhalb von Bandbreiten und ähn-
lichen Führungskontexten konsistentes, typisiertes und wiederkehrendes Führungsverhalten." (Wunderer 2011, S. 16)

Grundsätzlich stehen einer Führungskraft hier eine ganze Reihe von Stilen zur Auswahl.
In der Literatur lassen sich diverse Raster zur Kategorisierung von Führungsstilen finden
(vgl. Wunderer 2011, S. 207 ff.). Die wohl mit bekannteste und populärste Führungs-
stilkategorisierung ist das „Continuum of Leadership Behavior" von Tannenbaum und
Schmidt (1958, S. 96), welches in Abb. 3.50 dargestellt ist.

Für die in diesem Kontinuum abgebildeten Führungsstile finden sich (von links
nach rechts gelesen) bei Wunderer (2011, S. 209) die Bezeichnungen „autoritär",
„patriarchalisch", „informierend", „beratend", „kooperativ", „delegativ" und „autonom".
Wichtiger als die Frage, ob diese oder andere in der Literatur vorfindbare Bezeichnungen
der Tannenbaum-Schmidt'schen Führungsstile zutreffender sind oder ob die sieben Stile zu

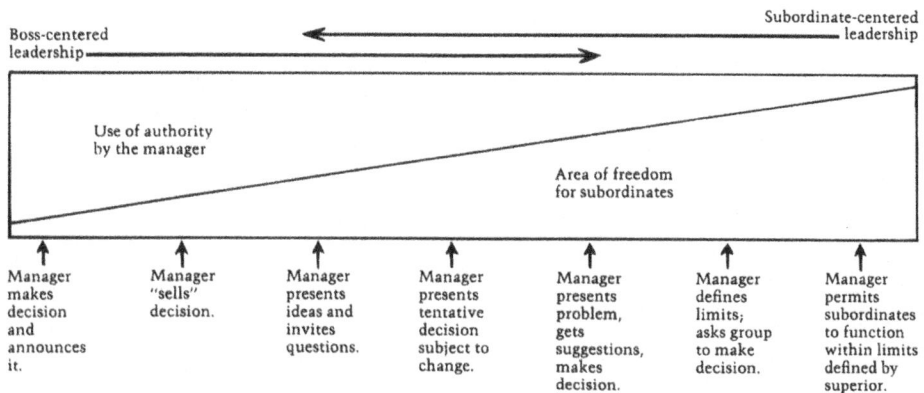

Abb. 3.50 Führungsstilkontinuum (Tannenbaum und Schmidt 1958, S. 96)

Führungsstilkategorien zusammengefasst werden können[54], ist das Bewusstsein dafür, dass das Kontinuum „alternative ways in which a manager can relate himself to the group or individuals he is supervising" (Tannenbaum und Schmidt 1958, S. 97 f.) aufzeigen möchte:

> „At the extreme left of the range, the emphasis is on the manager – on what he is interested in, how he sees things, how he feels about them. As we move toward the subordinate-centered end of the continuum, however, the focus is increasingly on the subordinates – on what they are interested in, how they look at things, how they feel about them. (Tannenbaum und Schmidt" 1958, S. 98)

Während beim autoritären (auch: autoritativen) Führungsstil der Vorgesetzte ohne Konsultation der Mitarbeiter entscheidet, die Willensbildung also exklusiv beim Vorgesetzten liegt und der Entscheidungsspielraum komplett vom ihm ausgefüllt wird, überlässt der Vorgesetzte, der einen delegativen Führungsstil pflegt, die Willensbildung bzw. Entscheidung seinen Mitarbeitern, nicht jedoch ohne ihnen vorher das Problem aufgezeigt und den Entscheidungsspielraum festgelegt zu haben.[55]

---

[54]So fasst z. B. Thommen (2016, S. 832) die sieben Führungsstile zu vier Führungsstilklassen zusammen, die er „despotisch", „patriarchalisch", „partizipativ" und „demokratisch" nennt. Der despotische Führungsstil steht hierbei für das autoritäre Ende und der demokratische für das kooperative Ende des Führungsstilkontinuums.

[55]Der autonome Führungsstil – der manchmal auch als „laissez-faire"-Führungsstil bezeichnet wird – wird an dieser Stelle nicht weiter als Führungsstil berücksichtigt. Es ist nämlich stark zu hinterfragen, ob man bei autonomer bzw. laissez-faire-Führung überhaupt noch von Führung sprechen kann: „Bei diesem Führungsstil existiert kein ausgeprägtes Vorgesetztenbild mehr. Der Vorgesetzte beschränkt sich vielmehr darauf, eine Situation zu schaffen, in der gearbeitet werden kann, z. B. indem er die erforderliche Kommunikation mit den anderen Abteilungen herstellt und aufrechterhalt. Die Wahl der Arbeitsmethoden und die Bestimmung der Arbeitsziele werden der Arbeitsgruppe überlassen. [...] Die laissez-faire-Führung kann als Grenzfall einer Führung überhaupt angesehen werden, weil dabei nur noch eingeschränkt von einer Verhaltensbeeinflussung gesprochen werden kann." (Hub 1982, S. 124).

Unterschiede in Bezug auf		Merkmals-ausprägung	Stärke der Merkmalsausprägung							Merkmals-ausprägung
			1	2	3	4	5	6	7	
Führungsprozess	Art der Willensbildung	individuell								kollegial
	Verteilung von Entscheidungsaufgaben	zentral								dezentral
	Art der Willensdurchsetzung	bilateral								multilateral
	Informationsbeziehungen	bilateral								multilateral
	Art der Kontrolle	Fremdkontrolle								Selbstkontrolle
	Bindung der Mitarbeiter an das Führungssystem	schwach								stark
Beziehungssystem	Einstellung des Vorgesetzten zum Mitarbeiter	Misstrauen								Offenheit
	Einstellung des Mitarbeiters zum Vorgesetzten	Respekt, Abwehr								Achtung, Vertrauen
	Grundlage des Kontaktes zwischen Vorgesetztem und Mitarbeiter	Abstand								Gleichstellung
	Häufigkeit des Kontaktes zwischen Vorgesetztem und Mitarbeiter	selten								oft
	Handlungsmotive des Vorgesetzten	Pflichtbewusstsein, Leistung								Integration
	Handlungsmotive des Mitarbeiters	Sicherheit, Zwang								Selbständigkeit, Einsicht
	Soziales Klima	(an)gespannt								verträglich/ gut
Formalisierungs- und Organisationsgrad		stark/ hoch								schwach/ gering

(Columns: 1–3 labeled "(Extrem) autoritärer Führungsstil"; 5–7 labeled "(Extrem) Delegativ-kooperativer Führungsstil")

Abb. 3.51 Kriterien zur Abgrenzung von autoritärem und delegativem Führungsstil. (Eigene Darstellung basierend auf Thommen 2016, S. 834)

Um besser bestimmen zu können, wo innerhalb des von diesen beiden Extrema gebildeten Führungsstilkontinuums sich eine Führungsperson verorten lässt, bietet Abb. 3.51 eine Reihe von Kriterien zur Abgrenzung des autoritären und delegativen Führungsstils.

Idealerweise sollte eine Person jedoch nicht nur einen der auf dem Führungs-stilkontinuum zwischen autoritärer (auch: autoritativer) und kooperativer Führung angesiedelten Führungsstile praktizieren. Vielmehr sollte sie die Klaviatur der Führungs-stile in ihrer ganzen Bandbreite beherrschen. Denn leider gibt es nicht den einen idealen Führungsstil für alle Führungssituationen: Es konnte bisher „keine eindeutige Kausal-beziehung zwischen Führungsstil und Führungserfolg nachgewiesen werden" (Wunderer 2011, S. 211); je nach situativer Konstellation können vielmehr unterschiedliche Führungsstile erfolgversprechend sein. Führungsstil und Führungssituation müssen somit jeweils in Übereinstimmung gebracht werden, um möglichst effektiv zu sein.

„Das richtige (= situationsgerechte) Führungsverhalten ist abhängig von bestimmten charakteristischen Merkmalen des Vorgesetzten (sein Wertsystem, Vertrauen in die Mit-arbeiter, Führungsqualitäten); der Mitarbeiter (Erfahrung in der Entscheidungsfindung, fachliche Kompetenz, Bedürfnisse, Problemengagement); der Situation (Organisations-struktur, Art des Problems, zeitlicher Spielraum). Jede unterschiedliche Konstellation der Charakteristiken aus diesen drei Gruppen erfordert ein unterschiedliches Führungsverhalten.

Es gibt also keinen Führungsstil im Sinne eines von der Situation unabhängigen Verhaltens-
musters." (Hub 1982, S. 126)

Entsprechend sind die Führungsstile auch nicht konkurrenzierend, sondern
komplementär zueinander zu verstehen. Realistischerweise kann allerdings nicht jeder
Führungsstil von jeder führenden Person gleichermassen und gleich gut praktiziert
werden. Dies liegt an den Eigenschaften der führenden Person, aber auch daran, dass
jedem Führungsstil auch ein bestimmtes Menschenbild zugrunde liegt, das natürlich
akzeptiert werden muss, möchte man den betreffenden Führungsstil anwenden.

Unabhängig von der grundsätzlichen Komplementarität der Führungsstile lässt sich
aktuell jedoch eine Verschiebung von einer vorgesetztenorientierten hin zu einer mit-
arbeiterorientierten Führung beobachten, die mit einem zunehmenden Bedürfnis nach
delegativ-kooperativer Führung einhergeht.[56] Entsprechend ist es sinnvoll, sich mit der
Frage auseinanderzusetzen, wie ein delegativ-kooperativer Führungsstil umgesetzt und
effektiviert werden kann.[57] Hierzu gibt es zwei idealtypische Ansatzpunkte, einen eher

---

[56]Es gibt – vor allem psychologische – Gründe, die dazu führen, dass dieser Führungsstil nicht
in dem Ausmass praktiziert wird, wie er könnte und sollte bzw. wie von den geführten Personen
gewünscht: „Psychological hurdles arise primarily because the manager is afraid to delegate. He
may be afraid that those to whom he delegates will not do the job properly, and as a result, that he
may lose face. […] A manager may balk at delegation because he fears that his subordinates may
do their work too well, and hence outshine him." (Allen 1964, S. 204; vgl. Kreitner 2009, S. 254).
   Grundsatz der Delegation ist das Subsidiaritätsprinzip hinsichtlich Entscheidungen: „Kein Entscheid soll von einer Stelle gefällt werden, wenn er von einer ihr untergebenen Stelle ebensogut
oder gar besser betroffen werden kann." (Ulrich und Fluri 1995, S. 191) Auch wenn also so
weit wie möglich delegiert werden sollte, so ist hierbei darauf zu achten, dass die Kontrolle gut
funktioniert. Auch wenn es ein wenig paradox klingt, aber Delegation erfordert ein starkes
Zentrum.

[57]Unabhängig von den nachstehenden Ausführungen ist es wichtig, dass die Delegation jeweils
auch „technisch" sauber durchgeführt wird. Voraussetzung hierfür ist, dass die delegativ führende
Person den Aufgabenkomplex, für den sie verantwortlich ist, untergliedert und auf dieser Basis
entscheidet, a) ob und mit welchen Aufgaben sie welche ihr untergeordneten Stellen betraut (Aufgabenübertragung). Gemäss dem AKV-Prinzip muss sie jedoch auch entscheiden, b) mit welchen
Kompetenzen sie die entsprechenden untergeordneten Stellen versehen muss (Kompetenzüber-
tragung) und c) wie sie sicherstellen kann, dass die entsprechenden untergeordneten Stellen
ihren Aufgaben auch wirklich nachkommen (Übertragung von Verantwortlichkeit). Entsprechend
kann Delegation wie folgt definiert werden: „Delegation is the entrustment of responsibility and
authority to another and the creation of accountability for performance." (Allen 1958, S. 117; 57,
116, 157; vgl. Allen 1964, S. 163, 198; Kinicki und Williams 2013, S. 243). Mintzberg (2009,
S. 60; vgl. 2010, S. 85) ergänzt: „In delegating, the manager identifies the need to get something
done but leaves the deciding and the doing to someone else (perhaps reserving the right to
authorize that person's final choice)."
   Delegation darf nicht mit Abgabe oder Entledigung gleichgesetzt werden. Wenn jemand
delegiert, dann übt er die ihm zukommende Kompetenz aus, eine oder mehrere eigentlich ihm
zukommenden Aufgaben an einer oder mehrere andere Personen zu übertragen. Die delegierende
Person bleibt jedoch verantwortlich für die Ausübung ihrer Kompetenz zur Delegation. Auch wenn
sie diese delegieren kann, bleibt die delegierende Person für die Erfüllung der von ihr delegierten
Aufgabe(n) letztverantwortlich.

kognitiv-rationalen und einen wertorientiert-emotionalen. Diese Ansätze, die auf die Arbeit von Bass (1985; 1990; 2008) und Bass und Avolio (1994) zurückgehen, werden als „transaktionale Führung" und „transformationale Führung" bezeichnet. Beide versuchen zu erklären, wie delegative Führung gelingen kann, wobei transaktionale Führung der ziel- und aufgabenorientierten Form delegativer Führung und tranformationale Führung der missions- bzw. visionsorientierten Form der delegativen Führung entspricht (vgl. Wunderer 2011, S. 229 ff.). Grundsätzlich wird bei delegativer Führung „der Entscheidungsinhalt mit maßgeblicher Beteiligung bzw. in weitgehender Selbstständigkeit der Geführten festgelegt und v. a. umgesetzt" (Wunderer 2011, S. 228). Delegative Führung zeichnet sich zudem durch „begrenzte oder sogar gänzlich fehlende Handlungskontrolle" (Wunderer 2011, S. 229) aus, die „durch hohe Selbstkontrolle des Delegierten sowie durch Ergebniskontrolle des Delegierenden" (Wunderer 2011, S. 229) ersetzt werden.

Bei der transaktionalen Führung handelt es sich um einen rationalen, ökonomisch orientierten Führungsansatz, der im Kern auf das Nutzenkalkül der geführten Person abstellt. Wie sein Name bereits besagt, modelliert er die Beziehung zwischen Führer und Geführtem als Transaktionsverhältnis:

> „The leader gets things done by making, and fulfilling, promises of recognition, pay increases, and advancement for employees who perform well. By contrast, employees who do not do good work are penalized. [...] This kind of leadership, which is based on transactions between manager and employees, is called ‚transactional leadership.'" (Bass 1990, S. 20)

Transaktionale Führung spricht den „homo oeconomicus" im Menschen an und ist entsprechend charakterisiert durch das Vorhandensein klar definierter und individualisierter Zielvereinbarungen („Management by Objectives"), einem Anreizsystem („Contingent Reward", d. h. Belohnung/Bestrafung für Aufgaben(nicht)erfüllung) und einem Mechanismus zur Intervention bei Zielverfehlung („Management by Exception"). Damit transaktionale Führung funktioniert, bedarf es darüber hinaus der Schaffung günstiger situationaler Bedingungen der Zielerreichung, die auch die Förderung der zur Zielrealisierung nötigen Kompetenzen der Geführten miteinschliesst.

Da der Mensch jedoch kein reiner „homo oeconomicus" ist und menschliches Handeln nicht nur durch rationale Kosten-Nutzen-Überlegungen geleitet wird, stösst transaktionale Führung früher oder später an Grenzen. Und an diesen Grenzen setzt die transformationale Führung an, die somit dort zu wirken anfängt, wo die Wirkung transaktionaler Führung aufhört.

Während transaktionale Führung sich auf die Ziel- und Aufgabendimension delegativer Führung konzentriert, verfolgt transformationale (auch: transformative) Führung einen wertorientierten und emotionalen Ansatz:

> „The most effective motivation is self-motivation. If we can get people to work because they want to, not because they are driven to it, we will secure most effective and enduring performance." (Allen 1964, S. 263)

„Superior leadership performance – transformational leadership – occurs when leaders broaden and elevate the interests of their employees, when they generate awareness and acceptance of the purposes and mission of the group, and when they stir their employees to look beyond their own self-interest for the good of the group." (Bass 1990, S. 21)

Transformationale Führung versucht die geführte Person als Gesamtperson und nicht nur auf ihrer rational-ökonomischen Ebene zu erfassen. Sie möchte nicht mit extrinsischen Belohnungen locken, sondern Verhalten auf einer tieferen Ebene steuern: Im Rahmen der transformationalen Führung sollen die zu führenden Personen über vier Ansatzpunkte Vorbildhandeln („idealized influence"), inspirierende Motivation („inspirational motivation"), geistige Anregung („intellectual stimulation") und individuelle Beachtung („individualized consideration") transformiert, ihr Verhalten auf ein gemeinsam zu erreichendes Ziel fokussiert und ihre Leistungsbereitschaft so gesteigert werden (vgl. Abb. 3.52).

Auch wenn sich Führung ihres Wesens als absichtsgeleitete, soziale Beeinflussung nicht entledigen kann, so betont ein transformationales Verständnis von Führung weniger die fordernd-steuernde als die gebend-ermunternde Facette der Führung. Transformational führende Personen betrachten Führung „als etwas, was den

Abb. 3.52 Komponenten transformationaler Führung. (Eigene Darstellung in Anlehnung an Wunderer 2011, S. 242; vgl. Bass 1990, S. 22)

Mitarbeitern hilft, sich stärker für den Erfolg ihrer Einheit zu engagieren" (Mintzberg 2010, S. 92; 2009, S. 63).

„Managers are important to the extent that they help others to be important. [...] To manage is to help to bring out the energy that exists naturally within people." (Mintzberg 2009, S. 214; vgl. 2010, S. 275)

Vor allem die Bedeutung des Vorbildhandelns sollte in diesem Zusammenhang nicht unterschätzt werden: Ob er will oder nicht, der Manager ist nun einmal Kristallisationspunkt der normativen Festlegungen des Unternehmens und „institutionelle Verkörperung des Zielgedankens" (Mintzberg 2010, S. 96):

„People are inspired through the leader's personality, his example, and the work he does, consciously or unconsciously." (Allen 1964, S. 263)

„Mit nichts führt es sich besser als mit dem guten Beispiel. [...] Werte und Verhaltensnormen lassen sich einfach nicht so leicht durch Worte oder Memos vermitteln; was wirkt, sind Taten, und zwar sichtbare Taten." (Mintzberg 2010, S. 94; 2009, S. 67)

Auch wenn die Begrifflichkeiten nicht die gleichen sind, so finden sich gewisse Elemente des transformationalen Führungsstils lange vor der Prägung dieses Begriffs z. B. bereits bei Allen (1958; 1964), Brech (1953; 1967) sowie Cleland und King (1972).

- So umfasst die Managementaufgabe „Führen" für Allen u. a. die Teilaufgaben der Kommunikation, d. h. „the work a manager performs to create understanding" (Allen 1964, S. 239, 272, 70), aber auch der Motivation, d. h. „the work a manager performs to inspire, encourage, and impel people to take required action" (Allen 1964, S. 239, 263, 70). Zur Motivation gehört zudem (vgl. Allen 1958, S. 44) das Beraten („counselling") und Coaching der Geführten, das Schlichten von Meinungsverschiedenheiten und der Umgang mit Sorgen und Klagen, aber auch das Erteilen von verständlichen Instruktionen („commanding"; „directing").
- Brech (1965, S. 14; 1953, S. 11) spricht von der Führungsaufgabe „motivation" bzw. „inspiring morale". Um das Engagement der Geführten zu erhöhen und ihnen ein Gefühl von Zugehörigkeit bzw. Gemeinschaft und Loyalität zu vermitteln, rät Brech (1953, S. 43; 1967, S. 172, 233) Managern, den von ihnen zu führenden Personen zuzuhören, ihren emotionalen Zustand zu erfassen, sich in sie und in ihre Situation zu versetzen, ihnen ein Gefühl von (Arbeitsplatz-)Sicherheit zu vermitteln, ihre Eigenverantwortung zu stärken, ihnen die Möglichkeit zur eigenständigen Entwicklung zu bieten sowie den Kontakt zu stärken, d. h. regelmässig mit ihnen zu kommunizieren, sie mit Informationen zu versorgen – „especially in the form of advance explanations of change" (Brech 1967, S. 172) – und sie konsultativ in die Entscheidungsfindung einzubeziehen. Für Brech ist die Aufgabe der Motivation so zentral, dass er die Begriffe „Leadership" und „Motivation" (vgl. Brech 1965, S. 14; 1967, S. 167) als Synonyme betrachtet.

- Für Cleland und King (1972, S. 136) umfasst die Aufgabe der „face-to-face leader-ship" auch Aspekte wie „giving sympathy and encouragement" sowie „doing counseling" und weist damit klar tranformationale Elemente auf.
- Ebenso spricht sich Peter Drucker für einen transformationalen Umgang des Managers als Führungsperson mit seinen Mitarbeitern aus: „The function which distinguishes the manager above all others is his educational one. The one contribution he is uniquely expected to make is to give others vision and ability to perform. It is vision and moral responsibility that, in the last analysis, define the manager." (Drucker 2007, S. 303)

Auch wenn transformationale Führung intuitiv sympathischer erscheint und die meisten Personen wohl lieber transformational als transaktional geführt werden wollen, so sollte man sich einer unkritischen Idealisierung dieser Führungsform widersetzen. Zum einen setzt transformationale immer transaktionale Führung voraus, d. h. baut auf dieser auf und kann diese nur komplementieren, aber nicht komplett substituieren. Zum anderen sind der transformationalen Führung Grenzen gesetzt (vgl. Wunderer 2011, S. 245): so gibt es nur sehr wenige charismatische Führungspersönlichkeiten, da Charisma, aber auch Inspiration und intellektuelle Anregung nur begrenzt erlernbar sind; nicht viele Führungspersonen sind in menschlicher und fachlicher Hinsicht geeignet, transformational zu führen. Und selbst wenn man eine geeignete charismatische Führungsperson gefunden hat, so kann eine zu starke Identifikation mit dieser zu Abhängigkeit, Manipulation und Bevormundung führen. Transformationale Führung ist aber nicht nur inhaltlich anspruchsvoll, sondern zudem zeitaufwendig; möchte man individuell auf seine Mitarbeiter eingehen, so stösst man damit eher früher als später an zeitliche Grenzen, was Auswirkungen auf die Motivation zur Nutzung transformationaler Führung haben dürfte.

Folgt man Chester Barnard, so stösst das transformative Instrument der inspirierenden Führung an Grenzen, wenn es darum geht, individuelle Motive und unternehmerische Mission in Einklang zu bringen. Denn jede der in einem Unternehmen zusammen-geschlossenen Personen besitzt eine „dual personality", nämlich „an organization personality and an individual personality" (Barnard 1938, S. 88). Und diese lassen sich – wie die Realität zeigt – nur selten in Deckung bringen.

> „It is frequently assumed in reasoning about organizations that common purpose and individual motive are or should be identical. With the exception noted below, this is never the case [...]. Individual motive is necessarily an internal, personal, subjective thing; common purpose is necessarily an external, impersonal, objective thing even though the individual interpretation of it is subjective. The one exception to this general rule, an important one, is that the accomplishment of an organization purpose becomes itself a source of personal satisfaction and a motive for many individuals in many organizations. It is rare, however, if ever, and then I think only in connection with family, patriotic, and religious organizations under special conditions, that organization purpose becomes or can become the only or even the major individual motive." (Barnard 1938, S. 88 f.)

Bei der Wahl des passenden Führungsstils hilft des Weiteren die Tatsache, dass zwischen transformationaler und transaktionaler Führung ein nicht-linearer, dynamischer Interaktionseffekt besteht. Wie Tomczak et al. (2007, S. 188 f.) darlegen, erzielt eine Führungskraft die positivsten Führungseffekte, wenn sie zugleich *stark transformational* und *moderat transaktional* führt. Dieser Zusammenhang ist in Abb. 3.53 grafisch dargestellt. Die Zufriedenheit der Geführten steigt, wenn transformationale Führung zusätzlich um Instrumente der transaktionalen Führung (z. B. bedingte Belohnung) ergänzt wird. Dieser Zusammenhang gilt jedoch nur für einen reduzierten Einsatz solcher transaktionalen Instrumente. Werden sie in hohem Masse eingesetzt, hat dies üblicherweise einen nachteiligen Effekt auf den Führungserfolg.

Wie die Abbildung zeigt, weist die Effektivitätskurve keinen symmetrischen Verlauf auf. Im Bereich geringer transaktionaler Führung steigt die Effektivität mit zunehmend transformationaler Führung stetig an. Im Bereich mittlerer transaktionaler Führung nimmt die Effektivität hoher transformationaler Führung ebenfalls nochmals zu. Im Bereich hoher transaktionaler Führung bzw. im Bereich rechts des Scheitelpunkts der Kurve fällt die Effektivität hoher, aber auch mittlerer transformationaler Führung schnell ab; auch bei den Geführten tritt in solchen Konstellationen das rationale Kalkül der transaktionalen Führung an die Stelle von echter Begeisterung und verdrängt diese (Crowding Out-Effekt). Während ein sowohl geringer transformationaler als auch transaktionaler Laissez Faire-Führungsstil – der an sich die Bezeichnung Führungsstil gar nicht verdient – am wenigsten effektiv ist, stellt der Führungsstil „Fordern und Fördern", d. h. hohe transformationale Führung mit moderatem Einsatz transaktionaler

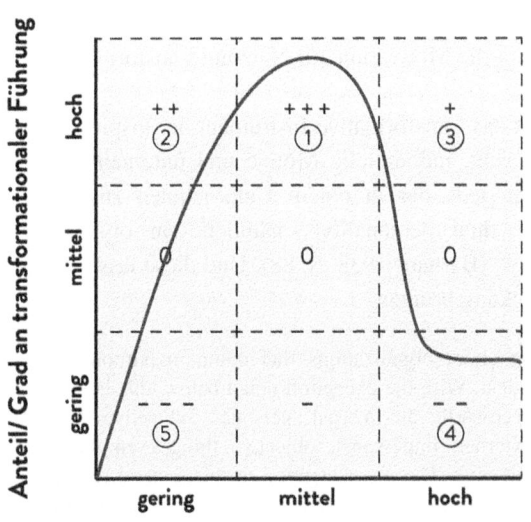

Aus Kombination von transaktionalen und transformationalen Elementen resultierender Führungsstil:

1) Fordern und Fördern
2) Empathisch-Emotional
    (rein transformational)
3) Zuckerbot und Peitsche
4) Regeln und Sanktionen
    (rein transaktional)
5) Laissez-Faire

Abb. 3.53 Interaktionseffekt zwischen transformationaler und transaktionaler Führung (Effektivitätskurve). (Eigene Darstellung auf Basis von Tomczak et al. 2007, S. 189)

Führung, die über den Zeitverlauf hin gemeinhin effektivste Form der Führung dar. Da die Effektivitätskurve Führungserfolg v. a. als die Zufriedenheit der Geführten deutet, muss die Kurve jedoch vor dem Hintergrund des jeweiligen Führungskontexts verstanden werden. Während Zufriedenheit in mittlerer und langer Sicht ein sicherlich guter Indikator für die Effektivität von Führung ist, können – gerade in Krisensituationen oder unter hohem Zeitdruck – auch andere Kombinationen von transformationaler und transaktionaler Führung insofern effektiv sein, dass sie kurzfristig zwar nicht das Maximum an Zufriedenheit der Geführten produzieren, aber z. B. dafür sorgen, dass die Unternehmung überlebt.

3.2.2.2 Quellen der Autorität

Führung „funktioniert" nur, wenn die zu führende Person sich in ihrem Verhalten beeinflussen lässt. Führung bedarf mit anderen Worten dessen, was wir gemeinhin „Autorität" (auch: Macht; „power") nennen.

> „There must be some means of securing compliance of individual members of the group in contributing their efforts to the common goal. Whether this power or authority arises from instinct, culture, the consent of the governed, superior physical strength, intelligence, cunning, or some other influence, it must exist." (Allen 1958, S. 53)

Autorität ist die Antwort auf die Frage, weshalb eine Person sich von einer anderen Person in ihrem Verhalten beeinflussen lässt:

> „Authority is the relationship that exists between individuals when one accepts the directive of another as authoritative, that is, when the individual receiving the directive weighs the consequences of accepting it against the consequences of rejecting it, and decides in favor of acceptance. The authoritative nature of the directive is confirmed when the person accepting the directive acts in accordance with it, within the confines of his understanding and ability." (Duffy 1959, S. 167)

Eine Person besitzt Autorität, wenn ihr Versuch der Beeinflussung des Verhaltens einer anderen Person von dieser akzeptiert wird. Auch wenn man beim Ausdruck Autorität an formale Regelungen und legitime Macht denkt, so speist sich die Autorität einer Person in der Realität aus mehreren Quellen, den sog. „Sources of Power" (French und Raven 1959; vgl. Ulrich und Fluri 1995, S. 161; Kinicki und Williams 2013, S. 445; Kreitner 2009, S. 400 f.; Thommen 2002, S. 78 f.; Thommen et al. 2017, S. 507; Jones und Buncken 2008, S. 907 ff.):

- **Bestrafungsmacht** („coercive power"): Bestrafungsmacht basiert auf der (letzten Endes vermittels Angst wirkenden) Möglichkeit, das Verhalten anderer Personen durch Androhung von Strafe und effektive Bestrafung zu beeinflussen.
- **Belohnungsmacht** („reward power"): Diese Quelle von Macht ist das Gegenstück zur Bestrafungsmacht und basiert auf der Möglichkeit, anderen Personen Dinge („Belohnungen") zu versprechen und zuzuteilen, welche diese als wertvoll erachten.

Belohnungsmacht beruht im Kern auf der Kontrolle von als wertvoll erachteten Ressourcen.

- *Positionsmacht* („legitimate power"; „positional power"): Die Positionsautorität einer Person speist sich aus ihrer Position in der formalen Hierarchie eines sozialen Systems; eine Person besitzt diese Form von Macht, wenn sie das Verhalten anderer Personen aufgrund ihrer von diesen Personen anerkannten hierarchischen Position beeinflussen kann. Positionsmacht ist somit an formale Weisungsbefugnisse gekoppelt.

- *Identifikationsmacht* („referent power"): Diese von Ulrich und Fluri (1995, S. 161) auch als „Persönlichkeitsautorität" bezeichnete Form von Macht entsteht, wenn sich geführte Personen persönlich mit der führenden Person aufgrund von bestimmten Eigenschaften letzterer (z. B. Charakter, Tugend, Ausstrahlung) identifizieren. Identifikationsmacht beruht somit auf Wertschätzung und Bewunderung, die zur Beeinflussung des Verhaltens anderer Personen eingesetzt werden kann. Cleland und King (1972, S. 330) nennen diese Form von Macht auch „de facto authority" die „as result of the acceptance and respect that his subordinates and peers give him" entsteht.

- *Expertenmacht* („expert power"): Expertenmacht beruht auf der Expertise, dem Wissen oder den speziellen Fähigkeiten einer Person. Ulrich und Fluri (1995, S. 161) nennen Expertenmacht auch „Fachautorität" und bezeichnen damit die Fähigkeit, Verhalten durch Argumente zu beeinflussen. Eine Spielart der Expertenmacht ist Macht durch Nichtsubstituierbarkeit, die dann gegeben ist, wenn nur eine bestimmte Person eine bestimmte Aufgaben erfüllen kann.

- *Informationsmacht* („informational power"): Diese Quelle von Macht basiert auf dem Besitz von Information als Ressource bzw. der Kontrolle von Informationsflüssen. Eine Person besitzt Informationsmacht, wenn sie das Verhalten aufgrund der Tatsache beeinflussen kann, dass sie Informationen besitzt und verteilen kann, die andere benötigen oder wollen.

Der Erfolg der Führungsanstrengungen einer Person resultiert wesentlich aus dem Gesamtheit ihrer Autorität. Auch wenn Positionsmacht eine Notwendigkeit der vertikalen Führung unterstellter Personen ist, so kann diese allein das Fehlen vor allem von Identifikationsmacht nur schwer kompensieren. Das Vorhandensein letzterer Form von Autorität entscheidet nicht selten darüber, ob eine Person eine mittelmässige oder eine herausragende Führungskraft ist.

Das Wissen um die Quellen von Autorität ist eine wesentliche Voraussetzung, um den situativ und persönlich geeigneten Führungsstil wählen zu können. Eine Person, die transformational führen möchte, aber keinerlei Identifikationsmacht besitzt, wird es schwer haben, diesen Führungsstil glaubwürdig und damit effektiv anzuwenden.

3.2.2.3 Führungsspanne

Die beste Führungskraft stösst an Grenzen, wenn sie zu viele Personen zu führen hat. Diese Aussage dürfte allgemeine Zustimmung finden. So lassen sich bereits in der frühen Managementliteratur klare Plädoyers für eine Begrenzung der Führungsspanne finden:

> „It has long been known empirically to students of organization that one of the surest sources of delay and confusion is to allow any superior to be directly responsible for the control of too many subordinates." (Graicunas 1937, S. 183)

> „There is nothing which rots morale more quickly and more completely than poor communication and indecisiveness – the feeling that those in authority do not know their own minds. And there is no condition which more quickly produces a sense of indecision among subordinates or more effectively hampers communication than being responsible to a superior who has too wide a span of control." (Urwick 1956, S. 43)

Zur Sicherstellung der Effektivität der Führung sollte sich jede Führungsperson überlegen, wie viele Personen sie im Rahmen der individualorientierten Führung führen kann. Dies tut sie, indem sie die für sie und ihre Führungssituation geeignete „Führungsspanne" festlegt. Doch wo genau liegt die Grenze zwischen vielen und zu vielen geführten Personen? Was ist die optimale Führungsspanne? Eine Antwort auf diese Fragen haben Managementdenker seit langem zu geben versucht:

> „The average human brain finds its effective scope in handling from three to six other brains. [...] The nearer we approach the supreme head of the whole organization, the more we ought to work towards groups of three; the closer we get to the foot of the whole organization, the more we work towards groups of six." (Hamilton 1921, S. 229)

> „Hence the number of lateral divisions in each descending level of responsibility should be restricted to a maximum of five and, most probably, only four." (Graicunas 1937, S. 185)

> „No superior can supervise directly the work of more than five or, at the most, six subordinates whose work interlocks." (Urwick 1938, S. 8; 1943, S. 52; 1961, S. 75; vgl. 1956)

Es ist das Verdienst von Graicunas (1937), in seinem Artikel „Relationship in Organization" eine mathematische Begründung dafür geliefert zu haben, weshalb die Anzahl geführter Personen auf fünf bis sechs begrenzt werden sollte. Graicunas geht von der Überlegung aus, dass Führung ein Beziehungsphänomen ist, bei dem es jedoch nicht nur auf die direkte Beziehung zwischen der führenden und den geführten Personen ankommt:

> „In almost every case the supervisor measures the burden of his responsibility by the number of direct single relationships between himself and those he supervises. But in addition there are direct group relationships and cross relationships. Thus, if Tom supervises two persons, Dick and Harry, he can speak to each of them individually or he can speak to them as a pair. The behavior of Dick in the presence of Harry or of Harry in the presence of Dick will vary from their behavior when with Tom alone. Further, what Dick thinks of

Harry and what Harry thinks of Dick constitute two cross relationships which Tom must keep in mind in arranging any work over which they must collaborate in his absence." (Graicunas 1937, S. 184)

Die führende Person muss nicht nur die direkten Beziehungen zwischen ihr und jeder von ihr geführten Person im Auge behalten („direct relationships"), sondern auch die Beziehungen zu Gruppen von Geführten („group relationships") und die Querbeziehungen zwischen den geführten Personen („cross relationships"):[58] „What is supervised is not only the individuals, but the permutations and combinations of the relationships between them." (Urwick 1943, S. 52 f.; 1961, S. 75) Vor allem die Anzahl letzterer Beziehungen variiert stark in Abhängigkeit von der Anzahl geführter Personen (vgl. Abb. 3.54).

Die Anzahl der Führungsbeziehungen (LR) ist das Mass der Führungskomplexität und sollte als solche bei der Festlegung der Führungsspanne zwingend berücksichtigt werden. Wie aus der Abbildung ersichtlich, steigt die Anzahl der Führungsbeziehungen mit zunehmender Zahl an geführten Personen praktisch exponentiell an.

„While the supervisor's own direct relationships with individuals increase in proportion to the addition of subordinates, the group and cross relationships increase much more than proportionately." (Urwick 1956, S. 40; vgl. 1943, S. 52 f.; 1961, S. 75)

Bei fünf geführten Personen beträgt die Anzahl der Führungsbeziehungen 41, bei sechs geführten Personen bereits 78, bei zehn geführten Personen sogar 547. Aufgrund unserer natürlicherweise begrenzten Aufmerksamkeitsspanne („span of attention") führt die Führung von mehr als 6 Personen zu (informationaler) Überlastung sowie Stress und stellt damit eine „mental burden" (Brech 1965, S. 152) dar.[59]

So hilfreich und erhellend diese Überlegungen sind, so betont bereits Allen (1964, S. 181), dass „there is no formula which will enable us to determine what this span should be for any one manager". Ausgehend von dieser Einsicht bietet gerade die neue

---

[58]Streng genommen müsste die führende Person jedoch auch noch die Beziehungen zwischen den Gruppen von geführten Personen berücksichtigen („group cross relationships"; GCR); diese berechnet sich grundsätzlich analog zu der Anzahl von „cross relationships", wobei anstelle der Anzahl der direkten Führungsbeziehungen („s") mit der Anzahl an Gruppen („g") gerechnet wird: $GCR = (g + (g-1))/2$, wobei $g = 2^s - s - 1$.

[59]Hinzu kommt, dass das Verhältnis zwischen dem zusätzlichen Führungsaufwand und der der führenden Personen zusätzlich direkt zur Verfügung stehender Arbeitskapazität bei zunehmender Anzahl von geführten Personen stark abnimmt: „If a superior adds a sixth to five immediate subordinates he increases his opportunity of delegation by 20 %. but he adds over 100 %. to the number of relationships he has to take into account." (Urwick 1943, S. 52 f.; 1961, S. 75) Wird sechs geführten Personen eine siebte geführte Person hinzugefügt, stehen 17 % zusätzliche Arbeitskapazität direkt zur Verfügung, jedoch müssen 70 zusätzliche Führungsbeziehungen berücksichtigt werden, was praktisch einer Verdoppelung der Führungsbeziehungen entspricht. Erhöht man die Zahl der geführten Personen von neun auf zehn, so stehen 11 % zusätzlicher Arbeitskapazität 521 zusätzlich zu berücksichtigende Führungsbeziehungen gegenüber.

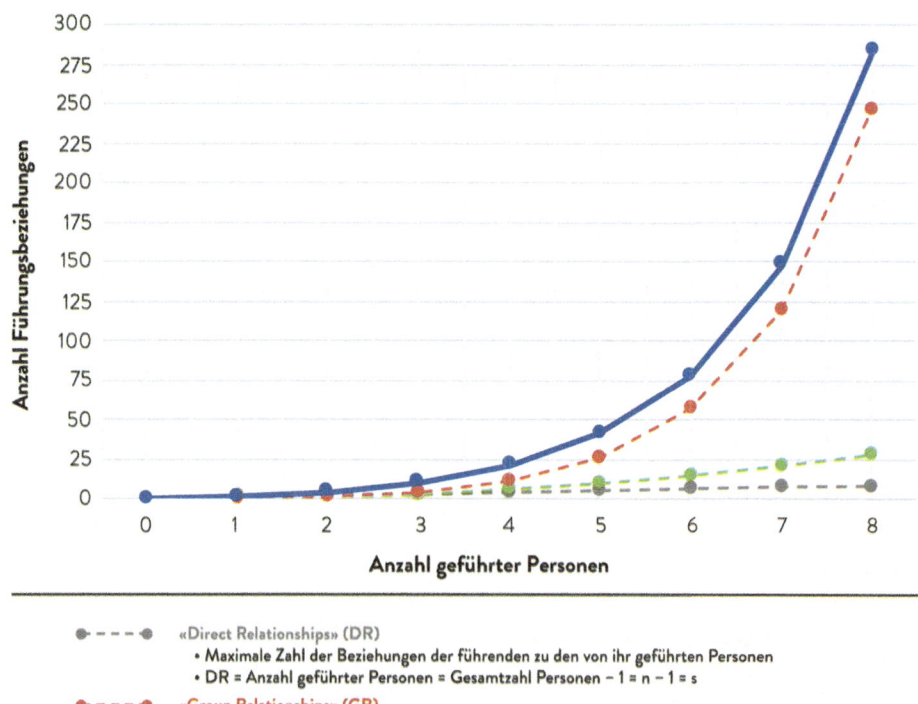

Legend for figure:

«Direct Relationships» (DR)
• Maximale Zahl der Beziehungen der führenden zu den von ihr geführten Personen
• DR = Anzahl geführter Personen = Gesamtzahl Personen – 1 = n – 1 = s

«Group Relationships» (GR)
• Maximale Zahl der Beziehungen von der Führungsperson zu den Gruppen, die sich aus den von ihr geführten Personen bilden lassen
• GR = Anzahl von Gruppen (≥ 2), die sich aus geführten Personen bilden lassen = 2s – s – 1 = g

«Cross Relationships» (CR)
• CR = Max. Zahl der direkten Beziehungen zwischen den geführten Personen = (s + (s – 1)) / 2

Total Führungsbeziehungen («Leadership Relationships»; LR)
• LR = DR + GR + CR

Abb. 3.54 Anzahl Führungsbeziehungen in Abhängigkeit von der Anzahl geführter Personen. (Eigene Darstellung in Anlehnung an Graicunas (1937, S. 187)

Literatur anstelle einer Bandbreite oder absoluten Zahl eine Reihe von situationalen Faktoren, die einen Einfluss darauf haben, wie viele Personen von einer Instanz geführt werden können und sollen (vgl. Allen 1964, S. 181 f.; Brech 1965, S. 152 f.; Thommen 2002, S. 195 f.; Vahs 2009, S. 103; Kreitner 2009, S. 251; Thommen et al. 2017, S. 439 f.). Diese sind in der folgenden Abbildung (vgl. Abb. 3.55) zusammengefasst dargestellt.

Die Empfehlungen für eine optimale Führungsspanne schwanken üblicherweise zwischen 5 und 10 geführten Personen, reichen aber – wie Thommen et al. (2017, S. 439) anmerken – bis zu 30 geführten Personen.

Determinanten der Führungsspanne	Hohe Führungsspanne möglich/ indiziert	Mittlere Führungsspanne möglich/ indiziert	Tiefe Führungsspanne möglich/ indiziert
Ähnlichkeit/ Gleichartigkeit der von den geführten Personen ausgeübten Tätigkeit	hoch	←——→	gering
Komplexität der von den geführten Personen ausgeübten Tätigkeit	gering (einfache und repetitive Tätigkeiten)	←——→	hoch (komplexe und abwechslungsreiche Tätigkeiten)
Interdependenz der von den geführten Personen ausgeübten Tätigkeit	gering	←——→	hoch
Räumlich-geographische Verteilung der geführten Personen	gering	←——→	hoch
Standardisierung der der Tätigkeit der geführten Personen zugrundeliegenden Prozesse	hoch	←——→	gering
Häufigkeit, Dauer und Intensität der faktischen Führungsbeziehungen	gering	←——→	hoch
Qualifikation und Eigenständigkeit der geführten Personen	hoch	←——→	gering
Führungsfähigkeit der führenden Person (u.a. Aufmerksamkeitspanne, Belastbarkeit und emotionale Stabilität)	hoch	←——→	gering
Führungsstil der führenden Person (≙ Grad der Delegation von Aufgaben, Kompetenzen und Verantwortung)	autoritär/ transaktional	←——→	delegativ-kooperativ/ transformational
Unterstützung des Vorgesetzten (durch Sekretariat oder Stäbe)	hoch	←——→	gering
Kommunikationsform in Führungsbeziehung	überwiegend schriftlich	←——→	überwiegend mündlich
Verfügbarkeit und Kosten von Führungskräften	geringe Verfügbarkeit und/ oder hohe Kosten	←——→	hohe Verfügbarkeit und/ oder geringe Kosten

Abb. 3.55 Determinanten der Führungsspanne

3.2.2.4 Menschen fördern und entwickeln

Wie zu Beginn dieses Kapitels erwähnt, besteht Führung in absichtsgeleiteter, sozialer Einflussnahme auf das Verhalten von einzelnen oder mehreren ein System konstituierenden Personen, durch die sichergestellt werden soll, dass das System die ihm vorgegebenen Ziele realisiert. Um so etwas durch andere Personen bewirken zu können, müssen diese anderen Personen aber auch befähigt werden, das zu Bewirkende auch bewirken zu können. Der beste Führungsstil, die idealste Führungsspanne und ein Höchstmass an Autorität nützen nichts, wenn die geführte Person nicht umsetzen kann, was sie umsetzen soll und will. Ein wesentlicher Aspekt der Führung ist somit die Förderung und Entwicklung von „knowledge, attitudes, and skills" (Allen 1964, S. 239, 298, 71) der Mitarbeiter des Unternehmens, um sie so zu besserem Handeln zu befähigen. Diese Befähigung – sei es in Form von Weiterbildungen oder anderen Massnahmen – ist die Grundlage dafür, dass Führung als direkt-unmittelbare Verhaltensbeeinflussung Wirksamkeit entfalten kann.

Im Hinblick auf die Förderung von Menschen in Organisationen gibt Malik (vgl. 2006, S. 242 ff.; 2003, S. 256 ff.) folgende praktische Hinweise: Da sich Menschen mit und an ihren Aufgaben entwickeln, können Menschen gefördert werden, indem man ihnen eine Aufgabe überträgt, die fordernder, grösser, umfassender, anspruchsvoller und/oder schwieriger ist als ihre bisherige Aufgabe. In diesem Zusammenhang sollte darauf geachtet werden, dass die Übertragung der Aufgabe als Auszeichnung bzw. Ausdruck der Anerkennung und nicht als wie auch immer geartete Bestrafung verstanden wird; im Vordergrund muss die Möglichkeit stehen, eine Leistung zu erbringen und dafür verantwortlich zu sein. Menschen werden am besten gefördert, wenn ihre schon vorhandenen Stärken weiterentwickelt werden; diese lassen sich am besten aus den Leistungen und Ergebnissen ablesen, die bisher erzielt wurden. Schwächen sind Limitationen, derer man sich man sich bewusst sein sollte und die man ausgleichen kann; in diesen Bereichen wird man es aber meist nur auf ein Niveau der Mittelmässigkeit bringen. Erfolgreich wird man nicht dort, wo man Schwächen beseitigt hat, sondern dort, wo man Stärken besitzt. Entsprechend kann die Stelle, die eine Person bekleidet, deren Förderung dienen oder dieser entgegenwirken. So ist bei jeder geführten Person zu fragen, welche Art von Stelle sie in Abhängigkeit ihrer Kompetenzen und ihres Wesens braucht: Ist sie eher Einzelgänger oder Teamplayer? Ist sie eher genau und detailverliebt oder konzeptionell stark, dafür aber wenig am Detail interessiert? Ist sie eher für eine Stabs- oder Linienstelle geeignet? Sollte ihre Stelle eher einen hohen Routineanteil oder einen hohen Innovationsgrad aufweisen? Wenn man es beeinflussen kann, so kann man eine Person auch fördern, indem man ihr den geeigneten Vorgesetzten gibt. So ist jeweils zu fragen, welche Art von Vorgesetzten in fachlicher und charakterlicher Hinsicht eine Person für ihre nächste Entwicklungsphase braucht. Zudem – so Malik – sollte man im Bemühen um die Förderung einer Person mit Lob sparsam sein und sie v. a. nicht für Selbstverständlichkeiten loben. Eine Ausnahme sind in diesem Zusammenhang allerdings jüngere Leute, die noch keine Erfahrung haben, und solche, die eine neue Aufgabe haben und daher nicht wissen, ob sie auf dem richtigen Weg sind; diese Personen brauchen häufigeres Lob.

3.2.3 Lenken

Die Managementaufgabe „Lenken" (auch: Kontrollieren) umfasst die Überwachung des effektiven Systemverhaltens sowie das proaktive oder reaktive Eingreifen, sollte das prognostizierte oder effektive Systemverhalten von dem im Hinblick auf die Zweck- und Zielerfüllung sinnvollen Systemverhalten abweichen:

Was lernen wir aus der Managementliteratur?

„Control is the function of constraining and regulating action with respect to the accomplishment of designated objectives in accordance with a plan." (Davis 1951, S. 82; 23)

„Control means to guide something in the direction it is intended to go." (Allen 1958, S. 44)

„Once work is under way, it is necessary to have a means of checking up to make sure that performance is what we want and that results are satisfactory. The whole process of checking up is a separate and identifiable kind of management work to which we have applied the term ‚control.'" (Allen 1964, S. 315 f.)

„Control is the process of checking actual performance against the agreed standards or plans, with a view to ensuring adequate progress or satisfactory performance, and also ‚recording' such experience as is gained as a contribution to possible future needs." (Brech 1967, S. 15; vgl. 1965, S. 13 f.; 1953, S. 11)

„Controlling is the process of making events conform to plans." (Cleland und King 1972, S. 137)

„Unter dem Kontrollieren wird der Soll-Ist-Vergleich, einschließlich der Analyse eventueller Soll-Ist-Abweichungen verstanden. (Hub 1982, S. 89)

„Sehr umfassend könnte man die Aufgabe der Kontrolle umschreiben als: Sicherstellung, dass Aktivitäten trotz möglicher Störungen zur Erreichung der gesteckten Ziele führen." (Ulrich und Fluri 1995, S. 147)

„The word control suggests the operations of checking, testing, regulation, verification, or adjustment. As a management function, control is the process of taking preventive or corrective actions to ensure that the organization's mission and objectives are accomplished as effectively as possible." (Kreitner 2009, S. 461)

„The managerial funtion of controlling is the measurement and correction of performance in order to make sure that enterprise objectives and the plans devised to attain them are accomplished" (Koontz und Weihrich 2010, S. 376)

„Controlling is monitoring performance, comparing it with goals, and taking corrective action as needed." (Kinicki und Williams 2013, S. 514)

„Lenkung als eine Kombination aus Steuern und Regeln richtet […] ein System auf ein gemeinsames Ziel aus." (Dillerup und Stoi 2013, S. 30)

„Aufgabe der Kontrolle ist es, die tatsächlich realisierten Ergebnisse mit den angestrebten Ergebnissen zu vergleichen, um daraus den Zielerfüllungsgrad erkennen zu können." (Thommen et al. 2017, S. 508)

Während die Managementaufgabe „Gestalten" die Voraussetzungen schafft, dass Zweck-
und Zielrealisierung überhaupt möglich werden, stellt die Managementaufgabe „Lenken"
sicher, dass das System „Unternehmen" seinen Zweck und seine Ziele auch trotz Stör-
grösseneinfluss effektiv realisiert. Hierzu muss zunächst eruiert werden, ob das vom
System an den Tag gelegte Verhalten den Zweck und die Ziele des Systems realisieren
wird oder realisiert hat. Um diese Beurteilung vornehmen zu können, muss das Systemverhalten bzw. das Ergebnis des Systemverhaltens in geeigneter Form gemessen und
dann mit einem – üblicherweise bereits im Rahmen der Zweck- und Zielbestimmung
festgelegten – Standard abgeglichen werden. Ist das Systemverhalten gemessen und
mit den relevanten Standards abgeglichen worden, sind – für den Fall, dass eine nicht
akzeptable Abweichung zwischen Ist und Soll besteht – in einem weiteren Schritt
konkrete Korrekturmassnahmen (auch: Lenkungsintervention, Lenkungshandlung) zu
ergreifen.

Die Managementaufgabe „Lenkung" beruht somit auf dem aus der Natur bekannten
„Regelkreisprinzip", das wie folgt funktioniert (vgl. auch Abb. 3.56):

> „Ein als Soll vorgegebener Zustand wird dadurch zu erreichen und aufrechtzuerhalten ver-
> sucht, daß das Soll mit dem jeweils gerade vorliegenden tatsächlichen Zustand, dem Ist
> verglichen wird und bei einer Soll-Ist-Abweichung eine Maßnahme getroffen wird, die das
> System wieder in die gewünschte Richtung lenkt." (Hub 1982, S. 23)

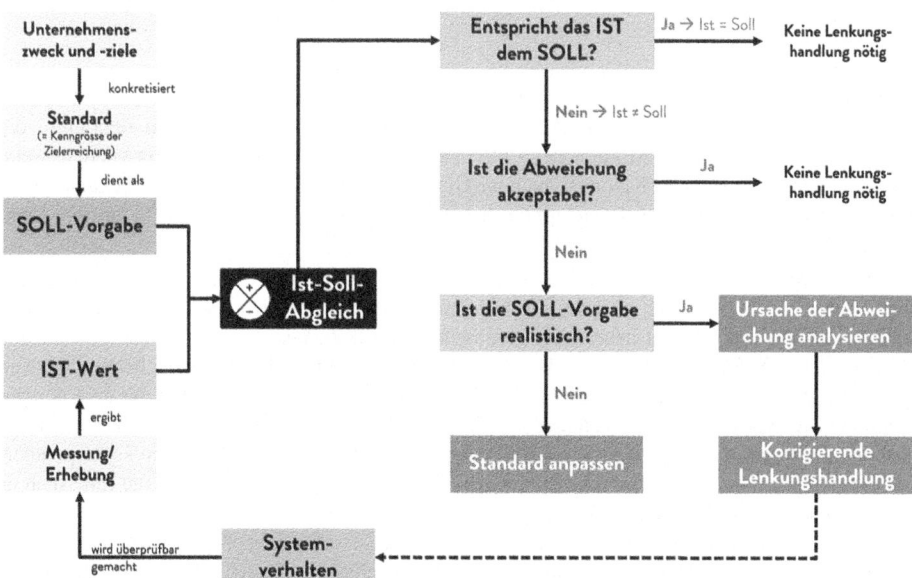

Abb. 3.56 Lenkungsprozess bzw. -kreislauf. (Eigene Darstellung in Anlehnung an Robbins et al.
2013, S. 372)

Entsprechend umfasst die Managementaufgabe „Lenkung" vier distinkte Teilaufgaben (vgl. Allen 1958, S. 45; 1964, S. 315 ff., 71). Sind diese Teilaufgaben und damit der Lenkungsprozess durchlaufen, startet der Prozess wieder von vorne:

- „Establishing Performance Standards": Bestimmung des zu erreichenden Soll-Zustands, d. h. Definition von (quantitativen und/oder qualitativen) Kennzahlen der Zweck- und Zielerreichung, die als Evaluationsstandard dienen.[60] Üblicherweise geschieht die Festlegung dieser auch Führungsgrösse genannten Kennzahlen bereits im Rahmen der Zweck- und Zielbestimmung, kann aber im Zuge der Lenkung konkretisiert werden.
- „Performance Measuring": Bestimmung der zur Erhebung des Ist-Zustands nötigen Messmethoden sowie -punkte und Erhebung des auch Regelgrösse genannten Ist-Zustands, d. h. „recording and reporting of information about work in progress and work completed" (Allen 1964, S. 338)[61]
- „Performance Evaluating": Evaluation des Ist-Zustands, d. h. Abgleich von Ist- und Soll-Zustand sowie Identifikation von und Analyse allfälliger Diskrepanzen; dieser, wie auch der nächste Schritt, geschehen im sog. „Regler". Besteht eine Soll-Ist-Abweichung, so liegt ein Problem vor: „A problem is defined as the difference between an actual state of affairs and a desired state of affairs. In other words, a problem is the gap between where one is and where one wants to be." (Kreitner 2009, S. 225)

---

[60]Wie Drucker (2008, S. 324 f.; vgl. Ford und Heaton 1980, S. 369) rät, sollte man nicht mit dem möglichen Maximum, sondern mit dem nötigen Minimum an Kontrollgrössen operieren, die zudem in engem Bezug zur Mission des Unternehmens stehen. Sie sollten zudem geeignet sein, das von ihnen zu messende Phänomen auch wirklich abzubilden: „Controls have to be appropriate to the character and nature of the phenomenon measured." (Drucker 2008, S. 325; vgl. Ford und Heaton 1980, S. 369).

[61]In Bezug auf die Durchführung der Messung sollte man sich nicht der Illusion hingeben, dass häufiges Messen automatisch zu besseren Ergebnissen führt: „Frequent measurements and very rapid ‹reporting back› do not necessarily give better control. Indeed, they may frustrate control." (Drucker 2008, S. 327; vgl. Ford und Heaton 1980, S. 370) Wie bei der Anzahl Kontrollgrössen auch, sollte man auch im Hinblick auf die Anzahl der Kontroll- bzw. Messpunkte mit dem nötigen Minimum operieren – auf der anderen Seite aber auch nicht zu wenig oft messen. Zudem sollte man darauf achten, dass die Dauer einer Messung mit dem gemessenen Phänomen korrespondiert und es abzubilden vermag: „The time dimension of controls has to correspond to the time span of the event measured." (Drucker 2008, S. 327).

Was die technische Dimension der Messung angeht, so sollte hier auf Einfachheit und Verständlichkeit geachtet werden. Komplizierte Kennzahlensysteme und Messmethoden stiften mehr Verwirrung, als dass sie für Genauigkeit sorgen: „Complicated controls do not work. They confuse. They misdirect attention away from what is to be controlled, and toward the mechanics and methodology of the control. If the user has to know how the control works before he can apply it, he has no control at all. And if he has to sit down and figure out what a measurement means, he has no control either." (Drucker 2008, S. 328; vgl. Ford und Heaton 1980, S. 371).

- „Performance Correcting": Bestimmung und Ergreifen korrektiver Massnahmen bzw. Lenkungsinterventionen zur Schliessung der Lücke zwischen Ist und Soll.[62] Bei der Festlegung der auch Stellgrösse genannten korrektiven Massnahmen ist dem Regler üblicherweise eine gewisse Toleranz vorgegeben, d. h. er greift nicht bei jeder Soll-Ist-Abweichung ein, sondern erst, wenn die Abweichung eine bestimmte Grössenordnung überschritten hat.

Wie Malik (2006, S. 230 ff.; 2003, S. 242 ff.) anmerkt, sollten alle lenkenden Eingriffe in das Systemverhalten vom Vertrauen in Leistungsfähigkeit und Leistungsbereitschaft der das System konstituierenden Menschen getragen sein. Vor diesem Hintergrund sollten sich Manager v. a. im Hinblick auf steuernde Eingriffe überlegen, ob sie einer Sache noch etwas Zeit geben und beobachten, wie sie sich entwickelt. Auch wenn es keine allgemeingültige Regel gibt, wann dies angebracht ist, so ist wohlwollendes Übersehen manchmal klüger als direktes Reagieren auf jede Ist-Soll-Abweichung.

Die Aufgabe des Lenkens erschöpft sich also nicht einfach im Konstatieren einer Abweichung. Sie umfasst ebenso das konkrete Ergreifen von Massnahmen zur Schliessung der Differenz zwischen dem geplanten Ist und dem effektiven Soll. Solche Lenkungsinterventionen können ein vom einem Soll abweichendes Ist auf zwei grundlegende Arten dem Soll angleichen: Sie können die Ordnung eines Systems adaptieren, welche ja das Verhalten der Systemelemente indirekt-mittelbar beeinflusst; oder sie können die Ordnung eines Systems durch direkt-unmittelbare Beeinflussung des Verhaltens der Systemelemente effektivieren. Lenkungsinterventionen können somit nur vermittels einer oder mehrerer der drei Managementaufgaben „Zielbestimmung", „Organisation" und „Führung" Wirkung entfalten.[63] Betrachtet man also das Objekt der Lenkungsintervention, so lassen sich grundsätzlich die folgenden drei Typen von Lenkungsmassnahmen unterscheiden:

- Anpassung des Zielsystems, des sachlogischen und zeitlichen Vorgehens zu dessen Realisierung, der zur dessen Realisierung nötigen Mittel bzw. Ressourcen und/oder der Kenngrössen der Zielerreichung
- Adaption der Organisation des Systems und/oder Verfügbarmachung zusätzlicher bzw. anderer Ressourcen
- Führungsintervention.

---

[62]Wie Drucker (2008, S. 328) anmerkt, ist es in diesem Zusammenhang wichtig, dass spätestens die Ergebnisse der Evaluation zu der Person gelangen, die auch die entsprechenden korrektiven Massnahmen ergreifen kann. Kontrolle muss, mit anderen, Worten handlungs- und nicht nur informationsorientiert sein.

[63]Entsprechend stellt die Managementaufgabe „Lenkung" selbst strenggenommen weder ein Instrument der indirekt-mittelbaren noch der direkt-unmittelbaren Verhaltensbeeinflussung dar.

Anhand der Antwort auf die Frage, ob eine solche Lenkungsintervention stattfindet, bevor oder nachdem eine Soll-Ist-Abweichung zwischen dem ursprünglich geplanten und dem tatsächlich realisierten Output eingetreten ist, lässt sich zudem eine proaktive (auch: präventive) von einer reaktiven Form von Lenkung unterscheiden. Auf diese auch „Steuerung" und „Regelung" genannten Arten der Lenkung wird nachstehend eingegangen, ebenso auf die dritte Form der Lenkung, die „Weiterentwicklung".

Die im Rahmen der Lenkung ergriffenen Massnahmen lassen sich anhand ihrer Tragweite und Tiefgründigkeit unterscheiden: Den auf kontinuierliche und inkrementell-evolutionäre Verbesserungen (auch: Optimierung; Fine-Tuning) innerhalb bestehender Rahmenbedingungen und Infrastrukturen abzielenden Lenkungsmassnahmen stehen die radikal-revolutionären Massnahmen gegenüber, die auf eine grundlegende Erneuerung und Veränderung aus sind.

3.2.3.1 Steuern

Die auch *„Steuerung"* genannte proaktive Form von Lenkung greift in das Systemverhalten ein, bevor der tatsächliche Output des Systemverhaltens (y_a) vom geplanten Output des Systemverhaltens (y_p) abweicht (vgl. Abb. 3.57).

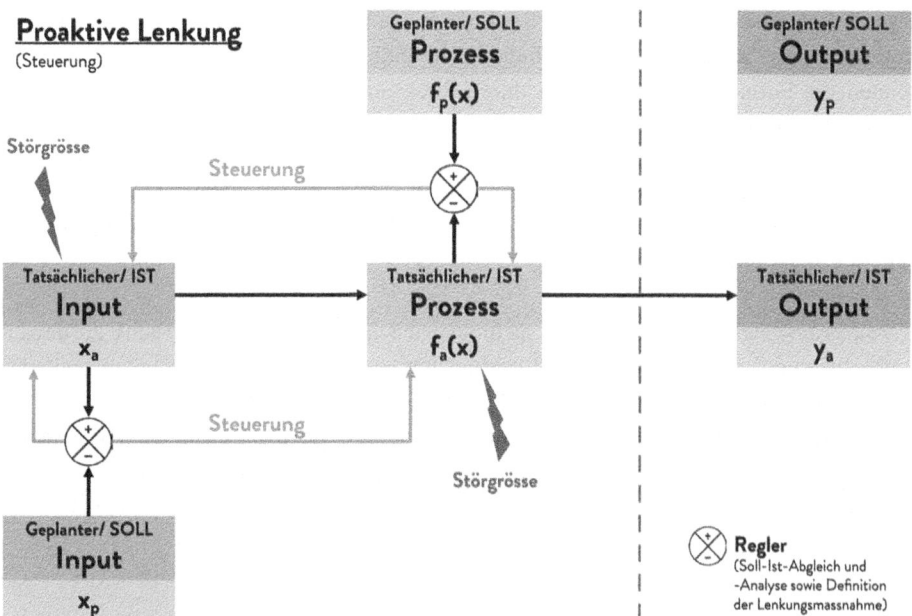

Abb. 3.57 Proaktive Lenkung (Steuerung)

Steuerung versucht also, Outputabweichungen zu vermeiden bzw. gar nicht erst entstehen zu lassen. Der Impetus zur steuernden Lenkung kann hierbei aus zwei Quellen herrühren:

- Der Soll-Ist-Abgleich zwischen tatsächlichem und geplantem Input zeigt, dass der tatsächliche Input in nicht akzeptablem Ausmass vom geplanten Input abweicht, dass also $x_a \neq x_p$.
- Der Soll-Ist-Abgleich zwischen tatsächlichem und geplantem Systemverhalten zeigt, dass das tatsächliche Systemverhalten in nicht akzeptablem Ausmass vom geplanten Systemverhalten abweicht, dass also $f_a(x) \neq f_p(x)$.

Ist wenigstens eine dieser beiden Bedingungen erfüllt, so bedeutet dies, dass auch der tatsächliche Output mit an Sicherheit grenzender Wahrscheinlichkeit nicht dem geplanten Output entsprechen wird. Um dies zu verhindern, wird so in das Systemverhalten eingegriffen, dass trotz der prozess- und/oder inputseitigen Störung der geplante Output realisiert werden kann. Steuernde Massnahmen basieren somit entweder auf einer dem Systemverhalten vorgelagerten Kontrolle („Vorkoppelung"; „feedforward control", „input control") der Inputfaktoren oder einer parallel zum Systemverhalten ablaufenden Kontrolle des Systemverhaltens bzw. der Prozesse („Ausführungskontrolle"; „concurrent control", „screening").

„Feedforward control is the active anticipation of problems and their timely prevention, rather than after-the-fact reaction. [...] Planning answers the question ,Where are we going and how will we get there?' Feedforward control addresses the issue ,What can we do ahead of time to help our plan succeed?'" (Kreitner 2009, S. 462)

„Concurrent control involves monitoring and adjusting ongoing activities and processes to ensure compliance with standards. When you adjust the water temperature while taking a shower, you are engaging in concurrent control." (Kreitner 2009, S. 462; vgl. Davis 1951, S. 698)

Auch wenn sowohl „feedforward control" als auch „concurrent control" unbestritten wünschenswert sind, da sie das Auftreten von Problemen verhindern helfen, so erfordern sie zeitgerechte und genaue Informationen, die in der Realität jedoch oftmals schwer zu beschaffen sind.

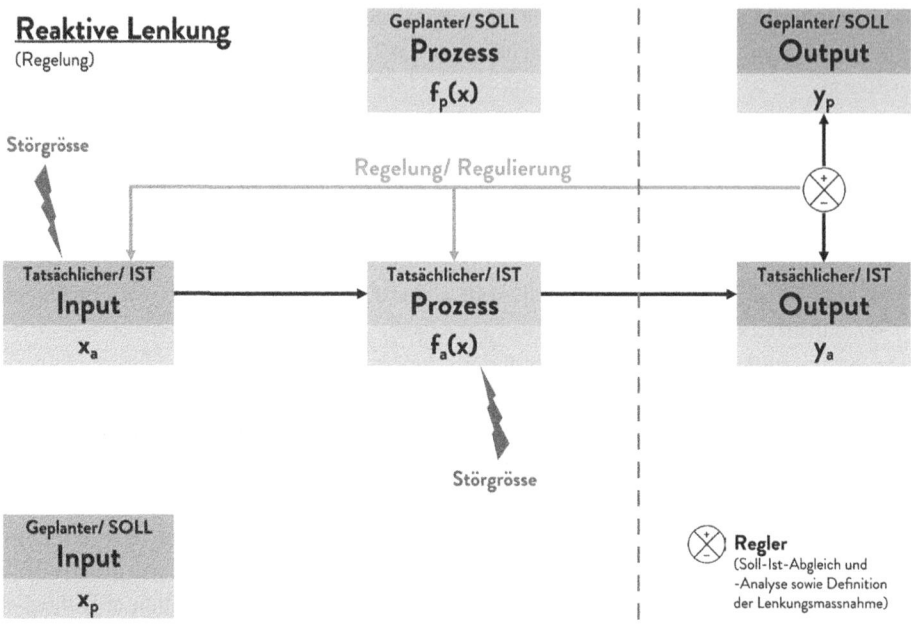

Abb. 3.58 Reaktive Lenkung (Regelung)

3.2.3.2 Regeln

Während proaktive Lenkung eine Outputabweichung zu verhindern versucht, greift die auch *„Regelung"* oder „Regulierung" genannte reaktive Lenkung in das Systemverhalten ein, nachdem ein vom geplanten Output (y_p) abweichender tatsächlicher Output (y_a) realisiert worden ist (vgl. Abb. 3.58).

Regelung ist also ein am Output orientierter Eingriff in das Systemverhalten, der auf eine bereits aufgetretene Abweichung zwischen dem Ist- und Soll-Output reagiert, diese aber nicht verhindern kann. Regelnde Massnahmen basieren somit immer auf einer Ergebniskontrolle („Rückkoppelung", „Rückmeldung"; „feedback control", „output control"). Während es der Steuerung um das Verhindern von Fehlern geht, geht es der Regelung darum, aus bereits gemachten Fehlern für die Zukunft zu lernen.

> „Feedback control is gathering information about a completed activity, evaluating that information, and taking steps to improve similar activities in the future." (Kreitner 2009, S. 463)

Eine reaktive Lenkungshandlung, d. h. ein regelnder Eingriff in das Systemverhalten liegt dann vor, wenn a) der Soll-Ist-Abgleich zwischen dem ursprünglich geplanten und dem tatsächlich realisierten Output zeigt, dass der tatsächliche Output in nicht akzeptablem Ausmass vom geplanten Output abweicht, dass also $y_a \neq y_p$, und b) auf dieser Basis Massnahmen ergriffen werden, um eine Abweichung in Zukunft zu verhindern.

3.2.4 Weiterentwickeln

Regeln und Steuern sind grundsätzlich kurzfristig orientierte Lenkungsmassnahmen, die zur Anwendung kommen, wenn sich konkret abzeichnet, dass das Unternehmen seine Ziele verfehlen wird oder wenn es diese bereits verfehlt hat. Das Management eines Unternehmens erschöpft sich jedoch nicht nur darin, steuernd Störgrössen entgegenzuwirken oder regelnd die Wiederholung einmal gemachter Fehler zu vermeiden. Management umfasst darüber hinaus auch die „Entwicklung" (auch: Weiterentwicklung) des Unternehmens. Die Unternehmensentwicklung ist nicht durch eine effektiv eingetretene oder drohende Abweichung von Ist und Soll motiviert. Die Motivation der Unternehmensentwicklung ist vielmehr das Bemühen um ständiges Verbessern und qualitatives Lernen.

Im Gegensatz zur reaktiven und proaktiven Lenkung – die natürlich in Konsequenz auch zur Entwicklung des Unternehmens beitragen – wartet Entwicklung nicht, bis eine Störgrösse auf den Input oder den Prozess wirkt und eine Ist-Soll-Abweichung verursacht oder absehbar macht, um dann eine Lenkungsintervention zu setzen. Steuern und Regeln impliziert mehr oder weniger akut indizierte Lenkungsmassnahmen, die die Zielerreichung kurzfristig sicherstellen sollen. Im Rahmen der Unternehmensentwicklung sollen auf Basis kontinuierlicher Reflexion und prüfendem Nachdenken Verbesserungspotentiale ausgeschöpft werden, um so die Entwicklungs- und Zukunftsfähigkeit des Unternehmens sicherzustellen.

> „Kürzerfristig geht es darum, dass die Unternehmung lernt, bei gegebenen Zielen immer besser zu funktionieren, Mängel sukzessive auszumerzen und begangene Fehler nicht zu wiederholen. Auf längere Sicht geht es um die Förderung der vielgeforderten Innovationsfähigkeit der Unternehmung, des sich Anpassens an neue Anforderungen und des Suchens und Realisierens neuer Ziele und Verhaltensweisen." (Ulrich und Probst 2001, S. 257)

Die Unternehmensentwicklung erfolgt somit primär „durch die periodische Ausarbeitung konzeptueller Vorstellungen über die Unternehmung aufgrund bisheriger Entwicklungen und aktueller Zustände von Unternehmung und Umwelt" (Ulrich 1984, S. 120 f.; 2001j, S. 153). Die Unternehmensentwicklung ist diejenige Kraft, die ein Unternehmen auch ohne das explizite Vorhandensein von Störgrössen kontinuierlich-periodisch über sich und seine Umwelt reflektieren lässt und dabei fragt, ob das betreffende Unternehmen noch die richtigen Ziele hat, ob seine Organisation verbessert werden kann, ob es in punkto Führung Optimierungsbedarf gibt, aber auch, ob die Lenkung gut funktioniert. Die Managementaufgabe „Weiterentwickeln" erinnert Manager daran, dass Gestalten, Lenken und Führen Daueraufgaben sind, die kontinuierlich-periodisch bearbeitet werden müssen, auch wenn es an sich keine äussere Notwendigkeit dazu gibt.

Mit anderen Worten besteht die Managementaufgabe der Weiterentwicklung im Kern also in der kontinuierlich-periodisch ungefragten Beantwortung der Frage, „ob Bestehendes beizubehalten oder durch Neues zu ersetzen ist" (Ulrich und Krieg 2001,

S. 30). Die Managementaufgabe der Weiterentwicklung setzt die Bereitschaft zum Hinterfragen des Status Quo voraus, auch wenn dies nicht offenkundig notwendig ist:

> „Few things are more important for a manager to do than ask simple questions: why do we do it; why that way; what are the alternatives; how much does it cost; why are costs up; who does it cheaper and better; what's happening out there that's likely to hurt or help us? It is not to get answers that the good manager asks these and other questions, but to get people to think rather than just to act, react, or administer." (Levitt 1991, S. 3; 1992, S. 7)

Massnahmen, die sich spezifisch der Weiterentwicklung des Managementsystems widmen, werden gemeinhin als „management innovation" bezeichnet. Unter diesem Ausdruck werden Weiterentwicklungen der Management-Praktiken subsumiert. *Management-Innovation* bezieht sich somit auf Veränderungen in der Art und Weise, wie Manager die Managementaufgaben erfüllen:

Was lernen wir aus der Managementliteratur?

„A management innovation can be defined as a marked departure from traditional management principles, processes, and practices or a departure from customary organizational forms that significantly alters the way the work of management is performed. Put simply, management innovation changes how managers do what they do." (Hamel 2006, S. 75)

„We define management innovation as the generation and implementation of a management practice, process, structure, or technique that is new to the state of the art and is intended to further organizational goals." (Birkinshaw, Hamel und Mol 2008, S. 829)

„Management innovation is the introduction of management practices that are new to the firm and intended to enhance firm performance." (Mol und Birkinshaw 2009, S. 1269)

„The concept of management innovation is more encompassing as it refers to alterations in the way the work of management is performed." (Volberda, van den Bosch und Heij 2013, S. 2)

3.2.4.1 Intensität und Hemmnisse von Wandel

Weiterentwicklung ist im Kern Auslösung und Gestaltung von Wandel (auch: Veränderung, Transformation). Je breiter, tief greifender und schneller der durch die Weiterentwicklung ausgelöste Veränderungsprozess ist, desto anspruchsvoller ist seine erfolgreiche Gestaltung und Bewältigung. Veränderungsprozesse sind entsprechend zunächst in Bezug auf ihre *Wirkungsintensität,* d. h. „dem Ausmass an Neuigkeit, die durch eine Organisation und durch die Mitarbeitenden verkraftet werden muss" (Rüegg-Stürm und Grand 2019, S. 104), zu verstehen. Die Wirkungsintensität eines

Veränderungsprozesses hat drei Dimensionen (vgl. Rüegg-Stürm und Grand 2019, S. 104 f.):

- *Wirkungsreichweite:* Bei der Wirkungsreichweite (auch: Breite; Scope) geht es um die Frage, wie viele Aufgabenfelder, Bereiche, Prozesse, Mitarbeiter und/oder Stakeholder gleichzeitig von der Veränderung betroffen sind, d. h. ob es sich um eine das gesamte System oder eine thematisch, personell und/oder örtlich eingrenzbare Veränderung handelt.
- *Wirkungstiefe:* Mit der Wirkungstiefe (auch: Tragweite) verbindet sich die Frage, wie einschneidend eine Veränderung aus Sicht der Betroffenen ist und welches – aus möglichen Wissens-, Orientierungs- und Identitätsverlusten sowie Konflikten – resultierende Destabilisierungspotential mit ihr einhergeht.
- *Zeitdruck:* Die Frage nach dem Zeitdruck bezieht sich auf die zeitliche Intensität eines Veränderungsprozesses.

Je nachdem, wie die Wirkungsintensität eingeschätzt wird, ist es allenfalls ratsam, gezielt externe Unterstützung zur Begleitung des Veränderungsprozesses heranzuziehen.

Um die Aufgabe der Weiterentwicklung erfolgreich ausfüllen zu können, bedürfen Manager eines Bewusstseins um die spezifischen Formen von Wandelhemmnissen bzw. -widerständen. Denn: „Neuerungen verursachen Unsicherheit und Angst und lösen damit Widerstand aus. Sie bringen das Gleichgewicht ins Wanken und richten sich gegen das menschliche Bedürfnis nach Sicherheit." (Kobi und Wüthrich 1986, S. 161) Der Widerstand sozialer Systeme gegen Veränderung und Wandel kann hierbei von passivem Ignorieren bis hin zu aktivem Sicht-Wehren reichen, offen oder versteckt sein und von einer Einzelperson oder von einer Gruppe von Personen ausgehen. Wie Vahs (2009, S. 345) darlegt, lassen sich hinsichtlich der Reaktionen auf eine sich abzeichnende Veränderung mehrere Gruppen von Personen unterscheiden: „Etwa ein Drittel der Betroffenen steht dem Wandel offen und positiv gegenüber, ein Drittel verhält sich neutral und abwartend, und das letzte Drittel lehnt die Veränderung vehement ab.".

Neben diesem Verständnis für den quantitativen Aspekt der Wandelhemmnisse bedürfen Manager zudem eines qualitativen Verständnisses dafür, welche Ursachen dem Widerstand gegen Veränderung zugrunde liegen. Für die Entstehung des eigentlichen Widerstands gegen Wandel lassen sich folgende typische Gründe ausmachen (vgl. Kinicki und Williams 2013, S. 316; Kreitner 2009, S. 434 f.; Schein 2017, S. 326):

- Individuelle Abneigung gegen Wandel (z. B. Angst vor dem Unbekannten, Risikoaversion)
- Trägheit/Bequemlichkeit
- Mangelndes Vertrauen gegenüber dem Management (Klima des Misstrauens) sowie andere Formen von Persönlichkeitskonflikten, die zu einer mangelhaften Beziehungsgrundlage führen
- Mangelndes oder unterschiedliches Verständnis für die Notwendigkeit des Wandels

- Angst vor Scheitern und Versagen (v. a. bei zu ambitiösem Wandel)
- Gefühl der Ohnmacht und des Ausgeliefertseins
- Gefühl der Überrumpelung, insbesondere bei signifikanten Veränderungen, die spontan oder ohne ausreichende Vorankündigung eingeführt werden
- Mangelndes Taktgefühl, z. B. in der Form der Kommunikation des Wandels, und schlechtes Timing vonseiten des Managements
- Angst vor Verlust des Status, der Machtposition oder des Arbeitsplatzes
- Angst vor vorübergehender Inkompetenz und/oder Angst vor Bestrafung für vorübergehende Inkompetenz
- Gruppenzwang, d. h. Schutz der Interessen anderer Personen, auch wenn man selbst nicht direkt durch die bevorstehende Veränderung betroffen ist
- Angst vor Verlust der persönlichen Identität
- Angst vor Auflösung/Aufbrechen des Teams und Verlust der Gruppenmitgliedschaft (vor allem, wenn Personen versetzt, befördert oder neu zugeteilt werden)
- Fehlende bzw. fehlerhafte Anreizsysteme (z. B. drohende längere Arbeitszeiten ohne Kompensation)
- Disruption der Unternehmungskultur, d. h. Verletzung kultureller Grundannahmen
- Missverständnisse oder Informationsmangel

Alles in allem muss erfolgreicher Wandel einer Reihe von änderungshemmenden Kräften entgegenwirken, die sich – wie Kobi und Wüthrich (1986, S. 160 f.; 94) aufführen – von mangelndem Interesse der Beteiligten am Wandel, geringer Attraktivität des Wandels für die Beteiligten, Willens- oder Fähigkeitsbarrieren über Besitzstandsdenken, verfestigten Abläufen und Strukturen, ausgeprägten Hierarchien, eingefleischten Gewohnheiten bis hin zur übermässigen Grösse der Veränderungsschritte, der guten wirtschaftlichen Situation der Unternehmung und Bequemlichkeit sowie Selbstzufriedenheit erstrecken. Gleichzeitig muss erfolgreicher Wandel sich die änderungsfördernden Kräfte zu Nutze machen. Beispiele hierfür sind (vgl. Kobi und Wüthrich 1986, S. 161; 93 f.) interessierte, veränderungsbereite und anpassungsfähige Personen, Attraktivität des Wandels für die Betroffenen, Leidensdruck, Unzufriedenheit mit Bestehendem und Kenntnis der erwünschten Veränderung.

Die Kunst der erfolgreichen Gestaltung von Wandel besteht darin, mit den für die Veränderung offenen Personen beginnend, das dem Wandel neutral gegenüberstehende Drittel für sich zu gewinnen. Hierzu stehen nach Kreitner (2009, S. 435 f.) eine Reihe von Massnahmen zur Verfügung:

- *Bildung und Kommunikation:* Wenn der Widerstand auf falscher oder mangelnder Information beruht, kann den Betroffenen die Notwendigkeit des Wandels und die Logik dahinter erläutern werden. Diese Massnahme funktioniert jedoch nur, wenn gegenseitiges Vertrauen und Glaubwürdigkeit gegeben sind.
- *Beteiligung und Mitwirkung:* Sofern die betreffenden Personen die dazu nötigen Kompetenzen besitzen, können sie sowohl an der Planung als auch Umsetzung des

Wandels beteiligt werden, um so Involvierung und Akzeptanz herzustellen. Diese Massnahme ist jedoch zeitaufwendig und keine Garantie für gute Lösungen.

- *Förderung und Unterstützung:* Um Ängste und Sorgen aufseiten der Betroffenen abzubauen, können spezielle Schulungen und Stressberatung oder auch Massnahmen wie Ausgleichszeit („compensatory time off") angeboten werden.
- *Verhandlung:* Wenn der Widerstand von einer mächtigen Person oder Gruppe von Personen kommt, hilft unter Umständen eine pragmatische Vereinbarung, d. h. ein Austausch von etwas von Wert für die Zusammenarbeit. Diese Massnahme kann jedoch kostspielig sein und andere Personen dazu verleiten, ebenfalls Druck aufzubauen.
- *Manipulation, Kooptation* und *Zwang:* Manipulation liegt vor, wenn Manager Informationen selektiv zurückhalten oder abgeben und Ereignisse bewusst so arrangieren, dass die Chance auf eine erfolgreiche Veränderung erhöht wird. Kooptation beinhaltet normalerweise eine symbolische Beteiligung. Diejenigen, die mit einer symbolischen Beteiligung kooptiert werden, können nicht behaupten, dass sie nicht konsultiert wurden, doch die letztendliche Auswirkung ihrer Eingaben ist vernachlässigbar. Mit dem Zwang als Mittel zur Durchsetzung von Wandel haben diese Massnahmen gemeinsam, dass sie zwar möglicherweise kurzfristig erfolgsversprechend, aber nicht geeignet sind, mittel- und langfristige Unterstützung aufzubauen. Schlimmer noch: Sie können nach hinten losgehen und zu einem massiven Vertrauensverlust führen.

In Hinblick auf die Wahl des richtigen Instruments ist zu unterscheiden, ob die die Veränderung hemmenden Faktoren einem Mangel an Anpassungs*fähigkeit* oder einem Mangel an Anpassungs*bereitschaft* entspringen.

Wandel kann nur im Bewusstsein um die Tatsache erfolgreich gestaltet werden, dass er nicht nur eine physisch-materielle, sondern v. a. eine psychologisch-geistige Dimension hat. Es ist unbestritten, dass es infrastrukturelle Hemmnisse des Wandels, wie z. B. eingespielte Strukturen und Prozesse sowie bestehende Infrastrukturen (z. B. Anlagen/Maschinen, Produktionsstätten, Personal) gibt. Diese in Richtung Selbsterhaltung des Systems wirkenden Wandelhemmnisse können durch Massnahmen physisch-materieller Art (z. B. Aufstockung finanzieller Ressourcen, Definition neuer Strukturen und Prozesse) überwunden werden. Diese Massnahmen sind jedoch nicht geeignet, um Wandelhemmnisse psychologisch-geistiger Natur zu adressieren. Im Zentrum des Wandels steht der Mensch. Oder wie Kobi und Wüthrich (1986, S. 41) es formulieren: „Erfolgreiche Änderungen lassen sich um so eher erreichen, wenn sie von den unmittelbar Betroffenen entwickelt, unterstützt und realisiert werden. Im Rahmen des geplanten Wandels ist der Mensch mit seinen Neigungen und Bedürfnissen als gleichberechtigt neben ökonomischen und technischen Erfordernissen einzubeziehen."

Eine theoretisch vielleicht zu einfache, aber für die Praxis hilfreiche Formel für die erfolgreiche Auslösung und Gestaltung von Wandel ist nachfolgende „Veränderungsformel":

(Leidensdruck) x (Positive Vision) x (Unterstützung) > Kosten des Wandels.

Diese Formel soll zum Ausdruck bringen, dass Personen sich für Veränderung öffnen, wenn die Kombination aus a) dem lebendigen Bewusstsein der negativen Konsequenzen eines nicht erfolgten Wandels, b) der lebendigen Vorstellung der positiven Konsequenzen eines erfolgten Wandels und c) dem Angebot von kompetenzfördernden Massnahmen und praktischen Tipps zur schrittweisen Verhaltensänderung grösser sind als die persönlichen Kosten der Veränderung. Die Faktoren „Leidensdruck" und „positive Vision" wirken auf das Wollen und erhöhen die Veränderungsbereitschaft, der Faktor „Unterstützung" auf die Veränderungsfähigkeit.

3.2.4.2 Der Prozess der Gestaltung von Wandel

Ist das „Was" der Weiterentwicklung und des Wandels einmal bestimmt, bietet sich für die Gestaltung des „Wie" des Wandels eine Orientierung am 3-Phasen-Modell des Wandels von Lewin (1947, S. 32 ff.) oder an Kotters (1995; 2012a) achtstufigem Wandelprozess an. Lewins Modell setzt sich aus den drei Phasen „Auftauen" („Unfreeze"), „Bewegen" („Moving") und „Einfrieren" („Freezing") zusammen: „A successful change includes therefore three aspects: unfreezing (if necessary) the present level L^1, moving to the new level L^2, and freezing group life on the new level." (Lewin 1947, S. 35).

Diese generische Beschreibung eines Wandelprozesses kann durch Kotters „Eight Step Process of Creating Major Change" konkretisiert werden.[64] Die acht Schritte dieses Wandelprozessmodells lauten wie folgt (vgl. Kotter 2012a, S. 23, 35 ff.; 1995, S. 61)[65]:

- Schritt 1: Erzeuge ein Gefühl und Bewusstsein der Dringlichkeit („Establishing a Sense of Urgency")
- Schritt 2: Baue eine Führungskoalition auf („Create the Guiding Coalition")
- Schritt 3: Entwickle eine Vision und Strategie („Developing a Vision and Strategy")

---

[64]Wie Kotter selbst implizit anmerkt, sind sein Modell und das Modell von Lewin insofern komplementär zu verstehen, als sich sein Modell in die drei Lewin´schen Phasen eingliedern lässt: „The first four steps in the transformation process help defrost a hardened status quo. If change were easy, you wouldn't need all that effort. Phases five to seven then introduce many new practices. The last stage grounds the changes in the corporate culture and makes them stick." (Kotter 2012, S. 24).

[65]Eine leicht alternative, aber inhaltlich praktisch deckungsgleiche Formulierung dieser acht Schritte findet sich in Kotter (2014, S. 27 ff.) und Kotter (2012b, S. 51 ff.): „Create a Sense of Urgency", „Build a Guiding Coalition", „Form a Strategic Vision and Initiatives", „Enlist a Volunteer Army", „Enable Action by Removing Barriers", „Generate Short-Term Wins", „Sustain Acceleration" und „Institute Change".

- Schritt 4: Kommuniziere die Vision des Wandels („Communicating the Change Vision")
- Schritt 5: Befähige Mitarbeiter auf breiter Basis („Empowering Employees for Broad-Based Action"), v. a. durch Schulungen und Angebot von Ressourcen und Feedback
- Schritt 6: Erziele schnelle Erfolge und mache diese sichtbar („Generating Short-Term Wins"), u. a. auch durch die Schaffung positiver Vorbilder
- Schritt 7: Konsolidiere Erfolge und leite weitere Veränderungen ein („Consolidating Gains and Producing More Change")
- Schritt 8: Verankere neue Ansätze in der Kultur („Anchoring New Approaches in the Culture").

In der Praxis lässt sich nicht selten beobachten, dass Manager Veränderung und Transformation nur mithilfe der Schritte 5, 6 und 7 zu gestalten versuchen oder zwar mit Stufe 1 beginnen, dann jedoch entweder Schritte überspringen oder die Reihenfolge nach eigenem Gutdünken adaptieren. Dies ist insofern nachvollziehbar, als dass sie nicht selten unter Druck stehen, Ergebnisse zu liefern. Solche Versuche sind jedoch praktisch immer zum Scheitern verurteilt. Erfolgreicher Wandel bedarf aller acht Schritte in der obigen Reihenfolge: „Successful change of any magnitude goes through all eight stages [...]. Although one normally operates in multiple phases at once, skipping even a single step or getting too far ahead without a solid base almost always creates problems." (Kotter 2012a, S. 25 f.)

3.2.5 Normatives, strategisches und operatives Management

Nachdem in den vorangehenden Kapiteln die vier Managementaufgaben in ihren wesentlichen Aspekten beschrieben worden sind, können wir den konkreten Gehalt dieser Aufgaben nun überblicksartig zusammenfassen und zum ersten Mal auch nebeneinanderstellen. Auf die Frage, worin Wesen und Gehalt der vier Managementaufgaben besteht, kann folgende Antwort gegeben werden:

- Die Managementaufgabe *„Gestalten"* dient der Schaffung einer das Verhalten der Systemelemente indirekt-mittelbar beeinflussenden Ordnung, die die Realisierung des Zwecks und der Ziele des Unternehmens möglich macht. Diese Aufgabe umfasst zwei Teilaufgaben:
  - Im Rahmen der Managementaufgabe *„Zweck klären und Ziele bestimmen"* wird zuvorderst

      das Zielsystem des Unternehmens, aber darauf aufbauend auch
      das Vorgehen zu dessen Realisierung,
      die zu dessen Realisierung nötigen Mittel bzw. Ressourcen sowie
      Kenngrössen der Zielerreichung festgelegt.

- Der Managementaufgabe *„Organisieren"* geht es um

  das Entwerfen einer Organisation, die die Realisierung des Zielsystems des Unternehmens möglich macht, und

  das Verfügbarmachen der dazu nötigen Ressourcen aus der Umwelt des Unternehmens.

- Durch Bearbeitung der Managementaufgabe *„Führen"* soll das Verhalten der menschlichen Systemelemente zum Zwecke der Realisierung des Zielsystems direkt-unmittelbar beeinflusst und so die im Rahmen der Managementaufgabe *„Gestalten"* geschaffene Ordnung effektiviert werden.

- Die Managementaufgabe *„Lenken"* soll

  - steuernd die Realisierung des Zielsystems des Unternehmens sicherstellen und/ oder

  - regelnd verhindern, dass das Zielsystem des Unternehmens wiederholt nicht realisiert wird.

- Die Managementaufgabe *„Entwickeln"* erfordert die kontinuierlich-periodische Reflexion über das Was und Wie der übrigen vier Managementaufgaben auch ohne Vorliegen von Störgrössen.

Die ersten vier Managementaufgaben sind nicht unabhängig voneinander zu verstehen, sondern greifen in Form eines Kreislaufs ineinander (vgl. Abb. 3.59), der bei der Zielbestimmung seinen Anfang nimmt und durch Lenkung geschlossen wird.

Auch wenn es aus konzeptionellen Gründen hilfreich ist, so muss das Bild des Kreislaufes dieser vier Managementaufgaben für die Managementpraxis jedoch etwas

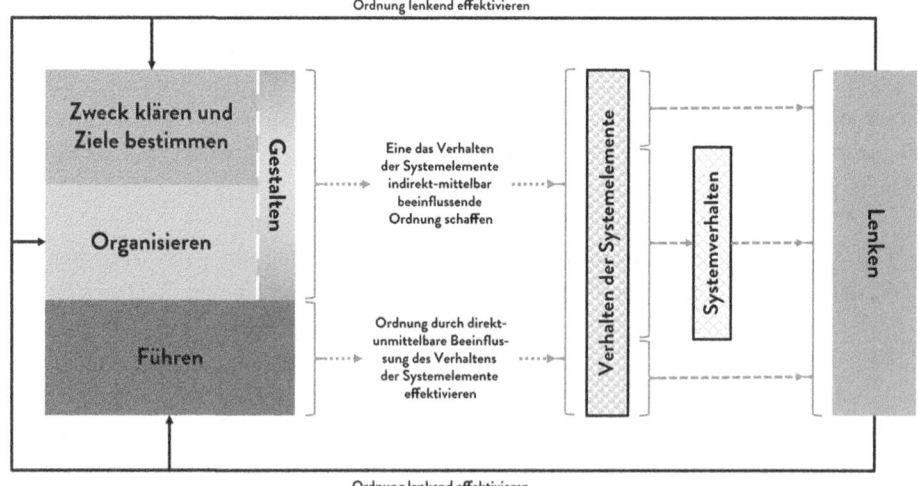

Abb. 3.59 Kreislauf der vier Managementaufgaben „Zweckklärung/Zielbstimmung", „Organisieren", „Führen" und „Lenken"

relativiert werden. Ein Kreislauf birgt die Vorstellung in sich, dass etwas sequenziell geschieht bzw. immer wieder von vorne durchlaufen wird. Dem ist in der Realität der Managementaufgaben nicht zwingend so. Zum einen können gewisse Managementaufgaben parallel bearbeitet werden, zum anderen muss nicht jedesmal erst das gesamte Zielsystem des Unternehmens überprüft werden, um einen organisatorischen oder Führungseingriff vornehmen zu können.

Im Kapitel zur Zielbestimmung wurde zwischen dem normativen, dem strategischen und dem operativen Zielsystem unterschieden. In Anlehnung an diese Unterscheidung sprechen gewisse Autoren von drei Bereichen der Unternehmensführung, nämlich dem normativen, dem strategischen und dem operativen Management:

Was lernen wir aus der Managementliteratur?

„Der Begriff operativ bezieht sich auf Aufgaben der unmittelbaren Bewältigung des Alltagsgeschäfts und dabei insbesondere auf die Effizienz im Umgang mit Ressourcen. Der Begriff strategisch bezieht sich auf die wettbewerbsbezogene, langfristige Zukunftssicherung einer Unternehmung. […] Der Begriff normativ bezieht sich auf ethische Legitimation der unternehmerischen Tätigkeit." (Rüegg-Stürm 2003, S. 71)

„Normatives und strategisches Management einerseits und das operative Management anderseits bilden gleichsam die beiden Seiten einer Medaille. Auf Konzeptionen fussend sind erstere auf die Rahmengestaltung ausgerichtet, in denen sich der operative Vollzug des situativen Führungsgeschehens im ‚day to day business' vollzieht. Während dem normativen und strategischen eher eine Gestaltungsfunktion zukommt, ist es Aufgabe des operativen Managements, lenkend in die Unternehmensentwicklung einzugreifen." (Bleicher 2011, S. 88)

„Der normative Sinnhorizont umfasst aus der Perspektive des SGMM die fundamentalen, langfristig bindenden Festlegungen und Wertvorstellungen, die mit Grundfragen der Existenzberechtigung, der Definition, Gestaltung und Qualität der Wertschöpfung sowie der grundlegenden Beziehungsgestaltung einer Organisation zu ihrer Umwelt zu tun haben. […] Der strategische Sinnhorizont bezieht sich auf die zukunftsbezogene, langfristig ausgerichtete Schaffung von existenzförderlichen Erfolgsvoraussetzungen für eine erfolgreiche Wertschöpfung und Weiterentwicklung einer Organisation mit Blick auf ihre Umwelt. […] Der operative Sinnhorizont formiert und verdichtet sich aus Bezugspunkten, Entscheidungskriterien und Leistungsindikatoren, die mit einer effizienten Koordination des Alltagsgeschehens und mit der optimalen Ausschöpfung der aktuellen Ressourcenkonfiguration für die organisationale Wertschöpfung zu tun haben." (Rüegg-Stürm und Grand 2015, S. 175 ff.; vgl. 2019, S. 184 ff.)

Auf jeder dieser „Handlungsebenen des Managements" (Ulrich und Fluri 1995, S. 19) werden hierbei Entscheidungen getroffen, die den Rahmen für die Entscheidungsfindung auf der nachstehenden Ebene bilden.

- Der Unternehmensführung auf normativer Ebene geht es um das „Bestimmen der übergeordneten Werte und Verhaltensnormen (Unternehmungsmoral)" (Ulrich und Probst 2001, S. 265), die für das Unternehmen wegleitend sein sollen. Im Fokus stehen „die Wertfragen unternehmerischen Handelns" (Ulrich und Fluri 1995, S. 21), „die gesellschaftliche Legitimation des unternehmerischen Handelns" (Ulrich und Fluri 1995, S. 22) und die „Reflexion und Klärung der normativen Grundlagen der unternehmerischen Tätigkeit" (Rüegg-Stürm 2003, S. 71 f.) bzw. der „ethischen Legitimation organisationaler Wertschöpfung" (Rüegg-Stürm und Grand 2019, S. 65): „Man kann auch sagen, dass sich die Führungskräfte ein Bild machen müssen von der Gesellschaft, die sie als wünschenswert erachten und zu deren Verwirklichung die Unternehmung beitragen soll." (Ulrich und Probst 2001, S. 263)

  Das *normative Management* zielt auf „die Entwicklung und Durchsetzung eines Wertesystems für die Unternehmung, das in der Lage ist, die zukünftigen Unternehmungsaktivitäten aus übergeordneter Sicht zu begründen und zu legitimieren und einen sinngebenden Kontext für alle Beteiligten und Betroffenen zu schaffen" (Ulrich und Probst 2001, S. 264). Das normative Management bestimmt – kurz gesagt – die Identität einer Organisation. Es ist der „ultimative Boss", der „den Sinn und Zwecke (Purpose) repräsentiert und darüber entscheidet, auf welcher ethischen Grundlage Entscheidungen gefällt werden" (Gomez et al. 2019, S. 75). Es setzt den übergreifenden Handlungsrahmen, innerhalb dessen sich das strategische und operative Management zu bewegen haben.

- Das *strategische Management* dient dem „Bestimmen der grundsätzlichen, längerfristigen Ziele, Leistungspotentiale und Vorgehensweisen der Unternehmung" (Ulrich und Probst 2001, S. 265), der „Erfolgsvorsteuerung durch den frühzeitigen und systematischen Aufbau von strategischen Erfolgspotentialen" (Ulrich und Fluri 1995, S. 20 f.) und der „Auseinandersetzung mit den Grundlagen für den langfristigen Erfolg einer Unternehmung" (Rüegg-Stürm 2003, S. 40). Im Zentrum strategischer Anstrengungen stehen „der Aufbau und die Weiterentwicklung von Erfolgsvoraussetzungen für eine langfristig erfolgreiche organisationale Wertschöpfung" (Rüegg-Stürm und Grand 2019, S. 65).

  Wesentliche Aufgaben des aus mittel- bis langfristige Zeiträume ausgerichteten strategischen Managements sind die Beobachtung der Umwelt, die Entwicklung von Szenarien und die Erprobung neuer Geschäftsmodelle: „Somit bereitet es ein Unternehmen in besonderem Maße auf die Megatrends vor und muss sowohl in der Breite als auch in der Tiefe die nächsten Spielzüge vordenken." (Gomez et al. 2019, S. 73). Entsprechend umfasst das strategische Management auch die Beschäftigung mit allen organisatorischen Fragestellungen der Unternehmensentwicklung.

- Beim *operativen Management* steht das „Bestimmen und Unter-Kontrolle-Halten der laufenden, konkreten Aktivitäten der Unternehmung" (Ulrich und Probst 2001, S. 265), die „unmittelbare Steuerung des laufenden unternehmerischen Wertschöpfungsprozesses" (Ulrich und Fluri 1995, S. 20) und die „unmittelbare Bewältigung und Stabilisierung des Alltagsgeschäfts und dabei insbesondere [...] die effiziente Nutzung knapper Ressourcen" (Rüegg-Stürm und Grand 2019, S. 66) im Fokus. Das operative Management erwirtschaftet den Ertrag des Unternehmens und trägt Verantwortung für die kurz- und mittelfristige Sicherstellung der Ergebnisse und der Kundenzufriedenheit. Es soll – metaphorisch gesprochen – eine „Explosion von Potenzial" (Gomez et al. 2019, S. 68) auslösen.

Setzt man diese Unterteilung von Management in dessen normative, strategische und operative Handlungsebene mit den in den vorherigen Kapiteln ausgeführten Managementaufgaben in Verbindung, so wird deutlich, dass hier eine gewisse – wenn auch vielleicht nicht absolute – Deckungsgleichheit besteht (vgl. auch Abb. 3.60). Im Rahmen des normativen Managements passiert in praktisch identischer Weise das, was oben als Bestimmung des normativen Zielsystems beschrieben worden ist. Das strategische Management umfasst die Bestimmung des strategischen Zielsystems sowie die Gestaltung einer Organisation, mit der die in diesem enthaltenen Ziele realisiert werden können. Es ist nicht ganz klar, inwieweit das strategische Management auch die Definition des operativen Zielsystems und der zur dessen Umsetzung nötigen Organisation umfasst. Dieser Aspekt der Managementaufgabe „Gestalten" findet im Rahmen der Ausführungen zum strategischen Management keine explizite Erwähnung. Wenn Ulrich und Probst (2001, S. 260) zum operativen Management schreiben, dass „die zu erreichenden Ziele [...] bereits weitgehend vorbestimmt und die einsetzbaren Mittel weitgehend gegeben" sind, so deutet dies jedoch darauf hin, dass auch im Rahmen des operativen Managements Zielbestimmung stattfindet. Aus diesem Grund werden diese Aufgaben in der nachfolgenden Darstellung dem operativen Management zugeordnet, das darüber hinaus noch die Managementaufgaben der Führung und Lenkung umfasst. Auch wenn die Unternehmensentwicklung üblicherweise auf Ebene des strategischen Managements angesiedelt wird, so muss die Managementaufgabe „Entwicklung" faktisch sowohl vom normativen, strategischen als auch operativen Management geleistet werden. Denn alle Mitglieder eines Unternehmens und alle Managementebenen sind dazu aufgerufen, proaktiv über Verbesserungspotentiale und die Sicherstellung der Entwicklungs- und Zukunftsfähigkeit des Unternehmens nachzudenken.

Managementaufgaben	Normatives Management	Strategisches Management	Operatives Management
Gestalten («Planning») — Gestaltung einer der Systemelemente indirekt-mittelbar beeinflussenden Ordnung, die Zweck- und Zielrealisierung möglich macht			
Zweck klären und Ziele bestimmen — **Festlegen** · des Zielsystems des Unternehmens, · des Vorgehens zu dessen Realisierung, · der zu dessen Realisierung nötigen Mittel bzw. Ressourcen sowie · von Kenngrössen der Zielerreichung	**Festlegen** · des normativen Zielsystems des Unternehmens, d.h. · der Unternehmens-/ Managementphilosophie, · der Mission (konkretisierter Unternehmenszweck) und · der Vision (normative Ziele)	**Festlegen** · von das normative Zielsystem konkretisierenden strategischen Zielen (Geschäftsmodell), · des Vorgehens und der Mittel bzw. Ressourcen zu deren Realisierung (strategische und operative Initiativen/ Projekte), sowie · von Kenngrössen der Zielerreichung	**Festlegen** · von das strategische Zielsystem konkretisierenden operativen Zielen, · des Vorgehens und der Mittel bzw. Ressourcen zu deren Realisierung (strategische und operative Initiativen/ Projekte), sowie · von Kenngrössen der Zielerreichung
Organisieren («Organising») · **Entwerfen** einer Organisation, die die Realisierung des Zielsystems des Unternehmens möglich macht, und · **Verfügbarmachen** der dazu nötigen Ressourcen aus der Umwelt	↑	· **Entwerfen** einer Organisation, die die Realisierung des strategischen Zielsystems möglich macht, und · **Verfügbarmachen** der dazu nötigen Ressourcen aus der Umwelt	· **Entwerfen** einer Organisation, die die Realisierung des operativen Zielsystems möglich macht, und · **Verfügbarmachen** der dazu nötigen Ressourcen aus der Umwelt
Führen («Leading») Direkt-unmittelbares **Beeinflussen** des Verhaltens der menschlichen Systemelemente zum Zwecke der Realisierung des Zielsystems	↑	↑	Direkt-unmittelbares **Beeinflussen** des Verhaltens der menschlichen Systemelemente zum Zwecke der Realisierung des normativen, strategischen und operativen Zielsystems
Lenken («Controlling») · **Steuerndes** Sicherstellen der Realisierung des Zielsystems des Unternehmens und/ oder · **regelndes** Verhindern von dessen wiederholter Nichtrealisierung	↑	↑	· **Steuerndes** Sicherstellen der Realisierung des normativen, strategischen und operativen Zielsystems und/ oder · **regelndes** Verhindern von dessen wiederholter Nichtrealisierung
(Weiter-)Entwickeln **Kontinuierliche Reflexion** zum Zweck des proaktiven Ausschöpfens von Verbesserungspotentialen und der Sicherstellung der Entwicklungs- und Zukunftsfähigkeit des Unternehmens	Kontinuierliche proaktive Reflexion auf Ebene des normativen Managements	Kontinuierliche proaktive Reflexion auf Ebene des normativen Managements	Kontinuierliche proaktive Reflexion auf Ebene des normativen Managements

Abb. 3.60 Normatives, strategisches und operatives Management

3.3 Managementpraxis

Der Ausdruck „Praxis" (altgriechisch: πρᾶξις) bezeichnet im weitesten Sinne eine tatsächliche Ausübung bzw. ein tatsächliches Tätigwerden. Er ist zudem verbunden mit der durch wiederholte Ausübung und der daraus resultierenden Erfahrung einhergehenden Fähigkeit, etwas sachkundig zu bewerkstelligen. Eine Praxis ist in Handlungen umgesetztes Wissen und Können, das sich im Sinne eines Handlungsmusters durch einen routinehaften Vollzug auszeichnet. „Managementpraxis" meint somit das tatsächliche Ausüben der Funktion „Management" und die zu dieser Ausübung nötigen sog. „Management-Kompetenzen". Während sich die Managementaufgaben auf das theoretische Sollen beziehen, d. h. das bezeichnen, was Manager tun sollten, um ihrer Aufgabe gerecht zu werden, verweist der Ausdruck „Managementpraxis" auf die Umsetzung dieser Aufgaben.

Die Ausübung von Management in der Praxis, d. h. die Erfüllung der Managementaufgaben, geschieht im Kern durch zwei Tätigkeiten: Kommunizieren und Entscheiden. Die Managementpraxis besteht mit anderen Worten somit aus Kommunikation und Entscheidungen. Dies wird auch in Kap. 4 deutlich, wo herausgearbeitet wird, dass das Managementsystem, d. h. die Gesamtheit der in einem Unternehmen mit der Erfüllung der Managementaufgaben befassten Personen, in ihrem Kern ein Kommunikations- und Entscheidungssystem ist.

3.3.1 Kommunikation

Das Managementsystem ist in seinem Kern ein Kommunikationssystem, d. h. ein soziales System, in dem durch Kommunikation reflektiert und entschieden wird. Die Bedeutung der Kommunikation für Management kann nicht überschätzt werden. Das Werkzeug des Managers zur Erfüllung der Managementaufgaben – „his only tool" (Drucker 2007, S. 299) – ist „the spoken or written word or the language of numbers" (Drucker 2007, S. 299). Die Effektivität des Managers „depends on his ability to listen and to read, on his ability to speak and to write. He needs skill in getting his thinking across to other people as well as skill in finding out what other people are after." (Drucker 2007, S. 299) Die Effektivität von Management hängt, mit anderen Worten, wesentlich von der kommunikativen Kompetenz der das Managementsystem konstituierenden Manager ab. Entsprechend lohnt sich zum Abschluss dieses Kapitels ein Blick auf das Wesen von Kommunikation. Ohne dieses verstanden zu haben, wird es schwer, Kommunikationsepisoden – seien es Besprechungen, Verhandlungen, Konfliktgespräche, Workshops oder Projektsitzungen, nehmen an ihnen nur zwei oder mehrere Personen teil – effektiv zu gestalten.

Verbale Kommunikation			Non-/ paraverbale Kommunikation			
mündlich (synchron)		schriftlich (asynchron)	personenbezogen			medien- bezogen
zwischen räumlich Anwesenden	zwischen räumlich nicht Anwesenden		Erscheinungs- bild	Stimme	Verhalten/ Körpersprache	Zeichen, Bilder, Geräusche, Töne
Dialog, Meeting/ Besprechung, ...	Videokonferenz, Telefonat, Voice Mail, Radio, Fernsehen, ...	Brief, Fax, Email, Buch, Zeitungs- artikel, ...	Alter, Figur, Kleidung, Frisur, ...	Lautstärke, Sprechgeschwindi gkeit, ...	Mimik, Gestik, Körperhaltung, ...	Verkehrszeichen, Logos, Grafiken, Bilder, Musik, ...

Abb. 3.61 Kommunikationsmodi

Der Begriff „Kommunikation" leitet sich ab vom lateinischen Verb „communicare", was so viel bedeutet wie „teilen", „mitteilen" oder „übermitteln". Was im Rahmen von Kommunikation übermittelt wird, sind Mitteilungen (auch: Nachrichten, Botschaften), d. h. Gedanken mit einem bestimmten Bedeutungsgehalt. Entsprechend verstehen wir unter Kommunikation gemeinhin einen „Übermittlungsvorgang von Nachrichten" (Ulrich 2001a, S. 164) bzw. „the transfer of understanding and meaning from one person to another" (Robbins et al. 2013, S. 350).

> „Communication is a conscious or unconscious, intentional or unintentional process in which feelings and ideas are expressed as verbal and/ or nonverbal messages that are sent, received, and comprehended." (Berko et al. 2016, S. 3)

Kommunikation ist der Prozess des Austausches, d. h. des Sendens und Empfangens, von Gedankengut zwischen zwei oder mehreren Personen, dem der Absender der Kommunikation eine bestimmte Bedeutung beigelegt hat. Der Absender möchte dem Empfänger etwas Bestimmtes mitteilen.[66] Dieser Austausch kann auf grundsätzlich zwei unterschiedliche Arten geschehen (vgl. Abb. 3.61),

Verbale Kommunikation umfasst alle sprachlichen Äußerungen, sowohl in mündlicher als auch in schriftlicher Form. Nonverbale (auch: paraverbale) Kommunikation bezeichnet die Mitteilung von Nachrichten über nichtsprachliche Elemente. In der Realität gibt es jedoch praktisch keine rein verbale Kommunikation; praktisch jede verbale wird immer auch von nonverbaler Kommunikation begleitet bzw. ist in einen Kontext nonverbaler Kommunikation eingebettet. Nicht jede nonverbale Kommunikation ist jedoch zwingend von einer verbalen Kommunikation begleitet; es ist möglich, rein nonverbal zu kommunizieren. Mehr noch: Da auch unser Verhalten Mitteilungscharakter

---

[66]Zur Unterscheidung zwischen den Begriffen „Nachricht" und „Information" siehe Ulrich (2001a, S. 163): „Nachrichten ‚bedeuten' etwas. Eine Nachricht wird dann zur ‚Information', wenn sie für den Empfänger neu ist oder bei ihm ‚Nichtwissen' über etwas beseitigt. [...] Information bewirkt also einen gewissen Wissensausgleich zwischen Sender und Empfänger. [...] Informationen sind Nachrichten mit einem für den Empfänger neuen geistigen Gehalt."

hat und wir uns nicht nicht verhalten können, können wir in Konsequenz nicht nicht kommunizieren. Selbst wenn wir uns dessen nicht bewusst sind, so senden wir allein schon durch unser Verhalten oder unser Erscheinungsbild Signale aus, die unbewusste nonverbale Kommunikation konstituieren. Entsprechend wichtig ist es, sich dieser Tatsache bewusst zu sein und auch die nonverbale Kommunikation bewusst zu gestalten.

Um Kommunikation gestalten zu können, sollte man sich zudem vor Augen führen, dass der Inhalt einer Kommunikation nicht nur sachlicher Natur ist. Der Empfänger erfährt aus einer empfangenen Nachricht nicht nur Sachinformationen; in ein und derselben Nachricht können vielmehr vier Botschaften gleichzeitig enthalten ein. Im Hinblick auf die kommunizierte Nachricht unterscheidet Friedemann Schulz von Thun in seinem „Vier-Seiten-Modell" (auch: Nachrichtenquadrat, Kommunikationsquadrat, Vier-Ohren-Modell) entsprechend vier unterschiedliche Seiten einer Nachricht (vgl. Schulz von Thun 1981, S. 25 ff.; Schulz von Thun et al. 2016, S. 33 ff.):

- Jede Nachricht hat natürlich einen bestimmten sachlichen Gehalt. Die in der Nachricht enthaltenen Daten, Fakten und Sachverhalte können vom Empfänger hinsichtlich ihrer Wahrheit, Relevanz und Hinlänglichkeit beurteilt werden.
- Jede Nachricht hat neben diesem Sach- auch einen Beziehungsaspekt. Die Art und Weise, wie eine Kommunikation erfolgt, beinhaltet eine implizite Aussage darüber, was der Sender vom Empfänger hält, wie er ihn sieht und wie er zu ihm steht. Durch entsprechende Modulation von Tonfall, Körpersprache oder Wortwahl kann der Sender dem Empfänger gegenüber z. B. Respekt, Gleichgültigkeit oder Verachtung signalisieren.
- Des Weiteren besitzen Nachrichten auch einen Selbstoffenbarungsaspekt, d. h. sagen immer auch etwas über den Sender aus. Mit jeder Nachricht gibt der Sender – bewusst („Selbstdarstellung") oder unbewusst („Selbstenthüllung") – etwas von sich und seinen Umständen kund. Der Empfänger kann aus der Nachricht Rückschlüsse über den Sender ziehen – und sei es nur, wie gut er im Falle von verbaler Kommunikation die von ihm gesprochene Sprache beherrscht und ob er es eilig hat oder nicht.
- Die vierte Seite einer Nachricht ist ihr Appellaspekt. Wenn wir mit jemandem kommunizieren, dann wollen wir damit üblicherweise auch etwas bewirken. Der Sender möchte mit seiner Nachricht auf den Empfänger Einfluss nehmen und ihn offen oder verdeckt zu einem Tun oder Unterlassen veranlassen, ein Gefühl in ihm auslösen oder sein Verstehen fördern.

Der Sender einer verbalen oder nonverbalen Nachricht sollte diese im Bewusstsein um diese vier Facetten abschicken; der Empfänger dieser Nachricht sollte nicht nur ein Ohr für die sachliche Dimension der Nachricht haben, sondern auch sensibel für ihren übersachlichen Gehalt sein.

3.3.1.1 Ein Modell des Kommunikationsprozesses

Um Kommunikation gestalten zu können, bedarf es eines Verständnisses dafür, wie Kommunikation funktioniert. Was passiert zwischen dem Sender und Empfänger, wenn diese miteinander kommunizieren? Nach dem im Jahr 1949 publizierten und breit rezipierten „Shannon-Weaver-Modell" (auch: Sender-Empfänger-Modell) der Kommunikation besteht jede Kommunikation aus den folgenden Elementen (vgl. Shannon und Weaver 1964, S. 6 f., 33 f.; Ulrich 2001a, S. 165):

- Der **Sender** (auch: Quelle, Kommunikator) einer Kommunikation ist die Person oder die Gruppe von Personen, die mit einer bestimmten Absicht eine Nachricht (auch: Botschaft), d. h. einen Gedanken mit Bedeutungsgehalt, produziert und an eine andere Person oder eine Gruppe von Personen sendet. Der Sender ist die Person oder Gruppe von Personen, die etwas mitteilen möchte.
- Neben dem Sender braucht es noch eine zweite am Kommunikationsprozess beteiligte Partei: Diese Person oder Gruppe von Personen, die die Nachricht empfängt, wird als **Empfänger** (auch: Adressat, Rezipient, Zielperson) bezeichnet. Üblicherweise ist der Empfänger nicht nur die Person, die die Nachricht empfängt, sondern auch die Person, für die die Nachricht bestimmt ist.
- Möchte man einen Gedanken an eine andere Person kommunizieren, so muss dieser in einer vom Empfänger auf- und wahrnehmbaren Form ausgedrückt werden. Der zu kommunizierende geistige Inhalt muss – mit anderen Worten – in physikalisch fassbare **Signale** (auch: Zeichen) übersetzt werden. Signale sind „physikalische Darstellungen der Nachrichten" (Ulrich 2001a, S. 163).
- Die Übersetzung der Botschaft in übertragbare Signale ist Aufgabe des **Transmitters** (auch: Signalsender, Codierer). Dieser „operates on the message in some way to produce a signal suitable for transmission over the channel" (Shannon und Weaver 1964, S. 33). Der Transmitter wandelt also den zu kommunizierenden Gedanken in Signale um, die dann von diesem über den gewählten Kommunikationskanal zum Signalempfänger gesendet werden. Dieser Prozess der Umwandlung wird **„Codierung"** (auch: Verschlüsselung) genannt. Streng genommen wird also nicht die Botschaft selbst übertragen, sondern eine in physikalisch fassbare Signale oder Signalkombinationen umgewandelte symbolische Repräsentation der Botschaft, z. B. in Form von gesprochener Sprache, geschriebener Sprache, Bildern, Gestik, Mimik etc.
Bei der Codierung ist darauf zu achten, dass der Empfänger die z. B. in Form von Sprache kodierten Signale auch decodieren, d. h. ihr ihren geistigen, abstrakten Inhalt entnehmen kann. Der Erfolg von Kommunikation „depends on the communicators' mutual understanding of the signals being used" (Berko et al. 2016, S. 7). Einen Gedanken in Form von Sprache mündlich zu kodieren, macht z. B. nur Sinn, wenn der Empfänger hören kann und die vom Sender gesprochene Sprache beherrscht: „The purpose of encoding is to translate internal thought patterns into a language or

code that the intended receiver of the message will probably understand." (Kreitner 2009, S. 300)

Des Weiteren hat die Qualität der Codierung wesentlichen Einfluss auf die Verständlichkeit der Nachricht; je besser der Sender sich z. B. sprachlich ausdrücken kann, d. h. je präziser er seinen Gedanken in Form von Sprache formulieren und diese auch deutlich aussprechen kann, desto eher kann die Nachricht verstanden werden.

- Als *Medium* (auch: Kanal) werden die Kommunikationsmittel und -wege bezeichnet, durch die die in Signale umgewandelte Botschaft zum Signalempfänger transportiert werden. Das Medium ist der kommunikative Verbindungsweg zwischen Sender und Empfänger.

  Nicht jedes Medium eignet sich für die Übertragung jedes Signals. Signale z. B. in Form von Schallwellen können über fluide Medien wie Luft oder Wasser, aber auch Festkörpermedien wie z. B. Stahl übertragen werden, jedoch nicht im Vakuum. Entsprechend ist das Medium bewusst zu wählen bzw. die Nachricht in einer dem zur Verfügung stehenden Medium kompatiblen Form zu kodieren.

- Die Kommunikationsabsicht wird nur erreicht, wenn die Botschaft vom Empfänger auch verstanden wird. Hierfür zu sorgen ist Aufgabe des *Signalempfängers* (auch: Decodierer). Dieser übersetzt (*„decodiert"*) das gesendete Signal in eine für die Zielperson verständliche Form und rekonstruiert so aus dem übertragenen Signal den vom Sender kommunizierten Gedanken: „The receiver is a sort of inverse transmitter, changing the transmitted signal back into a message, and banding this message on to the destination." (Shannon und Weaver 1964, S. 7)

  Wie v. a. am Beispiel des Telefonierens ersichtlich wird, umfasst Kommunikation manchmal eine doppelte Codierung und Decodierung. Beim Telefonieren muss der zu kommunizierende Gedanke zunächst in Sprache codiert werden, die dann wiederum in elektrische Signale übersetzt wird; beim Empfänger wird dieser Codierungsprozess rückgängig gemacht, indem aus elektrischen Signalen Sprache gemacht und diese dann in geistige Konzepte decodiert wird.

  Dies hat zur Folge, dass auch die technisch sophistizierteste Form der Kommunikation letzten Endes darauf angewiesen ist, dass der Adressat die Signale aufnehmen und decodieren kann. Menschliche Empfänger können Signale nur auditiv (Gehörsinn), visuell (Sehsinn), taktil (Tastsinn), gustatorisch (Geschmackssinn) oder olfaktorisch (Geruchssinn) wahrnehmen.

- Der Kommunikationsprozess kann durch *Störungen,* d. h. „ungeplante Einflüsse mit störender oder verzerrender Wirkung" (Kotler und Bliemel 2001, S. 885) beeinflusst werden. Alles, was „den beabsichtigten Erfolg, die Identität von gesendeter und empfangener Nachricht" (Ulrich 2001a, S. 164 f.) beeinträchtigt, ist eine Störung. Nach Berko et al. (2016, S. 9 f.) lassen sich folgende Quellen von Störungen bzw. Beeinträchtigungen unterscheiden (vgl. auch Kinicki und Williams 2013, S. 480 ff.):

  - Beeinträchtigungen durch Umgebungslärm oder sonstige Ablenkungen, aber auch räumliche Distanz und technische Übertragungsprobleme (z. B. Stromausfall, Computerabstürze, Rauschen), aufgrund derer die Nachricht nicht beim

Empfänger ankommt bzw. von diesem nicht richtig wahrgenommen werden kann („environmental noise").

– Physiologische Beeinträchtigungen des Senders oder Empfängers, die z. B. im Fall von Heiserkeit das Senden oder im Falle von Blindheit oder Taubheit den Empfang der Nachricht über einen bestimmten Kanal erschweren oder verunmöglichen („physiological-impairment noise")

– Beeinträchtigungen durch Probleme sprachlicher Natur („semantic noise"): Wenn Sender und Empfänger dem gleichen Wort unterschiedliche Bedeutungen zuschreiben, wenn der Sender dem Empfänger unbekannte Fachbegriffe oder Abkürzungen verwendet oder der Sender sich aufgrund falscher oder ungenauer Wortwahl nicht klar ausdrückt, wirkt sich das negativ auf die Effektivität der Kommunikation aus.

– Beeinträchtigungen durch Fehler in Satzbau (Grammatik) der Nachricht, die ein Verständnis der Nachricht stören oder verunmöglichen („syntactical noise")

– Beeinträchtigungen durch unstrukturierte und sachlich unlogische Vermittlung der zu kommunizierenden Gedanken, wie z. B. bei einem Vortrag, dem der rote Faden fehlt („organizational noise")

– Beeinträchigungen aufgrund von Stress oder sonstigen Gemütszuständen wie z. B. Wut, die die Kommunikationsparteien beim effektivem Senden oder Empfangen der Nachricht behindern („psychological noise")

Störungen können an unterschiedlichen Stellen des Kommunikationsprozesses wirken und so die Wahrscheinlichkeit des Gelingens der Kommunikation reduzieren. Manche Störungen beeinträchtigen die Kommunikation beim Sender, andere während der Übermittlung und wieder andere wirken auf den Empfänger ein.

Mithilfe der bisher identifizierten Komponenten des Kommunikationsprozesses lässt sich erklären, wie Nachrichten in ihren vier Aspekten von einem Sender zu einem Empfänger übertragen werden (vgl. Abb. 3.62).

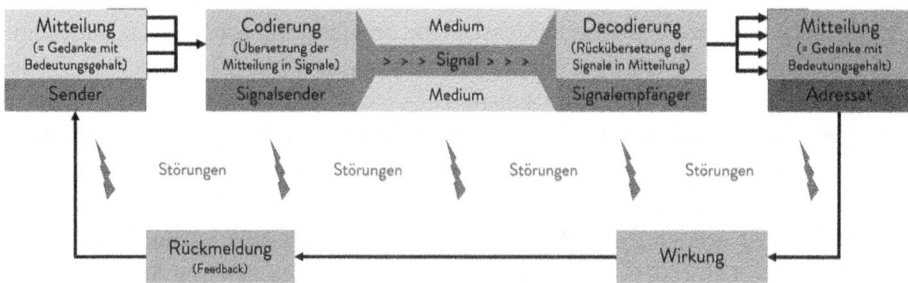

Abb. 3.62 Unilaterales Modell des Kommunikationsprozesses

Ein solch unilaterales Kommunikationsverständnis lässt jedoch ausser Acht, dass Kommunikation nicht nur ein einseitiges, sondern ein soziales Geschehen ist, bei dem es im Kern um geteiltes Verstehen geht:

> „The act of speech is not itself communication. Speech is a biological act: the utterance of sounds, possibly of vocal symbols of language. Communiation is vastly more complex. It involves the development of a relationship among people in which there is shared meaning among the participants." (Berko et al. 2016, S. 7)

Erfolgreiche Kommunikation setzt voraus, dass der Sender mitbekommt, ob der ihm mitgeteilte Bedeutungshalt beim Empfänger angekommen und verstanden worden ist. Der Kommunikationsprozess ist somit nicht dann schon abgeschlossen, wenn die Nachricht beim Empfänger angekommen ist, sondern wenn der Empfänger dem Sender Rückmeldung gegeben hat, dass die Nachricht bei ihm angekommen ist und er der empfangenen Signalkombinationen denselben Sinn zuerkennt wie der Sender, und wenn er sich gemäss der an ihn durch die Kommunikation gerichteten Erwartungen verhält. Ein Kommunikationsmodell sollte also nicht nur die Frage beantworten, wer was wem über welchen Kanal mitteilt, sondern wer was wem über welchen Kanal mit welcher Wirkung mitteilt.

Aus diesem Grunde wurde das Shannon-Weaver-Modell im Laufe der Zeit um drei weitere Komponenten ergänzt (vgl. Berko et al. 2016, S. 7; Kotler und Keller 2016, S. 585; Robbins et al. 2013, S. 350; Kreitner 2009, S. 300; Kotler und Bliemel 2001, S. 884):

- Kommunikation soll beim Adressaten etwas auslösen, sei es ein bestimmtes Verhalten oder ganz grundlegend nur das Verstehen der kommunizierten Nachricht. Mit dem Begriff *„Wirkung"* wird „die Gesamtheit der Reaktionen des Empfängers nach Kontakt mit der Botschaft" (Kotler und Bliemel 2001, S. 885) bezeichnet.
- Die Tatsache, dass eine Kommunikation die gewünschte Wirkung erzielt hat, sollte idealerweise auch an den Sender zurückgespielt werden. Das Element *„Rückmeldung"* (auch: Feedback) bezeichnet den „Teil der Empfängerreaktionen, der an den Sender rückübermittelt wird" (Kotler und Bliemel 2001, S. 885). Erst aus dem Feedback kann der Sender Rückschlüsse darauf ziehen, ob der Bedeutungsgehalt des Gedankens, den er kommunizieren wollte, auch wirklich so angekommen ist und die gewünschte Wirkung gezeitigt hat.
  Beim Geben von Rückmeldung drehen sich die ursprünglichen Kommunikationsrollen um: Der Empfänger wird zum Sender und der Sender zum Empfänger der Rückmeldung. Das Senden der Nachricht und die Rückmeldung können u. U. gleichzeitig erfolgen; dies ist zum Beispiel der Fall, wenn der Empfänger dem Sender nonverbales Feedback gibt, noch während der Sender spricht.
  Auf Basis des Feedbacks kann der Sender – auch wenn eine einmal getätigte Kommunikation irreversibel ist – seine zukünftige Kommunikation anpassen.
- Kommunikation findet nicht im Vakuum, sondern immer unter bestimmten Umständen bzw. Rahmenbedingungen statt. Kommunikation gibt es nicht ohne *Kontext.* Es macht

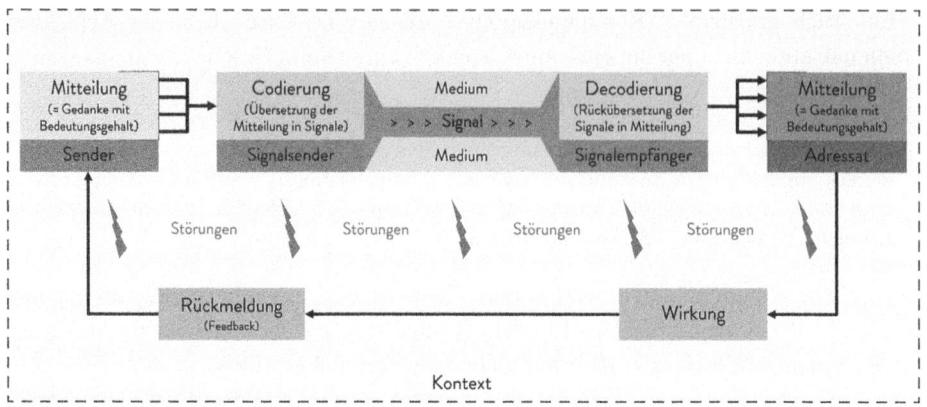

Abb. 3.63 Interaktionales Modell des Kommunikationsprozesses

z. B. einen Unterschied, wann und wo eine Nachricht kommuniziert wird, wer der Empfänger ist und in welcher Beziehung Sender und Empfänger zueinander stehen.

Nimmt man all diese Elemente zusammen, so lässt sich der Prozess der Kommunikation wie folgt darstellen (vgl. Abb. 3.63).

3.3.1.2 Kommunikationsmodi und ihre Reichhaltigkeit

Um diesen Kommunikationsprozess erfolgreich gestalten zu können, bedarf es der Wahl eines jeweils angemessenen Kommunikationsmodus. Diese Wahl kann anhand der „kommunikativen Reichhaltigkeit" der verbalen Kommunikationsmodi getroffen werden, d. h. ihrer „capacity to convey information" (Lengel und Daft 1988, S. 226). Je mehr Informationen ein verbaler Kommunikationsmodus übertragen kann, desto reichhaltiger ist er. Zur Reichhaltigkeit gehört aber nicht nur die Menge der übertragbaren Informationen, sondern auch ihre Varietät. Als Mass der Varietät kann hierbei die Frage dienen, in welchem Ausmass ein bestimmter verbaler Kommunikationsmodus nonverbale Kommunikation zulässt. Weitere Faktoren, die einen Einfluss auf die kommunikative Reichhaltigkeit eines verbalen Kommunikationsmodus haben, sind der Individualisierungsgrad der Kommunikation, d. h. der von einem Modus ermöglichte persönliche Fokus der Kommunikation auf den Empfänger, und die „ability to facilitate rapid feedback" (Lengel und Daft 1988, S. 226).

- Im Hinblick auf die durch sie gegebene Feedbackmöglichkeit lässt sich eine unilaterale Form der Kommunikation (auch: Einwegkommunikation) von einer interaktionalen Form der Kommunikation (auch: Zweiwegkommunikation) unterscheiden. Erstere ist dadurch gekennzeichnet, dass der Empfänger keine Möglichkeit besitzt, dem Sender während der Kommunikationsepisode unmittelbar Feedback zu geben. Im Gegensatz dazu erlaubt die Zweiwegkommunikation unmittelbares Feedback des Empfängers auf die Nachricht des Senders.

- Anhand ihres Indivualisierungrads kann eine persönliche von einer unpersönlichen Form der Kommunikation unterschieden werden. Persönliche Kommunikation liegt dann vor, wenn die Kommunikationsparteien in direktem Kontakt miteinander stehen und der Inhalt der Kommunikation auf den oder die Empfänger zugeschnitten wird. Unpersönliche Kommunikation richtet sich dagegen nicht an einen oder mehrere konkrete bestimmte Empfänger, sondern an eine unbestimmte Menge von Empfängern, die jeweils eine standardisierte Nachricht erhalten.

Anhand der drei Parameter der Reichhaltigkeit – qualitative und quantitative Informationsübertragungskapazität, Feedbackmöglichkeit und Individualisierungsgrad – lassen sich die verbalen Kommunikationsmodi anhand ihrer kommunikativen Reichhaltigkeit ordnen:

- Mündliche Kommunikation zwischen physisch anwesenden Person lässt vor dem Hintergrund dieser Kriterien die reichhaltigste Kommunikation zu: „Face-to-face is the richest medium because it has the capacity for direct experience, multiple information cues, immediate feedback, and personal focus. Face-to-face discussions enable the assimilation of broad cues and deep, emotional understanding of a message." (Lengel und Daft 1988, S. 226)
- Mündliche Kommunikation unterstützt durch technische Hilfsmittel zur Überbrückung einer physischen Distanz zwischen den kommunizierenden Personen reduziert die Reichhaltigkeit der Kommunikation, da sie einen Grossteil nonverbaler Kommunikation verunmöglicht. Allerdings gibt es hier Abstufungen: Videokommunikation fällt reichhaltiger aus als z. B. telefonische Kommunikation und letztere ist wiederum reichhaltiger als das Hinterlassen einer Sprachmitteilung („voice mail").
- Schriftliche Kommunikation weist den geringsten Reichhaltigkeitsgrad auf, wobei persönliche schriftliche Kommunikation (z. B. Briefe oder Emails) besser abschneidet als unpersönliche schriftliche Kommunikation, d. h. Kommunikation, die an eine generelle Adressatenschaft und nicht an einen persönlich bestimmten und eingegrenzten Adressatenkreis gerichtet ist (z. B. Zeitungsartikel, Bücher, Flyer, Broschüren).

3.3.1.3 Effektive Kommunikation

Um die Wahrscheinlichkeit des Gelingens von Kommunikation zu erhöhen, sollte die kommunikative Reichhaltigkeit eines verbalen Kommunikationsmodus der Kommunikationsaufgabe entsprechen (vgl. Abb. 3.64). Geht es um Kommunikation in einer komplexen Sache bedarf es eines reichhaltigen Kommunikationsmodus; ist die mitzuteilende Nachricht eine Routinenachricht oder betrifft sie nur einen einfachen Sachverhalt, reicht ein wenig reichhaltiger Kommunikationsmodus.

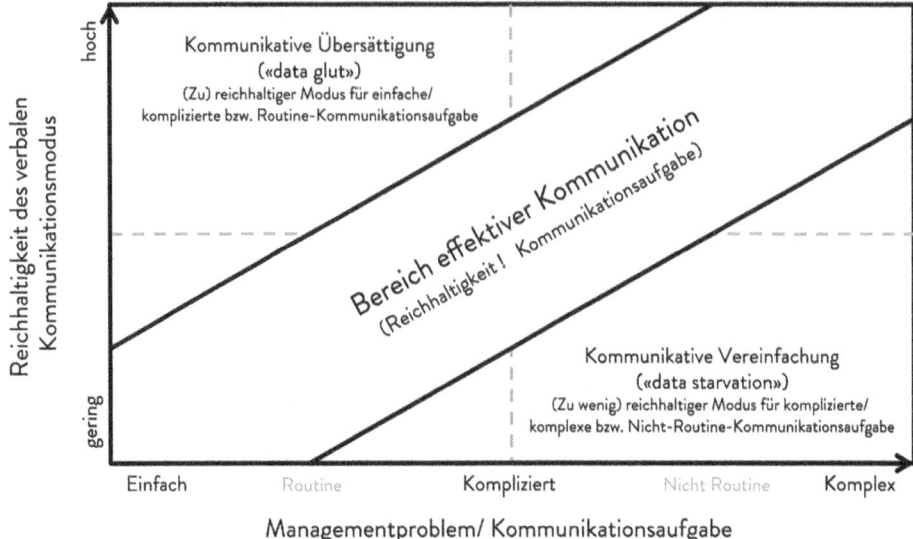

Abb. 3.64 Verbale Kommunikationsmodi und effektive Kommunikation. (Eigene Darstellung in Anlehnung an Lengel und Daft 1988, S. 226 f.)

Auch wenn man seine Kommunikation im Wissen um den Kommunikationsprozess, die diesen allenfalls beeinträchtigenden Störungen und die unterschiedliche Reichhaltigkeit der ihm zur Verfügung stehenden Kommunikationsmodi bewusst gestaltet, ist damit das Gelingen von Kommunikation nicht automatisch garantiert. Dem Gelingen von Kommunikation wohnt auch bei bester Vorbereitung und Intention immer ein Element von Unwahrscheinlichkeit inne. Rüegg-Stürm und Grand (2015, S. 55 f.; 2019, S. 133) unterscheiden in diesem Zusammenhang drei Arten der Unwahrscheinlichkeit des Gelingens von Kommunikation:

- *Unwahrscheinlichkeit des Erreichens:* Die Adressaten der Kommunikation müssen wechselseitig erreicht, d. h. Kontakt aufgenommen und ihre knappe Aufmerksamkeit mobilisiert werden. Gefordert ist Aufmerksamkeit bzw. „lebendige Gegenwärtigkeit" (Rüegg-Stürm und Grand 2019, S. 133) und nicht blosse Anwesenheit.
- *Unwahrscheinlichkeit des Verstehens:* Verstehen erwächst aus einem komplexen, von Sender nicht unilateral steuer- oder kontrollierbaren Interpretationsprozess aufseiten des Empfängers. Verstehen entsteht aus dem Zusammenspiel von Text und Kontext: „Dabei werden eine Botschaft und deren Mitteilungsform vor einem Hintergrund gedeutet, d. h. selektiv mit einem bestimmten Kontext in Beziehung gesetzt." (Rüegg-Stürm und Grand 2019, S. 133) In vielen Fällen ist dem Sender der Kontext aus Erfahrungen, Werthaltungen, Vorwissen und aktueller Situation, in den der Empfänger die gesendete Nachricht stellt und vor deren Hintergrund er diese

interpretiert, nicht bekannt. Kommunikation misslingt nicht selten, da der Sender auf einen ihm ex ante nur in Ausschnitten bekannten Kontext nicht voll Rücksicht nehmen und Missverständnissen somit nicht vorbeugen kann.

- *Unwahrscheinlichkeit der Wirksamkeit bzw. des Erfolgs:* Wie bereits erwähnt, weist jede Kommunikation einen Appell- bzw. performativen Aspekt auf. Der Sender verbindet seine Kommunikation mit bestimmten expliziten oder impliziten Erwartungen an das Verhalten des Empfängers. Diese Erwartungen hinsichtlich der performativen Wirksamkeit der Mitteilung können jedoch enttäuscht werden: Als mit freiem Willen begabtes Wesen kann sich der Empfänger immer auch anders als erwartet verhalten...

Kommunikation ist etwas, von dem man immer erst aus der Reaktion des Empfängers oder dem Ausbleiben einer Reaktion des Empfängers weiss, ob sie funktioniert hat wie geplant. Entsprechend kommt dem bereits oben erwähnten Feedback eine zentrale Bedeutung zu.

Trotz der konstatierten tendenziellen Unwahrscheinlichkeit des Gelingens von Kommunikation stehen dem Manager einige Hilfsmittel zur Verfügung, wie er den Kommunikationsprozess möglichst erfolgreich gestalten und so zu einem effektiven Kommunikator werden kann.

Die vier sog. „Merkmale der Verständlichkeit" (Langer et al. 2015, S. 21 ff.) helfen dabei, Störungen syntaktischer, semantischer oder strukturell-organisatorischer Natur zu vermeiden oder gar zu minimieren. Verständliche Nachrichten sind Nachrichten, die die Merkmale „Einfachheit", „Gliederung/Ordnung", „Kürze/Prägnanz" und „anregende Zusätze" aufweisen. Eine Mitteilung ist einfach, wenn sie aus kurzen, möglichst nicht verschachtelten Sätzen besteht und keine ungewöhnlichen und abstrakten, sondern möglichst konkret-anschauliche Wörter benutzt, die der Adressat kennt. Das Merkmal der Gliederung bzw. Ordnung verlangt, dass die Nachricht eine innere und äussere Gliederungslogik aufweist, d. h. dass ihre inhaltlichen Bausteine in einer sinnvollen Reihenfolge stehen und sich aufeinander beziehen bzw. aufeinander aufbauen („roter Faden"). Der inneren Ordnung sollte eine äussere Ordnung in Form von sinnvoll gebildeten Absätzen, Zusammenfassungen etc. entsprechen. Kürze bzw. Prägnanz sind dann gegeben, wenn jedes Wort einer Mitteilung notwendig und damit keines ihrer Worte überflüssig ist. Genauso wie Weitschweifigkeit ist jedoch auch übertriebene Kürze zu vermeiden: „Write concisely, i.e. express thoughts, ideas and opinions in the least number of words consistent with effective composition and smoothness." (Kreitner 2009, S. 321) Prägnanz bedeutet auch, dass die Nachricht nicht vage sein und den Empfänger mit Fragezeichen bezüglich ihres eigentlichen Gehalts zurücklassen sollte. Die Verständlichkeit wird durch anregende Zusätze erhöht, durch die der Inhalt lebendig wird und dem Leser bzw. Empfänger Freude am kommunizieren vermittelt. Auch hier gilt es jedoch das richtige Mass zu finden und nicht im Bemühen um anregende Zusätze das Erfordernis der Prägnanz zu vergessen.

Der Manager kann jedoch nicht nur in seiner Rolle als Sender, sondern auch als Empfänger einer Kommunikation oder von Feedback seinen Teil zum Gelingen von

Kommunikation beitragen. Er tut dies v. a. durch „effective listening" (auch: effektives Zuhören, aktives Zuhören), das die folgenden Aspekte umfasst (vgl. Kreitner 2009, S. 320 f.):

- Effektive Zuhörer können Stille aushalten: „Listeners who rush to fill momentary silences cease being listeners." (Kreitner 2009, S. 320)
- Zum effektiven Zuhören gehört das Stellen von stimulierenden und offenen Fragen, d. h. Fragen, die mit mehr als einem „Ja" oder „Nein" beantwortet werden müssen.
- Wichtig ist zudem, dass der Zuhörer dem jeweiligen Sprecher durch Augenkontakt, aufmerksame Körperhaltung und die Aufnahme des Gesagten bestätigendes verbales Zwischenfeedback zu verstehen gibt, dass der Sprecher ernst genommen wird und ihn so ermutigt.
- Dieses Feedback sollte jedoch nicht nur körperlicher, sondern auch inhaltlicher Natur sein: So strukturieren gelegentliche paraphrasierende Zusammenfassungen des Gesagten nicht nur den Gesprächsprozess, sondern helfen darüber hinaus, mögliche Missverständnisse aufzudecken.
- Der effektive Zuhörer ist kein Eisblock, sondern zeigt – wo sinnvoll – Emotionen und erweist sich so als verständnisvolles Gegenüber.
- Der effektive Zuhörer weiss auch um seine eigenen Handlungsneigungen („biases") und Vorurteile („prejudices") und kann auf dieser Basis bewusst mit diesen umgehen bzw. gegensteuern.
- Jemand, der effektiv zuhört, vermeidet voreilige Beurteilungen des Gesagten. Er nimmt sich ausreichend Zeit, um sich ein möglichst umfassendes Bild zu machen, bevor er urteilt.

3.3.2 Entscheiden

Das Managementsystem ist nicht nur ein Kommunikationssystem, sondern auch ein System, das arbeitsteilig Entscheidungen darüber generiert, wie die Managementaufgaben erfüllt werden. Das Managementsystem ist auch ein Entscheidungssystem. Aus diesem Grunde ist es sinnvoll und wichtig, sich im Anschluss an die Ausführungen zum Thema „Kommunikation" mit dem Wesen von Entscheidungen auseinanderzusetzen.

Wenn eine Person entscheidet bzw. eine Entscheidung trifft, dann wählt sie eine von mindestens zwei Handlungsoptionen aus, die geeignet sind, ein bestimmtes Ziel zu realisieren.

> „Beim Entscheiden handelt es sich um ein Auswählen unter Alternativen." (Hub 1982, S. 87)

> „Die Entscheidung ist das Urteil über mindestens zwei Lösungswege, wobei im Moment der Entscheidung unklar bleibt, ob das Urteil richtig oder falsch ist. Jede Entscheidung birgt Risiken in sich, weil sie auf die Zukunft gerichtet ist, aber in der Gegenwart und mit den zurzeit verfügbaren Informationen getroffen wird." (Zwygart 2007, S. 15)

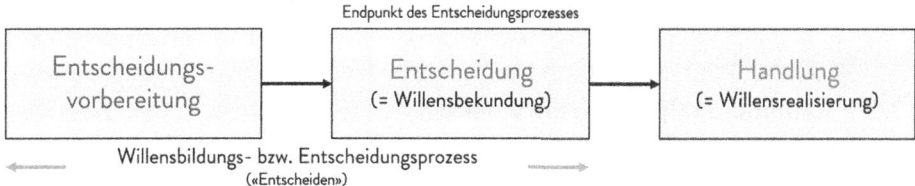

Abb. 3.65 Zusammenhang zwischen Entscheiden, Entscheidung und Handlung

> „A decision is a choice made from among available alternatives. Decision making is the process of identifying and choosing alternative courses of action." (Kinicki und Williams 2013, S. 190)

Jeder Entscheidung geht hierbei ein gedanklicher Prozess voraus. Das was wir als äusserlich wahrnehmbare Entscheidung bezeichnen, ist im Sinne einer Willensbekundung nur der Endpunkt eines – bewusst oder unbewusst durchlaufenen – Willensbildungsprozesses (vgl. Abb. 3.65):

> „A management decision is an intellectual end point – the culmination of a series of mental activities that leads to a conclusion or judgment. This may take place consciously or unconsciously; it may or may not result in action." (Allen 1964, S. 247)

Um als Manager gute Entscheidungen treffen zu können, bedarf es eines Verständnisses für den Prozess der Willensbildung. In diesem Zusammenhang ist darauf hinzuweisen, dass zwischen zwei Entscheidungsmodellen unterschieden werden kann, einem rational-analytischen und einem intuitiven.

- Das Modell rationaler Entscheidungsfindung („Rational Decision Making") macht eine Aussage darüber, wie Personen idealtypischerweise entscheiden sollten. Das Modell ist Ausdruck einer präskriptiven Entscheidungstheorie. In der Realität – das soll an dieser Stelle gleich vorausgeschickt werden – wird der von diesem Modell präskriptiv vorgegebene Prozess in seiner Ganzheit eher selten durchlaufen. Dieser klassischrationale Entscheidungsprozess ist hilfreich vor allem für jüngere, unerfahrene Entscheider.
- Erfahrene Entscheider können in ihrer Entscheidungsfindung auf Erfahrung und Intuition zurückgreifen. Sie kombinieren die rationale mit einer intuitiven Form der Entscheidungsfindung. Letzteres Entscheidungsmodell wird auch als „Naturalistic Decision-Making" (NDM) oder „Recognition Primed Decision-Making" (RPD) bezeichnet. Das Modell intuitiven Entscheidens erklärt, wie Personen „in real-world contexts that are meaningful and familiar to them" (Lipshitz et al. 2001, S. 332) entscheiden. Es ist somit Ausdruck einer deskriptiven Entscheidungstheorie.

In den beiden nachstehenden Kapiteln werden diese beiden Modelle der Entscheidungsfindung bzw. Willensbildung vorgestellt.

3.3.2.1 Rational-analytisches Entscheiden

Das Modell der rational-analytischen Entscheidungsfindung macht eine präskriptive
Aussage darüber, wie ein Entscheidungsproblem logisch bestmöglich zu lösen ist.
Voraussetzung rational-analytischen Entscheidens ist hierbei, dass das zu lösende Ent-
scheidungsproblem in gut strukturierter Form vorliegt. Dies schliesst die folgenden
Aspekte ein (Göbel 2018, S. 36):

- „Das zu lösende Problem ist nach Art und Umfang genau definiert,
- der Entscheidungsträger hat ein klares Ziel und operationale Zielkriterien,
- er kennt die Alternativen,
- den Alternativen lassen sich eindeutig Ergebnisse zuordnen,
- es gibt ein Verfahren, mit dessen Hilfe man die optimale Alternative eindeutig
  bestimmen kann."

Der konkrete Prozess der Entscheidungsfindung weist entsprechend mehrere Phasen
bzw. Schritte auf, die – so der Anspruch dieses Modells – bewusst durchlaufen und
gestaltet werden sollten (vgl. Abb. 3.66).

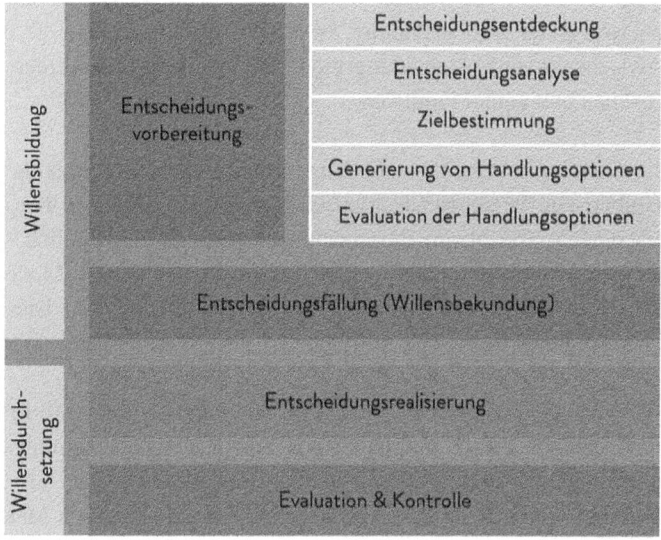

Abb. 3.66 Modell rational-analytischer Entscheidungsfindung. (Eigene Darstellung basierend
auf Allen 1964, S. 252 ff.; Drucker 2007, S. 305; Drucker 2008, S. 296; Kreitner 2009, S. 216 f.;
Thommen und Grösser 2015, S. 24; Thommen 2016, S. 44; Ulrich und Probst 2001, S. 101 ff.;
Krummenacher et al. 2016, S. 39; Hahn 1972; Bleisch und Huppenbauer 2011; Zwygart 2007,
S. 23; Erk 2019, S. 309 ff.; Malik 2006, S. 212 ff.; Malik 2003, S. 222 ff.; Göbel 2018, S. 44)

Der Prozess der rational-analytischen Entscheidungsfindung zerfällt in das eigentliche Fällen der Entscheidung und die der Entscheidungsfällung vorangehende Phase der Entscheidungsvorbereitung. Die Entscheidungsvorbereitung lässt sich wiederum in fünf Phasen unterteilen:

- *Entscheidungsentdeckung*
Um eine Entscheidung treffen zu können, muss zunächst eine Entscheidungsnotwendigkeit bestehen. Entsprechend beginnt der Entscheidungsprozess mit der Entdeckung und Explizierung einer Entscheidungsnotwendigkeit bzw. Entscheidungsaufgabe. In dieser Phase geht es um die Beantwortung der Frage, was warum wann von wem entschieden werden muss.
Die Entscheidungsaufgabe kann grundsätzlich in einem Problem oder einer Chance bestehen. Der Unterschied zwischen diesen beiden Arten von Entscheidungsnotwendigkeit besteht darin, dass bei einer Chance die Handlungsoptionen üblicherweise nicht generiert werden müssen, sondern vorgegeben sind. Bei einem Problem, d. h. einer Abweichung eines Ist von einem Soll, sind die Handlungsoptionen üblicherweise nicht vorgegeben, sondern müssen generiert werden.

„A problem is defined as the difference between an actual state of affairs and a desired state of affairs. In other words, a problem is the gap between where one is and where one wants to be." (Kreitner 2009, S. 225)

Die konzise Definition der Entscheidungsaufgabe ist sehr wichtig. Diese ist vornweg praktisch nie klar genug, sodass man erst herausfinden muss, was eigentlich zu entscheiden ist:

„Worum geht es hier wirklich?, das muss die erste und wichtigste Frage sein, und man sollte sich, wenn immer möglich, Zeit damit lassen und die Dinge gründlich durchdenken." (Malik 2006, S. 204; 2003, S. 214)

Es bringt nichts, das falsche Problem richtig zu lösen… Ebenso wichtig ist ein Verständnis für den zeitlichen Horizont und die persönliche Dimension der Entscheidung; wenn Personen Zeit für das Treffen von Entscheidungen aufzuwenden, die sie nicht treffen sollten und die nicht jetzt getroffen werden müssen, dann ist gleich doppelt etwas schief gelaufen.

„The fine art of executive decision consists in not deciding questions that are not now pertinent, in not deciding prematurely, in not making decision that cannot be made effective, and in not making decisions that others should make. Not to decide questions that are not pertinent at the time is uncommon good sense, though to raise them may be uncommon perspicacity. Not co decide questions prematurely is to refuse commitment of attitude or the development of prejudice. Not to make decisions that cannot be made effective is to refrain from destroying authority. Not to make decisions that others should make is to preserve morale, to develop competence, to fix responsibility, and to preserve authority." (Barnard, 1938: 194)

- *Entscheidungsanalyse*
  Ist die Entscheidungsaufgabe einmal in diesen groben Zügen definiert, bedarf es
  einer genaueren Analyse der kausalen Dimension der Entscheidungsnotwendigkeit.
  Diese Entscheidungsanalyse hat zum Ziel, Ursache(n), Hintergrund und Kontext
  sowie Nebenbedingungen der Entscheidungsaufgabe zu verstehen und so ihre Wahr-
  nehmung zu schärfen.
  Konkret sollten im Rahmen der Analyse – unterstützt durch die Methode des ver-
  netzten Denkens („Netmapping") und ganzheitlichen Problemlösens (vgl. Gomez,
  Lambertz, Meynhardt 2019, S. 138 ff.; Honegger 2011; Gomez 2009; Gomez und
  Probst 1999; Gomez und Probst 1987) – die folgenden Fragen beantwortet werden:
  - Welche Ursachen haben zur Entscheidungsnotwendigkeit geführt? Hat die Ent-
    scheidungsnotwendigkeit einen einzelnen oder mehrere Faktoren zur Ursache?
  - Wie/über welche Phasen/über welchen Zeitraum ist die Entscheidungsnotwendig-
    keit entstanden?
  - Welche Einflussfaktoren sind erkennbar und wie wirken diese aufeinander ein
    (Intensität, Zeitraum/Dauer, Richtung)?
  - Welche Faktoren sind lenkbar (Hebel) und welche nicht (externe Einflüsse)?
  - Wer ist von der Entscheidungsnotwendigkeit betroffen (positiv oder negativ)?
    Welche Sichtweisen sowie Anliegen/Interessen haben andere Personen/Gruppen
    bzgl. der Entscheidungsnotwendigkeit? Welche Argumente (Pro und Contra), aber
    auch Wertvorstellungen, Ängste, Hoffnungen etc. haben die Stakeholder? Was
    genau ist strittig?
  Zudem sollten auch folgenden Fragen addressiert werden:
  - Wer muss entscheiden, d. h. welche Einzelperson oder welche Gruppe von
    Personen ist der Entscheidungsträger?
  - Gab es in der Vergangenheit eine ähnlich gelagerte Entscheidungsnotwendigkeit?
    Wo und wann hat sich jemand mit einer ähnlichen Entscheidungsaufgabe befasst
    und wie ist er damit umgegangen, d. h. gibt es Erfahrungswerte?
  - Erfordert die Entscheidungsaufgabe eine einmalige oder eine periodisch zu
    treffende Entscheidung?
  - Wie dringlich ist die Entscheidung, d. h. wie schnell muss die Entscheidungsauf-
    gabe gelöst werden?[67]

---

[67]Wie Malik (2006, S. 206 f.) schreibt, ist ein der Entscheidungsaufgabe angemessenes Ent-
scheidungstempo wichtig: „Man kann zu langsam entscheiden und das Unternehmen damit
lähmen – das ist mir bewusst. Man kann aber auch zu schnell entscheiden und damit Desaster
anrichten. Das Abwägen von Tempo und Gründlichkeit ist eines jener Managementprobleme, für
dessen Lösung sich keine Formel angeben lässt. Das braucht Urteilskraft (die man schärfen kann),
Erfahrung (deren Erwerb Zeit braucht) und Sachkenntnis (die man nicht durch flotte Sprüche
ersetzen kann). Insbesondere zwei Arten von Entscheidungen empfehle ich, immer und nur auf
eine Weise zu treffen, nämlich langsam und sehr gründlich: Personalentscheidungen und Entscheidungen über Entlohnungssysteme. Schnelle Entscheidungen auf diesen beiden Gebieten sind
fast immer falsche Entscheidungen."

– Welche zeitliche und räumliche Dimension, d. h. Auswirkung, besitzt die Entscheidung?[68]
– Wer muss im Rahmen des Entscheidungsprozesses konsultiert werden? Wer muss die zu treffende Entscheidung ratifizieren? Wer kann gegen die Entscheidung Veto einlegen? Wer muss über die Entscheidung informiert werden?

Ziel dieser Analyse ist es, sich darüber klar zu werden, was man über die Entscheidungsaufgabe weiss, was man über sie nicht weiss und was von dem, was man nicht weiss, wissen müsste, um die Entscheidung fundiert treffen zu können.

- *Zielbestimmung*

Wie der Name bereits impliziert, geht es der Zielbestimmung um das Bestimmen, Identifizieren und Definieren der bei und durch die Entscheidung zu realisierenden Ziele. Ein Ziel ist hierbei als das zu verstehen, „was wir als Zustand oder Ereignis erstreben, was uns wünschenswert erscheint" (Göbel 2018, S. 62). Bei der Zielbestimmung geht es also um die Beantwortung der Frage, welche Zustände oder Ereignisse durch die Entscheidungsfindung realisiert werden sollen.

Bestehen mehrere Ziele, so muss definiert werden, wie sich diese zueinander verhalten. Die Ziele sind, mit anderen Worten, zu hierarchisieren und priorisieren, sodass ein Zielsystem ensteht. Wichtig ist hierbei die Herausarbeitung des für den Entscheider dominanten Ziels.

Jedes Ziel ist zudem hinsichtlich seiner Höhe bzw. seines Ausmasses zu präzisieren. Es ist also für jedes Ziel eine Aussage darüber zu treffen, ob Extremierung, Fixierung oder Satisfizierung anzustreben ist. Im Fall der maximierenden Extremierung ist jedes höhere jedem tieferen Ergebnis, im Fall der minimierenden Extremierung ist jedes tiefere jedem höheren Ergebnis vorzuziehen. Bei der Fixierung gilt nur ein ganz bestimmtes Ergebnis als zufriedenstellend, während bei der Satisfizierung eine bestimmte Ergebnishöhe definiert wird, die nicht unterschritten werden sollte, aber mehr oder weniger überschritten werden kann. Die Ziele sind zudem in ihrer zeitlichen Dimension bzw. ihres Zeitbezugs zu bestimmen. Dies bedeutet, dass festzulegen ist, wann das Ziel erreicht werden soll.

In diesem Zusammenhang ist es des Weiteren wichtig, sich auch über „the value-system within which the decision has to be made" (Drucker 2007, S. 30) und die sich aus diesem ergebenden Ziele bewusst zu werden.

- *Generierung von Handlungsoptionen*

Die auf die Zielbestimmung folgende Phase dient der Suche nach bzw. Entwicklung von (zusätzlichen) Entscheidungs- bzw. Handlungsoptionen, d. h. unabhängigen Vorgehensweisen, zur Erreichung der gesteckten Ziele.

Nach Göbel (2018, S. 51) sollte die Formulierung von Alternativen nach dem „Prinzip der vollkommenen Alternativenstellung" erfolgen. Nach diesem sind die

---

[68]Peter Drucker spricht in diesem Zusammenhang von der „futurity of the decision". Unter dieser versteht er „the time-span for which it commits the business to a course of action and the speed with which the decision can be reversed" (Drucker 2007, S. 309).

Alternativen so zu formulieren, dass der Entscheider zum einen „gezwungen ist, eine der betrachteten Alternativen zu ergreifen, d. h. der Möglichkeitsraum soll voll ausgeschöpft werden" (Göbel 2018, S. 51), und zum anderen „gleichzeitig nur eine Alternative realisieren kann, d. h. Alternativen müssen sich gegenseitig ausschließen" (Göbel 2018, S. 51). Ersteres Kriterium ist nicht dahin gehend zu verstehen, dass immer sämtliche theoretisch denkbaren Möglichkeiten gefunden werden müssen. Vielmehr verlangt das Prinzip hier nur nach einer Vorstrukturierung und Reduzierung des Entscheidungsproblems. Dies geschieht durch den rigorosen Ausschluss gewisser sowieso nicht infrage kommender grober Kategorien von Handlungsoptionen, sodass die Menge der generierten Handlungsoptionen handhabbar bleibt. Dieser Ausschluss sollte jedoch bewusst und nicht vorschnell erfolgen.

Generell gesprochen sollten wenigstens mindestens drei sich gegenseitig ausschliessende Optionen zur Auswahl stehen, um eine sinnvolle Entscheidung treffen zu können. Bei der Formulierung der Optionen sollten die zu ihrer Umsetzung nötigen Ressourcen, aber auch ihre jeweiligen Konsequenzen spezifiziert werden.

Handlungsalternativen sind leider nicht einfach so gegeben, sondern müssen erst gefunden und erarbeitet werden. Eine Methode zur Generierung von Handlungsoptionen ist der sog. „morphologische Kasten", der bereits in Abschn. 2.4 beschrieben worden ist. Mithilfe dieser tabellarischen Matrix wird ein Problem zunächst in seine Teilaspekte bzw. Elemente zerlegt; für jeden dieser Aspekte werden daraufhin alle bekannten und denkbaren Lösungsmöglichkeiten zusammengestellt. Die einzelnen Problemelemente werden in den Zeilen, die dazugehörigen Lösungsmöglichkeiten in den Spalten der Matrix festgehalten. Die Kombinationen jeweils einer Lösungsmöglichkeit pro Problemaspekt ergeben denn die zu generierenden alternativen Handlungsoptionen.

Abb. 3.67 enthält im Sinne eines Beispiels einen morphologischen Kasten, wie er für die Lösung der Entscheidungsaufgabe „Organisation einer Party" angewendet werden kann:

Ein Fehler beim Generieren von Handlungsoptionen besteht darin, dass man sich zu schnell zufriedengibt, d. h. mit den ersten paar Alternativen begnügt, und dass man die Nullvariante, den Status Quo, als Alternative ausklammert (vgl. Malik 2006, S. 2015 f.). Es gibt meistens mehr Alternativen, als man auf den ersten Blick denkt, und der Status Quo ist immer auch eine mögliche – wenn auch oftmals nicht die beste – Alternative. Wie viel Aufwand man bei der Suche nach Handlungsoptionen betreibt und wann man aufhört, nach weiteren Handlungsoptionen zu suchen, stellt eine Entscheidung für sich dar, für die es keine allgemeine Regel gibt.

Zu jeder Handlungsalternative sollten zudem auch deren Konsequenzen mitbedacht werden. Natürlich sollten die Handlungsalternativen geeignet sein, um das Problem zu lösen und die im Rahmen der Zielbestimmung gesetzten Ziele zu realisieren. Jedoch dürfte jede Alternative auch noch weitere Konsequenzen zeitigen, die der Entscheider kennen sollte. An welche Konsequenzen zu denken ist, bestimmt sich

Problemfelder (auch: Problemaspekte, -dimensionen)	Alternative Lösungen/ Ausgestaltungsmöglichkeiten				
Ort	Zug	Universität	Diskothek	Gasthaus im Gebirge	Schiff
Finanzierung	Sponsoring	Lotterie	Studenten-schaft	Universität / Kanton	Eintritts-preise
Eintrittspreis	Nach Geschlecht	Nach Grösse / Gewicht	„1 Franken"	Kosten-deckend	Umsonst
Musik	Techno	Pop	Rock	Klassik	Jazz
Programm / Aktivitäten	Wettbe-werbe	Verlosungen	Tanzen	Prominenten-auftritte	Spielmög-lichkeiten
Verpflegung	Buffet	À la carte	Nur Getränke	Kaffee / Kuchen	keine
Information / Werbung	Internet	Uni-Zeitung	Flyer	Infoveran-staltung	Radio / TV-Werbung
Dekoration / Technik	...	...	...	...	...
...					

Abb. 3.67 Beispiel eines morphologischen Kastens für Lösung der Entscheidungsaufgabe „Organisation einer Party"

vor allem aus den gesetzten Zielen. Diese geben die wesentlichen Kategorien vor, in denen die Konsequenzen zu erfassen sind.

Gemäss Göbel (2018, S. 48) sollte als Ergebnis nach diesen Schritten „ein wohl-strukturiertes Entscheidungsmodell" stehen, „aus dem sich dann idealerweise die optimale Entscheidung logisch ableiten lässt". Dieses in Abb. 3.68 dargestellte Modell umfasst vier Komponenten (vgl. Göbel 2018, S. 49 ff.):

- *Zielsystem:* Das Zielsystem setzt sich aus den im Rahmen der Zielbestimmung fest-gelegten Zielen unterschiedlicher Hierarchie zusammen.
- *Aktionenraum:* Der Aktionenraum (auch: Alternativenmenge, Entscheidungsraum, Lösungsbereich) wird durch die Gesamtheit der generierten Handlungsalternativen gebildet, die zur Debatte und dem Entscheider offenstehen.
- *Zustandsraum:* Der Zustandsraum trägt der Tatsache Rechnung, dass Entscheidungen generell unter Unsicherheit getroffen werden müssen. In ihm sind Szenarien ver-sammelt, die eine Aussage darüber machen, wie sich die Umwelt des Entscheiders entwickeln kann. Unter Umwelt werden im diesem Zusammenhang „die realen Sach-verhalte, die durch den Entscheidungsträger im Planungshorizont nicht beeinflussbar bzw. kontrollierbar sind, die aber für die Entscheidung relevant sind" (Göbel 2018, S. 54) verstanden.

Zielsystem $Z = \{Z_1, ..., Z_{nn}\}$	Ziel(e)	Z_1				
		Z_{21}		Z_{22}		Z_{2n}
		Z_{n1}	Z_{n2}	Z_{n3}	Z_{n4}	Z_{nn}

Umwelt-zustände	Zustandsraum $U = \{U_1, ..., U_n\}$			
Alternativen	U_1	U_2	U_3	U_n
A_1	E_{11}	E_{12}	E_{13}	E_{1n}
A_2	E_{21}	E_{22}	E_{23}	E_{2n}
A_3	E_{31}	E_{32}	E_{33}	E_{3n}
A_n	E_{n1}	E_{n2}	E_{n3}	E_{nn}
Entscheidungsfeld $E = \{E_{11}, ..., E_{nn}\}$				

(Aktionenraum $A = \{A_1, ..., A_n\}$)

Abb. 3.68 Grundmodell einer Entscheidungsmatrix zur rational-analytischen Entscheidungsfindung. (Eigene Darstellung in Anlehnung an Göbel 2018, S. 49)

Eine Definition des Zustandsraums ist sinnvoll, da der angenommene Zustand der Umwelt Einfluss auf die Konsequenzen hat, die eine Handlungsalternative nach sich zieht. So spielt z. B. das prognostizierte Wetter bzw. die Frage, ob es einen nassen oder trockenen Sommer gibt, eine Rolle, wenn man sich als Nahrungsmittelproduzent entscheiden muss, ob man Tomaten oder Kartoffeln anpflanzt.

Wie Göbel (2018, S. 55) anmerkt, müssen Umweltzustände nicht gebildet werden, „wenn man für jede Alternative unmittelbar die Ergebnisse bestimmen kann, unabhängig von den Entwicklungen irgendwelcher Umweltzustände" oder, wenn man die Entscheidung unter der (vereinfachenden) Annahme Sicherheit treffen kann, d. h. „wenn der wahre Umweltzustand genau bekannt ist".

- **Entscheidungsfeld:** Das Entscheidungsfeld umfasst die Ergebnisse bzw. Konsequenzen der einzelnen Handlungsalternativen, wie sie sich in den jeweiligen Umweltszenarien und vor dem Hintergrund der gesetzten Ziele prognostizieren lassen. Auch wenn dies in der Abbildung so nicht darstellbar ist, so ergibt sich pro Ziel, Umweltzustand und Handlungsalternative jeweils ein Ergebnis.

Dieses Grundmodell bereitet aber nur den Boden für die eigentliche Entscheidung. Um auf Basis dieses Modells eine konkrete Entscheidung treffen zu können, müssen noch weitere Schritte durchlaufen werden:

- *Evaluation der Handlungsoptionen*
  Die Entscheidung für eine Handlungsoption sollte nicht willkürlich, sondern kriteriengeleitet und damit rational erfolgen. Sind die denkbaren Optionen also einmal auf dem Tisch, müssen diese anhand einer Reihe bewusst gewählter Entscheidungskriterien evaluiert werden. Erst diese Bewertung macht rationales Entscheiden möglich.
  Ein wesentliches Evaluationskriterium ist die Effektivität bzw. Wirksamkeit der jeweiligen Option. Dieses Kriterium evaluiert konkret, inwieweit eine Option geeignet ist, die im Rahmen der Zielbestimmung definierten Ziele zu erreichen. Neben der Effektivität sollten natürlich die Konsequenzen einer Handlungsoption in Betracht gezogen werden. Weitere Kriterien „for picking the best from among the possible solutions" (Drucker 2007, S. 313) sind das Risiko der jeweiligen Option, nicht absolut, sondern als Verhältnis zwischen Ergebnis und antizipiertem Risiko verstanden, ihre Effizienz, verstanden als Verhältnis von Aufwand und Ergebnis, das Timing, d. h. ob die Lösung langsam Wirkung entfalten kann oder schnell wirken muss, und die Verfügbarkeit der zur Umsetzung nötigen Ressourcen (vgl. Drucker 2007, S. 313 f.). Zudem kann der Schwierigkeitsgrad der Umsetzung, die mit der Wahl einer Handlungsoption verbundene Symbolik, ihr Einfluss auf Stakeholder, aber auch ihr Verhältnis zu normativen Handlungsrestriktionen wie ethischen, rechtlichen oder organisationalen Normen in Betracht gezogen werden. Es bietet sich an, eine Stakeholderanalyse für die Erarbeitung klar unterscheidbarer Kriterien zu nutzen.
  Eine Methode zur strukturierten Evaluation der generierten Handlungsoption ist die sog. „Nutzwertanalyse" (vgl. Abb. 3.69).
  Diese setzt auf den generierten Handlungsoptionen und den definierten Entscheidungs- bzw. Evaluationskriterien an. Die Evaluationskriterien werden zunächst in Muss-Kriterien und Wunsch- bzw. Kann-Kriterien unterteilt, wobei die Kann-Kriterien mit einem Gewicht von z. B. zwischen 1 und 5 versehen werden[69]. Diejenigen Alternativen, die die Muss-Kriterien nicht erfüllen, scheiden von vornherein aus. Bei den übrigen Optionen wird für jedes Kriterium der Erfüllungsgrad bestimmt und dieser dann mit dem Gewicht des Kriteriums multipliziert. Die Ergebnisse werden spaltenweise addiert, wobei die Alternative mit dem höchsten Zahlenwert die Zielvorstellungen am besten erfüllt.
  Bei allen Vorteilen der Nutzwertanalyse (Nachvollziehbarkeit, Multiperspektivität, Vergleichbarkeit, …) darf nicht vergessen werden, dass sie ein subjektives, wertendes

---

[69]Eine zu stark ausdifferenzierte Skalierung ist nicht unbedingt sinnvoll, da die Bestimmung einer sinnvollen Gewichtung schwieriger wird, je grösser die Skala ist.

Kriterium	Gewichtung G (0-5; Muss)	Alternative Lösungen							
		Lösung 1: Zug		Lösung 2: Universität		Lösung 3: Diskothek		Lösung 4: Gebirgsgasthaus	
		Erfüllungs-grad E (0-5; Ja/Nein)	G x E	Erfüllungs-grad E (0-5; Ja/Nein)	G x E	Erfüllungs-grad E (0-5; Ja/Nein)	G x E	Erfüllungs-grad E (0-5; Ja/Nein)	G x E
Ergebnis									
Rang									

Abb. 3.69 Beispiel eines morphologischen Kastens für Lösung der Entscheidungsaufgabe „Organisation einer Party"

und auf Annahmen beruhendes Instrument ist, das die Übersetzung qualitativer Aspekte in Zahlen erfordert und trotz seiner quantitativen Natur letzten Endes immer nur scheingenaue Ergebnisse produziert.

An die Entscheidungsvorbereitung schliesst sich die *Entscheidungsfällung* an. In dieser den Endpunkt der Willensbildung markierenden Phase legt sich der Entscheider – im Bewusstsein um deren Vor- und Nachteile – auf die beste Alternative fest bzw. verabschiedet diese. Die Willensbildung schliesst somit mit der Willensbekundung.

Wird eine Entscheidung von mehreren Personen getroffen, so ist spätestens zum Abschluss der Willensbildung Konsens wichtig. Dieser darf aber nicht zu früh und zu schnell herbeigeführt werden:

„Wirklich tragfähiger Konsens, jener Konsens nämlich, der dann, wenn die Realisierungs-schwierigkeiten kommen (und sie kommen immer) auch wirklich hält, entsteht nicht aus allgemeinem Harmoniestreben, sondern nur aus ausgetragenem Dissens. Es gibt nur drei Methoden, Dissens auszutragen, und zwar – erstens offen, zweitens offen und drittens offen." (Malik 2006, S. 209; 2003, S. 220)

Wichtige Entscheidungen sollten wenn immer möglich einstimmig getroffen werden; ist dies nicht möglich, sollte sichergestellt werden, dass die unterlegene Minderheit sich loyal verhält und alles tut, dass die Entscheidung planmässig realisiert wird. Gelingt dies trotz aller Bemühungen nicht, bleibt oftmals nur eine Option: „Wenn jemand überhaupt nicht mit der Entscheidung leben kann, dann wird das Problem wohl nicht anders zu lösen sein, als dass er aus der Organisation ausscheidet." (Malik 2006, S. 224).

Der Phase der Willensbildung schliesst sich die Phase der **Willensdurchsetzung** an, die in zwei Teilphasen zerfällt:

- Der Entscheidung folgt die **Realisierung der Entscheidung,** d. h. die Umsetzung der gewählten Handlungsoption durch eigenes Handeln oder durch Veranlassung ihrer Umsetzung. Die Entscheidung ist zwar wichtig, aber „– relativ – viel weniger wichtig und auch weniger schwierig" (Malik 2006, S. 208) als ihre Realisierung.

  „For the solution to become a decision, action is needed. And that the decision-making manager cannot supply. He can only communicate to others what they ought to be doing and motivate them to do it. And only as they take the right action is the decision actually made." (Drucker 2007, S. 315)

  Bereits bei der Entscheidungsfällung sollte somit immer schon auch die Umsetzung der Entscheidung, d. h. die Frage, was zum Zwecke der Realisierung wie von wem wann wo zu tun ist, mitgedacht werden. Durchzudenken ist auch die Frage, wem die Entscheidung kommuniziert werden muss, d. h. „welche Personen in der Organisation in der Realisierungsphase mit der Entscheidung konfrontiert sein werden, was diese Leute wissen müssen, damit sie die Entscheidung verstehen und damit sie sie dann richtig umsetzen können" (Malik 2006, S. 208).

  Gerade Personen, die bei der Realisierung mitwirken müssen und/oder von der Entscheidung betroffen sind, sollten bereits frühzeitig in den einzelnen Schritten des Entscheidungsprozesses mitwirken. Dies lässt in der Organisation vorhandenes Wissen und Urteilskraft in die Entscheidung einfliessen, ermöglicht das bessere Erfassen der Vieldimensionalität gerade komplexer Probleme und hilft dabei, möglichst früh Widerstände zu erkennen. Bei dieser Einbindung ist darauf zu achten, dass immer klar ist, dass es die höchstpersönliche Aufgabe des Fragenden ist, die Entscheidung zu treffen, zumal dieser auch die Verantwortung für diese trägt; gefragt wird also nicht nach Empfehlungen, sondern Perspektiven:

  „Die wesentlichen Fragen gehen aber nie in die Richtung: ‚Wie würden Sie entscheiden?‘ oder ‚Was würden Sie an meiner Stelle tun?‘. […] Die wesentliche Frage muss ganz anderes lauten: ‚Wie sehen Sie die Lage, aus Ihrer Perspektive, aus der Sicht Ihrer Funktion, Ihrer Ausbildung und Erfahrung?‘" (Malik 2006, S. 225)

- Die Willensdurchsetzung endet mit der Phase der **Evaluation und Kontrolle,** d. h. der Ermittlung des Handlungserfolges in Form eines Ist-Soll-Vergleichs. Leitend für diese Phase ist die Frage, welche Ergebnisse und Konsequenzen die Umsetzung der getroffenen Entscheidung gezeitigt hat.

Durchläuft ein Entscheider beim Treffen einer Entscheidung diesen Prozess, so hat er eine rational-analytische Entscheidung getroffen. Die diesem Modell zugrunde liegende klassische Entscheidungstheorie geht allerdings – und hier kommen wir zu den

Schwierigkeiten dieses Modells – von Laborbedingungen aus (vgl. Kinicki und Williams 2013, S. 195; Göbel 2018, S. 181):

- Das Modell geht davon aus, dass Entscheidungen ohne Unsicherheit getroffen werden können. Sie nimmt an, dass die zur genauen Erfassung einer Entscheidungsaufgabe nötigen Informationen vollständig und fehlerfrei verfügbar sind und ohne allzugrosse Suchkosten zusammengetragen werden können.
- Es nimmt an, dass der Entscheidungsträger ein klares Ziel oder mehrere sich harmonisch zueinander verhaltende Ziele hat.
- Ebenso setzt das Modell voraus, dass der Entscheider alle theoretisch zur Verfügung stehenden Handlungsoptionen generieren kann, d. h. keine Option übersieht, und dass er die Konsequenzen der Handlungsoptionen jeweils vollumfänglich erfassen kann, d. h. ihren jeweiligen Beitrag zur Zielerreichung genau bestimmen kann.
- Es wird darüber hinaus postuliert, dass der Entscheider nicht nur alle Handlungsoptionen generieren kann, sondern auch keinen Aufwand an Zeit und Geld scheut, die dazu nötigen Informationen zusammenzutragen.
- Das Modell geht zudem von einer logischen, unemotionalen Analyse und Evaluation der Alternativen aus, die vorurteilsfrei und ohne „emotional blind spots" erfolgt.
- Implizit wird zudem meistens ein Entscheider angenommen, der nur seine, aber nicht eine Mehrzahl allenfalls konfligierender Perspektiven und Interessen unter einen Hut bringen muss.

Diese Annahmen sind aber leider nicht realistisch:

> „Reale Entscheidungen leiden also unter der begrenzten Aufmerksamkeit und Rationalität der Menschen, unter ihrer Willensschwäche, ihrem Opportunismus und der Komplexität von Entscheidungen in Organisationen. Gemessen am Modell rationaler Entscheidung sind vor allem Fehler und falsche Entscheidungen zu erwarten." (Göbel 2018, S. 190)[70]

Der Kontext des Entscheidens ist in der Realität zudem gekennzeichnet und geprägt durch eine Reihe von Bedingungen, die ein Durchlaufen des rational-analytischen Entscheidungsprozesses in vielen Fällen schlichtweg nicht zulassen (vgl. Orasanu und Connolly 1993, S. 7 ff.; Kinicki und Williams 2013, S. 196)[71]:

---

[70]In Göbel (2018, S. 197 ff.; v. a. 227 ff.) sind eine Vielzahl von Ergebnissen der Entscheidungsforschung aufgeführt, die belegt, dass und in welchem Umfang Menschen nicht den Rationalitätsprämissen des rational-analytischen Entscheidungsmodells entsprechen, sondern nur eine „bounded rationality" besitzen, die sie immer wieder Vorurteilen („biases") und Fehlern („fallacies") erliegen lässt. Zu diesen Effekten gehören Fehler bei der Zielgewichtung, Fehler bei der Bildung subjektiver Wahrscheinlichkeiten, Fehler bei der Bewertung und Entscheidung, Vermeiden von Änderungen, Selbstüberschätzung und soziale Effekte.

[71]Vier dieser Handlungsbedingungen, nämlich die Volatilität („volatility"), Unsicherheit („unvertainty"), Komplexität („complexity") und Ambiguität („ambiguity"), werden nach ihren (englischen) Anfangsbuchstaben mit dem bekannten Akronym „VUCA" abgekürzt.

- Not neatly and completely defined but ill-structured decision problems
- Ill-defined goals and ill-defined tasks
- Uncertain, dynamic environments/dynamic and continually changing conditions
- Incomplete/missing, unreliable, ambiguous/conflicting, changing and/or complex information; uncertainty, ambiguity, and missing data
- Shifting, ill-defined and/or competing goals
- Multiple action-feedback loops (not a single decisive action but several opportunities to do something; decision making is dynamic; real-time reactions to changed conditions)
- Time stress/constraints
- High stakes
- Organizational settings: multiple decision-makers
- Organizational goals and norms.

In der Realität verunmöglicht die Komplexität vieler im Managementalltag zu entscheidenden Fragen oftmals ein umfassendes Verständnis; erschwerend kann hinzukommen, dass nur unvollkommene, fragmentierte Informationen über mögliche Alternativen und ihre jeweiligen Konsequenzen vorliegen. Des Weiteren fehlen nicht selten die nötigen Resourcen (v. a. Zeit und Geld), um alle relevanten Informationen zu sammeln; die Entscheidung ist nicht von einer Person, sondern von einer Gruppe von Personen mit unterschiedlichen kognitiven Fähigkeiten, Wertvorstellungen, Zielen und Prioritäten zu treffen, was ihr Urteilsvermögen und Entscheiden beeinflusst; und manchmal liegen zu viele Informationen („information overload") vor… Um unter diesen Voraussetzungen und Bedingungen trotzdem gute Entscheidungen treffen zu können, bedarf es Erfahrung.

3.3.2.2 Intuitiv-erfahrungsbasiertes Entscheiden

An dieser Einsicht in die tatsächliche Realität des Entscheidens setzt das Modell des intuitiv-erfahrungsbasierten Entscheidens bzw. des sog. „Naturalistic Decision-Making" (NDM) (auch: „Recognition primed decision making" (RPD)) an:

> „NDM is the way people use their experience to make decisions in field settings." (Zsambok 1997, S. 4)

Das Modell des auch „natürliches Entscheiden" genannten intuitiv-erfahrungsbasierten Entscheidens ist weniger ein präskriptives als ein deskriptives Modell. Es gibt nicht primär einen Entscheidungsprozess vor, der zu durchlaufen ist; es beschreibt vielmehr, wie erfahrene Entscheider unter hohem Zeitdruck und in Situationen hoher Ambiguität schnell Entscheidungen treffen, bei denen viel auf dem Spiel steht. Dem in Abb. 3.70 grafisch dargestellten Modell des natürlichen Entscheidens liegen Beobachtungen u. a. von entscheidungserfahrenen Feuerwehrleuten, Soldaten, Schnellschachspielern und Notfallmedizinern und damit Vertretern von Berufsgruppen zugrunde, die jeweils in

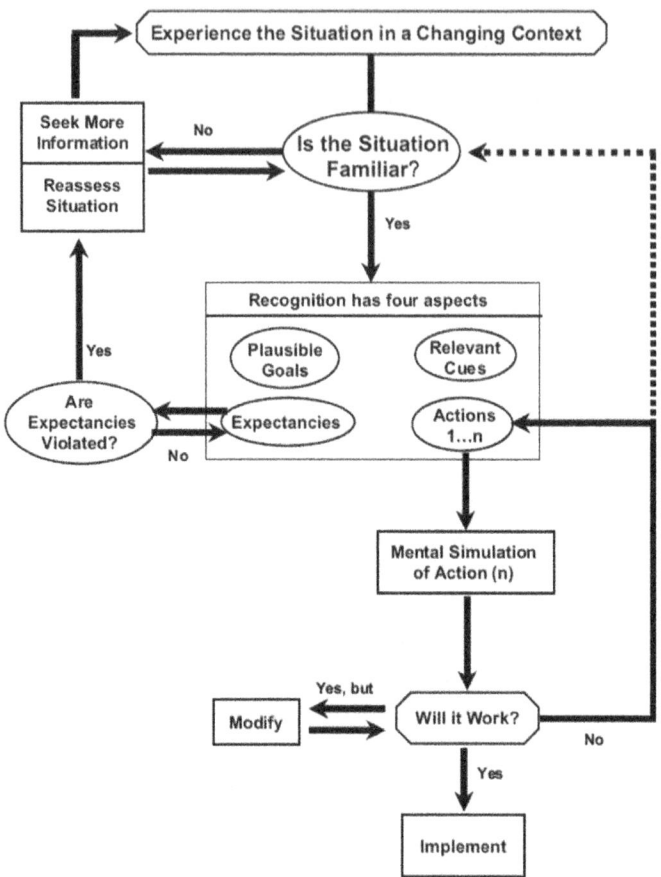

Abb. 3.70 Modell intuitiv-erfahrungsbasierter Entscheidungsfindung (Klein 2008, S. 459; vgl. 1999, S. 25, 27; 1993, S. 141; 2003, S. 44, 46)

kurzer bis kürzester Zeit gewichtige Entscheidungen treffen müssen (vgl. Klein 1989; 1993; 1999; 2003; 2008). All diese Personen haben schlichtweg keine Zeit, sich mit der umfassenden Analyse der Entscheidungsaufgabe und dem Generieren von Handlungs-optionen aufzuhalten.

Die Kernaussage des Modells natürlicher Entscheidungsfindung ist nicht, dass natür-liches Entscheiden gänzlich ohne rational-analytische Aspekte vonstatten geht; natür-liches Entscheiden ist nicht willkürliches Entscheiden. Das Modell ist vielmehr „a blend of intuition and analysis" (Klein 2008, S. 458). Die Kernaussage ist die, dass solche oft als intuitiv bezeichneten Entscheidungen auf Basis von in der Vergangenheit gesammelten Erfahrung getroffen werden, die das mühsame und zeitintensive Abwägen von Handlungsalternativen vermeiden helfen:

> „The RPD model describes how choices can be made without comparing options: by perceiving a situation as typical; perceiving the typical action in that type of situation; and evaluating potential barriers to carrying out the action." (Klein 1989, S. 60)

Personen, die intuitiv-erfahrungsbasiert entscheiden, nutzen ihre Erfahrung, d. h. „die Summe von Erlebnissen, Eindrücken, Erfolgen und Fehlern" (Göbel 2018, S. 192), die sie in einem bestimmten Gebiet gemacht haben, um eine Situation anhand ausgewählter Dimensionen zu typisieren und auf Basis dieser Typisierung aus dem erfahrungsgemäss zur Verfügung stehenden Repertoire an Handlungsoptionen die vielversprechendste auszuwählen:

> „Die Entscheidungsträger erkennen die Situation als typisch und bekannt – ein typischer Brand in einem Parkhaus oder in einer Fabrik oder ein Such- und Rettungseinsatz – und machen sich dementsprechend an die Arbeit. Ihnen ist klar, welche Arten von Zielen anzustreben in der betreffenden Situation sinnvoll ist (es werden also Prioritäten festgelegt), welche Hinweise oder Zeichen wichtig sind (damit sie sich nicht mit einer Überfülle von Information auseinanderzusetzen brauchen), was als nächstes zu erwarten ist (so daß sie sich darauf vorbereiten und überraschende Wendungen erkennen können) sowie welche Reaktionsweisen in einer bestimmten Situation typisch sind. Durch Erkennen einer Situation als typisch wird ihnen gleichzeitig klar, daß eine bestimmte Handlungsweise sich wahrscheinlich als erfolgreich erweisen wird. Das Erkennen von Zielen, Hinweisen, Erwartungen und sinnvollen Handlungen gehört zum Wiedererkennen einer Situation dazu." (Klein 2003, S. 43 f.; vgl. 1999, S. 26 f.)

Intuitiv-erfahrungsbasiertes Entscheiden ist dem rational-analytischen nicht per se überlegen. Ersteres entfaltet seine Stärke, wenn die Entscheider erfahren sind und unter Zeitdruck entschieden werden muss. Intuitiv- erfahrungsbasiertem Entscheiden geht es nicht um die bestmögliche Lösung der Entscheidungsaufgabe; sie zielt auf Satisfizierung („satisficing"), d. h. die Wahl der ersten befriedigenden Lösung: Intuitiv-erfahrungsbasierte Entscheider „usually look for the first workable option they can find, not the best option" (Klein 1999, S. 30; 2003, S. 49). Das Modell geht dabei von der durch Beobachtung unterstützten Annahme aus, „that experienced decision makers generate a good – usually satisfactory – option as the first one they consider" (Klein 1989, S. 60; 1993, S. 147):

> „Since the first option they consider is usually workable, they do not have to generate a large set of options to be sure they get a good one. They generate and evaluate options one at a time and do not bother comparing the advantages and disadvantages of alternatives." (Klein 1999, S. 30; 2003, S. 49)

Wichtig ist es also, im Wissen um den Charakter der Entscheidungssituation das richtige Entscheidungsmodell zu wählen. Eine Heuristik zur Entscheidung dieser Frage bietet Abb. 3.71.

Situation/Aufgabenumschreibung	Intuitives Entscheiden	Rationales Entscheiden
Hoher Zeitdruck	wahrscheinlicher	
Umfassendere Erfahrung	wahrscheinlicher	
Dynamische Bedingungen (eine Analyse kann sich als nutzlos erweisen, wenn sich das Umfeld ändert)	wahrscheinlicher	
Unklare Ziele	wahrscheinlicher	
Rechtfertigungsbedürfnis (Vorgesetzte oder Medien wollen wissen, ob auch über Alternativen nachgedacht wurde)		wahrscheinlicher
Konfliktlösung (verschiedene Interessengruppen)		wahrscheinlicher
Optimierung (Suche nach der bestmöglichen Handlungsweise)		wahrscheinlicher
Hohe Komplexität		wahrscheinlicher
Große Bedeutung		wahrscheinlicher

Abb. 3.71 Kriterien zur Abwägung der Anwendung intuitiv-erfahrungsbasierter oder rational-analytischer Entscheidungsfindung (Zwygart 2007, S. 25)

3.4   Managementkonzept im Managementmodell

Dieses Kapitel hat es sich zur Aufgabe gemacht, das *Managementkonzept* des von diesem Buch vorgestellten Managementmodells herauszuarbeiten. Das Managementkonzept macht in seinem Kern eine Aussage über das Wesen von Management. Es dient hierbei allerdings nicht nur der Beantwortung der Frage, was Management ist, sondern beantwortet genauer gesagt die Frage, wer, was, wie und wozu zu tun hat, um die Funktion „Management" für das produktive soziale System „Unternehmen" zu auszufüllen, das durch das Unternehmenskonzept bereits genauer charakterisiert worden ist. Entsprechend den Ausführungen dieses Kapitels weist das Managementkonzept drei Dimensionen auf (vgl. Abb. 3.72):

- Der *Managementzweck* expliziert das Warum und Wozu von Management; er legt dar, warum Unternehmen und andere zweckverantwortliche soziale Systeme das brauchen, was wir Management nennen. Wie in Kap. 3.1 dargelegt worden ist, lautet die Antwort auf diese Frage wie folgt: Management hat als vom System „Unternehmen" für das System zu leistende Funktion den Zweck, die Zweck- und Zielerfüllung des Systems durch die das System konstituierenden Personen sicherzustellen. Management hat dafür zu sorgen, dass die von den einzelnen Elementen des Systems „Unternehmen" an den Tag gelegten Handlungen möglichst mit den im Hinblick auf die Zweck- und Zielerfüllung des Systems erwünschten Handlungen übereinstimmen.

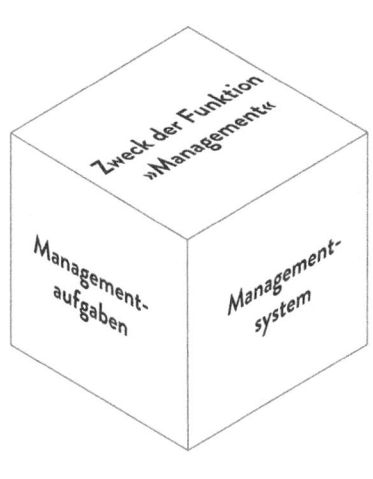 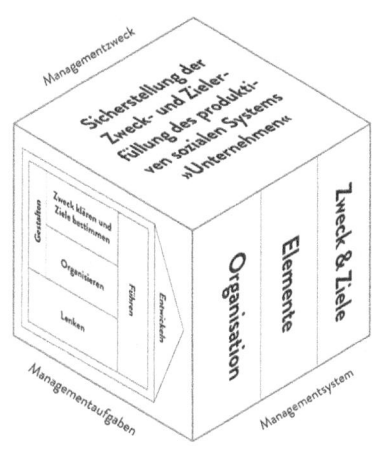

Abb. 3.72 Managementkonzept

- Die *Managementaufgaben* setzen an dem Zweck an und konkretisieren den eigentlichen Gehalt von Management; sie beschreiben, was zu tun ist, damit die Funktion „Management" den ihr gesetzten Zweck erfüllen kann. In Kap. 3.2 sind diesbezüglich fünf distinkte Managementaufgaben identifiziert worden: die Gestaltung, die in die Teilaufgabe der Zweck- und Zielbestimmung und der Organisation zerfällt, die Führung, die Lenkung und die Weiterentwicklung.
  Die Managementaufgabe „Führen" beeinflusst direkt das Verhalten einzelner Personen und Gruppen von Personen innerhalb des Unternehmens. Die Managementaufgabe „Organisieren" wirkt auf die Ablauf- und Aufbauorganisation des Unternehmens und beeinflusst das Verhalten der Elemente des Systems damit indirekt. Die im Rahmen der Managementaufgabe „Zweck- und Zielbestimmung" festgelegten Zweck und Ziele des Unternehmens beeinflussen das Verhalten der Elemente des Systems aufgrund ihrer präskriptiven Natur ebenfalls indirekt. Die Managementaufgabe „Lenken" wirkt über den Abgleich zwischen effektivem Verhalten des Systems und vorgegebenem Zweck und Zielen auf die übrigen Managementaufgaben ein. Durch die Managementaufgabe „Weiterentwickeln" sollen auf Basis kontinuierlicher Reflexion proaktiv Verbesserungspotentiale ausgeschöpft werden, um so die Entwicklungs- und Zukunftsfähigkeit des Unternehmens sicherzustellen.
- Die Dimension *„Managementpraxis"* macht eine Aussage über die tatsächliche Ausübung der Funktion „Management". Dieser Aspekt des Managementkonzepts verweist auf die Instrumente des Managements, nämlich die Kommunikation und die Entscheidung. Die Managementaufgaben werden durch Entscheidungen bearbeitet, welche zum einen auf Kommunikation basieren und für deren Effektivierung

Managern letzten Endes nur das Instrument der Kommunikation zur Verfügung steht. Um die Managementaufgaben erfüllen und ihre Managementpraxis erfolgreich gestalten zu können, müssen Manager also über eine hohe Entscheidungs- und Kommunikationskompetenz verfügen.

Diese drei Kategorien bilden in Summe das Managementkonzept, das den Kern des in diesem Buch vorgestellten Managementmodells darstellt. Personen, die die Funktion „Management" erfolgreich ausüben wollen, können dies nur tun, wenn sie das in diesen Kategorien ausgedrückte Handwerkszeug des Managements beherrschen.

Managementsystem

4

Nachdem wir die einzelnen Managementaufgaben betrachtet haben, können wir nun einen Schritt weiterdenken. Ausgangspunkt dieser weiteren Überlegungen ist die Beobachtung, dass – ausser vielleicht in sehr kleinen Unternehmen – die Management-aufgaben nicht von einer Person allein bearbeitet werden können. Die Erfüllung der Managementaufgaben ist nicht die Aufgabe eines einzelnen Managers. Die Bearbeitung der Managementaufgaben findet in praktisch allen Unternehmen in arbeitsteiliger Form statt; es sind immer eine Mehrzahl von Personen, die sich der Bearbeitung der Managementaufgaben widmen: „The activities that together make up the chief-executive job are also too diverse to be performed by one man." (Drucker 2007, S. 145) Entsprechend gibt es aus Sicht von Peter Drucker nur eine Lösung:

> „The chief-executive job in very business (except perhaps the very smallest) cannot be properly organized as the job of one man. It must the job of a team of several men acting together." (Drucker 2007, S. 145)

Management stellt somit selbst ein arbeitsteiliges Geschehen dar, das sich im Rahmen von „Manager-Gemeinschaften" bzw. „Manager-Communities" (Rüegg-Stürm und Grand 2015, S. 191, 197; 2019, S. 227) vollzieht, die gemeinhin als „das Management" bezeichnet werden.

Wenn man sich in Erinnerung ruft, dass ein System eine aus mindestens zwei miteinander in Beziehung stehenden Elementen gebildete, von ihrer Umwelt abgrenzbare, durch Regeln geordnete und zweckverantwortliche Ganzheit ist, so wird deutlich, dass auch Manager-Gemeinschaften Systeme sind. Dieses System kann als drittes und gedanklich von dem Unternehmen und dessen Umwelt getrennt zu betrachtendes System innerhalb eines Managementmodells verstanden werden:

C. Erk und S. Spoun, *Integrativ managen*, https://doi.org/10.1007/978-3-658-30523-9_4

„Dabei muss die Unternehmungsführung davon ausgehen, dass sie es […] mit zwei miteinander verknüpften komplexen Systemen zu tun hat, die sie in unterschiedlichem Ausmass beeinflussen kann: die eigene Unternehmung und die Umwelt. Es ist sogar sinnvoll, die
Unternehmensführung gedanklich von der Unternehmung zu lösen und sie als drittes System
zu betrachten, das mit den beiden anderen in Interaktion steht." (Ulrich 1984, S. 229)

Wie sich das System „Unternehmen" durch das in Abschnitt 2.6 dargestellte Unternehmenskonzept beschreiben und verstehen lässt, so lässt sich das auch *„Managementsystem"* (auch: Führungsbereich; unternehmensbezogener Funktionsbereich) genannte
Subsystem des Unternehmens durch ein sog. „Managementsystemkonzept" beschreiben
(vgl. Abb. 4.1).

Das Managementsystemkonzept beantwortet die folgenden drei Fragen und umfasst
die folgenden drei Kategorien:

- Zweck & Ziele: Was ist der Zweck des Managementsystems und was sind den Zweck
  konkretisierenden Ziele, für deren Realisierung das Managementsystem verantwortlich
  ist?
- Elemente: Aus welchen Elementen besteht das Managementsystem?
- Organisation: Wie sieht die formale, aber auch die informale Aufbau- und Ablauforganisation aus, die das Zusammenwirken der Elemente in der Verfolgung des
  Zwecks des Managementsystems regelt?

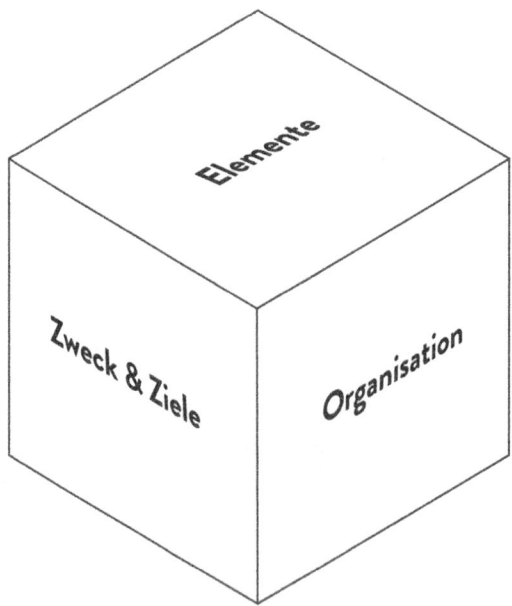

Abb. 4.1 Managementsystemkonzept

Anders als der Zweck des Systems „Unternehmen", der zwar grundsätzlich vorgegeben, aber innerhalb dieser Vorgabe zumindest in einer gewissen Bandbreite konkretisiert werden kann, ist der Zweck des Managementsystems konkret definiert. Der dem Managementsystem vorgegebene Zweck ist der Zweck von Management selbst: Das Managementsystem existiert, um sicherzustellen, dass die das sozio-technische System „Unternehmen" konstituierenden Personen den Unternehmenszweck und die mit diesem Zweck verbundenen Ziele arbeitsteilig realisieren. Dies wird über die Erfüllung der im vorangegangenen Kapitel skizzierten Managementaufgaben sichergestellt.

> „Im Führungsbereich werden die Zwecke und Ziele bestimmt, die Institutionen als handlungs-fähige Gebilde geschaffen und gestaltet sowie die zur Zweck- und Zielerfüllung notwendigen Prozesse festgelegt, eingeleitet, beeinflusst und überwacht." (Ulrich und Krieg 2001, S. 27)

Entsprechend können wir schlussfolgern, dass der Zweck des Managementsystems in der Erfüllung der Managementaufgaben besteht. Das Managementsystem ist das Sub-system des Unternehmens, das der Erfüllung der Managementaufgaben dient.

4.1 Managementsysteme als arbeitsteilige soziale Systeme

Weiter oben wurden Unternehmen als sozio-technische Systeme beschrieben. In diesem Zusammenhang wurde gesagt, dass diese sozio-technischen Systeme sich nur aus dauerhaft „nutzbaren" Elementtypen zusammensetzen. Auch wenn in der Realität auch Büroklammern, Bleistifte, Druckerpatronen etc. zum Unternehmen gehören, so besteht das System „Unter-nehmen" aus systemtheoretischer Sicht nur aus menschlichen Personen und zum anderen aus materiellen Potentialfaktoren („Anlagen"). Nur diese beiden Typen von Elementen sind ihrem Wesen nach auf den relativ dauerhaften Verbleib im System „Unternehmen" hin angelegt.

Das Managementsystem ist im Gegensatz dazu ein letzten Endes rein soziales System; Managementsysteme haben üblicherweise keine eigenen Anlagen. Natürlich wird die Anlageninfrastruktur des Unternehmens in der ein oder anderen Form auch vom Managementsystem genutzt; aber diese Infrastruktur ist Bestandteil des Unternehmens und nicht des Managementsystems.

Konkret sind Managementsysteme somit arbeitsteilige soziale Systeme, die als Elemente alle der zu einem Unternehmen gehörenden Personen umfassen, die mit der Sicherstellung der Zweck- und Zielerfüllung des Unternehmens befasst sind, und die ihren Zweck nur durch das arbeitsteilige Handeln dieser Personen realisieren können.

4.2 Management des Managementsystems

Wenn Manager-Gemeinschaften arbeitsteilige soziale Systeme sind, dann hat dies eine wichtige Implikation: Denn da es im Kern die Arbeitsteiligkeit eines sozialen Systems ist, die Management nötig macht, muss auch das arbeitsteilige soziale System namens „Managementsystem" – so paradox das klingen mag – selbst auch gemanagt werden.

Management darf seine Anstrengungen also nicht nur auf sein Supersystem fokussieren, sondern muss diese auch auf sich selbst richten, um so seine eigene Effektivität sicherzustellen. Um das System „Unternehmen" effektiv managen, d. h. um die Zweckerfüllung des Systems „Unternehmen" sicherstellen zu können, muss das Managementsystem sich auch stetig selbst managen.

Da es die Managementaufgaben sind, durch die die Zweck- und Zielrealisierung eines Systems sichergestellt wird, müssen diese auch auf das Managementsystem selbst Anwendung finden, damit auch dieses seinen Zweck realisiert. Damit das Managementsystem die Managementaufgaben erfüllen und das Unternehmen gestalten, führen und lenken kann, muss es sich also selbst auch gestalten, führen und lenken (vgl. Abb. 4.2).

Das Managementsystem muss durch Gestaltung, Führung und Lenkung seiner selbst sicherstellen, dass es

• die Managementaufgabe „Zielbestimmung" erfüllt, d. h. den Zweck seines Supersystems „Unternehmen" klärt und dessen Ziele bestimmt,
• die Managementaufgabe „Organisation" erfüllt, d. h. sein Supersystem „Unternehmen" zweck- und zielrealisierend organisiert,
• die Managementaufgabe „Führung" erfüllt, d. h. die sein Supersystem „Unternehmen" konstituierenden Menschen zweck- und zielrealisierend führt, und
• die Managementaufgabe „Lenkung" erfüllt, d. h. sein Supersystem „Unternehmen" zweck- und zielrealisierend lenkt.

Die im Hinblick auf das Management von Unternehmen getätigten Aussagen zu Wesen und Gehalt der Managementaufgaben behalten auch in ihrer Anwendung auf das Managementsystem ihre Gültigkeit und lassen sich grundsätzlich analog auf das

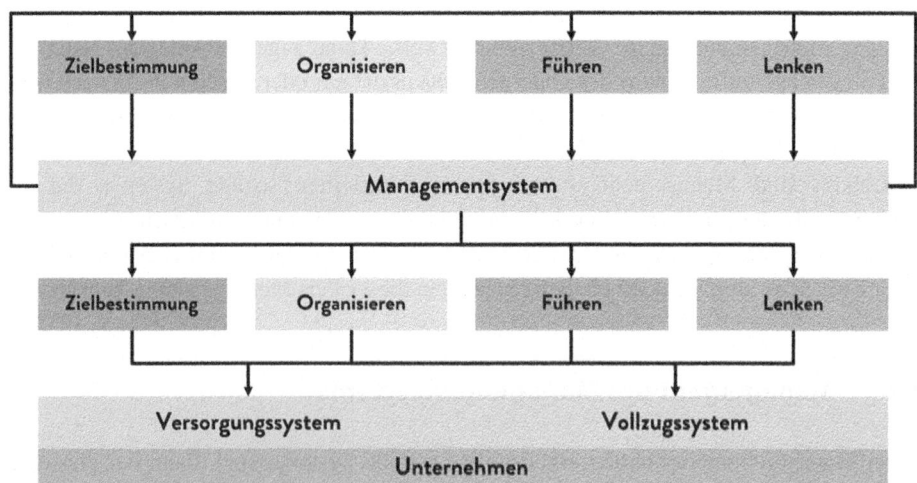

Abb. 4.2 Management des Managementsystems

Management von Managementsystemen übertragen. Damit dies sinnvoll geschehen kann, sind jedoch gewisse Besonderheiten des Managementsystems zu berücksichtigen. Auf diese soll nachstehend eingegangen werden, bevor dann Überlegungen zur Organisation des Managementsystems angestellt werden.

4.3   Managementsysteme als Entscheidungssysteme

Im Unterschied zum Versorgungs- und Vollzugssystem, in denen Ressourcen (Input) zu Marktleistungen (Output) transformiert werden, vollzieht sich im Management-system ein etwas andersartiger Transformationsprozess. Das Managementsystem ist seinem Wesen nach ein Entscheidungssystem (vgl. Abb. 4.3). In diesem System werden kontinuierlich Informationen über das Unternehmen und dessen Umwelt reflektierend verarbeitet und zu Entscheidungen transformiert, die das Verhalten der Elemente des Systems „Unternehmen" bindend beeinflussen. Das Managementsystem generiert somit aus Inputinformationen als Output kollektive Entscheidungen bzgl. Ziele, Organisation, Führung und Lenkung der Unternehmung.

Was lernen wir aus der Managementliteratur?

Die Unternehmungsführung ist ein „informationsverarbeitendes System [...], in welchem Informationen über unternehmungsinterne und -externe Tatbestände und Geschehnisse sowie eigene Wertvorstellungen zu Entscheidungen und Anordungen zwecks Lenkung der operationellen Handlungen verarbeitet werden" (Ulrich und Krieg 2001, S. 31).

„Ein rationaler oder intuitiver Entscheidungsprozess – individuell oder kollektiv, in wenigen Sekunden oder mehreren Monaten ablaufend – bildet die Grundlage und Voraussetzung jeglichen Handelns. Entscheidungen zu treffen ist also ein immanentes Kennzeichen des

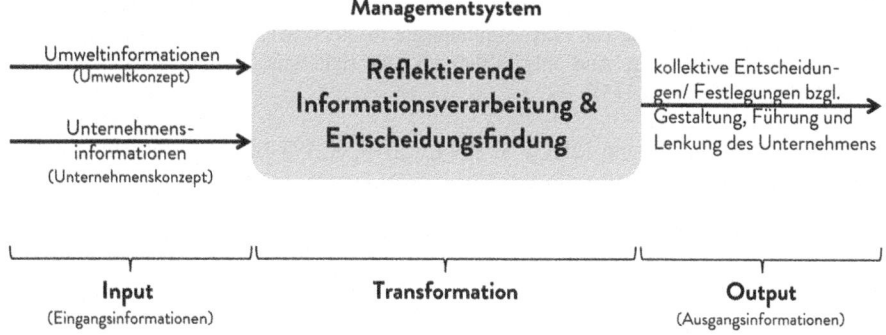

Abb. 4.3 Managementsystem als Entscheidungssystem. (Eigene Darstellung in Anlehnung an Ulrich 2001b, S. 77)

Managements. Nicht selten wird ‚Management‘ deshalb mit der Abwicklung von Entscheidungen nahezu gleichgesetzt.“ (Ulrich und Fluri 1995, S. 22)

„Im ‚Inneren‘ des Führungssystems werden demgemäss Entscheidungsprozesse vollzogen, die Input-Informationen zu Output-Entscheidungen verarbeiten. Die Entscheidungsvorgänge können, je nach Art des zu lösenden Problems, sehr einfach oder auch sehr kompliziert sein.“ (Ulrich und Sidler 2001, S. 125)

„Kohärentes Entscheiden im Dienste arbeitsteiliger und verteilter Wertschöpfung und deren Weiterentwicklung bildet die Kernoperation einer Organisation. Folglich sind Organisationen nicht nur als Wertschöpfungssysteme zu sehen, sondern auch als Entscheidungssysteme.“ (Rüegg-Stürm und Grand 2015, S. 160; vgl. 2019, S. 134)

Die Entscheidungen, die das Managementsystem produziert, sind eben als „kollektive“ (auch: organisationale) Entscheidungen bezeichnet worden. Eine solche Entscheidung ist im Gegensatz zu einer individuellen Entscheidung dadurch gekennzeichnet, dass sie nicht eine rein intrapsychische Festlegung ist, die nur die Person in ihrem Handeln bindet, die entscheidet. Eine kollektive Entscheidung stellt eine gleichartige intrapsychische Festlegung einer Gruppe von Personen dar, die auch Personen in ihrem Handeln bindet, die nicht an der Entscheidungsfindung beteiligt waren.

Wie aus dieser kurzen Charakterisierung hervorgehen sollte, bringt das Treffen dieser Art von Entscheidungen gewisse Herausforderungen mit sich. Eine solche besteht vor allem im Schaffen kollektiver, d. h. das Verhalten einer Gruppe von Personen betreffender Verbindlichkeit. Kollektive Entscheidungen sind nur dann wirksam, wenn sie auch für die Personen Verbindlichkeit entfalten können, die sie nicht getroffen haben:

„Entscheidungen einer Organisation sind auf kollektive Akzeptanz angewiesen, um Verbindlichkeit im Sinne von Selbstbindungswirkung zu entfalten. […] Organisationale Entscheidungen sind in diesem Sinne kollektive kommunikative Errungenschaften.“ (Rüegg-Stürm und Grand 2015, S. 160)

„For the solution to become a decision, action is needed. And that the decision-making manager cannot supply. He can only communicate to others what they ought to be doing and motivate them to do it. And only as they take the right action is the decision actually made.“ (Drucker 2007, S. 315)

Wie Rüegg-Stürm und Grand (2015, S. 169 f.; 2019, S. 177 f., 166 f.) ausführen, hängt die Umsetzung und damit Wirksamkeit einer organisationalen Entscheidung hierbei vor allem von den folgenden Faktoren ab:

- Um Wirksamkeit entfalten zu können, muss die kollektive Entscheidung *kommunikative Anschlussfähigkeit* besitzen, d. h. „sinnhaft ins organisationale Alltags- und Entwicklungsgeschehen eingeordnet werden können“ (Rüegg-Stürm und Grand 2015, S. 169; 2019, S. 177). Sie muss – mit anderen Worten – nachvollziehbar und einsichtig sein. Die Entscheidung bzw. ihr Gegenstand sollte in irgendeiner Form Thema im unternehmerischen Alltag und im Fokus der Aufmerksamkeit (gewesen) sein. Die Personen, die durch die Entscheidung gebunden werden sollen, sollten wissen, worum es bei der Entscheidung geht und warum entschieden wurde; entsprechend sollte für sie vor allem nachvollziehbar sein, wie sich die Entscheidung zum Zielsystem des Unternehmens und den zu dessen Realisierung notwendigen Aktivitäten und Massnahmen verhält bzw. zu diesen passt.

- Kollektive Entscheidungen entfalten des Weiteren eine höhere Wirksamkeit, wenn sie *Legitimität* besitzen, d. h. hinsichtlich ihres Inhalts und ihres Zustandekommens als legitim anerkannt werden. Ersteres ist dann gegeben, „wenn sie sorgfältig begründet werden, wenn diese Begründungen nachvollzogen werden können und wenn die Verteilung der mit einer Entscheidung verbundenen Zumutungen als fair wahrgenommen wird" (Rüegg-Stürm und Grand 2015, S. 169; 2019, S. 177). Prozessuale Legitimität hängt von der Frage ab, ob die Entscheidung von dazu berechtigten Personen und in der dafür vorgesehenen Form (z. B. Abstimmung) getroffen worden ist, ob die vorgesehenen Kommunikationswege und Dokumentationserfordernisse eingehalten worden sind, ob ein Mindestmass an Zeit zur sorgfältigen Auseinandersetzung mit der zu entscheidenden Materie eingeräumt worden ist, ob ausreichend Alternativen ausgearbeitet worden sind, ob es klare Beurteilungs- und Entscheidungskriterien gab und ob die entscheidenden Personen in den Augen der übrigen Mitglieder des Systems ein ausreichendes Mass an Integrität, Glaubwürdigkeit, Kompetenz und Reputation besitzen. Die Legitimität einer kollektiven Entscheidung bemisst sich zudem daran, ob die vorhandenen Partizipationserwartungen erfüllt worden sind, d. h. ob die Personen, die das Recht auf Mitwirkung haben, auch effektiv und ausreichend einbezogen worden sind.
- Zudem erhöht *kommunikative Sorgfalt und sprachliche Präzision* die Wirksamkeit kollektiver Entscheidungen. Hierfür ist v. a. eine wiederholte und sorgfältige Erwartungsklärung und -steuerung wichtig, die am besten auf Basis einer Kultur des respektvollen Zuhörens gelingt.
- Die Wirksamkeit einer kollektiven Entscheidung hängt auch von der Art ihrer Durchsetzung und dem dabei an den Tag gelegten Umgang mit Macht ab. Selbst wenn eine Entscheidung nicht unter Einbezug aller Personen, die einen Anspruch auf Einbindung hätten, getroffen worden ist, so kann sie trotzdem als legitim anerkannt werden, „solange in einer solchen Situation erkannt werden kann, dass dies im Dienste der Gesamtorganisation und nicht zur Realisation persönlicher Ziele erfolgt ist" (Rüegg-Stürm und Grand 2015, S. 170; 2019, S. 178).

Wirksame organisationale Entscheidungen können, dieses Fazit kann man aus den obigen Punkten ziehen, grundsätzlich nicht von einzelnen Personen allein im stillen Kämmerlein getroffen werden. Sie können nur dann Anspruch darauf erheben, das Verhalten anderer Personen zu binden, wenn diese Personen vorher in geeigneter Form „mitgenommen" worden sind.

„Diese Überlegungen führen zum Schluss, dass die Unternehmungspolitik ihre internen Zwecke nur erreichen kann, wenn die getroffenen Entscheidungen den Unternehmungsangehörigen erklärt und begründet und die sich daraus ergebenden konkreten Konsequenzen für den einzelnen erläutert werden, was praktisch nur durch persönliche, mündliche Kommunikation erfolgen kann." (Ulrich 2001c, S. 224)

Chester Barnard betrachtet aus diesem Grund den Manager als Person, die an den Knotenpunkten des Systems „Unternehmens" sitzt und den Fluss der Kommunikation durch das System fördert:

„The coordination of efforts essential to a system of cooperation requires, as we have seen, an organization system of communication. Such a system of communication implies centers or points of interconnection and can only operate as these centers are occupied by persons who are called executives. It might be said, then, that the function of executives is to serve as channels of communication so far as communications must pass through central positions." (Barnard 1938, S. 215)

4.4   Organisation des Managementsystems

Nimmt man die kollektive Natur managerialer Entscheidungen ernst, so rückt dies Reflexion und Kommunikation ins Zentrum von Management. Denn Reflexion und Kommunikation sind die Voraussetzungen für das Entstehen inhaltlich guter Entscheidungen und deren kollektiver Wirksamkeit. Das Managementsystem wird seinen Zweck nur dann erfüllen können, wenn es so organisiert, geführt und gelenkt ist, dass es ausreichend Reflexion und Kommunikation zulässt, um kollektive Entscheidungen zur Gestaltung, Führung und Lenkung des Unternehmens generieren zu können. Dies ergibt sich aus den folgenden Überlegungen:

- Der Zweck des Managementsystems besteht in der Sicherstellung der Zweck- und Zielrealisierung des Unternehmens durch die Erfüllung der Managementaufgaben „Gestalten", „Führen" und „Lenken".
- Um diesem Zweck gerecht zu werden, muss das Managementsystem selbst auch gemanaged, d. h. gestaltet, geführt und gelenkt werden.
- Hierfür bedarf es zunächst der Operationalisierung des dem Managementsystem vorgegebenen Zwecks in konkret erreichbare Ziele.
- Worin diese Ziele bestehen, wird deutlich, wenn man sich vor Augen führt, dass das Managementsystem seinem Zweck nur gerecht wird, wenn es organisationale Entscheidungen zur Gestaltung, Führung und Lenkung des Unternehmens trifft.
- Organisationale Entscheidungen können jedoch nur auf Basis von Reflexion und Kommunikation getroffen werden. Soll das Managementsystem seinen Zweck erfüllen, muss es also so organisiert, geführt und gelenkt werden, dass ein Optimum an Reflexion und Kommunikation sichergestellt ist, auf deren Basis dann organisationale Entscheidungen zur Gestaltung, Führung und Lenkung des Unternehmens getroffen werden. Das oberste Ziel des Managementsystems besteht somit im Generieren reflektierter kollektiver Entscheide.

Zur Realisierung dieses Ziels bedarf es einer zielentsprechend gestalteten Aufbau- und Ablaufstruktur des Managementsystems. Diese stellt zuvorderst eine Reflexions- und Kommunikationsstruktur dar, auf deren Basis und mit deren Hilfe die im Rahmen der Unternehmensführung nötigen kollektiven Entscheidungen generiert werden können.

4.4.1 Aufbauorganisation des Managementsystems

Wie im Kapitel zur Gestaltung der Organisation von Unternehmen dargelegt worden ist, umfasst die Aufbauorganisation eine Primär- und eine Sekundärorganisation. Diese Unterscheidung gilt auch für die Aufbauorganisation des Managementsystems.

Die *Primärorganisation* des Managementsystems ergibt sich hierbei aus dem Organigramm des Unternehmens, dessen Subsystem das Managementsystem ist. Auch wenn es gedanklich aus dem Unternehmen herausgelöst werden muss, um seine Rolle im Gesamtsystem verstehbar zu machen, stellt das Managementsystem in der Realität kein separiertes Subsystem des Unternehmens dar. Das Managementsystem umfasst als Elemente alle mit der Gestaltung, Führung und Lenkung des Unternehmens und seiner Subsysteme befassten Personen. So gehören in der nachstehenden Abbildung (vgl. Abb. 4.4) bis auf die Stabsstelle auf der ersten Ebene alle Personen der Ebenen 1 bis 4 zum Managementsystem des modellierten Unternehmens.

Wie aus der Abbildung hervorgeht, sind diese Manager über das gesamte Organigramm und damit Unternehmen verteilt, sodass das Managementsystem das Gesamtsystem

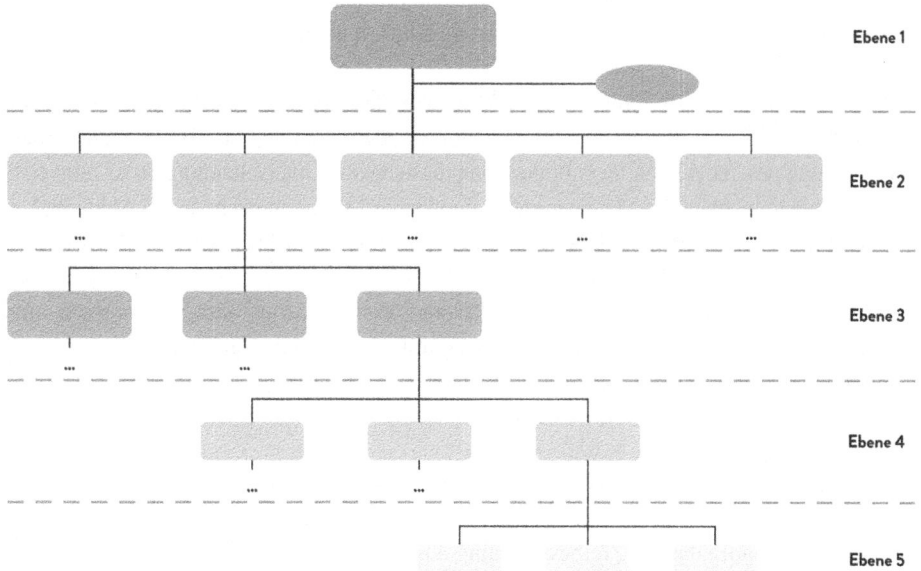

Abb. 4.4 Primärorganisation des Managementsystems

durchdringt und in gewisser Weise mit dem Versorgungs- und Vollzugssystem verwoben ist. Ist aufgrund des von ihnen zu erfüllenden Aufgabenkomplexes identifiziert, welche Personen zum Managementsystem gehören, ergeben sich die formalen Beziehungen zwischen diesen aus den Verbindungen zwischen ihren Stellen, wie sie im Organigramm definiert sind. Aus dem Organigramm kann entsprechend herausgelesen werden, welche Personen zum Management-System gehören und wie diese in hierarchischer Hinsicht zueinander stehen.

Innerhalb der Primärorganisation des Managementsystems lassen sich mehrere hierarchische Ebenen von Management unterscheiden, welche jeweils eigene Funktionsbereiche bzw. Subsysteme des Managementsystems darstellen:

- Das *obere Management* (auch: obere Führungsebene) ist mit der Führung des Gesamtsystems, d. h. des Unternehmens befasst.
- Das *mittlere Management* (auch: mittlere Führungsebene) ist mit der Führung der Subsysteme erster Ordnung befasst, d. h. (je nach Organisationskonfiguration des Unternehmens) entweder der Funktionsbereiche oder der Divisionen des Unternehmens.
- Das *untere Management* (auch: untere Führungsebene) ist mit der Führung der Subsysteme zweiter und allenfalls höherer Ordnung befasst, d. h. der Abteilungen und Unterabteilungen innerhalb der Funktionsbereiche bzw. Divisionen des Unternehmens.

Ob ein Unternehmen diese drei, weniger oder gar mehr Managementebenen umfasst, hängt wesentlich von dessen Grösse ab. Kleine Unternehmen kommen mit zwei Managementebenen aus, grosse Unternehmen bedürfen meist mehr als drei Managementebenen.

Die Unterscheidung zwischen diesen Managementebenen kann mit der weiter oben eingeführten Unterscheidung zwischen normativem, strategischem und operativen Management in Verbindung gesetzt werden. Kombiniert man diese beiden Unterscheidungen, so zeigt sich, dass das Aufgabengebiet der Manager unterschiedlicher Managementebenen in Abhängigkeit ihrer hierarchischen Stellung innerhalb des Managementsystems divergiert (vgl. Abb. 4.5):

- Das obere Management ist in stärkerem Ausmass mit dem normativen und strategischen und dafür weniger mit dem operativen Management befasst.
- Beim unteren Management ist das Verhältnis umgekehrt.
- Das mittlere Management nimmt eine Zwischenposition ein.

Nicht jeder Manager ist entsprechend in gleichem Ausmass in die Erfüllung der einzelnen Managementaufgaben involviert. Wie sich diese Aufgabenverteilung im Hinblick auf die Managementaufgabe der Zielbestimmung ausnimmt, zeigt nachfolgendes Beispiel:

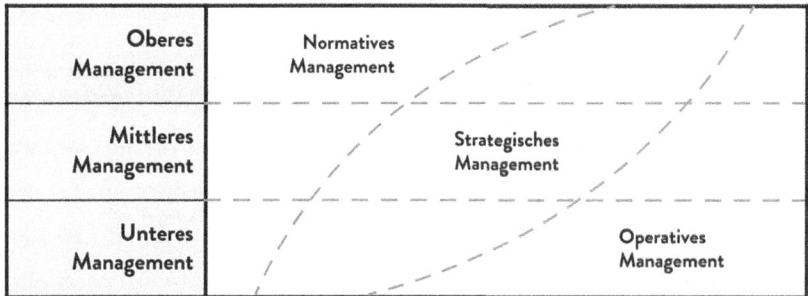

Abb. 4.5 Handlungsebenen des Managements und Managementebenen. (Eigene Darstellung in Anlehnung an Ulrich 2001j, S. 154)

„The general executive states that ‚this is the purpose, this the objective, this the direction, in general terms, in which we wish to move, before next year.‘ His department heads, or the heads of his main territorial divisions, say to their departments or suborganizations: ‚This means for us these things now, then others next month, then others later, to be better defined after experience.‘ Their subdepartment or division heads say: ‚This means for us such and such operations now at these places, such others at those places, something today here, others tomorrow there.‘ Then district or bureau chiefs in turn become more and more specific, their sub-chiefs still more so as to place, group, time, until finally purpose is merely jobs, specific groups, definite men, definite times, accomplished results. But meanwhile, back and forth, up and down, the communications pass, reporting obstacles, difficulties, impossibilities, accomplishments; redefining, modifying purposes level after level.“ (Barnard 1938, S. 232)

Fast wichtiger als die Primärorganisation des Managementsystems ist jedoch dessen *Sekundärorganisation.* Denn diese ist es, die die strukturierte Reflexion und Kommunikation ermöglicht, derer das Managementsystem zur Erfüllung seines Zwecks bedarf.

Reflexives Kommunizieren und Entscheiden setzt geeignete soziale Gefässe voraus. Diese in institutionell eingebetteter Form zu schaffen ist die Aufgabe der Sekundärorganisation des Managementsystems. Sie bietet die nötigen „Kommunikationsräume, welche die alltäglichen Aktivitäten und Prozesse konsequent unterbrechen, um das Bestehende und geeignete Alternativen dazu aus einer förderlichen Distanz kommunikativ bearbeiten zu können“ (Rüegg-Stürm und Grand 2015, S. 192). Diese auch als „Management-Plattformen“ (Rüegg-Stürm und Grand 2015, S. 192) bzw. „Kommunikationsplattformen“ (Rüegg-Stürm und Grand 2015, S. 193; 2019, S. 170) bezeichneten Kommunikationsräume erlauben den Mitgliedern des Managementsystems die kritische Distanznahme zum Alltagsgeschehen. Im Rahmen dieser sich in unterschiedlichen räumlich-zeitichen Kommunikationsarrangements manifestierenden Plattformen kommen die Manager zusammen, um gemeinsam zu diskutieren und zu entscheiden. Die Management-Plattformen sind die sozialen Orte bzw. Gefässe der gemeinschaftlich-reflexiven Informationsverarbeitung und Entscheidungsfindung.

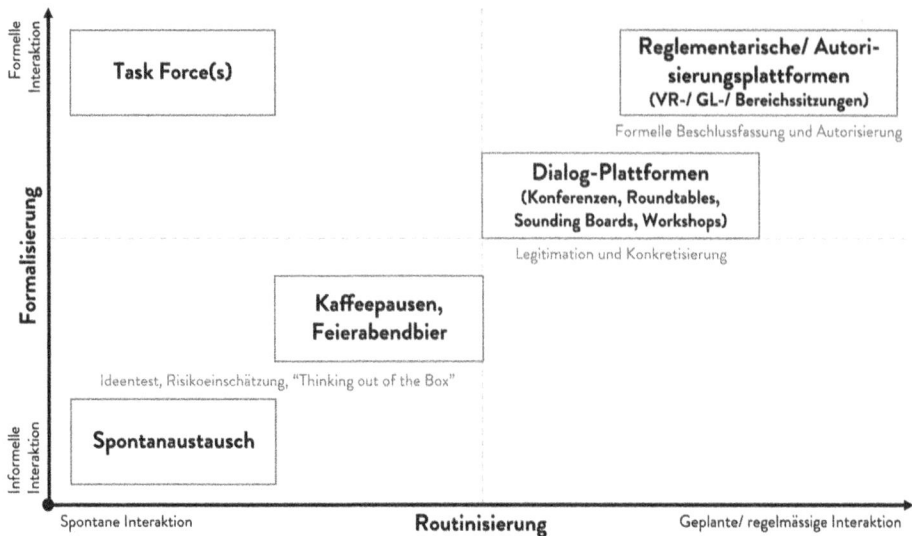

Abb. 4.6 Arten von Management-Plattformen. (Eigene Darstellung in Anlehnung an Rüegg-Stürm und Grand 2015, S. 209; 2019, S. 170)

Anhand des Grads der Formalisierung und des Grads der Routinisierung (d. h. Häufigkeit und Regelmässigkeit) der Interaktion, den die jeweilige Plattform aufweist bzw. ermöglicht, lassen sich unterschiedliche Arten von Management-Plattformen unterscheiden (vgl. Abb. 4.6).[1]

Die formale Sekundärorganisation eines Managementsystems besteht aus den stärker routinisierten und formalisierten Management-Plattformen eines Unternehmens, d. h. den Plattformen, welche sich vor allem im oberen rechten, aber auch im oberen linken Quadranten der obigen Abbildung befinden. Die weniger routinisierten und formalisierten Management-Plattformen bilden die informale Sekundärorganisation eines Managementsystems.

Bei der Gestaltung der formalen Sekundärorganisation steht die Frage im Mittelpunkt, welche unterschiedlichen Management-Plattformen für die zur Erfüllung der Managementaufgaben notwendige gemeinschaftlich-reflexive Informationsverarbeitung und Entscheidungsfindung nötig und sinnvoll sind. Die Erfüllung der Managementaufgaben muss hierbei bewusst auf die zur Verfügung stehenden Typen

---

[1]Rüegg-Stürm und Grand (2015, S. 197) führen noch ein drittes Merkmal zur Klassifizierung von Management-Plattformen ein, nämlich den Grad der Stabilität der im Rahmen der Management-Plattform zusammenkommenden Manager-Gemeinschaft. So lassen sich kurzfristig bzw. vorübergehend bestehende Konstellation von Managern von längerfristig bestehenden bzw. stabilen Konstellation von Managern unterscheiden. Aus Gründen der Darstellbarkeit ist dieses Merkmal in der obigen Abbildung nicht berücksichtigt.

von Management-Plattformen abgestimmt und in diesen verankert werden. In diesem Zusammenhang ist insbesondere festzulegen, worüber auf welcher Plattform reflektiert und was auf welcher Plattform entschieden werden soll.

Des Weiteren ist zu definieren, welche Personen bzw. Stellen der Primärorganistion in welcher Rolle Mitglied welcher Plattform sind, in welchem zeitlichen Rhythmus und wie lange die Plattform stattfindet. Und zu guter Letzt ist auch zu definieren, wie die Ergebnisse der Interaktion der Beteiligten gesichert werden (Wortprotokoll, Ergebnisprotokoll, …) und wie der Modus der Entscheidungsfindung (Mehrheit, Konsens, …) aussieht.[2]

4.4.2 Ablauforganisation des Managementsystems

Mit der Definition der Aufbauorganisation und damit der Statik des Managementsystems ist es aber noch nicht getan. Damit das Managementsystem effektiv Entscheidungen generieren kann, muss geklärt werden, „durch wen, in welcher Abfolge, in welcher Zeit, auf welcher Kommunikationsplattform und mithilfe welcher Tools" (Rüegg-Stürm und Grand 2015, S. 166) welche Entscheidung getroffen werden soll. Zur Aufbauorganisation muss sich – mit anderen Worten – eine zielführende Ablauforganisation gesellen, die die Aufbauorganisation dynamisiert und die unterschiedlichen Management-Plattformen in kohärenter Art und Weise zusammenwirken lässt. Erst diese ermöglicht die wirkungsvolle und effiziente, da routinisierte Bearbeitung von wiederholt ähnlich auftretenden Entscheidungsnotwendigkeiten.

Die Ablauforganisation des Managementsystems konstituiert sich in ihrem Kern aus den sog. „Kommunikationsepisoden", d. h. einzelnen Instanzen von Kommunikation im Rahmen von Management-Plattformen. Jede Geschäftsleitungssitzung, jede Mitarbeiterinformation, jeder Workshop, jede Sitzung einer Arbeitsgruppe, jedes Gespräch während einer Kaffeepause stellt eine Kommunikationsepisode dar. Diese Kommunikationsepisoden sind zum einen hinsichtlich ihres Ablaufs in sich und zum anderen hinsichtlich ihres Zusammenspiel zu gestalten. Entsprechend lassen sich zwei Ebenen der Ablauforganisation des Managementsystems unterscheiden:

• Makroebene der Ablauforganisation des Managementsystems: Kohärente Gestaltung des Zusammenspiels der Kommunikationsepisoden und der Management-Plattformen
• Mikroebene der Ablauforganisation des Managementsystems: Gestaltung des inneren Ablaufs von Kommunikationsepisoden auf Management-Plattformen mit routinisierter Interaktion („kommunikative Mikrostrukturierung" Rüegg-Stürm und Grand 2019, S. 234)

---

[2]Informale Management-Plattformen können natürlich grundsätzlich auch gestaltet werden, auch wenn die formale Gestaltung der informalen Natur der Plattform etwas widerspricht. Informale Management-Plattformen bedürfen hierbei weniger Festlegungen: Für einen Spontanaustausch oder ein Feierabendbier ist keine Agenda oder Ergebnissicherung, u. U. aber ein Rhythmus nötig.

Was die Elementaraktivitäten für die Ablauforganisation des Unternehmens sind, sind die Kommunikationsepisoden für die **Makro-Ablauforganisation** des Management-systems – nämlich dessen kleinste Bausteine. Die Makrobene der Ablauforganisation ergibt sich hierbei aus dem zeitlichen und räumlichen Zusammenwirken der einzelnen Kommunikationsepisoden.

Zwar ist im Rahmen der Gestaltung der sekundären Aufbauorganisation jede Management-Plattformen hinsichtlich ihres Rhythmus und dahingehend determiniert worden, wie viele Kommunikationsepisoden wann auf welcher Management-Plattformen stattfinden. Es ist jedoch damit noch nicht gesagt worden, wie diese einzelnen Kommunikationsepisoden zusammenwirken, um sicherzustellen, dass das Management-System seinem Zweck gerecht wird. Die Gestaltung der Makrobene der Ablauf-organisation verlangt somit nach zeitlicher und thematischer Orchestrierung der Kommunikationsepisoden und formalen Management-Plattformenen bzw. „deren Integration in einer tragfähigen Management-Architektur" (Rüegg-Stürm und Grand 2015, S. 213; vgl. 2019, S. 230). Ein Beispiel dafür, wie eine solche Management-Architektur aussehen kann, findet sich in Abb. 4.7.

Jedes Band, das aus den einzelnen hierarchischen Managementebenen und Initiativen herausläuft, stellt einen Typus von formalisierter und routinisierter Management-Plattform dar. Jedes Element innnerhalb dieser Ebenen – d. h. jedes X, jedes Kreuz, jedes Plus, jedes Minus, jeder Punkt, jedes Pfeil- und jedes normale Kästchen – symbolisiert eine die betreffende Management-Plattform aktivierende Kommunikationsepisode.

Die Herausforderung bei der Gestaltung der Management-Architektur besteht darin, die einzelnen Kommunikationsepisoden zu einer Management-Architektur zu kombinieren, in der die einzelnen Kommunikationsepisoden so orchestriert und auf-einander abgestimmt sind, dass die zur Erfüllung der Managementaufgaben notwendige gemeinschaftlich-reflexive Informationsverarbeitung und Entscheidungsfindung ermög-licht wird. Hierzu gilt es vor allem den Informationsfluss zwischen den einzelnen Episoden zu definieren und die Episoden in eine Entscheidungshierarchie einzugliedern, in der die Entscheidungen normativer, strategischer und operativer Natur sinnvoll im Sinne des Zwecks des Managementsystems ineinandergreifen.

Auf der **Mikroebene der Ablauforganisation** des Managementsystems steht nicht ihr Zusammenspiel, sondern stehen die Kommunikationsepisoden selbst im Zentrum. Auf der Mikrobene werden die Kommunikationsepisoden nicht in ihrem äusseren, sondern in ihrem inneren Ablauf strukturiert. Gerade die Kommunikationsepisoden, die im Rahmen von routinisierten Kommunikations-Plattformen ablaufen, sollten so strukturiert werden, dass sie die reflexive Kommunikation zwischen den Anwesenden fördern.

Wie Rüegg-Stürm und Grand (2015, S. 211 f.; 2019, S. 237 f.) ausführen, bedarf eine solch reflexive und effiziente Strukturierung von Kommunikationsepisoden der gezielten Gestaltung dreier Ebenen, nämlich einer Beziehungs-, einer Prozess- und einer Inhalts-ebene (vgl. Abb. 4.8).

Auf der Beziehungs- und der Prozessebene geht es um die Schaffung förderlicher Rahmenbedingungen. Diese beiden Ebenen kommen im Verlauf der Kommunikationsepisode

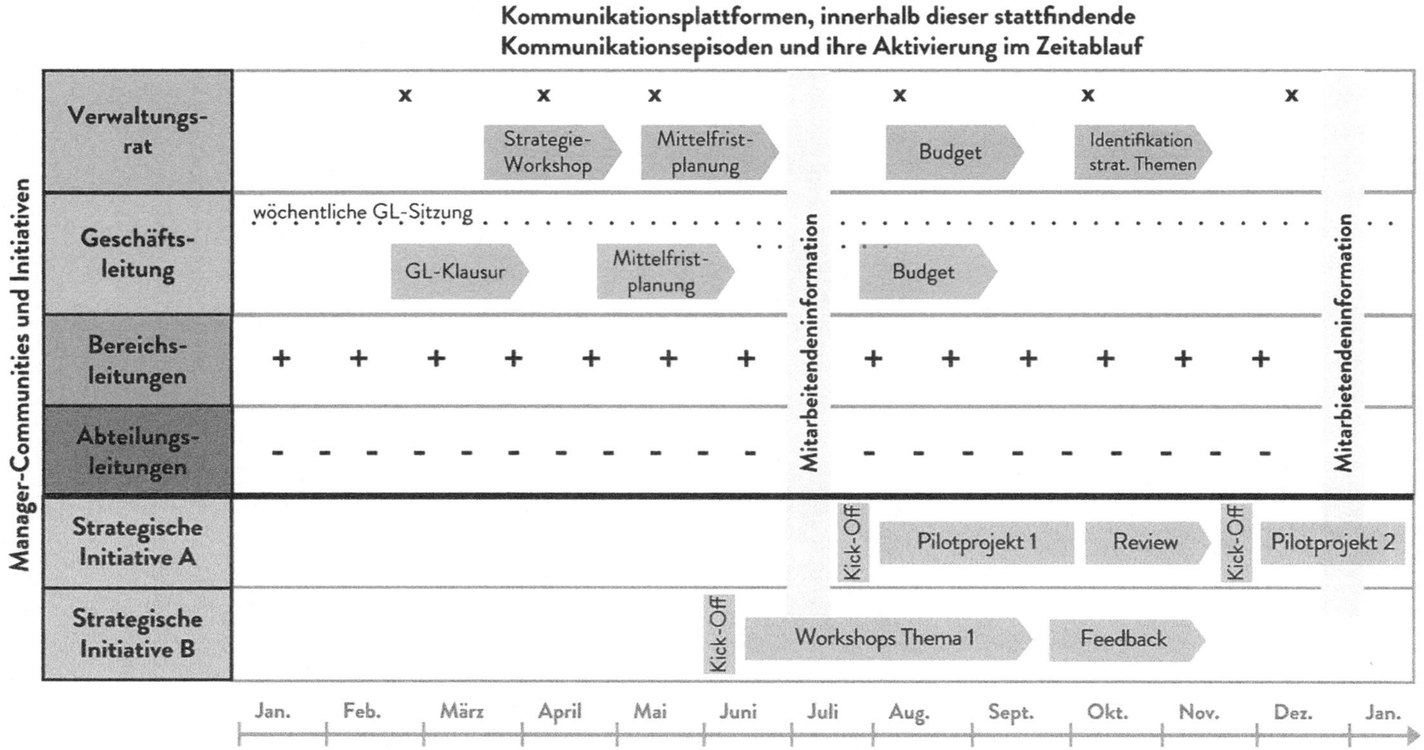

Abb. 4.7 Zusammenspiel von Management-Plattformen und Kommunikationsepisoden in einer Management-Architektur. (Eigene Darstellung in Anlehnung an Rüegg-Stürm und Grand 2015, S. 207; vgl. 2019, S. 231)

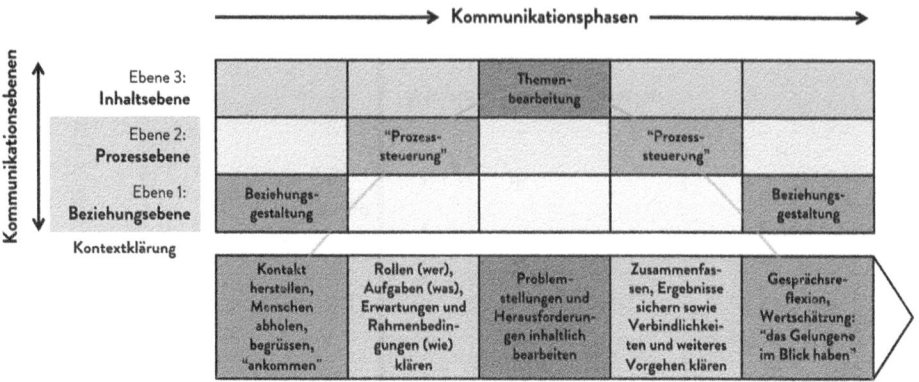

Abb. 4.8 Gestaltung des Verlaufs einer Kommunikationsepisode. (Eigene Darstellung in Anlehnung an Rüegg-Stürm und Grand 2015, S. 212; 2019, S. 237)

zum einen doppelt zu tragen, nämlich zu deren Beginn und zu deren Ende. Die explizite Arbeit an und auf der Beziehungs- und der Prozessebene rahmt somit die Themenbearbeitung auf der Inhaltsebene ein. Damit ist es jedoch nicht getan: Die Arbeit auf und an der Prozess- und Beziehungsebene geschieht, wenn nötig, auch während der Themenbearbeitung.

- Die Beziehungsebene dient der Beziehungsgestaltung; auf dieser Ebene wird „an der Tragfähigkeit der fraglichen Arbeitsbeziehung" (Rüegg-Stürm und Grand 2015, S. 211; 2019, S. 237) gearbeitet, welche Themenbearbeitung und Auseinandergehen in positiver und wertschätzender Form erlaubt. Da der Beziehungskontext wichtig für die Interpretation von Kommunikation ist, geht es hier zu Beginn einer Kommunikationsepisode v. a. um das Schaffen einer respektvollen Arbeitsatmosphäre. Es ist wichtig, nicht nur zu Beginn einer Kommunikationsepisode Beziehung bewusst zu gestalten, sondern auch im Anschluss an Themenbearbeitung und am Ende der Episode auf diese Ebene zurückzugehen, um sicherzustellen, dass die Beteiligten in positiver und wertschätzender Art auseinandergehen.
- Auf der Prozessebene wird die betreffende Kommunikationsepisode in zeitlicher und sachlicher Hinsicht transparent strukturiert, um förderliche Rahmenbedingung für die Themenbearbeitung zu schaffen. Auf der der Themenbearbeitung vorgeschalteten Prozessphase geht es zunächst um die Definition der die Kommunikationsepisode leitenden Agenda (auch: Traktandenliste, Tagesordnung). Durch die Bestimmung der Traktanden („Agenda Setting") werden die als so relevant erachteten Themen und Problemstellungen definiert, die zur Diskussion und Entscheidung gestellt werden. Neben der Definition der zu bearbeitenden Themen ist im Rahmen einer Traktandenliste eine Reihe weiterer Punkte zu definieren: die Methodologie der Bearbeitung („Bearbeitungsform") der einzelnen Traktanden (z. B. Präsentation, Diskussion, Arbeit in Kleingruppen, Experten-Hearing), die hierfür vorgesehene Zeit und die

jeweils verantwortliche(n) Person(en). Es bedarf jedoch auch der Klärung der Rollen der Beteiligten („Wer ist weswegen hier?") sowie der Klärung der Zielsetzung der Kommunikationsepisode, aber auch der Ergebnisse, die zu den einzelnen Traktanden erwartet werden (Orientierung/Information, Feedback, Entscheid/Beschluss, …).

Wichtig ist zudem die Klärung und Steuerung der Erwartungen der Beteiligten[3] und die Vereinbarung von Spielregeln der Kommunikation und Zusammenarbeit. Nach der Themenbearbeitung sollte im Rahmen der Prozesssteuerung eine Klärungsphase stattfinden, in der auf Basis einer Zusammenfassung der Ergebnisse die getroffenen Entscheidungen nochmals für alle Beteiligten expliziert und die sich daraus ergebenden Aufgaben und Pflichten spezifiziert werden. Die Klärungsphase dient aber auch der Standortbestimmung und dazu, Rückfragen und Feedback aufzunehmen und so auch nochmals die Erwartungen zu klären und zu steuern.

Auch während der Themenbearbeitung bedarf es der Dramaturgiearbeit, genauso wie auch in dieser Phase Beziehungsgestaltung nötig ist. Die kontinuierlich laufende Steuerung des Prozesses geschieht über die Schärfung des Bewusstseins der Anwesenden für den Umgang mit knapper Zeit, für die an den Tag zu legende Sorgfalt im Sprachgebrauch sowie über das systematische Bemühen um präzise Artikulation von Argumenten. Auch das Nutzen von Visualisierungshilfen (z. B. Flipcharts, Pinnwände) gehört zur Prozesssteuerung.

- Auf der Inhaltsebene erfolgt die eigentliche Themenbearbeitung. Wie aus dem Modell hervorgeht, stellt diese Ebene jedoch erst den dritten Schritt im Rahmen einer Kommunikationsepisode dar. Überspringt man die ersten beiden Schritte oder kürzt man diese ungebührlich ab, so wirkt sich dies nicht selten negativ auf die Qualität der Themenbearbeitung und Entscheidungsfindung aus.

Egal, wo auf Welt man sich befindet, Kommunikationsepisoden werden üblicherweise immer auf der Beziehungsebene begonnen; was variieren kann ist jedoch die Zeit, die man auf diese Ebene verwendet, bevor man auf die Prozess- und Inhaltsebene wechselt. Gemeinhin gilt aber, dass mehr Zeit für die Beziehungsentwickelung verwendet werden sollte, wenn sich die Teilnehmer einer Kommunikationsepisode nicht kennen, wenn nicht alle Personen gleich gut eingebunden sind, wenn neue Personen dazustossen, wenn Teamentwicklung gefördert werden soll oder wenn Wissen und Netzwerke genutzt werden sollen. Teams, die sich gut kennen und wissen, was zu tun ist, können schneller auf die Inhaltsebene gehen und so mehr Zeit für die inhaltliche Arbeit verwenden.

Im Hinblick auf die Prozessebene gilt, dass diese stärker gewichtet werden sollte, wenn die Rollen, Erwartungen, Positionen und Interessen der beteiligten Personen nicht klar sind. In diesen Fällen sollte ausreichend Zeit darauf verwendet werden, diese Rollen etc.

---

[3]Ein probates Mittel der Erwartungsklärung ist das Arbeiten mit Fragen wie „Angenommen, dass die heutige Sitzung in Ihrer Wahrnehmung erfolgreich war, was sollte erreicht worden sein?" oder „Was muss heute erreicht sein, damit die heutige Sitzung in Ihrer Wahrnehmung erfolgreich war?".

zu explizieren und die Erwartungen abzuholen und sie moderierend zu integrieren. Eine zweite Daumenregel ist, dass die Bedeutung der Prozessebene abnimmt, je informeller die Kommunikationsepisode ist. Ein Kaffeeplausch braucht üblicherweise keine Agenda…

Allgemein gesprochen kann man sagen, dass der Einsatz von technischen Hilfsmitteln von Ebene zu Ebene zunimmt; während die inhaltliche Arbeit von Beamer, Flipcharts etc. unterstützt wird, bedarf es auf der Beziehungsebene üblicherweise keiner technischen Hilfsmittel; es wäre wohl komisch, eine angenehme Arbeitsatmosphäre nicht durch persönliches Wirken, sondern durch eine Folienpräsentation herstellen zu wollen.

4.5   Führungskräfteentwicklung

Den menschlichen Personen als einzigen Elementen des Managementsystems kommt naturgemäss eine besondere Bedeutung zu. Dies bedeutet, dass auf das „Management Development" (auch: Führungskräfteentwicklung, Kaderentwicklung), d. h. die „Auswahl, Entwicklung und Förderung der für die Kontinuität der Unternehmungsleitung notwendigen Führungs- und Nachwuchskräfte" (Ulrich und Fluri 1995, S. 282) ein besonderes Augenmerk zu legen ist. Denn mit und durch etwas anderes als seine menschlichen Elementen kann das Managementsystem nicht wirken.

Managementdenker wie Edward Brech haben dies schon früh erkannt und die Sorge um den Managementnachwuchs als eine zentrale Aufgabe des Managements betrachtet. Ein Manager, der nicht darum besorgt ist, dass neue – im Idealfall bessere – Manager nachgezogen werden, verfehlt aus seiner Sicht seinen Auftrag:

> „He carries, too, another obligation as part of the overall interwoven responsibility of the organization as a whole: to contribute to the advancement of the on-coming cadres, to ensure the continuity of successful performance by ensuring the continuing flow of effective competence, to bring along the succeeding stream of younger managers destined one day to wear the mantles of the team at the top. This obligation carries innately a curiously measured target: the manager must do more than replace himself; improving upon himself will be the only acceptable fulfilment – however good he is! It could be a sobering stimulus to improving management performance if every senior manager would take his stand upon the principle that he has failed in his professional mission unless he has brought along behind him a manager of greater competence than he himself has been." (Brech 1967, S. 170)

Management Development basiert auf der Einsicht, dass es in der Verantwortung aller Mitglieder des Managementsystems liegt, nicht nur die Mitarbeiter im Versorgungs- und Vollzugssystem zu entwickeln und zu fördern, sondern auch die im Mangementsystem selbst.

Grundlage der Kaderentwicklung ist eine Ist-Analyse des im Managementsystem vorhandenen Leitungspotentials und dessen Entwicklungspotential. Dieser Analyse ist im Sinne einer Soll-Analyse die Bedarfsplanung entgegenzustellen. Nachdem geklärt ist, welche entwicklungsfähigen Manager im Managementsystem vorhanden sind, und welche und wie viele Manager das Managementsystem zur Erfüllung seines Zwecks benötigt, müssen

Schritte zur Schliessung einer allfälligen Lücke zwischen dem Ist und dem Soll definiert werden. Eine solche Lücke kann quantitativer und qualitativer Natur sein. Das Managementsystem kann zu wenig oder zu viele Personen umfassen und es kann die falschen Managementkompetenzen bereitstellen. Dem kann zum einen durch Ausschöpfen des internen Entwicklungspotentials der bereits im Managementsystem vorhandenen Personen oder durch eine externe Deckung eines eventuellen Managerbedarfs entgegengewirkt werden.

Ersteres passiert üblicherweise durch Qualifizierungsmassnahmen, in deren Rahmen den Teilnehmern die nötigen Managementkompetenzen vermittelt werden; neben diesen intern oder extern durchführbaren off-the-job-Massnahmen kann und sollte Führungskräfteentwicklung jedoch auch in on-the-job-Lernsituation geschehen, in denen Vorgesetzte die Entwicklung des Managementnachwuchses führend fördern. Ulrich und Fluri (1995, S. 268) unterscheiden in diesem Zusammenhang folgende Grundtypen der Entwicklungsplanung (vgl. Wunderer 2011, S. 361):[4]

- Interne individuelle on-the-job-Ausbildung: Anleitung und Beratung durch den Vorgesetzten (Coaching), Spezialaufgaben, Job Rotation
- Interne kollektive off-the-job-Ausbildung: Interne Ausbildungskurse, bei denen auch externe Unterlagen und Ausbildner zum Einsatz kommen können
- Externe kollektive off-the-job-Ausbildung: Externe Ausbildungskurse
- Individuelle off-the-job-Ausbildung: Selbststudium

4.6 Managementsystemkonzept im Managementmodell

Damit sichergestellt werden kann, dass ein Unternehmen als Ganzes den ihm gesetzten Zweck realisieren kann, bedarf es eines unternehmerischen Subsystems, das sicherstellt, dass die Managementaufgaben arbeitsteilig erfüllt werden. Diesen Zweck erfüllt das Managementsystem, indem es reflektierte kollektive Entscheide zu den einzelnen Managementaufgaben generiert. Hierzu muss jedoch entschieden werden, wer mit der Erfüllung dieser Managementaufgaben betraut ist und wie diese Aufgaben erfüllt werden.

Wie ein Unternehmen als Ganzes sich mithilfe eines Unternehmenskonzepts verstehbar machen lässt, so kann auch das Managementsystem mithilfe eines Managementsystemkonzepts beschrieben werden. Ein solches Konzept enthält die Beschreibungskategorien, die ein Manager verstehen muss, um das Managementsystem erfolgreich managen zu können.

Denn nicht nur die Zweckerfüllung des Versorgungs- und Vollzugssystem bzw. des Unternehmens als Ganzes, sondern auch die Zweckerfüllung des Managementsystems muss aktiv sichergestellt werden. Konkret umfasst das Managementsystemkonzept die folgenden Kategorien:

---

[4]Diese Auflistung könnte der Vollständigkeit halber noch durch externe individuelle off-the-job-Ausbildungsformen durch Anleitung und Beratung durch externe Coaches oder Mentoren ergänzt werden.

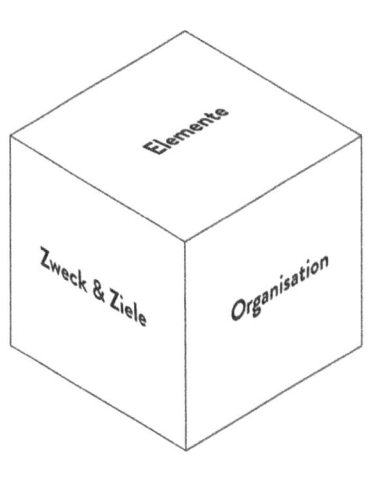
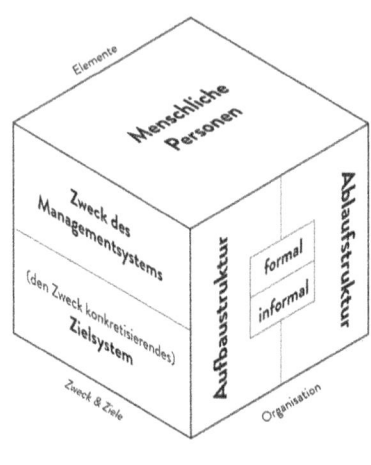

Abb. 4.9 Managementsystemkonzept

- *Zweck und Ziele:* Bei dieser Kategorie geht es um den Zweck und die Ziele, für deren Realisierung das Managementsystem verantwortlich ist. Das Managementsystem ist jedoch nicht frei, sich Zweck und Ziele selbst zu setzen. Der Zweck und auch das oberste Ziel sind ihm vielmehr vorgegeben: Der Zweck des Managementsystems besteht darin, die Managementaufgaben für das System „Unternehmen" zu erfüllen; und das oberste Ziel des Managementsystems besteht im Generieren reflektierter kollektiver Entscheide. Letzteres Ziel kann natürlich noch weiter operationalisiert werden. Der Rahmen hierfür ist jedoch durch den Zweck und das oberste Ziel des Managementsystems eng gesteckt.
- *Elemente:* Diese Kategorie soll zur Auseinandersetzung mit der Frage einladen, aus welchen Elementen sich das Managementsystem zusammensetzt. Da das Management-system kein sozio-technisches, sondern ein soziales System ist, ist diese Frage in allgemeiner Hinsicht bereits beantwortet. Managementsysteme bestehen nur aus mensch-lichen Personen. Entsprechend ist die im Zentrum stehende Frage vielmehr diejenige nach den konkreten Personen, die Teil dieses Subsystems des Unternehmens sind. Es gilt also festzulegen, welche Elemente des Unternehmens in welcher Form und Rolle zum Managementsystem gehören und wie diese zu entwickeln sind.
- *Organisation:* Der dritte im Zusammenhang mit dem Managementsystem wichtige Aspekt ist dessen Organisation. Bei diesem Aspekt steht die Frage im Zentrum, wie die formale, aber auch die informale Primär- und Sekundäraufbauorganisation sowie Makro- und Mikro-Ablauforganisation aussieht, die das Zusammenwirken der Elemente in der Verfolgung des Unternehmenszwecks regelt. Diese gilt es im Rahmen der Anwendung der Managementaufgaben auf das Managementsystem bewusst zu gestalten.

Diese Kategorien bilden in Summe das Managementsystemkonzept (vgl. Abb. 4.9), das das einen wesentlichen Bestandteil des in diesem Buch vorgestellten Managementmodells darstellt.

Umweltkonzept

5

Wie bei den Ausführungen zur Natur des Unternehmens als System erwähnt wurde, sind Unternehmen in eine „Umwelt" (auch: „Umfeld") eingebettet; sie sind offene Subsysteme eines Supersystems, das in seiner Gesamtheit als Umwelt bezeichnet wird. Unternehmen erfüllen einen produktiven Zweck für und in ihrer Umwelt, indem sie Ressourcen aus der Umwelt beziehen und so Wirtschaftsgüter für Institutionen und Individuen ihrer Umwelt produzieren. Unternehmen können ihre Wertschöpfung nur im Zusammenspiel mit ihrer Umwelt erbringen.

Die Umwelt eines Unternehmens ist hierbei sowohl Voraussetzung als auch Rahmenbedingung und Limitation für dessen Tätigkeit. Entsprechend können Unternehmen nur dann gut geführt werden, wenn ihre Umwelt und ihre Beziehungen mit dieser Umwelt berücksichtigt werden. Das Managementsystem kann seiner Aufgabe somit nur gerecht werden, wenn es kontinuierlich nicht nur Informationen über das Unternehmen, sondern auch dessen Umwelt reflektierend zu Entscheidungen verarbeitet. Management ist immer auch umweltbezogenes Management; ohne diesen Bezug fehlen dem Management wichtige Entscheidungsgrundlagen zum Treffen fundierter kollektiver Entscheidungen. Unternehmerische Schieflagen sind nicht selten auf Fehleinschätzungen zur Unternehmensumwelt oder gar der fehlenden Beschäftigung mit dieser zurückzuführen:

> „Perhaps the least understood element of any organization is the environment in which it operates. Illustrations are legion of business firms, governmental agencies, and other organizations which failed in their purpose either because they did not appreciate the importance of environmental influences, they did not understand the structure and operation of their environment, or they did not have good information concerning their environment. The manager's ‚environmental problem' therefore involves (a) the development of an appreciation of the need to assess environmental forces, (b) the development of an understanding of the environmental forces which affect his organization, and (c) the development of methods for effectively integrating these forces with the organization's goals, objectives, and processes." (Cleland und King 1972, S. 110 f.)

C. Erk und S. Spoun, *Integrativ managen,* https://doi.org/10.1007/978-3-658-30523-9_5

Das Umweltkonzept im hier vorgestellten Managementmodell soll dabei helfen, diese Reflexionsarbeit systematisch leisten und so das eben erwähnte „environmental problem" von Management lösen zu können. Es enthält Beschreibungskategorien, die die Frage beantworten, wie die für ein Unternehmen relevante Umwelt aussieht. Die Antwort auf diese Frage ist auch die Grundlage für die im Rahmen der SWOT-Analyse vorzunehmende Chancen-Gefahren-Analyse.

Das Umweltkonzept basiert hierbei auf der Einsicht, dass die Umwelt eines Unternehmens aus unterschiedlichen Perspektiven bzw. Betrachtungswinkeln analysiert werden kann (vgl. Ulrich und Krieg 2001, S. 22 ff.):

> „Im Rahmen der institutionellen Betrachtung untersucht man die möglichen und wahrscheinlichen Entwicklungen in der Interessenlage der verschiedenen an der Unternehmung interessierten Gruppen und Institutionen (Arbeitnehmer, Staat, Kunden usw.). Aus der funktionalen Perspektive wird berücksichtigt, dass die gesamte Umweltentwicklung auch in verschiedenen Dimensionen, der ökologischen, sozialen, technologischen und wirtschaftlichen Dimension oder Sphäre, betrachtet werden kann. Im Rahmen der Erarbeitung eines Umweltkonzepts sind ferner die grundlegenden Marktentwicklungen zu überprüfen [...]. Möglicherweise müssen mit Hilfe der Szenariomethodik verschiedene gleichermassen plausible und möglich erscheinende Entwicklungsbilder ausgearbeitet werden, so dass das Umweltkonzept eventuell aus mehreren, in sich widerspruchsfreien Alternativen bestehen kann." (Malik 1981, S. 14)

Zur Analyse der Unternehmensumwelt lassen sich somit konkret die folgenden drei Perspektiven bzw. Betrachtungswinkel einnehmen:

- *Marktorientierte Perspektive:*
  Bei dieser Perspektive geht es darum, sich ein Verständnis für die Beschaffungs- und Absatzmärkte des Unternehmens zu erarbeiten.
- *Personelle/institutionelle Perspektive:*
  Diese Perspektive nimmt die sog. „Stakeholder" eines Unternehmens und deren Ansprüche, Erwartungen und Zielvorstellungen in den Blick.
- *Themenorientierte/dimensionale Perspektive:*
  Betrachtet man die Umwelt themenorientiert, so geht es einem um die externen Rahmenbedingungen und Entwicklungen/Trends, thematisch gegliedert nach Umweltsphären/-dimensionen.

Diese drei Perspektiven bilden auch die Kategorien, aus denen sich das Umweltkonzept zusammensetzt, mit dessen Hilfe sich die Umwelt eines Unternehmens beschreiben und verstehen lässt (vgl. Abb. 5.1).

Die Erstellung eines Umweltkonzepts sollte hierbei kein einmaliger Vorgang sein. Die Analyse und Modellierung der Umwelt eines Unternehmens sollte vielmehr kontinuierlich und möglichst in Echtzeit („real-time") erfolgen. Der Blick sollte hierbei jedoch nicht nur auf das Heute, sondern auch auf das Morgen gerichtet werden; das Umweltkonzept umfasst somit nicht nur eine Umweltanalyse, sondern auch eine Umweltprognose.

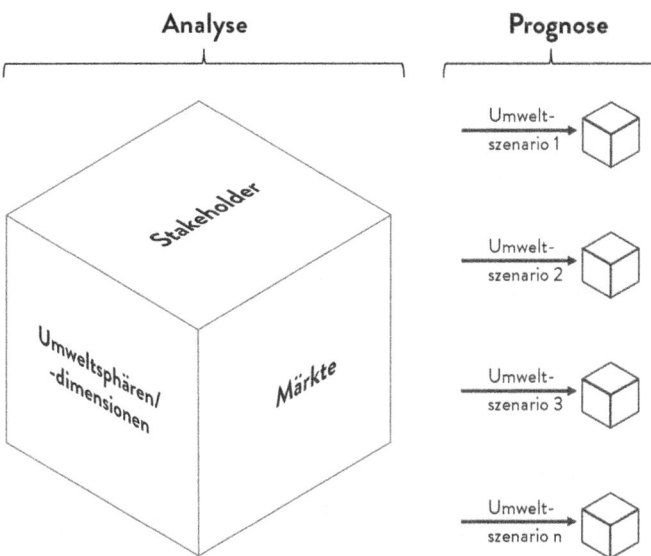

Abb. 5.1 Umweltkonzept

In den folgenden Kapiteln soll als Grundlegung hierfür der Reihe nach auf die drei Dimensionen des Umweltkonzepts eingegangen werden.

5.1 Märkte

Ein marktorientierter Blick auf die Umwelt eines Unternehmens soll ein Verständnis für die Beschaffungs- und Absatzmärkte des Unternehmens vermitteln. Ein Markt ist hierbei grundsätzlich als der – nicht unbedingt lokal zu verstehende – „Ort" zu verstehen, auf dem Angebot und Nachfrage zusammentreffen. Ein Markt umfasst somit die Gesamtheit aller Anbieter und aller Nachfrager. Der Markt in diesem Maximalverständnis lässt sich in nach Regionen oder auch Produkte segmentierte Teilmärkte untergliedern; so stehen sich auf dem Markt für Stahl in Deutschland die Gesamtheit aller in Deutschland aktiven Anbieter von Stahl und aller in Deutschland aktiven Nachfrager von Stahl gegenüber. Dies bedeutet auch, dass das Unternehmen innerhalb des volkswirtschaftlichen Gesamtmarkts diejenigen Märkte bestimmen muss, die für seinen Unternehmenszweck relevant sind. Eine Perspektive, die hierbei eingenommen werden kann, ist die Analyse der Beschaffungs- und Absatzmärkte des Unternehmens.

Auf seinen Beschaffungsmärkten tritt das Unternehmen als Nachfrager auf und versorgt sich gegen Geld mit den für seine Tätigkeit notwendigen Potential- und Repetierfaktoren. Gemeinhin lassen sich drei Beschaffungsmärkte unterscheiden: der Arbeitsmarkt, der Waren- und Dienstleistungsmarkt und der Finanzmarkt. Diese Märkte weisen unterschiedliche Charakteristika auf, die es zu verstehen gilt, möchte man erfolgreich auf diesen Märkten operieren. Auf seinen Absatzmärkten tritt das Unternehmen als Anbieter von Marktleistungen auf, d. h. veräussert von ihm produzierte Leistungen gegen Geld. Der Absatzmarkt umfasst somit die „Gesamtheit der Bedarfsträger, an die sich das Unternehmen als tatsächliche und potenzielle Abnehmer seiner Produkte und Dienstleistungen wendet, um sie zum Kauf seiner Leistungen zu veranlassen" (Thommen et al. 2017, S. 58).

In der Realität sind – gerade auch grössere – Unternehmen sowohl auf der Beschaffungs- als auch der Absatzseite auf einer Vielzahl von Märkten aktiv. Es ist unabdingbar für das Unternehmen, wenigstens die für seine Tätigkeit wichtigen Beschaffungs- und Absatzmärkte so gut wie möglich zu verstehen. Abb. 5.2 bietet zu diesem Zweck eine Zusammenstellung der wesentlichen Kategorien zur Analyse dieser Märkte an.

Beschaffungsmärkte		Analysekategorie/ Beschreibungsaspekt	Absatzmärkte	
Angebot	Nachfrage		Angebot	Nachfrage
• Definition des zu analysierenden Markts Y für Gut/ Dienstleistung Z (Kaufobjekt)		Markt	• Definition des zu analysierenden Markts Y für Gut/ Dienstleistung Z (Kaufobjekt)	
• Geographisch-räumliche Ausdehnung des Markts • Gewichtung/ Bedeutung der Teilräume		Marktraum	• Geographisch-räumliche Ausdehnung des Markts • Gewichtung/ Bedeutung der Teilräume	

• Marktteilnehmer: Zusammensetzung (Anzahl, Art)
  • Angebot: Lieferanten; «industrial network»
  • Nachfrage: Unternehmen X und dessen Nachfragekonkurrenz
• Marktpartner
• Marktform
• Wettbewerbskräfte
• Absatzpolitiken, -mittler, -helfer und -kanäle
• Organisation der Anbieter und Nachfrager (Verbände etc.)
		Marktstruktur & Quantitative Marktdaten	• Marktteilnehmer: Zusammensetzung (Anzahl, Art)
			  • Angebot: Unternehmen X und dessen Angebotskonkurrenz
			  • Nachfrage: Kunden-/ Marktsegmente
			• Marktpartner
			• Marktform
			• Wettbewerbskräfte
			• Absatzpolitiken, -mittler, -helfer und -kanäle
			• Organisation der Anbieter und Nachfrager (Verbände etc.)	

• Angebotsmengen/ Marktanteile • Kapazitätsauslastung • Stabilität des Angebots			• Angebotsmengen/ Marktanteile • Kapazitätsauslastung	• Stabilität der Nachfrage
			• Marktpotential, Sättigungsgrad, Marktvolumen • Marktwachstum • Stellung des Marktes im Marktlebenszyklus	
• Qualitätsmerkmale des Angebots • Innovationstendenzen (Produkte, Prozesse, etc.)	• Kaufmotive/ Bedürfnisse • Kaufprozess (Buying Cycle) • Einflussfaktoren Kaufentscheidung • Kaufbeeinflusser • Kaufstätten	Qualitative Marktdaten	• Qualitätsmerkmale des Angebots • Innovations-tendenzen (Produkte, Prozesse, etc.)	• Kaufmotive/ Bedürfnisse • Kaufprozess (Buying Cycle) • Einflussfaktoren Kaufentscheidung • Kaufbeeinflusser • Kaufstätten
• Preis-/Lohn-Niveau		Preise	• Preisniveau	
• Angebotselastizität • Preisdifferenzierungen • Level of profitability • Controlling forces of profitability			• Angebotselastizität • Preisdifferenzierungen • Level of profitability • Controlling forces of profitability	• Nachfrageelastizität

Abb. 5.2 Kategorien zur Analyse der Beschaffungs- und Absatzmärkte des Unternehmens. (Eigene Darstellung basierend auf Ulrich 2001c, S. 264, 267; Pümpin 1992, S. 195 f.; Porter 1998a, S. 6; 2008, S. 79; Thommen et al. 2017, S. 59; Kotler und Keller 2016, S. 194)

Grundlage für die Analyse eines Absatz- oder Beschaffungsmarktes ist dessen Definition. Bevor analysiert werden kann, muss erst bestimmt werden, was für ein Markt im Fokus der Betrachtung steht, was für ein Objekt auf diesem gehandelt wird, ob das Unternehmen auf diesem als Nachfrager oder Anbieter auftritt und wie der Markt geografisch ausgedehnt ist. Sind diese Parameter fixiert, können Marktstruktur und quantatitative Marktdaten analysiert werden. Zu analysierende Grössen sind z. B. die Marktform, die sich aus der Anzahl der auf dem Markt aktiven Nachfrager und Anbieter (z. B. bilaterales Monopol, Angebotsmonopol, Nachfragemonopol, Angebotsoligopol, Nachfrageoligopol, Konkurrenz, …) oder aus der Intensität von Nachfrage und Angebot (Massenmarkt, Nischenmarkt, Wachstumsmarkt, Schrumpfmarkt) ergibt. Wichtig zu verstehen sind in diesem Zusammenhang aber auch die Wettbewerbskräfte, wie sie Michael Porter in seinem berühmten „Five Forces"-Modell zusammengestellt hat (vgl. Abb. 5.3).

Aufseiten der Absatzmärkte ist des Weiteren das Verständnis für die Kunden- bzw. Marktsegmente bedeutsam, die sich aufgrund geografischer, psychografischer, soziodemografischer oder verhaltensbezogener Segmentierung ergeben.

Neben den quantitativen sind aber auch die Analyse qualitativer Marktdaten wie der wesentlichen Qualitätsmerkmale des Angebots und der Kaufmotive, aber auch ein Verständnis der den Kaufprozess beeinflussenden Faktoren und Personen wichtig. Und zu guter Letzt bedarf es der Analyse des auf dem jeweiligen Markt herrschenden Preisniveaus sowie preisbezogener Grössen wie Elastizitäten und der Profitabilität.

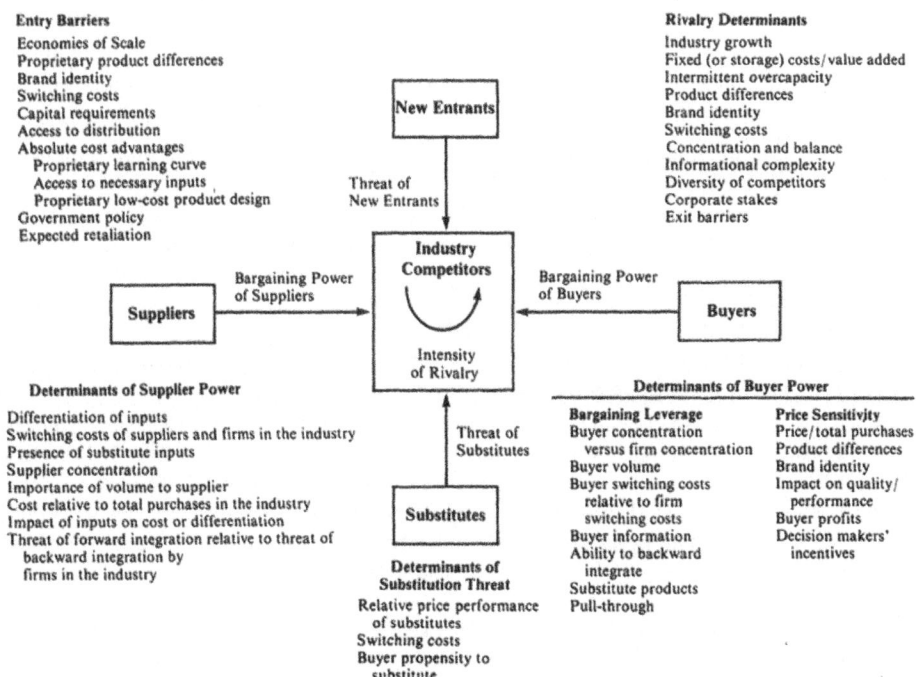

Abb. 5.3 Porters „Five Forces" (Porter 1998a, S. 6; vgl. 2008, S. 79)

5.2   Umweltsphären

Die themenorientierte (auch: dimensionale Perspektive) auf die Umwelt nimmt die unternehmensexternen Rahmenbedingungen und Entwicklungen, denen sich die Unternehmung gegenübersieht, in den Blick und gliedert diese thematisch nach den sog. „Umweltsphären" (auch: Umweltdimensionen; Umweltsektoren). Der Begriff „Umweltsphäre" ist hierbei nicht räumlich zu verstehen; eine Umweltsphäre ist kein Ort und auch kein Gebiet, das man geografisch definieren könnte. Eine Umweltsphäre ist vielmehr eine gedankliche Kategorie, mit deren Hilfe der Status Quo und die Entwicklungstendenzen der Rahmenbedingungen, welche die Tätigkeit des Unternehmens (oder seiner Teile) beeinflussen können und (in begrenztem Ausmass) vom Unternehmen beeinflusst werden können, themenspezifisch erfasst werden kann. Umweltsphären dienen der thematischen Kategorisierung der „environmental forces" (Cleland und King 1972, S. 101), denen das Unternehmen sich gegenübersieht bzw. denen es ausgesetzt ist; sie beschreiben den „context of the organization" (Freemann 1984, S. 99) bzw. das „milieu in which the organization operates" (Cleland und King 1972, S. 161).

Ein Tool, mit dessen Hilfe die Rahmenbedingungen der unternehmerischen Tätigkeit kategorisiert und verstanden werden können, ist das sog. „PESTEL-Framework". „PESTEL" ist ein Akronym, das sich aus den Adjektiven „Political", „(Macro-)Economic", „Social", „Technological", „Ecological/Environmental" und „Legal" zusammensetzt und die Rahmenbedingungen der unternehmerischen Tätigkeit somit in eine politische, wirtschaftliche, soziale (auch: sozio-kulturelle, soziodemografische, gesellschaftliche), technologische, ökologische (auch: ökologisch-geografische, natürliche)[1] und rechtliche Dimension unterteilt.[2] Da diese Kategorisierung noch etwas grob ist, können die einzelnen Dimensionen jeweils noch weiter untergliedert werden. Die sich hieraus ergebenden Teilaspekte beschreiben die Ausprägungen der jeweiligen Dimension und helfen so

---

[1]Es sei an dieser Stelle angemerkt, dass Ulrich und Krieg (2001) bereits in ihrem 1972 veröffentlichten Management-Modell die Bedeutung der ökologischen Umweltsphäre betonen, die „den Gesamthaushalt der Natur" (Ulrich und Krieg 2001, S. 23) umfasst und in die alle anderen Umweltsphären einbezogen sind.

[2]Alternativ zum Akronym „PESTEL" findet sich die gleiche Unterscheidung manchmal auch abgekürzt als „PESTLE", „LEPEST" oder „STEEPLE".

Neben der PESTEL-Analyse gibt es auch eine Reihe feinerer oder gröberer Kategorisierungen der Umweltsphären: PEST oder STEP (Political, Economic, Social, Technological), PESTELI (Political, Economic, Social, Technological, Ecological, Legal, Industry), PESTE oder STEEP (Political, Economic, Social, Technological, Ethical), STEEPLED (Political, Economic, Social, Technological, Ecological, Legal, Ethical, Demographic, Legal) und PEST LIED (Political, Economic, Social, Technological, Legal, International, Ecological, Demographic).

Rüegg-Stürm und Grand (2015, S. 73 ff.) unterscheiden neun Umweltspähren: Wirtschaft, Wissenschaft, Technologie, Politik, Recht, Öffentlichkeit, Ethik, Gesellschaft, Natur.

Bei all diesen Unterscheidungen ist jeweils genau darauf zu achten, was die betreffenden Autoren in der jeweiligen Sphäre einschliessen. Auch wenn sie bei ihnen nicht als eigenständige Kategorien auftauchen, so berücksichtigen z. B. Ulrich und Krieg (2001, S. 23) rechtliche und politische Aspekte, subsumieren diese aber z. B. unter der sozialen Umweltsphäre.

dabei, die Umweltsphären systematischer zu verstehen und vollständiger zu erfassen. Abb. 5.4 stellt im Sinne einer Checkliste ausgehend vom PESTEL-Framework die für Unternehmen wesentlichen – allerdings nicht abschliessend zu verstehenden – Teilaspekte der sechs Umweltsphären dar.

Die Umweltsphären des PESTEL-Frameworks und ihre Teilaspekte bilden die Grundlage für die Analyse der Chancen und Gefahren, denen sich ein Unternehmen gegenübersieht. Diese Analyse geschieht durch die Erstellung eines „Chancen-Gefahren-Profils", welches die Entwicklungen („Trends") in den Blick nimmt, die in den Teilbereichen der Umweltsphären für die Zukunft zu erwarten sind. Diese Entwicklungen gilt es in ihrem Inhalt, ihrer Wirkungsbreite und ihrer zeitlichen Dynamik zu verstehen und auf dieser Basis sowie im Abgleich zum Status Quo das ihnen inhärente Chancen- und Gefahrenpotential für das Unternehmen abzuschätzen.

> „Im Mittelpunkt der Lehre von den Umwelteinflüssen steht das Postulat der Anpassung des Unternehmens an die sich ständig ändernde Umwelt. Dabei ist der Entwicklungsprozeß in den einzelnen Teilen weder gleichförmig noch gleichartig. Er verläuft, auch zeitlich gesehen, verschieden. Teilweise vollziehen sich die Veränderungen in einem fast stürmisch zu nennenden Tempo, während sie andererseits lange Zeit benötigen. Für den Betriebswirt ist die Kenntnis der Eigenarten dieser verschiedenen Umwelteinflüsse von größter Bedeutung. Er mag zwar ungestraft einen Entwicklungsprozeß übersehen; es kann aber auch vorkommen, daß derselbe Fehler, wenn er ihm bei der Beurteilung von Phänomenen in anderen Bereichen unterläuft, zum Untergang der Unternehmung führt." (Junckerstorff 1960, S. 28)

Im Fokus der Betrachtung sollten hierbei jedoch nicht nur die Trends selbst stehen, d. h. „langfristige Entwicklungen hoher Signifikanz" (Buck et al. 1998, S. 55), die einen stetigen Verlauf vermuten lassen. Besondere Aufmerksamkeit sollte auch möglichen Trendwenden oder -brüchen gewidmet werden, welche innerhalb der jeweiligen Umweltsphären für die Zukunft zu erwarten sind.[3]

Als Trend ist in diesem Zusammenhang eine Entwicklung in der Umwelt des Unternehmens zu verstehen, durch die das Verhalten einer grossen Anzahl an Personen nachhaltig, d. h. wenigstens mittelfristig beeinflusst wird. Neben dem „echten" Trend gibt es noch eine Reihe von Entwicklungen, die sich vom Trend hinsichtlich ihrer Wirkungsdauer und Wirkungsbreite unterscheiden. Abb. 5.5 stellt diese Trendtypen grafisch dar.[4]

---

[3]Freemann (1984) spricht in diesem Zusammenhang von einer „Societal Issues Analysis" (Freemann 1984, S. 91) bzw. einer „Social Issues Analysis" (Freemann 1984, S. 99). Durch diese wird die Frage beantwortet, welche nach den unterschiedlichen Umweltsphären gegliederten Themen sich die Gesellschaft in den nächsten zehn Jahren gegenübersehen wird und welchen Einfluss diese auf das Unternehmen haben.

[4]Als kleinste Einheit zur Messung der Wirkungsdauer wird die „Saison" verwendet, die maximal ein halbes Jahr umfasst. Die nächstgrössere Beobachtungseinheit sind Entwicklungen in jährlichen Abständen. Die Fünfjahresgrenze hat in der Trendforschung insofern eine besondere Bedeutung, als angenommen wird, dass eine mehr als fünf Jahre andauernde Entwicklung eine gewisse Stabilität aufweist. Mehr als zehn Jahre andauernde Entwicklungen werden als sehr stabil erachtet.
Im Fokus einer strategischen Chancen-Gefahren-Analyse stehen hierbei üblicherweise Trends und Megatrends; Nischentrends können jedoch – v. a. für in Nischen aktive Unternehmen – ebenfalls Berücksichtigung finden. Nur diese Trendtypen weisen eine ausreichende Fristigkeit auf, um die strategischen Ziele des Unternehmens nach diesen auszurichten.

Teilaspekte der Umweltsphäre/ -dimension bzw. Rahmenbedingungen (nicht abschliessend)		
Ökologisch-geographische	• Beschaffenheit des Gebiets (Klima, Topographie, Grösse) • Verfügbarkeit von Energie (Erdöl, Gas, Elektrizität, Kohle, andere Energiequellen) • Verfügbarkeit natürlicher Ressourcen (Rohstoffe, Bodenschätze) • Verfügbarkeit/ Beschaffenheit ökologischer Grundelemente (Boden, Wasser, Luft, Sonne)	• Biodiversität (Flora, Fauna) • Strömungen im Natur- und Umweltschutz (Umweltbewusstsein, Umweltbelastung/ - schäden, Umweltschutzgesetzgebung) • Recycling (Verfügbarkeit/ Verwendbarkeit von Recycling-Material; Recyclingkosten) • Abhängigkeiten von Rohstoffen • Raumplanung

Technologische	• Produktionstechnologie
	  – Entwicklungstendenzen in der Verfahrenstechnologie
	  – Innovationspotential
	  – Automation/ Prozesssteuerung/ Informationstechnologie/ CIM/ CAM
	• Substitutionstechnologien
	  – mögliche Innovationen
	  – Kostenentwicklung
		• Produktinnovation
		  – Entwicklungstendenzen in der Produkttechnologie (Hardware, Software)
		  – Innovationspotential
		• Entwicklung der staatlichen und privaten F&E-Ausgaben; Schwergewichte der Forschung
		• Recyclingtechnologie
		• Informations- und Kommunikationstechnologie

(Volks-) Wirtschaftliche	• Wirtschaftsordnung • Volkseinkommen/ Wirtschaftswachstum (BIP absolut, BIP pro Kopf, Einkommensverteilung; privater Konsum; Investitionen) • Konjunkturschwankungen (Häufigkeit, Ausprägung) • Internationaler Handel (Wirtschaftsintegration, Protektionismus) • Zahlungsbilanzen (Import- und Exportgeschäfte) und Wechselkurse • Inflation (Verbraucherpreisindex, Grosshandelspreisindex, …)	• Kapitalmärkte • Beschäftigung/ Arbeitsmarkt (Anzahl Beschäftigte, offene Stellen, Arbeitslose; wöchentliche Arbeitszeit; Streiks, Abwesenheitsraten; Durchschnittslöhne) • Zinsen/ Zinsniveau • Investitionsneigung • Entwicklung spezifischer relevanter Wirtschaftssektoren • Infrastruktur (Anbindung an Schifffahrt)

Sozio-demographische	• Bevölkerungszahl (Anzahl Einwohner, Haushalte; Anteil Ausländer)
	• Bevölkerungsstruktur (Alter, Geschlecht, soziale Schichtung)
	• Bevölkerungsentwicklung (allgemein (Ehen, Geburten, Tod), Entwicklung wichtiger Bevölkerungsgruppen, Wanderungsbewegungen)
	• Bildungswesen
	• Gesundheitswesen
		• Sozialpsychologische Strömungen z.B.
		  – Arbeitsmentalität, Sparneigung, Freizeitverhalten
		  – Einstellung gegenüber der Wirtschaft, Automation, Werkstoffen, Produkten, Konsum
		  – Unternehmerische Grundhaltungen
		  – Rollenverständnis
		• Moralische Normen & Werthaltungen
		• Sprache
		• Religion
		• Kulturelle Besonderheiten

Rechtliche	• Rechtssystem (Common Law oder Code Law) • Rechtsbewusstsein (Vertragsabschluss als Verpflichtung oder als Verhandlungsbasis) • Rechtsgebiete (Wettbewerbsrecht, Umweltrecht, Sozialgesetzgebung, Arbeitsrecht) • Rechtssicherheit	
Politische	• Politisches System/ Staatsverfassung • Parteipolitische Entwicklung / Parteipolitik • Wirtschaftspolitik • Bedeutung und Einfluss der Gewerkschaften • Handlungsfreiheit der Unternehmen • Öffentliche Finanzen (staatliche Einnahmen und Ausgaben; Subventionen, Staatsanteil am BSP; Staatsdefizite)	• Transportmöglichkeiten und -kosten • Stabilität des politischen Systems (Unruhen, Bürgerkrieg) • Sicherheit (Terrorismus, Kriegsgefahr, militärische Rüstung) • Internationale Arbeitsteilung/ Standortvorteile • Globalpolitische Entwicklungstendenzen (Ost-West, Nord-Süd, Gefahr lokaler oder internationaler Konflikte; Inter-/Nationalisierungstendenzen)

Linke Randbeschriftung: Umweltsphäre/ -dimension bzw. Rahmenbedingungen

Abb. 5.4 Umweltsphären des PESTEL-Frameworks und ihre Teilaspekte. (Eigene Darstellung in Anlehnung an Pümpin 1992, S. 194 f.; Ulrich 2001c, S. 252, 254, 258, 261; Thommen 2002, S. 123; Mintzberg et al. 2009, S. 30; Dillerup und Stoi 2013, S. 106; Lombriser und Abplanalp 2015, S. 104; Thommen 2016, S. 847; Thommen et al. 2017, S. 526)

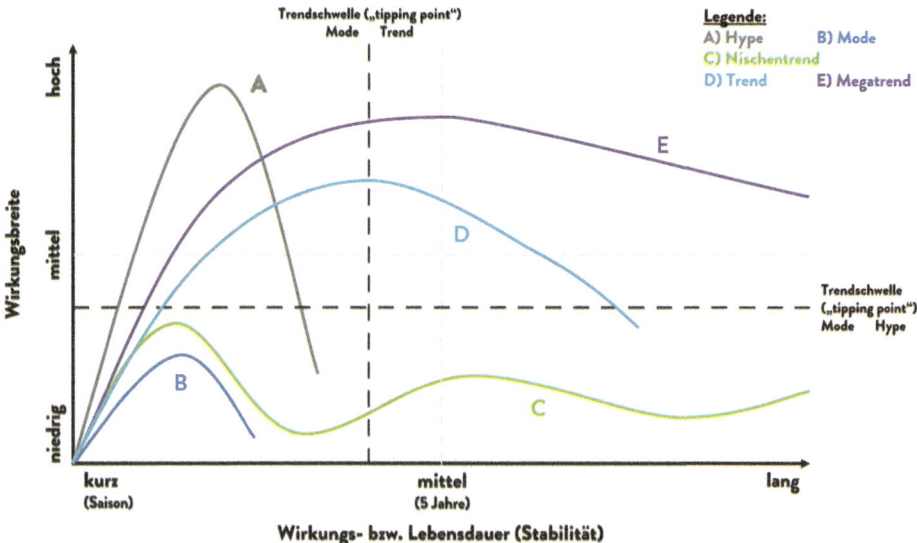

Abb. 5.5 Ausprägungen und Typen von Trends. (Eigene Darstellung in Anlehnung an Buck et al. 1998, S. 67; vgl. Bieger 2015, S. 76)

- „Echte" Trends, d. h. Trends im eigentlichen Sinn des Wortes, weisen eine Wirkungsdauer von mindestens fünf Jahren und mindestens eine mittlere Wirkungsbreite aus.
- Trends mit einer nur kurzen Lebensdauer (ein halbes Jahr [„Saison"] bis maximal ein Jahr) und niedriger bis mittlerer Wirkungsbreite werden als „Moden" bezeichnet.
- Hypes sind Trends mit kurzer Wirkungsdauer, aber hoher Wirkungsbreite. Hypes erreichen sehr schnell eine hohe Popularität, halten sich aber nur kurz.
- Nischentrends besitzen zwar eine mittel- bis langfristige Wirkungsdauer, dies jedoch bei nur geringer bis mittlerer Wirkungsbreite, die üblicherweise auf bestimmte geografisch oder soziodemografische definierte Segmente begrenzt.
- Megatrends weisen eine lange Wirkungsdauer und hohe, sicher internationale und nicht selten auch globale Wirkungsbreite auf.[5]

---

[5]Bieger (2015, S. 76 ff.) listet in diesem Zusammenhang folgende wichtige Grundtrends auf: Demografischer Wandel und Überalterung (der westlichen Industrienationen); Liberalisierung (in Wirtschaft und Gesellschaft); Globalisierung; Technologisierung/Digitalisierung (v. a. Virtualisierung); Multioptionalisierung; Individualisierung und Identitätssuche; Knappheit natürlicher Ressourcen. Neben diesen Trends, die den Charakter von Megatrends haben, lassen sich zudem weitere wichtige (für die westlichen Industrienationen gültigen) Trends ausmachen: Klimawandel/Umweltbelastung, Ressourcen-/Wasserverfügbarkeit, Regulierung, Mobilität, Urbanisierung, Nachhaltigkeit/Umweltbewusstsein, Biodiversität, Convenience, Konsumgesellschaft, Zeitknappheit, Work-Life-Balance.

Für die Erstellung eines unternehmerischen Chancen-Gefahren-Profils bedarf es Prognosen. Durch diese Blicke in die Zukunft soll abgeschätzt werden, in welche Richtung sich die Rahmenbedingungen der unternehmerischen Tätigkeit entwickeln. Da die Zukunft jedoch fundamental ungewiss ist, bietet sich für die vorzunehmende Prognose die Arbeit mit Szenarien an. Diese stellen Hypothesen dar, welche die Bandbreite des möglichen Trendverlaufs in Form von Optionen abbilden sollen. Sind die Szenarien gebildet, wird in einem nächsten Schritt bewertet, ob die in ihnen enthaltenen Entwicklungen für das Unternehmen eine Chance oder eine Gefahr darstellen. Sie stellen eine Chance dar, wenn sich dem Unternehmen durch sie Möglichkeiten der Kundenakquisition und/oder Kundenbindung bieten. Eine Entwicklung birgt eine Gefahr, wenn das Unternehmen durch sie in seiner Fähigkeit zur Kundenakquisition und/oder Kundenbindung bedroht ist. Um das einer Entwicklung inhärente Chancen- oder Gefahrenpotential abschätzen zu können, bedarf es allerdings eines Referenzpunktes. Dieser Referenzpunkt ist der Status Quo, d. h. die Attraktivität des jeweils aktuellen Zustands einer Rahmenbedingung.

Die in den vorangegangenen Absätzen beschriebene Analyse der Chancen und Gefahren kann mit Hilfe der in Abb. 5.6 dargestellten Tabelle strukturiert und durchgeführt werden.

Manager stehen den Entwicklungen in den einzelnen Umweltsphären oftmals mit einer gewissen Ohnmacht gegenüber. Sie befinden sich in einer eher reaktiv-rezeptiven als einer proaktiv-gestaltenden Rolle. Realistischerweise kann ein Manager oder auch ein Unternehmen einen Trend nicht aus eigener Kraft aufhalten, umkehren oder sonstwie wesentlich beeinflussen. Entwicklungen in den Umweltsphären verlangen somit – sofern dies moralisch vertretbar ist – nach Anpassung des Unternehmens an diese Entwicklungen, da eine Anpassung der Entwicklungen an das Unternehmen oftmals nicht realistisch ist:

> „Als erste Gesetzmäßigkeit [...] erkennen wir den Zwang zur Entscheidung, der der Manager gegenübersteht. Dieser Zwang resultiert aus der Tatsache, daß alle diese Phasen[6] in der Umwelt des Unternehmens durch eine ständige Veränderung ihr Gepräge erhalten. Der Prozeß geht manchmal sehr schnell, bisweilen langsamer vonstatten, es gibt aber keinen Bereich, in dem Statik herrscht. Diesem Gesetz vom stetigen Wechsel steht auf seiten des Managers das Postulat der Anpassung gegenüber, die gefunden werden muß, wenn das Unternehmen sich weiter entwickeln oder überhaupt weiter bestehen soll." (Junckerstorff 1960, S. 25)

Dies sollte jedoch nicht so verstanden werden, dass Manager automatisch davor zurückschrecken müssen, den Versuch zu unternehmen, die Umwelt in ihrem Sinne zu beeinflussen:

> „Gelegentlich hört man den Einwand, daß ein „einzelner Geschäftsmann" machtlos sei, daß er zwar seine Meinung äußern könne, ohne jedoch die Aussicht auf Gehör zu haben. Trotzdem bietet die Geschichte zahlreiche Beispiele in allen Staaten der freien Welt, die zeigen, daß auch die Einzelaktion, wenn sie richtig gestartet wird, zum Ziel führen kann. Im übrigen ist der Manager auch keineswegs so schwach in seiner Position, daß er sich lediglich im Dulden üben muß. Mächtige Berufsorganisationen und die amtlichen Vertretungen von Handel und Industrie stehen ihm zur Seite und helfen, wenn es notwendig wird." (Junckerstorff 1960, S. 26)

---

[6]Mit dem Ausdruck „Phasen" meint Junckerstorff das, was hier als Umweltsphären beschrieben worden ist.

Suchfeld			Status Quo		Prognose		
Umwelt-sphäre (US)	Teilaspekt der US	Bedeutung/ Relevanz des Teilaspekts	Situations-beschreibung	Attraktivität (Beurteilung des Status Quo; 1↔5)	Erwartbare Entwicklung (Trend) und Trendbrüche (Inhaltliche Beschreibung)	Trendtyp (Trenddauer und -breite)	Chancen-/ Gefahrenpotential (Beurteilung des Szenarios)
1) ...	a)	...	...	...	Szenario 1 / Szenario 2 / Szenario n		
	n)	...	...	...	Szenario 1 / Szenario 2 / Szenario n		
2) ...	a)		...	...	Szenario 1 / Szenario 2 / Szenario n		
	n)		...	...	Szenario 1 / Szenario 2 / Szenario n		

Abb. 5.6 Tabelle zur strukturierten Ermittlung von Chancen und Gefahren („Chancen-Gefahren-Profil")

5.3 Stakeholder

Die dritte Perspektive auf die Umwelt eines Unternehmens analysiert diese in personeller bzw. institutioneller Hinsicht. Ihr ist an der Identifikation und Kategorisierung der sog. „Stakeholder" gelegen, die sich in der Umwelt des Unternehmens ausmachen lassen.[7] Die Umwelt eines Unternehmens (inkl. der Erschliessung der zur unternehmerischen Wertschöpfung nötigen Ressourcen) eröffnet sich erst über Stakeholder-Beziehungen. Bei diesen handelt es sich um Personen oder Gruppen von Personen, die von der Tätigkeit des Unternehmens betroffen sind und/oder die Tätigkeit des Unternehmens beeinflussen können:

> „A stakeholder in an organization is (by definition) any group or individual who **can affect or is affected** by the achievement of the organization's objectives." (Freeman 1984, S. 46)

> „Stakeholder sind Akteure, die als Individuen, Communities oder Organisationen zum einen den unternehmerischen Möglichkeitsraum (und die Verfertigung der Ressourcenkonfiguration) massgeblich **mitbeeinflussen** und zum anderen von den Gesamtwirkungen der organisationalen Wertschöpfung (Produkte, Public Value, Emission) **positiv profitieren oder negativ betroffen** sein können." (Rüegg-Stürm und Grand 2015, S. 102; 2019, S. 205)

> „Stakeholder einer Organisation sind Individuen, Communities oder Organisationen, die an der organisationalen Wertschöpfung beteiligt oder von ihr **aktuell oder potentiell betroffen sind**. Unterschiedliche Stakeholder konfrontieren eine Organisation mit verschiedenartigen Anliegen, Bedürfnissen und Interessen." (Rüegg-Stürm und Grand 2019, S. 44, 52)

Auch wenn der Ausdruck „Stakeholder" wörtlich genommen aussagt, dass jemand einen Anteil an und damit Einfluss auf etwas hat („to have a stake in something"), einen (Wett-)Einsatz getätigt hat („to place one's stake") oder ein Verlustrisiko trägt („something is at stake") und ursprünglich einen „Pflock zum Anbinden von Tieren oder zum Markieren eines Grundstücks und damit eines Besitzanspruchs" (Ulrich 2016, S. 476) bezeichnet („to stake out a claim"), so drückt der Begriff in seiner gegenwärtigen Verwendung im Wesentlichen Betroffensein und/oder Einflussmöglichkeit aus.

---

[7]Auch wenn der Ursprung des Begriffs „Stakeholder" nicht ganz klar ist, so scheint der Begriff 1963 im Stanford Research Institute (SRI) als Wortspiel zur Erweiterung des Begriffs „Stockholder" entstanden sein, „offenbar auf Anregung des schwedischen Sozialforschers Eric Rhenman, der zu jener Zeit im SRI weilte und den Begriff 1968 erstmals publiziert hat" (Ulrich 2016, S. 476).

Synonym zum Ausdruck „Stakeholder" finden sich in der Literatur auch Ausdrücke wie „Anspruchsträger", „Anspruchsgruppe" oder „claimant"; da diese Ausdrücke jedoch zu sehr die Existenz eines Anspruchs in den Fokus stellen, wird alternativ manchmal auch von „Interessengruppe", „Beziehungsgruppe", „Bezugsgruppe", „Berührungsgruppe", „Betroffenheitsgruppe" oder „clientele group" gesprochen, wobei diese Begriffe wiederum ausblenden, dass auch Individuen Stakeholder sein können.

Grundsätzlich kann zwischen internen und externen Stakeholdern unterschieden werden. Der Unterschied zwischen diesen beiden Gruppen besteht darin, dass die internen Stakeholder Elemente des Systems „Unternehmen" sind, während externe Stakeholder Teil der Supersystems des Unternehmens sind. Wir haben es bei den internen Stakeholdern also mit dem paradoxen Fall zu tun, dass diese als Teil der Unternehmensumwelt betrachtet werden, obwohl sie eigentlich Teil des Unternehmens sind. Die Gruppe der externen Stakeholder lässt sich wiederum in wirtschaftliche und gesellschaftliche Stakeholder oder genauer in Stakeholder aus den Bereichen Wirtschaft, Staat und Politik, Wissenschaft und Bildung, Medien und Gesellschaft unterteilen. Abb. 5.7 gibt eine – nicht abschliessende – Übersicht über die wichtigsten Typen von Stakeholdern, die ein Unternehmen auf dem Radar haben sollte.

Auch wenn die Kategorien in der obigen Übersicht eine gewisse Allgemeingültigkeit für sich beanspruchen können, so existieren Stakeholder für ein Unternehmen nicht einfach als solche, sondern „müssen nach Massgabe bestimmter Kriterien identifiziert, priorisiert und als Stakeholder anerkannt werden" (Rüegg-Stürm und Grand 2019, S. 205; vgl. 2015, S. 83). Mögen die Kategorien gegeben sein, es ist nicht gegeben, wer innerhalb dieser Kategorien konkret Stakeholder ist und wer nicht und ob eine dieser Kategorien allenfalls sogar eine leere Menge ist. Ein Unternehmen muss sich immer erst aktiv mit der Frage auseinandersetzen, welche Person oder Gruppe von Personen von ihm weswegen konkret als Stakeholder betrachtet wird. Eine bestimmte auf den Schutz der Meere fokussierte NGO mag Stakeholder für einen Fischerei- oder Nahrungsmittelkonzern,

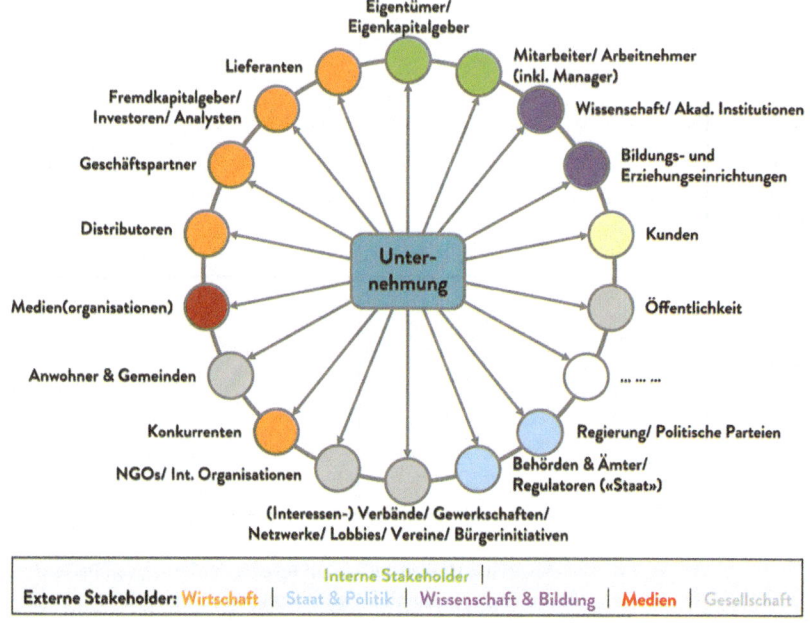

Abb. 5.7 Kategorien von Stakeholdern

aber wohl nicht für einen Schraubenproduzenten sein; genausowenig dürfte eine Gewerk-
schaft für Flugbegleiter kein Stakeholder für ein Zulieferunternehmen der Automobil-
industrie sein. Die Kategorien müssen also konkretisiert, d. h. mit konkreten Personen
oder Personengruppen befüllt werden, die konkrete Repräsentanten der jeweiligen Stakeholdergruppe darstellen.

Die Identifikation konkreter Stakeholder geschieht anhand zweier Leitfragen, die
sich aus der Definition dessen ergeben, was ein Stakeholder ist. Die erste dieser beiden
Fragen definiert Stakeholder hierbei aus einer machtorientierten, die zweite aus einer
betroffenheitsorientierten Perspektive:

- Welche Person oder Gruppe von Personen kann Einfluss auf das Unternehmen bzw.
  dessen Handlungs- und Entwicklungsspielraum nehmen (Macht, Wirkmächtigkeit)?
  Von welcher Person oder Gruppe von Personen ist das Unternehmen abhängig?
- Welche Person oder Gruppe von Personen wird von der Tätigkeit des Unternehmens
  faktisch oder potenziell positiv oder negativ beeinflusst bzw. betroffen – allenfalls auch indirekt oder über externe Effekte? Auf welche Person oder Gruppe von
  Personen hat die Tätigkeit des Unternehmens positive oder negative Auswirkungen?

Beide Fragen sind allerdings nicht einfach nur mit „Person X" oder „Personengruppe
Y" zu beantworten; es ist jeweils auch zu spezifizieren, in welchem Ausmass das Unternehmen selbst beeinflusst und beeinflusst wird. Die Antworten auf diese beiden Fragen
sollten in einer sog. „Matrix zur Stakeholderanalyse" erfasst werden (vgl. Abb. 5.8).

Abb. 5.8 Matrix zur Stakeholderanalyse

Hat ein Unternehmen seine Stakeholder auf diese Weise identifiziert, muss es in einem nächsten Schritt systematisch die Erwartungen, Anliegen, Interessen, Ansprüche und Zielvorstellungen in den Blick nehmen, die aufseiten der Stakeholder, aber auch des Unternehmens bestehen. Nur so kann das Unternehmen verstehen, was seinen Stakeholdern wichtig ist und was es im Umgang mit ihnen zu berücksichtigen gilt. Denn das im Rahmen der Managementaufgabe „Organisieren" zu leistende Verfügbarmachen der zur Zweck- und Zielrealisierung nötigen Ressourcen aus der Umwelt des Unternehmens ist abhängig von robusten Beziehungen zu unterschiedlichen Stakeholdern.

> „Mit anderen Worten kann eine Organisation die Ressourcen, die sie für ihre Wertschöpfung benötigt, ausschliesslich über den Aufbau und die Pflege von spezifischen Stakeholder-Beziehungen erschliessen." (Rüegg-Stürm und Grand 2019, S. 206; vgl. 2015, S. 104)

Der Aufbau und die Pflege dieser Beziehungen schliesst die Auswahl geeigneter Kommunikationsmedien, die sinnvolle Einbindung betroffener Stakeholder in die für sie relevanten Entscheidungsprozesse und allgemein die Sicherstellung der kommunikativen Ansprechbarkeit und Präsenz eines Unternehmens mit ein.

Abb. 5.9 gibt eine Übersicht über die wesentlichen Erwartungen, Anliegen, Interessen, Ansprüche, Normen/Werte und Zielvorstellungen, die als sog. „Interaktionsthemen" gemeinhin zwischen Unternehmen und den Stakeholdergruppen bestehen. Diese müssen natürlich vor dem Hintergrund der vorgängig definierten konkreten Repräsentanten der jeweiligen Stakeholdergruppe kritisch überprüft und adaptiert werden.

Die Erwartungen, Anliegen, Interessen, Ansprüche und Zielvorstellungen der Stakeholder eines Unternehmens sollten auch hinsichtlich der ihnen zugrunde liegenden Motive sowie ihres faktischen und normativen Gehalts konkretisiert werden. Es ist nicht nur wichtig zu wissen, dass und welche Erwartungen, Anliegen, etc. ein Stakeholder hat, sondern auch warum er sie hat und auf welchen argumentativen Füssen diese stehen.

Manager bedürfen des Weiteren eines Bewusstsein darum, dass die Erwartungen, Anliegen, etc. auch einen Kristallisationskern darstellen können, um den herum sich Stakeholder-Koalitionen bilden können. Insofern ist neben der individuellen Analyse auch die Frage nach der Existenz von Harmonie und Konflikt zwischen den Erwartungen, Anliegen, etc. einzelner Stakeholder zu stellen und auf dieser Basis ein Mapping möglicher oder tatsächlicher Stakeholderkoalitionen anzufertigen.

Die Analyse der Erwartungen, Anliegen, Interessen, Ansprüche und Zielvorstellungen der Stakeholdergruppen sollte jedoch nicht nur im Sinne einer Analyse des Status Quo, sondern im Hinblick auf ihre mögliche zukünftige Weiterentwicklung vorgenommen werden. Neben der Analyse bedarf es also auch der Prognose. Nach Göbel (2017, S. 142) „erscheint die rasche Weiterentwicklung eines Anliegens umso wahrscheinlicher,

- je gravierendere negative Folgen die Betroffenen für sich oder andere befürchten,
- je größer die Macht der Stakeholder ist,
- je konkreter und berechtigter das Anliegen ist,

Stakeholderkategorie/ -gruppe			Erwartungen, Anliegen, Interessen, Ansprüche und Zielvorstellungen	
			der Stakeholdergruppe	des Unternehmens
intern	Eigentümer/ Eigenkapitalgeber		• Erhaltung, Verzinsung und Wertsteigerung des investierten Kapitals • Gewinn: attraktive Rendite bzw. Verzinsung des Kapitals/ Gewinnausschüttung • pünktliche Zins- und Rückzahlungen • Sicherheit der Kapitalanlage • Einflussnahme auf Entscheidungen/ Leitung oder Beaufsichtigung der Unternehmung • ...	• dauerhafte Überlassung des Kapitals • günstige Kredite • wohldosierte Einflussnahme auf Entscheidungen • Unterstützung in Krisensituationen (z.B. Liquiditätsengpass) • ...
	Mitarbeiter		• angemessenes Einkommen/ leistungsgerechte Entlohnung • Arbeitsbefriedigung: sinnvolle Betätigung, Entfaltung der eigenen Fähigkeiten und Ideen • motivierende Arbeitsbedingungen • attraktive Entwicklungsmöglichkeiten • Arbeitsplatz-, materielle und soziale Sicherheit • zwischenmenschliche Kontakte (Gruppenzugehörigkeit) • Status, Anerkennung, Prestige (ego-needs) • Selbständigkeit/Entscheidungsautonomie	• gute Arbeitsleistung • Loyalität gegenüber Arbeitgeber • Akzeptanz betrieblicher Strukturen • Bereitschaft zur Weiterbildung • ...
extern / **Wirtschaft**		Kunden	• Wettbewerbsfähige Güter • gutes Preis-Leistungs-Verhältnis: qualitativ und quantitativ befriedigende Marktleistung zu günstigen Preisen • faires Geschäftsverhalten • ständige Lieferbereitschaft • ...	• Kunden- bzw. Markentreue • Einhaltung vertraglicher Vereinbarungen • Mundpropaganda • ...
		Fremdkapital- geber/ Investoren	• Sicherung des Kapitals/ sichere Kapitalanlage • befriedigende Verzinsung des eingesetzten Kapitals • Zeitlich und betragsmäßig festgelegte Tilgung • Vermögenszuwachs • ...	• ...
		Lieferanten (inkl. Geschäfts- partner, Distributoren)	• regelmässige Auftragseingänge/ stabile Liefermöglichkeiten • vertrauensvolle und langfristige Beziehungen • Zahlungsfähigkeit der Abnehmer, rasche und zuverlässige Zahlungen • gewinnbringende Preise/ günstige Konditionen • ...	• hohe Lieferbereitschaft und -zuverlässigkeit • vertrauensvolle und dauerhafte Beziehungen • attraktives Preis-Leistungs-Verhältnis • ...
		Konkurrenten	• faires Wettbewerbsverhalten: Einhaltung der Grundsätze/ Spielregeln der Marktkonkurrenz • Kooperation(sbereitschaft) auf branchenpolitischer Ebene	• faires Wettbewerbsverhalten: Einhaltung der Grundsätze/ Spielregeln der Marktkonkurrenz • Kooperationsbereitschaft auf branchenpolitischer Ebene
extern	Medien		• Kooperation(sbereitschaft) • ...	• Faire Berichterstattung • ...
	Wissenschaft & Bildung		• Kooperation(sbereitschaft) • Unterstützung/ Beiträge • ...	• Gewinnung neuer Erkenntnisse • Ausbildung von Fachkräften • ...
	Staat & Politik		• Steuerabgaben/ Steuerzahlungen • Sozialleistungen • Sicherung und Schaffung von Arbeitsplätzen • Einhaltung von Rechtsvorschriften und Normen aller Art • Teilnahme an der politischen Willensbildung • Unterstützung der nationalen Wirtschaftspolitik • Handeln im nationalen Interesse	• attraktive und stabile wirtschaftliche Rahmenbedingungen • wirtschaftsfreundliche Gesetzgebung • Stärkung der internationalen Wettbewerbsfähigkeit • ...
	Gesellschaft		• Einhaltung der Rechtsvorschriften • Erhaltung einer lebenswerten Umwelt/ schonender Umgang mit der Umwelt • Wahrnehmung sozialer Verantwortung • offene Informationspolitik • Verhalten im allgemeinen Interesse bzw. im Sinne best. Organisationen • positive Beiträge an die Infrastruktur • Beiträge an kulturelle, wissenschaftliche und Bildungsinstitutionen • ...	• Kooperationsbereitschaft bei gemeinsamen Problemen • faires Verhalten gegenüber dem Unternehmen • ...

Abb. 5.9 Mögliche Erwartungen, Anliegen, Interessen, Ansprüche und Zielvorstellungen der Stakeholdergruppen. (Eigene Darstellung in Anlehnung an und auf Basis von Cleland und King 1972, S. 104; Ulrich und Fluri 1995, S. 79; Ulrich 2001a, S. 231; Käppeli 2016, S. 27 (Abb. 1–6); Thommen et al. 2017, S. 15)

- je weniger die Anliegen anderer Gruppen konkurrieren,
- je schwächer die Legitimation der Unternehmung erscheint,
- je deutlicher zentrale gesellschaftliche Werte verletzt werden."

Unternehmen stehen jedoch nicht nur in direkter Beziehung mit Stakeholdern; sie sind auch in indirekter Form mit Stakeholdern verbunden. In der Realität und ganz im Sinne der Systemtheorie sind auch die Stakeholder untereinander verbunden und haben selbst auch wieder eigene Stakeholder. Das Unternehmen ist somit in ein *„Stakeholder-Netzwerk"* eingebettet, wie es in Abb. 5.10 exemplarisch dargestellt ist.

Dies bedeutet, dass das Unternehmen über den Kreis seiner direkten Stakeholder hinausdenken und ein Verständnis für das Stakeholder-Netzwerk entwickeln muss, in das es eingebettet ist. Das Verhalten seiner direkten Stakeholder wird nämlich von Personen oder Personengruppen beeinflusst, mit denen das Unternehmen nur indirekt in Verbindung steht, die aber aufgrund ihrer Beziehungen mit den direkten Stakeholdern von der Tätigkeit des Unternehmens betroffen sind und/oder Einfluss auf diese nehmen können.

> „Firms do not simply respond to each stakeholder individually; they respond, rather, to the interaction of multiple influences from the entire stakeholder set. Thus, explanations of how organizations respond to their stakeholders require an analysis of the complex array of multiple and interdependent relationships existing in stakeholder environments." (Rowley 1997, S. 890)

Die bisher unternommenen Schritte der Stakeholderanalyse sind die Grundlage für ein bewusstes „Stakeholder Engagement", d. h. das Ernstnehmen und bewusste Einbinden der Stakeholder. Die Tatsache, dass eine Person oder Gruppe von Personen als Stakeholder charakterisiert wird, sagt noch nichts darüber aus, wie mit diesem Stakeholder

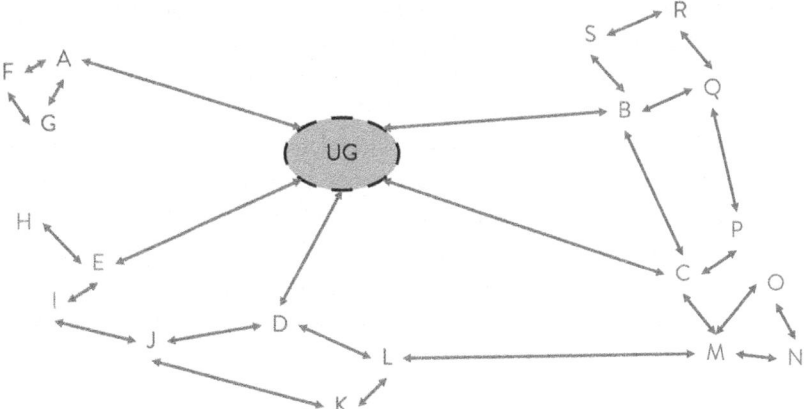

Abb. 5.10 Stakeholder-Netzwerk. (Eigene Darstellung in Anlehnung an Rowley 1997, S. 891; vgl. Crane und Matten 2016, S. 62)

umzugehen ist und wie ernst seine Erwartungen, Anliegen, Interessen, Ansprüche und Zielvorstellungen im Vergleich zu denen anderer Stakeholder genommen werden. Stakeholder Engagement setzt also eine Priorisierung der Stakeholder voraus.

Mitchell et al. (1997) schlagen vor, eine solche Priorisierung auf Basis der drei Kriterien „power", „legitimacy" und „urgency" vorzunehmen. Nach ihrem sog. „Stakeholder Salience Model" bedarf ein Stakeholder grundsätzlich um so eher der Aufmerksamkeit, je mächtiger, legitimer und/oder dringlicher er bzw. sein Anliegen ist:

- Ein Stakeholder besitzt Macht („power") gegenüber dem Unternehmen, wenn er in der Lage ist, das Unternehmen zu Handlungen zu bringen, die es ohne seinen Einfluss nicht ausgeübt hätte: „A party to a relationship has power, to the extent it has or can gain access to coercive, utilitarian, or normative means, to impose its will in the relationship." (Mitchell et al. 1997, S. 865) Dieser Einfluss kann z. B. darin begründet sein, dass ein Unternehmen abhängig von Ressourcen ist, die es nur von einem Stakeholder beziehen und auch nicht substituieren kann.

Im Fokus dieses Aspekts steht die Wirkmächtigkeit des Stakeholders gegenüber dem Unternehmen und damit verbunden auch dessen strategische Bedeutung für das Unternehmen. Der Aspekt „Macht" entspricht somit dem „machtstrategischen Konzept" (Ulrich 2016, S. 477), „strategischen Anspruchsgruppenkonzept" (Rüegg-Stürm 2003, S. 30) oder „strategischen Stakeholder-Konzept" (Rüegg-Stürm und Grand 2019, S. 53), das nur Personen oder Gruppen von Personen als relevante Stakeholder betrachtet, „die ein Einflusspotential gegenüber der Unternehmung haben" (Ulrich 2016, S. 477).

Die Macht eines Stakeholders gegenüber einem Unternehmen wird neben einer Reihe anderer Faktoren[8] auch beeinflusst durch den Vernetzungsgrad („density") des Stakeholder-Netzwerks. Dieser errechnet sich als Quotient aus der Anzahl der im Netzwerk tatsächlich bestehenden Beziehung und der maximal möglichen Anzahl der Beziehungen, wenn jedes Netzwerkmitglied mit jedem anderen Mitglied verbunden wäre. Je höher der Vernetzungsgrad, desto stärker können Stakeholder die Tätigkeit des Unternehmens beeinflussen: Dichte Netzwerke lassen nämlich mehr und effizientere Kontrolle zu und befördern die Diffusion von Informationen und damit auch das Entstehen von allgemein geteilter Verhaltenserwartungen (vgl. Rowley 1997, S. 896 ff.).

Des Weiteren wird die Macht eines Stakeholders durch die Zentralität („centrality") der Position des Unternehmens im Stakeholder-Netzwerk beeinflusst. Je grösser die Anzahl der Beziehungen des Unternehmens zu anderen Akteuren im Stakeholder-Netzwerk ist („degree centrality"), je direkter die Beziehungen zu anderen Akteuren im Stakeholder-Netzwerk sind („closeness centrality") und je mehr Beziehungen zwischen anderen Akteuren im Stakeholder-Netzwerk über das Unternehmen laufen („betweenness

---

[8]Zu erwähnen sind hier z. B. verbriefte Mitwirkungs- und Mitentscheidungsrechte, wirtschaftliche Macht (Einfluss auf und über den Markt), politische Macht (Einfluss auf und über die Gesetzgebung) oder mediale Macht (Einfluss auf und über die öffentliche Meinung).

centrality"), desto mehr kann es Druck vonseiten eines Stakeholders widerstehen (vgl. Rowley 1997, S. 898 ff.). Dies deswegen, da es so Abhängigkeiten reduziert; Unternehmen mit hoher Zentralität können sich leichter auch auf alternativen Wegen mit Ressourcen versorgen, können sich direkt, d. h. ohne die Vermittlung durch Intermediäre und damit schnell mit anderen Akteuren im Netzwerk austauschen und sitzen als „Gatekeeper" an den informationalen Schaltstellen des Netzwerks.

In Abhängigkeit von der Dichte des Stakeholder-Netzwerks und seiner Position in diesem kann ein Unternehmen eine von vier generischen Strategien zum Umgang mit Druck vonseiten eines Stakeholders verfolgen (vgl. Rowley 1997, S. 901 ff.):

- In einem dicht vernetzten Stakeholder-Netzwerk wird ein Unternehmen mit hoher Zentralität eine „compromiser role" (Rowley 1997, S. 902) einnehmen, d. h. mit dem betreffenden Stakeholder zu verhandeln versuchen.
- In einem lose vernetzten Stakeholder-Netzwerk wird ein Unternehmen mit hoher Zentralität eine „commander role" (Rowley 1997, S. 903) einnehmen, d. h. das Verhalten und die Erwartungen des betreffenden Stakeholders zu kontrollieren versuchen.
- In einem dicht vernetzten Stakeholder-Netzwerk wird ein Unternehmen mit geringer Zentralität abzielen auf eine „subordinate role" (Rowley 1997, S. 904) einnehmen, d. h. den Erwartungen und Anliegen des betreffendens Stakeholder zu entsprechen versuchen.
- In einem lose vernetzten Stakeholder-Netzwerk wird ein Unternehmen mit geringer Zentralität abzielen auf eine „solitarian role, attempting to avoid stakeholder scrutiny through buffering and concealing behaviors" (Rowley 1997, S. 904).

Während das Kriterium „power" dem oben erwähnten machtorientierten Aspekt der Stakeholderdefinition entspricht, konkretisieren die Kriterien „legitimacy" und „urgency" deren betroffenheitsorientierten Aspekt. Denn das Anliegen eines Stakeholders kann nur dann legitim und dringlich sein, wenn der Stakeholder in irgendeiner Form von der Tätigkeit des Unternehmens betroffen ist und auf dieser Basis überhaupt erst ein Anliegen oder eine Erwartung entstehen kann. Ohne Betroffenheit kein Anliegen, und ohne Anliegen kein dringliches oder legitimes Anliegen. Die Kriterien „legitimacy" und „urgency" verkörpern somit das „normativ-kritische Konzept" (Ulrich 2016, S. 478) (auch: „ethische Anspruchsgruppenkonzept" (Rüegg-Stürm 2003, S. 30), „normativ-kritische Stakeholder-Konzept" (Rüegg-Stürm und Grand 2015, S. 102), „normativ-ethische Stakeholder-Konzept" (Rüegg-Stürm und Grand 2019, S. 53)), das alle „von unternehmerischen Handlungen Betroffenen" (Ulrich 2016, S. 478) aufgrund der aus Betroffenheit erwachsenden vertraglichen, rechtlichen oder moralischen Ansprüche als relevante Stakeholder betrachtet.

- Legitimität („legitimacy") kann definiert werden als „a generalized perception or assumption that the actions of an entity are desirable, proper, or appropriate within some socially constructed system of norms, values, beliefs, and definitions" (Suchmann 1995, S. 574; cf. Mitchell et al. 1997, S. 866). Ein Stakeholder besitzt somit gegenüber einem Unternehmen ein legitimes Anliegen, wenn dieses von der Allgemeinheit als statthaft bzw. anerkennunsgwürdig betrachtet wird.[9] Ohne ein legitimes Anliegen ist ein Stakeholder nur ein potenzieller Stakeholder.
- Die Dringlichkeit („urgency") eines Anliegens drückt dessen „attention-getting capacity" (Mitchell et al. 1997, S. 864) aus. Sie bemisst sich anhand der Kriterien „time sensitivity" und „criticality", d. h. „the degree to which managerial delay in attending to the claim or relationship is unacceptable to the stakeholder, and [...] the importance of the claim or the relationship to the stakeholder" (Mitchell et al. 1997, S. 867). In diesem Sinn dringliche Anliegen erfordern die sofortige Aufmerksamkeit seitens des Unternehmens.

Aus der Kombination der Attribute „power", „legitimacy" und „urgency" ergeben sich insgesamt acht Kategorien von Stakeholdern, wie sie in Abb. 5.11 dargestellt sind.

Auch wenn ein Unternehmen natürlich idealerweise allen legitimen Anliegen seiner Stakeholder gerecht werden sollte, so ist dies in der Realität aufgrund begrenzter zeitlicher und sonstiger Ressourcen aber oftmals nicht möglich. Die obige Stakeholder-Typologie hilft für solche Situationen bei der Triagierung der Stakeholder und ihrer Anliegen. Massgeblich bei der Beantwortung der Frage, welche Priorität ein Unternehmen einem Stakeholder bzw. dem Anliegen eines Stakeholders im Vergleich zu anderen Stakeholdern und deren Anliegen einräumen soll, ist die sog. „stakeholder salience". Diese hängt davon ab, ob ein Stakeholder und dessen Anliegen zum Zeitpunkt der Beurteilung ein, zwei oder drei der Attribute „power", „legitimacy" und „urgency" erfüllt (vgl. Mitchell et al. 1997, S. 874 ff.):

- Eine nur geringe relative Priorität haben Stakeholder bzw. Stakeholderanliegen, die aus Sicht des Unternehmens nur eines der drei Attribute aufweisen. Dies trifft auf die Klasse der „dormant", „discretionary" und „demanding" Stakeholder zu.
- Eine moderate relative Priorität geniessen Stakeholder bzw. Stakeholderanliegen, die aus Sicht des Unternehmens zwei der drei Attribute aufweisen. Dies trifft auf die Klasse der „dominant", „dangerous" und „dependent" Stakeholder zu.
- Eine hohe relative Priorität besitzen Stakeholder bzw. Stakeholderanliegen, die aus Sicht des Unternehmens alle drei Attribute aufweisen. Dies trifft auf die Klasse der „Definitive Stakeholder" zu.

---

[9]Legitimität darf nicht mit Legalität oder Ethizität verwechselt werden. Legitimität hat etwas mit der öffentlichen Wahrnehmung der Rechtmässigkeit einer Handlung zu tun; etwas ist legitim, wenn es allgemein anerkannt ist. Legalität impliziert hingegen, dass etwas nicht gegen eine positiv-rechtliche Norm verstösst. Etwas ist ethisch, wenn es einer ethischen Norm entspricht. Diese drei Dinge können, müssen aber nicht deckungsgleich sein. Eine bestimmte Handlung kann z. B. legitim und legal, aber trotzdem unethisch sein.

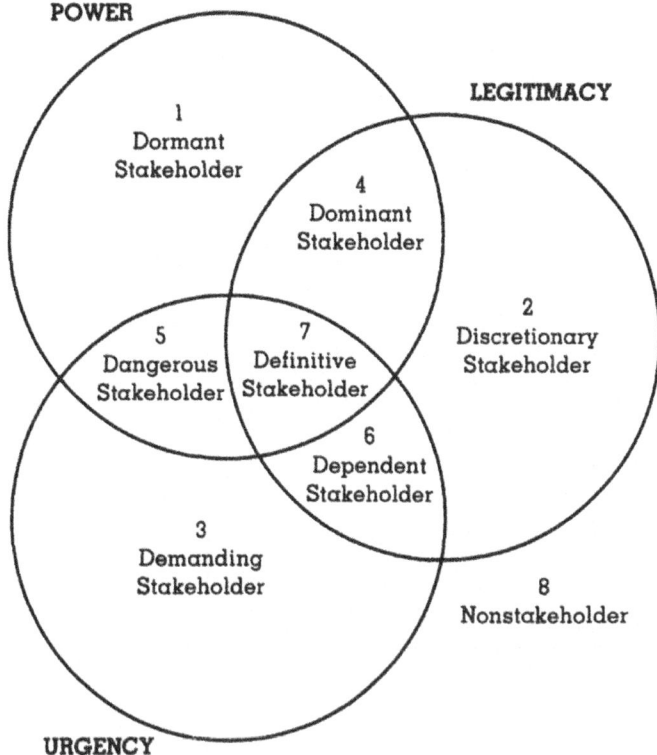

Abb. 5.11 Stakeholder-Typologie (Mitchell et al. 1997, S. 874)

Die bisher getätigten Schritte zur Analyse der Stakeholder eines Unternehmens lassen sich in Form einer Tabelle (vgl. Abb. 5.12) zusammenfassen. Da sich sowohl die Anliegen der Stakeholder als auch die Einschätzung bzgl. der „Stakeholder Salience" im Zeitverlauf ändern kann, sollten die in dieser Tabelle enthaltenen Fragen nicht nur einmal, sondern wiederholt-kontiunierlich beantwortet werden. Eine in diesem Sinne dynamische Stakeholderanalyse ist somit die Grundlage für ein gelingendes „Stakeholder Engagement".

5.4 Umweltkonzept im Managementmodell

Auf Basis der vorangegangenen Ausführungen kann nun das zu Beginn dieses Kapitels in seinen groben Kategorien eingeführte Umweltkonzept konkretisiert werden. Wie bereits erwähnt, umfasst dieses die drei Kategorien „Märkte", „Umweltsphären" und „Stakeholder". Diese drei Beschreibungskategorien des Umweltkonzepts haben hierbei folgenden konkreten Gehalt (vgl. Abb. 5.13):

| Stakeholder (SH) | | Betroffenheitsperspektive auf SH | | Machtperspektive | | | | | | |
| | | | | «Stakeholder Salience» | | | | | | |
Stakeholder-kategorie bzw. -gruppe	Konkreter Repräsentant	Wie und wie stark ist SH von Tätigkeit des Unternehmens (UN) betroffen?	Anliegen, Erwartungen, Interessen, Ansprüche und Zielvorstellungen des SH gegenüber UN	Legitimität der Anliegen des SH («legitimacy»; 1↔5)	Dringlichkeit der Anliegen des SH («urgency»; 1↔5)	Einflussmöglichkeit des SH auf UN («power»; 1↔5)	Stakeholder-typ («dormante» ↔ «definitive»)	Anliegen, Erwartungen, Interessen, Ansprüche und Zielvorstellungen des UN gegenüber SH	Qualität der aktuellen Beziehung SH↔UN (1↔5)	Plattform/ Kanal für Kommunikation/ Dialog mit SH
…	…						↑			
…	…						↑			
…	…						↑			
…	…						↑			
…	…						↑			
…	…						↑			
…	…						↑			
…	…						↑			
…	…						↑			

Intern / Extern

Abb. 5.12 Tabelle zur Analyse der Stakeholder

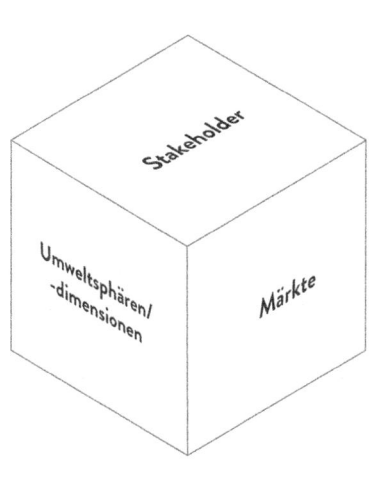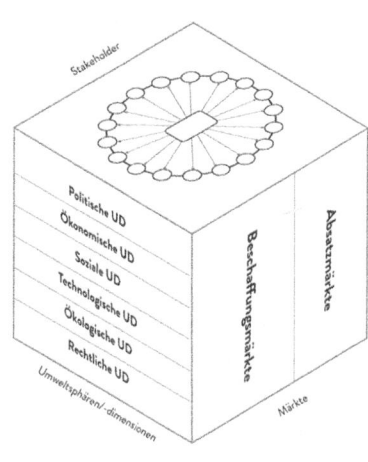

Abb. 5.13 Umweltkonzept

- *Märkte:* Bei dieser Beschreibungskategorie der Unternehmensumwelt steht die Frage im Zentrum, wie die Beschaffungs- und Absatzmärkte des Unternehmens ausgestaltet sind. Auf Basis einer Definition der relevanten Märkte sowohl in inhaltlicher als auch geografischer Hinsicht sollte nicht nur die jeweilige Marktstruktur in ihren quantitativen Dimensionen analysiert werden, sondern auch ein Blick auf die qualitativen und preislichen Aspekte der Märkte geworfen werden.
- *Umweltsphären:* Die Beschäftigung mit den Umweltsphären eines Unternehmens dient der Sensibilisierung für die Entwicklung der Rahmenbedingungen, innerhalb derer die unternehmerische Tätigkeit erfolgt. Ein hilfreiches Werkzeug zur thematischen Erfassung dieser Rahmenbedingungen ist das PESTEL-Framework. Die sich aus diesem ergebenden sechs Umweltsphären müssen jedoch weiter in Teilaspekte heruntergebrochen und diese mithilfe von Entwicklungsszenarien in ihrer Dynamik zu erfassen versucht werden.
- *Stakeholder:* Alle Personen, die das Unternehmen in seiner Tätigkeit beeinflussen können und/oder auf die die unternehmerische Tätigkeit Auswirkungen zeitigt, gelten als Stakeholder eines Unternehmens. Mit diesen und ihren Anliegen gilt es im Rahmen des „Stakeholder Engagement" bewusst umzugehen. Dies erfordert die systematische Auseinandersetzung mit der Frage, wie die Stakeholder jeweils von der unternehmerischen Tätigkeit betroffen sind, was ihnen wichtig ist, d. h. worin ihre Anliegen konkret bestehen, wie wirkmächtig sie sind und wie legitim und dringlich ihre Anliegen sind. Die Beantwortung dieser Fragen lässt eine Priorisierung der Stakeholder zu, die dem Unternehmen dabei helfen kann, seine knappen Ressourcen im Rahmen des Stakeholder Engagement möglichst effektiv und effizient einzusetzen.

Diese Kategorien zur Beschreibung der Umwelt eines Unternehmens sollte ein Manager nicht nur punktuell, sondern auch in ihrer Dynamik verstehen. Das Verständnis für die Rahmenbedingungen, in dem sein Unternehmen operiert, und die Personen bzw. Personengruppen, mit denen es interagiert, ist die Grundlage für eine erfolgreiche Unternehmensführung. Management kann nur dann erfolgreich sein, wenn es umweltbezogen erfolgt.

Auch wenn die Kategorien des Umweltkonzepts dabei helfen, die Unternehmensumwelt geistig zu erfassen, so erweisen sich Stakeholder, Märkte und Umweltsphären in der Realität als nicht streng distinkt. So beeinflussen sich zum einen die Umweltsphären gegenseitig, genauso wie auch die zu einem Stakeholder-Netzwerk verbundenen Stakeholder Einfluss aufeinander ausüben. Zum anderen durchdringen sich die drei Kategorien auch gegenseitig: Sowohl Beschaffungs- als auch Absatzmärkte sind auch Teil der wirtschaftlichen Umwelt des Unternehmens. Märkte wie auch Stakeholder werden von den Entwicklungen in den Umweltsphären beeinflusst. Andersherum können Stakeholder oder Gruppen von Stakeholdern Veränderungen in den Umweltsphären, aber auch auf den Beschaffungs- als auch Absatzmärkten initiieren und beeinflussen. Stakeholder wie Lieferanten, Distributoren, Konkurrenten und Kunden sind konstitutive Bestandteile von und Akteure auf Märkten; politische Parteien sind die wesentlichen Akteure und Repräsentanten der politischen Umweltsphäre.

Aufgrund dieser Verwebungen findet sich in der Literatur zusätzlich zur Untergliederung der Umwelt in Märkte, Umweltsphären und Stakeholder auch die Unterteilung der Umwelt in eine unternehmerisch direkt relevante und eine darüber hinausgehende, übrige Umwelt:

- Cleland und King (1972) differenzieren ein „competitive system" von einem „environmental system". Mit zweiterem bezeichnen sie „the economic, political, and social milieu in which the organization operates" (Cleland und King 1972, S. 161), ersteres ist „the complex of other organizations which compete for the distribution of scarce resources in a given environment" (Cleland und King 1972, S. 160). Das Wettbewerbssystem ist hierbei als Subsystem des Umweltsystems zu verstehen, wobei das Unternehmen wiederum ein Subsystem des Wettbewerbssystems ist.
- Ulrich und Fluri (1995) unterscheiden – ähnlich wie Ulrich (1984, S. 71) – zwischen einer aufgabenspezifischen und der übrigen Umwelt: „Als aufgabenspezifische Umwelt (task environment) wird nur jener Ausschnitt aus der Umwelt bezeichnet, der den Charakter der Unternehmungsaufgaben direkt prägt." Ulrich und Fluri (1995, S. 41) Zur aufgabenspezifischen Umwelt gehören ausgewählte Stakeholder (wie z. B. Kunden, Lieferanten, Geldgeber, Mitarbeiter), aber auch die wirtschaftlichen, ökologischen und rechtlichen Rahmenbedingungen der unternehmerischen Tätigkeit. Die übrige Umwelt umfasst die übrigen Einflüsse, denen das Unternehmens ausgesetzt ist.

- Steinmann und Schreyögg (2005, S. 176 ff.) grenzen eine allgemeine Umwelt von der Wettbewerbsumwelt des Unternehmens ab. Erstere umfasst die makroökonomischen, technologischen, politisch-rechtlichen, soziokulturellen und ökologischen Rahmenbedingungen der unternehmerischen Tätigkeit. Zur zweiteren gehören die Konkurrenten, Kunden und Lieferanten, die als Akteure in den Geschäftsfeldern wirken, in denen das Unternehmen tätig ist oder noch tätig werden möchte. Die Wettbewerbsumwelt lässt sich für Steinmann & Schreyögg mithilfe des bereits vorgestellten „Five Forces"-Modell von Michael Porter beschreiben.
- Macharzina und Wolf (2012, S. 22 f.) unterscheiden zwischen einer Aufgabenumwelt (auch: task environment, operating environment) und einer allgemeinen Umwelt (auch: macro environment, global environment, general environment). Erstere umfasst Personen und Gruppen, mit denen Unternehmen direkt interagiert (v. a. Lieferanten, Kunden, Kapitalgeber, Arbeitnehmer), zu zweiterer gehören Faktoren, die „einen eher mittelbaren Einfluss auf die Unternehmungsführung haben" (Macharzina und Wolf 2012, S. 22 f.).
- Wenn Rüegg-Stürm und Grand (2015, 2019) von „Umwelt" sprechen, dann wird damit „derjenige Teil der Welt angesehen, den eine Organisation für sich als existenzrelevant erschliesst" (Rüegg-Stürm und Grand 2015, S. 64; 2019, S. 200). Die Umwelt eines Unternehmens ist somit nicht die gesamte Welt ausserhalb des Unternehmens, sondern nur derjenige Ausschnitt der Welt, den ein Unternehmen als für sich existenzrelevant selektiert und erschlossen hat. Die sog. „Primärumwelt" eines Unternehmens umfasst diejenigen Umweltsphären und Stakeholder, „an der sich die Primärwertschöpfung einer Organisation orientiert" (Rüegg-Stürm und Grand 2019, S. 27).

Auch wenn die Unterscheidung nicht immer ganz einheitlich getroffen wird, so macht diese Übersicht doch deutlich, dass sich die Umwelt eines Unternehmens in einen existenzrelevanten und einen allgemeinen Teil unterteilen lässt. Diese Zweiteilung kann im Sinne einer zweiten Dimension die Untergliederung der Umwelt in Märkte, Umweltsphären und Stakeholder ergänzen (vgl. Abb. 5.14). Durch diese Ergänzung kann den Kategorien der Umwelt eine Dimension der Relevanz beigefügt werden, durch die Manager besser verstehen, welche Aspekte welcher Dimension der Unternehmensumwelt für sie wirklich relevant sind. Hiermit soll nicht gesagt werden, dass die Aspekte der allgemeinen Umwelt irrelevant sind. Diese spielen selbstverständlich auch eine wichtige Rolle für den unternehmerischen Erfolg; der Unterschied ist nicht kategorischer, sondern ein gradueller. Der Beschäftigung mit den existenzrelevanten Aspekten sollte somit Priorität eingeräumt werden.

Kategorien der Umwelt		Relevanz der Kategorie	Existenzrelevante Umwelt (auch: Wettbewerbsumwelt, relevante Um-welt, Aufgabenumwelt, aufgabenspezifische Umwelt, competitive system, task environ-ment, operating environment; Primärumwelt)	Allgemeine Umwelt (auch: übrige Umwelt, environmental system, «Welt», macro environment, global environment, general environment)
Stakeholder	Interne Stakeholder		X	
	Externe	Stakeholder aus dem Bereich Wirtschaft	X	
		Übrige externe Stakeholder		X
Umweltsphären	Politische Umweltsphäre			X
	Wirtschaftliche Umweltsphäre		(X)	X
	Soziale Umweltsphäre			X
	Technologische Umweltsphäre			X
	Rechtliche Umweltsphäre		(X)	X
	Ökologische Umweltsphäre		(X)	X
Märkte	Beschaffungsmärkte		X	
	Absatzmärkte		X	

Abb. 5.14 Umweltkonzept

Zusammenfassung: Managementmodell

Im ersten Kapitel dieses Buches wurde im Sinne eines Fahrplans der Rahmen des Managementmodells vorgestellt, das im Verlaufe des Buches mit Inhalt gefüllt und konkretisiert werden konnte (vgl. Abb. 6.1).

Wie dargelegt wurde, bedarf es, um Management gedanklich zu erfassen, des Verständnisses der vier in dieser Abbildung versammelten Konzepte und ihres Zusammenspiels, nämlich

1. eines Unternehmenskonzepts,
2. eines Umweltkonzepts,
3. eines Managementkonzepts und
4. eines Managementsystemkonzepts.

Nachdem das Unternehmenskonzept, das Managementkonzept, das Umweltkonzept und das Managementsystemkonzept schrittweise entwickelt und expliziert worden sind, können diese Konzepte nun zu einem Managementmodell zusammengefügt werden.

Durch das Zusammensetzen dieser vier konzeptionellen Puzzlestücke wird das eingangs nur in einer groben Form dargestellte Managementmodell vollständig und in seiner Logik nachvollziehbar:

- Das Unternehmen ist das primäre Gestaltungs-, Führungs- und Lenkungsobjekt von Management, d. h. das Objekt, dessen Zweck- und Zielrealisierung der Funktion „Management" primär sicherzustellen aufgetragen ist. Management kann sich jedoch nicht nur auf die oberste Hierarchieebene eines Unternehmens fokussieren; die Führung eines Unternehmens ist nur möglich, wenn auch die Subsysteme des Unternehmens – die einzelnen Divisionen und Abteilungen – für sich gemanaged werden. Management ist eine arbeitsteilige Funktion, die nicht nur auf der obersten, sondern

C. Erk und S. Spoun, *Integrativ managen*, https://doi.org/10.1007/978-3-658-30523-9_6

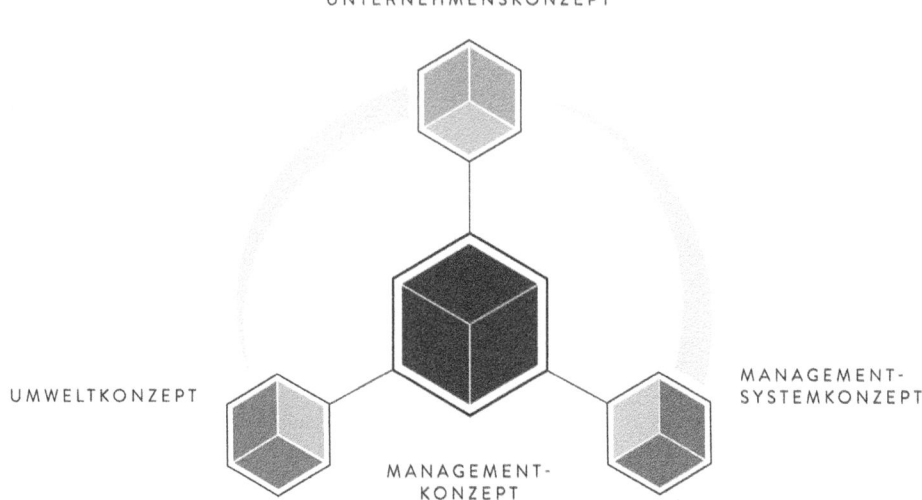

Abb. 6.1 Managementmodell

auch den tieferliegenden Hierarchieebenen erfüllt werden muss. Das primäre Objekt von Management ist somit kein monolithischer Block, sondern setzt sich bei näherem Hinsehen aus einer Vielzahl von zu managenden Subsystemen zusammen.

- Management hat nicht nur ein primäres, sondern auch ein sekundäres Gestaltungs-, Führungs- und Lenkungsobjekt, nämlich das Managementsystem. Bei diesem handelt es sich um ein soziales Subsystem des Systems „Unternehmen", das als Elemente alle Personen umfasst, die – auf welcher Hierarchiestufe auch immer – mit der Erfüllung der Managementaufgaben befasst sind. Da Management eine auf viele Schultern verteilte arbeitsteilige Funktion ist, muss auch das mit der Erfüllung der Managementaufgaben betraute System selbst gemanaged und so sichergestellt werden, dass es seinen Zweck erfüllt.

- Ein Unternehmen kann nur gemanaged werden, wenn die handelnden Personen sensibel für die Umwelt sind, in die das Unternehmen eingebettet ist. Denn es ist ja das Supersystem des Systems „Unternehmen", für das das Unternehmen seine produktive Funktion ausübt und aus dem es die hierfür nötigen Ressourcen bezieht. Die Umwelt eines Unternehmens ist dessen Rahmenbedingung und Ziel und entwickelt sich in und zusammen mit dieser (Koevolution).
Ein Unternehmen kann seine Umwelt und vor allem deren Entwicklung nur in den seltensten Fällen beeinflussen; in den meisten Fällen muss die Umwelt zumindest in der kurzen bis mittleren Frist als gegeben akzeptiert werden. Die Umwelt ist somit nicht wie das Unternehmen und das Managementsystem Gestaltungs-, Führungs-, Lenkungs- und Entwicklungsobjekt von Management, sondern dessen Reflexionsobjekt. Management kann die Umwelt und die in ihr ablaufenden Entwicklungen und die Beziehungen zwischen Umwelt und Unternehmen analysieren, aber sie kann die Umwelt nur in begrenztem Umfang gestalten, führen und lenken.

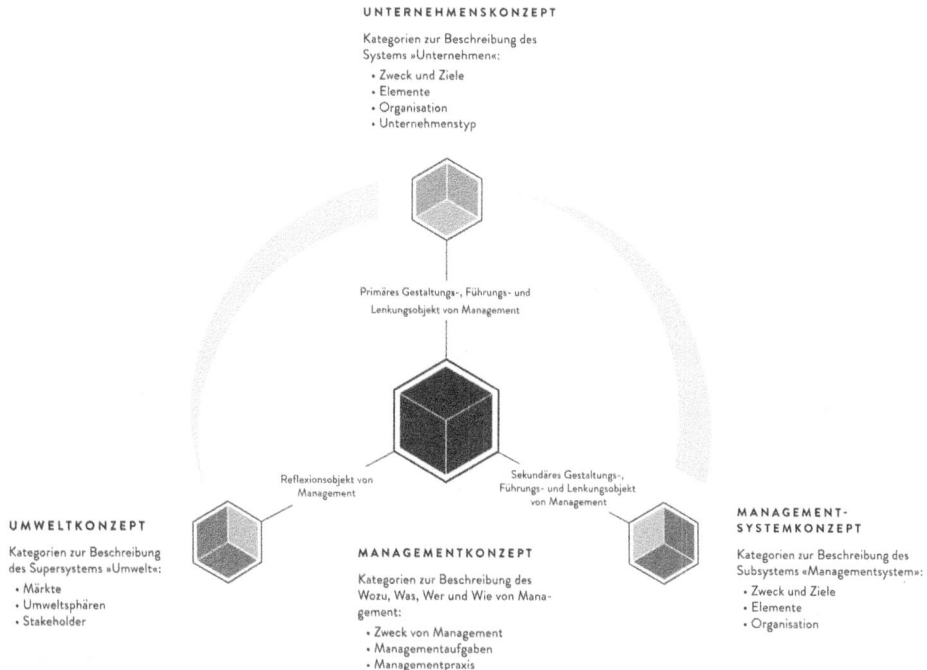

UNTERNEHMENSKONZEPT

Kategorien zur Beschreibung des
Systems »Unternehmen«:

• Zweck und Ziele
• Elemente
• Organisation
• Unternehmenstyp

Primäres Gestaltungs-, Führungs- und
Lenkungsobjekt von Management

Reflexionsobjekt von
Management

Sekundäres Gestaltungs-,
Führungs- und Lenkungsobjekt
von Management

UMWELTKONZEPT

Kategorien zur Beschreibung
des Supersystems »Umwelt«:

• Märkte
• Umweltsphären
• Stakeholder

MANAGEMENTKONZEPT

Kategorien zur Beschreibung des
Wozu, Was, Wer und Wie von Management:

• Zweck von Management
• Managementaufgaben
• Managementpraxis

MANAGEMENT-
SYSTEMKONZEPT

Kategorien zur Beschreibung des
Subsystems »Managementsystem«:

• Zweck und Ziele
• Elemente
• Organisation

Abb. 6.2 Managementmodell

Das in Abb. 6.2 dargestellte Managementmodell fasst diese und die im Rahmen der vorangegangenen Kapitel gewonnenen Einsichten in das Wesen des Phänomens „Management" in graphischer Form zusammen. Dieses Managementmodell soll im Sinne eines Gerüsts an Beschreibungskategorien das Nachdenken über Management strukturieren und so die Handlungsqualität praktizierender Manager erhöhen helfen, indem es generell abstrakt auf die wesentlichen dauerhaften Erkenntnisse aus der Managementforschung der letzten Jahrzehnte abstellt und als Gedankengerüst die Lösung der Aufgaben und Herausforderungen systematischer ermöglicht.

Literatur

Allen, Louis Alexander. *Management and Organization.* New York, Toronto & London: McGraw-Hill, 1958. https://catalog.hathitrust.org/Record/001320671

Allen, Louis Alexander. *The Management Profession.* New York, Toronto & London: McGraw-Hill Book Company, 1964. (McGraw-Hill Series in Management)

Almquist, Eric, John Senior & Nicolas Bloch. «Was Produkte wertvoll macht.» *Harvard Business Manager* 10 (2016): 22–31.

Ansoff, Harry Igor. *Checklist for Competitive and Competence Profiles.* New York: McGraw-Hill, 1965.

Baecker, Dirk. *Organisation als System.* Berlin: Suhrkamp Verlag, 2012.

Balderjahn, Ingo. «Bedürfnis, Bedarf, Nutzen.» In: Handelsblatt (Hrsg.). *Wirtschaftslexikon. Das Wissen der Betriebswirtschaftslehre. Band 2: Aufwand und Ertrag – Consultingunternehmen.* Stuttgart: Schäffer-Poeschel Verlag, 2006. S. 653–661. Unter gleichem Titel auch publiziert in: Tietz, Bruno, Richard Köhler, Joachim Zentes (Hrsg.). Handwörterbuch des Marketing. Zweite, völlig neu gestaltete Auflage. Stuttgart: Schäffer-Poeschel Verlag, 1995. S. 179–190.

Barnard, Chester Irving. *The Functions of the Executive.* Cambridge, MA: Harvard University Press, 1938.

Barney, Jay B. «Organizational culture: Can It Be a Source of Sustained Competitive Advantage?» *Academy of Management Review* 11.3 (1986): 656–665.

Bass, Bernard Morris. *Leadership and Performance beyond Expectations.* New York & London: Free Press, 1985.

Bass, Bernard Morris. «From Transactional to Transformational Leadership: Learning to Share the Vision.» *Organizational Dynamics* 18.3 (1990): 19–31.

Bass, Bernard M. (with Ruth Bass). The Bass Handbook of Leadership: Theory, Research, and Managerial Applications. 4th Edition. New York: Free Press, 2008.

Bass, Bernard Morris & Bruce J. Avolio. *Improving Organizational Effectiveness through Transformational Leadership.* Thousand Oaks, CA: Sage Publications, 1994.

Baum, J. Robert, Edwin A. Locke & Shelley A. Kirkpatrick. «A longitudinal study of the relation of vision and vision communication to venture growth in entrepreneurial firms.» *Journal of Applied Psychology* 83.1 (1998): 43–54.

Beck, Hanno. *Volkswirtschaftslehre: Mikro- und Makroökonomie.* München: Oldenbourg Wissenschaftsverlag, 2012.

Beer, Stafford. *Mangement Science. The Business Use of Operations Research.* London: Aldus Books Ltd., 1967. (Aldus Science and Technology Series)

Beer, Stafford. *Diagnosing the System for Organizations.* Chichester et al.: Wiley, 1985.

© Der/die Herausgeber bzw. der/die Autor(en), exklusiv lizenziert durch Springer Fachmedien Wiesbaden GmbH, ein Teil von Springer Nature 2020
C. Erk und S. Spoun, *Integrativ managen,* https://doi.org/10.1007/978-3-658-30523-9

Berko, Roy M., Andrew D. Wolvin, Darlyn R. Wolvinet & Joan E. Aitken. *Communicating: A Social, Career, and Cultural Focus.* 12th Edition. Abingdon & New York: Routledge, 2016.

Berner, Winfried. *Culture Change: Unternehmenskultur als Wettbewerbsvorteil.* 2. grundlegend neu bearbeitete und erweiterte Auflage. Stuttgart: Schäffer-Poeschel, 2019.

Bieger, Thomas. *Das Marketingkonzept im St. Galler Management-Modell.* 2., erweiterte Auflage. Bern, Stuttgart & Wien: Haupt Verlag, 2015. (utb 3995)

Bieger, Thomas & Stephan Reinhold. «Das wertbasierte Geschäftsmodell – Ein aktualisierter Strukturierungsansatz.» In: Bieger, Thomas, Dodo zu Knyphausen-Aufseß & Christian Krys (Hrsg.). *Innovative Geschäftsmodelle: Konzeptionelle Grundlagen, Gestaltungsfelder und unternehmerische Praxis.* Berlin & Heidelberg: Springer, 2011. pp. 11–70.

Bieger, Thomas, Günther Schuh, Thomas Friedli, Torsten Tomczak, Fritz Fahrni & Sven Reinecke. «Struktur der Geschäftsprozesse.» In: Dubs, Rolf, Dieter Euler, Johannes Rüegg-Stürm & Christina E. Wyss (Hrsg.). *Einführung in die Managementlehre. Band 3: Teil FII.* 2., korrigierte Auflage. Stuttgart & Wien: Haupt Verlag, 2009. S. 61–113.

Birkinshaw, Julian, Gary Hamel and Michael J. Mol. «Management Innovation.» *Academy of Management Review* 33 (2008): 825–845.

Blau, Peter M. "A Formal Theory of Differentiation in Organizations." *American Sociological Review* 35.2 (1970): 201–218.

Bleicher, Knut. *Organisation: Strategien – Strukturen – Kulturen.* 2., vollständig neu bearbeitete und erweiterte Auflage. Wiesbaden: Gabler Verlag, 1991.

Bleicher, Knut. *Normatives Management. Politik, Verfassung und Philosophie des Unternehmens.* Frankfurt/Main & New York: Campus Verlag, 1994. (St. Galler Management-Konzept; Band 5)

Bleicher, Knut. "Unternehmungsverfassung im Spannungsfeld von Philosophie, Kultur, Organisation und Politik einer Unternehmung." In: Bleicher, Knut. *Normatives und strategisches Management in der Unternehmensentwicklung.* Herausgegeben von Christian Abegglen. Künzelsau: Swiridoff, 2009a. S. 49–70. (Reihe "Knut Bleicher – Gesammelte Schriften in 6 Bänden"/ "Meilensteine der Entwicklung eines integrierten Managements"; Band 3)

Bleicher, Knut. "Unternehmungsphilosophie: Visionen und Missionen des normativen Managements." In: Bleicher, Knut. *Normatives und strategisches Management in der Unternehmensentwicklung.* Herausgegeben von Christian Abegglen. Künzelsau: Swiridoff, 2009b. S. 83–106. (Reihe "Knut Bleicher – Gesammelte Schriften in 6 Bänden"/"Meilensteine der Entwicklung eines integrierten Managements"; Band 3) Unter gleichem Titel ebenfalls abgedruckt in: Korff, Wilhelm et al. (Hrsg.). Handbuch der Wirtschaftsethik. Band 3: Ethik wirtschaftlichen Handelns in Unternehmen, privaten Haushalten, Interessenverbänden, gemeinnützigen Organisationen und öffentlichen Einrichtungen. Berlin: Berlin University Press, 2009. S. 165–188.

Bleicher, Knut. *Das Konzept Integriertes Management. Visionen – Missionen – Programme.* 8., überarbeitete und erweiterte Auflage. Frankfurt & New York: campus Verlag, 2011. (Reihe St. Galler Management Konzept, Band 1)

Bleisch, Barbara & Markus Huppenbauer. *Ethische Entscheidungsfindung. Ein Handbuch für die Praxis.* Zürich: Versus Verlag, 2011.

Brech, Edward Francis Leopold. «Management in Principle.» In: Brech, Edward Francis Leopold (Ed.). *The Principles and Practice of Management.* London, New York & Toronto: Longmans, Green and Co., 1953. S. 1–82.

Brech, Edward Francis Leopold. *Organisation. The Framework of Management.* Second Edition. London: Longmans, Green and Co., 1965. (Management Studies Series)

Brech, Edward Francis Leopold. *Management. Its Nature and Significance.* Fourth Edition. London: Sir Isaac Pitman & Sons, 1967.

Buck, Alex, Christoph Herrmann & Dirk Lubkowitz. *Handbuch Trendmanagement: Innovation und Ästhetik als Grundlage unternehmerischer Erfolge.* Frankfurt a. M.: Frankfurter Allgemeine Zeitung, 1998.

Cameron, Kim S. & Robert E. Quinn. *Diagnosing and Changing Organizational Culture: Based on the Competing Values Framework.* 3rd Edition. San Francisco: Jossey-Bass, 2011.

Carroll, Lewis. *Alice's Adventures in Wonderland.* With Forty-Two Illustrations by John Tenniel. London: Macmillan & Co., 1867. https://archive.org/details/alicesadventu00carr

Certo, Samuel C. *Modern Management. Diversity, Quality, Ethics, and the Global Environment.* Sixth Edition. Boston et al.: Allyn and Bacon, 1994.

Cleland, David I. & William R. King. *Management: A Systems Approach.* New York et al.: McGraw Hill, 1972. (McGraw-Hill Series in Management)

Cole, Gerald A. & Phil Kelly. *Management: Theory and Practice.* 7th Edition. Andover, UK: South-Western Cengage Learning, 2011.

Crane, Andrew & Dirk Matten. *Business Ethics: Managing Corporate Citizenship and Sustainability in the Age of Globalization.* Fourth Edition. Oxford: Oxford University Press, 2016.

Cyert, Richard M. & James G. March. *A Behavioral Theory of the Firm.* Englewood Cliffs, NJ: Prentice-Hall, 1963.

Davis, Ralph Currier. *The Fundamentals of Top Management.* New York: Harper & Brothers, 1951. https://archive.org/details/fundamentalsofto030299mbp

Deal, Terrence E. & Allan A. Kennedy. *Corporate Cultures: The Rites and Rituals of Corporate Life.* Boston: Addison-Wesley, 1982.

Dillerup, Ralf & Roman Stoi. *Unternehmensführung.* 4., komplett überarbeitete und erweiterte Auflage. München: Verlag Franz Vahlen, 2013.

Dixon, Matthew, Karen Freeman & Nicholas Toman. «Stop Trying to Delight your Customers.» *Harvard Business Review* 88.7/8 (2010): 116–122.

Drucker, Peter Ferdinand. «Management and the World's Work.» *Harvard Business Review* 66.5 (1988): 65–76.

Drucker, Peter Ferdinand. *Was ist Management? Das Beste aus 50 Jahren.* Aus dem Amerikanischen von Stephan Gebauer. Mit einem Vorwort von Hermann Simon. München: Econ, 2002.

Drucker, Peter Ferdinand. *The Practice of Management.* Oxford: Butterworth-Heinemann/Elsevier, 2007. Originally published 1955.

Drucker, Peter Ferdinand (with Joseph A. Maciariello). *Management.* Revised Edition. New York: Collins, 2008.

Dubs, Rolf. *Wirtschaftliche Grundbegriffe. Einführung in die Unternehmensführung.* 6. Auflage. Zürich: Verlag des Schweizerischen Kaufmännischen Verbandes, 1990. (Betriebswirtschaftslehre und Rechtskunde, Band 1)

Duffy, Daniel J. «Authority considered from an operational point of view.» *The Journal of the Academy of Management* 2.3 (1959): 167–176.

Dyllick, Thomas. *Ökologisch bewußtes Management.* Bern: Schweizerische Volksbank, 1990. (Reihe «Die Orientierung» (Schriftenreihe der Schweizerischen Volksbank), Nr. 96)

Eccles, Robert G. & Nitin Nohria. *Beyond the Hype. Rediscovering the Essence of Management.* Boston, MA: Harvard Business School Press, 1992.

Erk, Christian. *Rationierung im Gesundheitswesen – Eine wirtschafts- und sozialethische Analyse der Rationierung nach Selbstverschulden.* Berlin & Boston: Walter de Gruyter, 2015.

Erk, Christian. *Was ist ein System? Eine Einführung in den klassischen Systembegriff.* Wien & Zürich: LIT Verlag, 2016.

Erk, Christian. *Moral Philosophy. Fundamental Concepts.* Second, revised and expanded Edition. Neunkirchen-Seelscheid: editiones scholasticae, 2019.

Fayol, Henry. *Administration Industrielle et Générale.* Paris: Dunod, 1916.

Fayol, Henry. *Industrial and General Administration.* Translated from the French Edition by Constance Storrs with a Foreword by Lyndall Urwick. London: Sir Isaac Pitman & Sons, 1949.

Ford, Robert C. & Cherrill P. Heaton. P*rinciples of Management. A Decision-Making Approach.* Reston: Reston Publishing Company (Prentice Hall), 1980.

Freeman, R. Edward. *Strategic Management: A Stakeholder Approach.* Boston: Pitman, 1984.

Freiling, Jörg & Martin Reckenfelderbäumer. *Markt und Unternehmung. Eine marktorientierte Einführung in die Betriebswirtschaftslehre.* 3., überarbeitete und erweiterte Auflage. Wiesbaden: Gabler, 2010.

French, John R. P. & Bertram Raven. «The Bases of Social Power.» In: Cartwright, Dorwin (Ed.). *Studies in Social Power.* Ann Arbor, MI: Institute for Social Research, 1959. S. 150–167.

Frey, Arthur, Jean-Marcel Kobi, Peter Wissmann & Hans A. Wüthrich (1984). «Wie gestaltet man eine starke Unternehmenskultur?» In: Allgemeine Treuhand AG (ATAG) (Hrsg.). *Die Bedeutung der Unternehmenskultur für den künftigen Erfolg Ihres Unternehmens. Referate anlässlich der ATAG-Tagung vom 3. Mai 1984 im Grand Hotel Dolder, Zürich.* Zürich: Allgemeine Treuhand AG (ATAG), 1984. S. 43–52.

Frow, Pennie, Suvi Nenonen, Adrian Payne & Kaj Storbacka. «Managing Co-Creation Design: A Strategic Approach to Innovation.» *British Journal of Management* 26.3 (2015): 463–483.

Fueglistaller, Urs. *Charakteristik und Entwicklung von Klein- und Mittelunternehmen (KMU).* St.Gallen: KMU Verlag HSG, 2004.

Gälweiler, Aloys. *Strategische Unternehmensführung.* 3. Auflage. Frankfurt a. M.: Campus Verlag, 2005.

Gassmann, Oliver, Karolin Frankenberger & Michaela Csik. *The Business Model Navigator: 55 Models That Will Revolutionise Your Business.* Harlow: Pearson, 2014.

Gassmann, Oliver, Karolin Frankenberger & Michaela Csik. *Geschäftsmodelle entwickeln. 55 innovative Konzepte mit dem St. Galler Business Model Navigator.* 2., überarbeitete und erweiterte Auflage. München: Carl Hanser Verlag, 2017.

Gast, Walter F. *Principles of Management.* St. Louis University, 1952.

Glasl, Friedrich. «Übersicht über die Entwicklungsphasen eines Unternehmens.» In: Glasl, Friedrich & Bernard Lievegoed. *Dynamische Unternehmensentwicklung. Grundlagen für nachhaltiges Change Management.* 5., erweiterte und aktualisierte Auflage. Bern: Haupt Verlag/ Stuttgart: Verlag Freies Geistesleben, 2016. S. 55–68.

Göbel, Elisabeth. *Unternehmensethik. Grundlagen und praktische Umsetzung.* 5., überarbeitete und aktualisierte Auflage. Konstanz & München: UVK Verlagsgesellschaft, 2017.

Göbel, Elisabeth. *Entscheidungstheorie.* 2. überarbeitete Auflage. Studienausgabe. Konstanz & München: UVK Verlagsgesellschaft, 2018. (utb 8563)

Goffee, Rob & Gareth Jones. *The Character of a Corporation. How Your Company's Culture Can Make or Break Your Business.* 2nd Edition. London: Profile Books, 2003.

Goffee, Rob & Gareth Jones. «What Holds the Modern Company Together?» *Harvard Business Review* 74.6 (1996): 133–148.

Gomez, Peter. «Methode VI: Einführung in das vernetzte Denken.» In: Dubs, Rolf, Dieter Euler, Johannes Rüegg-Stürm & Christina E. Wyss (Hrsg.). *Einführung in die Managementlehre. Band 5: Teile J – K.* 2., korrigierte Auflage. Bern, Stuttgart & Wien: Haupt Verlag, 2009. S. 91–109.

Gomez, Peter & Gilbert J. B. Probst. *Vernetztes Denken im Management.* Bern: Schweizerische Volksbank, 1987. (Reihe «Die Orientierung» (Schriftenreihe der Schweizerischen Volksbank), Nr. 89)

Gomez, Peter & Gilbert J. B. Probst. *Praxis des ganzheitlichen Problemlösens. Vernetzt denken – Unternehmerisch handeln – Persönlich überzeugen.* 3., unveränderte Auflage. Bern, Stuttgart & Wien: Haupt Verlag, 1999.

Gomez, Peter, Mark Lambertz & Timo Meynhardt. *Verantwortungsvoll führen in einer komplexen Welt: Denkmuster – Werkzeuge – Praxisbeispiele.* Bern: Haupt Verlag, 2019.

Gomez-Mejia, Luis R., David B. Balkin & Robert L. Cardy. *Management: People, Performance, Change.* Boston, MA: McGraw-Hill, 2008.

Graicunas, Vytautas Andrius. «Relationship in Organization.» Gulick, Luther & Lyndal Fownes Urwick (Eds.). *Papers on the Science of Administration.* New York: Institute of Public Administration, Columbia University, 1937. S. 181–187. Available at: https://archive.org/details/papersonscienceo00guli Originally published under the same title in: Bulletin of the International Management Institute 7 (March 1933): 39–42.

Grant, Robert M. *Contemporary Strategy Analysis.* Ninth Edition. Chichester: John Wiley & Sons, 2016.

Greiner, Larry E. «Evolution and Revolution as Organizations Grow.» *Harvard Business Review* 50.4 (1972): 37–46.

Grichnik, Dietmar, Manuel Heß, Torben Antretter, Britta Pukall & Diego Probst. *Startup Navigator: Das Handbuch.* Frankfurt: Frankfurter Allgemeine Buch, 2017.

Gulick, Luther Halsey. «Notes on the Theory of Organization.» In: Gulick, Luther H. & Lyndall Urwick (Eds.). *Papers on the Science of Administration.* New York: Institute of Public Administration, Columbia University, 1937. S. 3–35. Available at: https://archive.org/details/papersonscienceo00guli

Haberfellner, Reinhard, Olivier de Weck, Ernst Fricke & Siegfried Vössner (Hrsg.). *Systems Engineering. Grundlagen und Anwendung.* 12., völlig neu bearbeitete und erweiterte Auflage. Zürich: orell füssli Verlag, 2012.

Hahn, Dietger. «Führung des Systems Unternehmung.» In: Bleicher, Knut (Hrsg.). *Organisation als System.* Wiesbaden: Betriebswirtschaftlicher Verlag Dr. Th. Gabler, 1972. S. 297–315. Ursprünglich publiziert unter dem gleichen Titel in: Zeitschrift für Organisation 4 (1971): 161–169.

Hambrick, Donald C. & James W. Fredrickson. «Are you sure you have a strategy?» *Academy of Management Executive* 15.4 (2001): 48–59.

Hamel, Gary. *Leading the Revolution: How to Thrive in Turbulent Times by Making Innovation a Way of Life.* Boston, MA: Harvard Business School Press, 2000.

Hamel, Gary. «The Why, What, and How of Management Innovation.» *Harvard Business Review* 84.2 (2006): 72–84.

Hamilton, Ian Standish Monteith. *The Soul & Body of an Army.* London: Edward Arnold & Company, 1921.

Handy, Charles Brian. *Gods of Management: The Changing Work of Organizations.* 4th Edition. New York, NY: Oxford University Press, 1995.

Handy, Charles Brian. *Understanding Organizations.* 4th Edition. Reprinted with a new foreword and a new introduction. London: Penguin Books, 1999.

Heinen, Edmund. *Einführung in die Betriebswirtschaftslehre.* Neunte, verbesserte Auflage. Wiesbaden: Betriebswirtschaftlicher Verlag Dr. Th. Gabler, 1985.

Herzberg, Frederick. «One More Time: How Do You Motivate Employees?» *Harvard Business Review* 46.1 (1968): 53–62.

Hill, Michael D. «Kluckhohn and Strodtbeck's Values Orientation Theory.» *Online Readings in Psychology and Culture* 4.4 (2002): 1–14.

Hofstede, Geert Hendrik, Gert Jan Hofstede & Michael Minkov. *Cultures and Organizations – Software of the Mind. Intercultural Cooperation and its Importance for Survival.* Revised and expanded 3rd Edition. New York: McGraw-Hill, 2010.

Honegger, Jürg. *Vernetztes Denken und Handeln in der Praxis. Mit Netmapping und Erfolgslogik schrittweise von der Vision zur Aktion: Komplexität verstehen – Ziele erreichen – Hebel wirksam nutzen.* 2. Auflage. Zürich: Versus Verlag, 2011.

Hub, Hanns. *Unternehmensführung.* Wiesbaden: Gabler, 1982. (Reihe Moderne Wirtschaftsbücher, Band 2.01)

Jacques, Elliott. *The Changing Culture of a Factory.* London: Tavistock Publications Limited, 1951.

John, Rob. *Venture Philanthropy: The Evolution of High Engagement Philanthropy in Europe.* Working Paper: Oxford: Skoll Centre for Social Entrepreneurship, Saïd Business School, 2006. Eingesehen über https://www.sbs.ox.ac.uk/faculty-research/skoll/what-we-do/research-for-action/reports-and-publications und http://eureka.sbs.ox.ac.uk/745/1/VenturePhilanthropyinEur opeRobJohnspaper.pdf

Johnson, Mark W., Clayton M. Christensen & Henning Kagermann. «Reinventing your Business Model.» *Harvard Business Review* 86.12 (2008): 51–59.

Jones, Gareth R. & Ricarda B. Bouncken. *Organisation: Theorie, Design und Wandel.* 5., aktualisierte Auflage. München: Pearson Studium, 2008.

Jones, Gareth R. & Jennifer M. George. *Essentials of Contemporary Management.* 7th Edition. New York: McGraw-Hill Education, 2017.

Junckerstorff, Kurt. *Grundzüge des Management. Einführung in Theorie und Praxis der Unternehmensleitung.* Unter Mitarbeit von Professor Walter F. Gast. Wiesbaden: Betriebswirtschaftlicher Verlag Dr. Th. Gabler, 1960.

Käppeli, Michael. *Betriebswirtschaft und Unternehmensführung. Unternehmerisches Denken und Handeln.* 3., aktualisierte Auflage. Zürich: Versus Verlag, 2016

Kano, Noriaki, Nobuhiko Seraku, Fumio Takahashi & Shin-ichi Tsuji. «Attractive Quality and Must-be Quality.» *Journal of the Japanese Society for Quality Control* 14.2 (1984): 147–156.

Kieser, Alfred & Peter Walgenbach. *Organisation.* 6., überarbeitete Auflage. Stuttgart: Schäffer-Poeschel, 2010.

Kinicki, Angelo & Brian K. Williams. *Management. A Practical Introduction.* Sixth Edition. New York: McGraw-Hill/Irwin, 2013.

Klein, Gary A. «Strategies of Decision Making.» *Military Review* LXIX.5 (1989): 56–64. Available at: https://www.researchgate.net/publication/235097276_Strategies_of_Decision_Making

Klein, Gary A. «A Recognition-Primed Decision (RPD) Model of Rapid Decision Making.» In: Klein, Gary A., Judith Orasanu, Roberta Calderwood & Caroline E. Zsambok (Eds.). *Decision Making in Action: Models and Methods.* Norwood, NJ: Ablex Publishing Corporation, 1993. S. 138–147.

Klein, Gary A. *Sources of Power: How People Make Decisions.* Cambridge, MA: MIT Press, 1999.

Klein, Gary A. *Natürliche Entscheidungsfindung. Über die «Quellen der Macht», die unsere Entscheidungen lenken.* Paderborn: Junfermann Verlag, 2003.

Klein, Gary A. «Naturalistic Decision Making.» *Human Factors* 50.3 (2008): 456–460.

Kluckhohn, Florence Rockwood & Fred L. Strodtbeck. *Variations in Value Orientations.* Evanston, Ill.: Row, Peterson and Co., 1961.

Kobi, Jean-Marcel & Hans A. Wüthrich. *Unternehmenskultur verstehen, erfassen und gestalten.* Landsberg am Lech: Verlag Moderne Industrie, 1986.

Koontz, Harold & Cyril O'Donnell. *Principles of Management: An Analysis of Managerial Functions.* 5th ed. New York: McGraw-Hill, 1972.

Koontz, Harold & Heinz Weihrich. *Essentials of Management. An International Perspective.* 8th Edition. New Delhi et al.: Tata McGraw-Hill Education, 2010.

Kosiol, Erich. *Organisation der Unternehmung.* 2., durchgesehene Auflage. Wiesbaden: Springer Fachmedien, 1976.

Kotler, Philip. *Kotler on Marketing.* New York: The Free Press, 1999.

Kotler, Philip & Friedhelm Bliemel. *Marketing-Management. Analyse, Planung und Verwirklichung.* 10., überarbeitete und aktualisierte Auflage. Stuttgart: Schäffer-Poeschel Verlag, 2001.

Kotter, John P. «Leading Change: Why Transformation Efforts Fail.» *Harvard Business Review* 73.2 (1995): 59–67.

Kotter, John P. *Leading Change.* With a New Preface by the Author. Boston, MA: Harvard Business Review Press, 2012a.

Kotter, John P. «Accelerate!» *Harvard Business Review* 90.11 (2012b): 45–58.

Kotter, John P. *Accelerate: Building strategic Agility for a faster-moving World.* Boston, MA: Harvard Business Review Press, 2014.

Kotler, Philip & Kevin Lane Keller. *Marketing Management.* 15th Edition. Harlow, UK: Pearson, 2016.

Kreitner, Robert. *Management.* Eleventh Edition. Boston & New York: Houghton Mifflin Harcourt Publishing Company, 2009.

Krummenacher, Alfred, Jean-Paul Thommen & Daniel Brodmann. *Einführung in die Betriebswirtschaft. Mit Bankbetriebs- und Versicherungslehre.* 5., überarbeitete Auflage. Zürich: Versus Verlag, 2016.

Kuß, Alfred & Thorsten Tomczak. *Marketingplanung. Einführung in die marktorientierte Unternehmens- und Geschäftsfeldplanung.* 3., überarbeitete Auflage. Wiesbaden: Gabler, 2002.

Kuß, Alfred & Thorsten Tomczak. *Käuferverhalten. Eine marketingorientierte Einführung.* 4., überarbeitete Auflage. Stuttgart: Lucius & Lucius, 2007. (utb 1604; Reihe Grundwissen der Ökonomik)

Laloux, Frédéric. Reinventing Organizations: A Guide to Creating Organizations Inspired by the Next Stage of Human Consciousness. Brussels: Nelson Parker, 2014.

Laloux, Frédéric. Reinventing Organizations visuell: Ein illustrierter Leitfaden sinnstiftender Formen der Zusammenarbeit. Mit illustrationen von Etienne Appert. Aus dem Englischen übersetzt von Mike Kauschke. München: Verlag Franz Vahlen, 2017.

Lang, Rainhart. «Informelle Organisation.» In: Schreyögg, Georg & Axel von Werder (Hrsg.). *Handwörterbuch Unternehmensführung und Organisation.* 4., völlig neu bearbeitete Auflage. Stuttgart: Schäffer-Poeschel Verlag, 2004. S. 497–505.

Langer, Inghard, Friedemann Schulz von Thun & Reinhard Tausch. *Sich verständlich ausdrücken.* 10. Auflage. München & Basel: Ernst-Reinhard Verlag, 2015.

Langley, Ann. «Strategies for Theorizing from Process Data.» *The Academy of Management Review* 24.4 (1999): 691–710.

Lansburgh, Richard H. *Industrial Management.* 2nd Edition. New York: John Wiley & Sons, 1928.

Lambert, Johann Heinrich. «Fragment einer Systematologie (1787, 1782).» In: Bernoulli, Johann (Hrsg.). *Joh. Heinrich Lamberts ehemaligen Königl. Preuß. Oberbaurathes und ordentl. Mitgliedes der Königl. Academie der Wissenschaften zu Berlin etc. logische und philosophische Abhandlungen. Band 2.* Berlin & Leipzig: 1787. S. 385–413. Neudruck in: Lambert, Johann Heinrich. Texte zur Systematologie und zur Theorie der wissenschaftlichen Erkenntnis. Herausgegeben von Geo Siegwart. Texbearbeitung von Horst D. Brandt. Hamburg: Meiner Verlag, 1988. (Philosophische Bibliothek, Band 406) S. 132–144.

Lengel, Robert H. & Richard L. Daft. «The Selection of Communication Media as an Executive Skill.» *The Academy of Management Executive* 2.3 (1988): 225–232.

Levin, Ira M. «*Vision Revisited. Telling the Story of the Future.*» Journal of Applied Behavioral Science 36.1 (2000): 91–107.

Levitt, Theodore. *Thinking about Management*. New York: The Free Press, 1991.

Levitt, Theodore. *Über Management*. Deutsche Übersetzung von Sonja Schuhmacher. Frankfurt & New York: Campus Verlag, 1992.

Lewin, Kurt. «Frontiers in Group Dynamics: Concept, Method and Reality in Social Science; Social Equilibria and Social Change.» *Human Relations* 1.1 (1947): 5–41.

Linz, Carsten, Günter Müller-Stewens & Alexander Zimmermann. *Radical Business Model Transformation. Gaining the Competitive Edge in a Disruptive World*. London: Kogan Page, 2017.

Lipshitz, Raanan, Gary A. Klein, Judith Orasanu & Eduardo Salas. «Taking Stock of Naturalistic Decision Making.» *Journal of Behavioral Decision Making* 14.5 (2001): 331–352.

Litterer, Joseph August. «Introduction.» In: Litterer, Joseph August (Ed.). *Organisations: Structure and Behaviour*. New York & London: John Wiley, 1963.

Locke, Edwin A. *The Essence of Leadership*. New York: Lexington Books, 1991.

Locke, Edwin A. & Gary P. Latham. *A Theory of Goal Setting and Task Performance*. Englewood Cliffs, NJ: Prentice Hall, 1990.

Lombriser, Roman & Peter A. Abplanalp. *Strategisches Management: Visionen entwickeln, Erfolgspotenziale aufbauen, Strategien umsetzen*. 6., vollständig überarbeitete und aktualisierte Auflage. Zürich: Versus Verlag, 2015.

Macharzina, Klaus & Joachim Wolf. *Unternehmensführung. Das internationale Managementwissen: Konzepte – Methoden – Praxis*. 8., vollständig überarbeitete und erweiterte Auflage. Wiebaden: Springer Gabler, 2012.

Mackenzie, R. Alec. «The Management Process in 3-D.» *Harvard Business Review* 47.6 (1969): 80–87.

Magretta, Joan. *What Management Is. How it works and why it's everyone'e business*. New York: The Free Press, 2002.

Malik, Fredmund. *Management-Systeme*. Bern: Schweizerische Volksbank, 1981. (Reihe «Die Orientierung» (Schriftenreihe der Schweizerischen Volksbank), Nr. 78)

Malik, Fredmund. «Die Unternehmungskultur als Problem von Managementlehre und Managementpraxis.» In: Lattmann, Charles (Hrsg.). *Die Unternehmenskultur: Ihre Grundlagen und ihre Bedeutung für die Führung der Unternehmung*. Heidelberg: Physica-Verlag, 1990. S. 21–39.

Malik, Fredmund. «Evolution und Management.» In: Malik, Fredmund. *Systemisches Management, Evolution, Selbstorganisation. Grundprobleme, Funktionsmechanismen und Lösungsansätze für komplexe Systeme*. Bern, Stuttgart & Wien: Verlag Paul Haupt, 1993. S. 134–141. Ursprünglich gehalten als Vortrag anläßlich des Symposiums ‹Evolution und Management› der Österreichische Investitionskredit AG, Wien, am 26.02.1987 und publiziert in: Evolution und Management. Schriftenreihe der Österreichische Investitionskredit AG, Neue Folge, Band 16, Wien 1987.

Malik, Fredmund. *Managing Performing Living. Effective Management for a New Era*. Translation, Coordination and Review by Peter Franklin and Sebastian Hetzler. Stuttgart & München: Deutsche Verlags-Anstalt, 2003.

Malik, Fredmund. *Führen Leisten Leben. Wirksames Management für eine neue Zeit*. Neuausgabe. Frankfurt & New York: Campus Verlag, 2006.

Malik, Fredmund. Management. *Das A und O des Handwerks*. Frankfurt & New York: Campus Verlag, 2007. (Reihe «Management: Komplexität meistern», Band 1)

Malik, Fredmund. *Unternehmenspolitik und Corporate Governance. Wie Unternehmen sich selbst organisiseren*. Frankfurt & New York: Campus Verlag, 2008. (Reihe «Management: Komplexität meistern», Band 2)

Malik, Fredmund. *Management. The Essence of the Craft*. Translated from German by Jutta Scherer. Frankfurt & New York: Campus Verlag, 2010. (Reihe «Management: Mastering Complexity», Volume 1)

Malik, Fredmund. *Corporate Policy and Governance. How Organizations Self-Organize.* Translated from German by Jutta Scherer. Frankfurt & New York: Campus Verlag, 2011. (Reihe «Management: Mastering Complexity», Volume 2)

Maslow, Abraham. «A Theory of Human Motivation.» *Psychological Review* 50.4 (1943): 370–396.

Maslow, Abraham. *The Farther Reaches of Human Nature.* New York: Penguin Group, 1971.

Mayer, Colin. *Firm Commitment: Why the Corporation is Failing Us?* Oxford: Oxford University Press, 2013.

Meier-Hayoz, Arthur, Peter Forstmoser & Rolf Sethe. *Schweizerisches Gesellschaftsrecht. Mit neuem Firmen- und künftigen Handelsregisterrecht und unter Einbezug der Aktienrechtsreform.* 12., vollständig neu bearbeitete Auflage. Bern: Stämpfli, 2018.

McGregor, Douglas. «The Human Side of Enterprise.» *The Management Review* 46.11 (1957): 22–28.

McGregor, Douglas. *The Human Side of Enterprise.* New York, N.Y.: McGraw-Hill, 1960.

Melé, Domènec. "Integrating Personalism into Virtue-Based Business Ethics: The Personalist and the Common Good Principles." *Journal of Business Ethics* 88.1 (2009): 227–244.

Messner, Johannes. *Das Naturrecht. Handbuch der Gesellschaftsethik, Staatsethik und Wirtschafts-ethik.* Achte, unveränderte Auflage. Berlin: Duncker & Humblot, 2018.

Mintzberg, Henry. «Patterns in Strategy Formation.» *Management Science* 24.9 (1978): 934–948.

Mintzberg, Henry. «The Manager's Job: Folklore and Fact.» *Harvard Business Review* 68.2 (1990): 163–176. Ursprünglich erschienen unter gleichem Titel in: *Harvard Business Review* 53.4 (1975): 49–61.

Mintzberg, Henry. *The Rise and Fall of Strategic Planning: Reconceiving Roles for Planning, Plans, Planners.* New York: Free Press, 1994.

Mintzberg, Henry. *Managing.* San Francisco: Berrett-Koehler Publishers, 2009.

Mintzberg, Henry. *Managen.* Aus dem Amerikanischen von Nikolas Bertheau. Offenbach: GABAL Verlag, 2010.

Mintzberg, Henry & James A. Waters. «Of Strategies, Deliberate and Emergent.» *Strategic Management Journal* 6.3 (1985): 257–272.

Mintzberg, Henry, Bruce Ahlstrand & Joseph Lampel. *Strategy Safari. Your Complete Guide through the Wilds of Strategic Management.* Second Edition. London: Prentice-Hall, 1998.

Mitchell, Ronald K., Bradley R. Agle & Donna J. Wood. "Toward a Theory of Stakeholder Identification and Salience: Defining the Principle of Who and What Really Counts." *The Academy of Management Review* 22.4 (1997): 853–886.

Mol, Michael J. & Julian Birkinshaw. «The Sources of Management Innovation: When Firms introduce new Management Practices.» *Journal of Business Research* 62.12 (2009): 1269–1280.

Müller, Rainer. *Krisenmanagement in der Unternehmung: Vorgehen, Maßnahmen, Organisation.* 2., überarbeitete und erweiterte Auflage. Frankfurt: Lang, 1986.

Müller-Stewens, Günter & Christoph Lechner. *Strategisches Management: Wie strategische Initiativen zum Wandel führen. Der Strategic Management Navigator.* 5., überarbeitete Auflage. Stuttgart: Schäffer-Poeschel, 2016.

Northouse, Peter Guy. *Leadership: Theory and Practice.* 6th Edition. Thousand Oaks, CA: Sage Publications, 2013.

Orasanu, Judith & Terry Connolly. «The Reinvention of Decision Making.» In: Klein, Gary A., Judith Orasanu, Roberta Calderwood & Caroline E. Zsambok (Eds.). *Decision Making in Action: Models and Methods.* Norwood, NJ: Ablex Publishing Corporation, 1993. S. 3–20.

Pearce, Craig L., Charles C. Manz & Henry P. Sims. «Where Do We Go From Here? Is Shared Leadership the Key to Team Success?» *Organizational Dynamics* 38.3 (2009): 234–38.

Pigneur, Yves & Alexander Osterwalder. *Business Model Generation. A Handbook for Visionaries, Game Changers, and Challengers.* Hoboken, NJ: John Wiley & Sons, 2010.

Porter, Michael Eugene. *Competitive Advantage: Creating and Sustaining Superior Performance.* With a new Introduction. New York: Free Press, 1998a.

Porter, Michael Eugene. *Competitive Strategy: Techniques for Analyzing Industries and Competitors.* With a new Introduction. New York: Free Press, 1998b.

Porter, Michael E. «The five competitive forces that shape Strategy.» *Harvard Business Review* 86.1 (2008): 79–93.

Probst, Gilbert J. B. «Variationen zum Thema Management-Philosophie.» *Die Unternehmung* 37.4 (1983): 322–332.

Probst, Gilbert J. B. «Soziale Institutionen als selbstorganisierende, entwicklungsfähige Systeme.» In: Bauer, Leonhard & Herbert Matis (Hrsg.). *Evolution – Organisation – Management. Zur Entwicklung und Selbststeuerung komplexer Systeme.* Berlin: Duncker & Humblot, 1989. S. 145–159. (Beiträge zur Verhaltensforschung, Band 27)

Puckey, Walter. *What is this Management?* Second Impression. London: Chapman & Hall Ltd., 1945.

Pümpin, Cuno. «Unternehmenskultur, Unternehmensstrategie und Unternehmenserfolg.» In: Allgemeine Treuhand AG (ATAG) (Hrsg.). *Die Bedeutung der Unternehmenskultur für den künftigen Erfolg Ihres Unternehmens. Referate anlässlich der ATAG-Tagung vom 3. Mai 1984 im Grand Hotel Dolder, Zürich.* Zürich: Allgemeine Treuhand AG (ATAG), 1984. S. 11–26.

Pümpin, Cuno. *Strategische Erfolgs-Positionen. Methodik der dynamischen strategischen Unternehmensführung.* Bern: Verlag Paul Haupt, 1992.

Pümpin, Cuno, Jean-Marcel Kobi & Hans A. Wüthrich. *Unternehmenskultur: Basis strategischer Profilierung erfolgreicher Unternehmen.* Bern: Schweizerische Volksbank, 1985. (Reihe «Die Orientierung» (Schriftenreihe der Schweizerischen Volksbank), Nr. 85)

Robbins, Stephen P., David A. DeCenzo & Mary Coulter. *Fundamentals of Management. Essential Concepts and Applications.* Eighth Edition. Boston et al.: Pearson, 2013.

Rowley, Timothy J. «Moving beyond Dyadic Ties: A Network Theory of Stakeholder Influences.» *The Academy of Management Review* 22.4 (1997): 887–910.

Rüegg-Stürm, Johannes. *Das neue St. Galler Management-Modell. Grundkategorien einer integrierten Managementlehre: Der HSG-Ansatz.* 2., durchgesehene und korrigierte Auflage. Bern, Stuttgart & Wien: Haupt Verlag, 2003. Ebenfalls abgedruckt als: Rüegg-Stürm, Johannes. «Das neue St.Galler Management-Modell.» In: Dubs, Rolf, Dieter Euler, Johannes Rüegg-Stürm & Christina E. Wyss (Hrsg.). *Einführung in die Managementlehre. Band 1: Teil A – E.* 2., korrigierte Auflage. Bern, Stuttgart & Wien: Haupt Verlag, 2009. S. 65–134.

Rüegg-Stürm, Johannes & Simon Grand. *Das St.Galler Management-Modell.* 2., vollständig überarbeitete und grundlegend weiterentwickelte Auflage. Bern: Haupt Verlag, 2015.

Rüegg-Stürm, Johannes & Simon Grand. *Das St.Galler Management-Modell: Management in einer komplexen Welt.* Bern: Haupt Verlag, 2019. (utb 5092)

Rüsen, Tom A. *Krisen und Krisenmanagement in Familienunternehmen: Schwachstellen erkennen, Lösungen erarbeiten, Existenzbedrohung meistern.* 2. Auflage. Wiesbaden: Springer Fachmedien Wiesbaden, 2017.

Sackmann, Sonja. *Unternehmenskultur: Erkennen – Entwickeln – Verändern. Erfolgreich durch kulturbewusstes Management.* 2., vollständig überarbeitete und erweiterte Aufage. Wiesbaden: Springer Gabler, 2017.

Sagmeister, Simon. *Business Culture Design: Gestalten Sie Ihre Unternehmenskultur mit der Culture Map.* Frankfurt a. M.: Campus Verlag, 2016.

Sathe, Vijay. «Implications of Corporate Culture: A Manager's Guide to Action.» *Organizational Dynamics* 12.2 (1983): 5–23.

Schein, Edgar H. *The Corporate Culture Survival Guide.* New and revised Edition. San Francisco: Jossey-Bass, 2009.

Schein, Edgar H. *Organizational Culture and Leadership. A Dynamic View.* 4th Edition. San Francisco: Jossey-Bass, 2010.

Schein, Edgar H. (with Peter Schein). *Organizational Culture and Leadership.* 5th Edition. Hoboken: John Wiley & Sons, 2017.

Schermerhorn, John R. *Introduction to Management.* Twelfth Edition. Singapore: Wiley, 2013.

Schulte-Zurhausen, Manfred. *Organisation.* 6., überarbeitete und aktualisierte Auflage. München: Verlag Fanz Vahlen, 2014.

Schulz von Thun, Friedemann. *Miteinander Reden 1: Störungen und Klärungen. Allgemeine Psychologie der Kommunikation.* Reinbek bei Hamburg: Rowohlt Taschenbuch Verlag, 1981.

Schulz von Thun, Friedemann, Johannes Ruppel & Roswitha Stratmann. *Miteinander reden: Kommunikationspsychologie für Führungskräfte.* 16. Auflage. Reinbek bei Hamburg: Rowohlt Taschenbuchverlag, 2016.

Schwaninger, Markus. *Managementsysteme.* Frankfurt & New York: Campus, 1994.

Schwaninger, Markus. „Was ist ein Modell?" In: Dubs, Rolf, Dieter Euler, Johannes Rüegg-Stürm & Christina E. Wyss (Hrsg.). *Einführung in die Managementlehre. Band 1: Teil A – E.* 2., korrigierte Auflage. Stuttgart & Wien: Haupt Verlag, 2009. S. 53–62.

Schwartz, Shalom. «A Theory of Cultural Value Orientations: Explication and Applications.» *Comparative Sociology* 5.2–3 (2006): 137–182.

Shannon, Claude E. & Warren Weaver. *The Mathematical Theory of Communication.* Tenth Printing. Urbana, Illinois: University of Illinois, 1964.

Sherwood, Dennis. *Seeing the Forest for the Trees: A Manager's Guide to Applying Systems Thinking.* London: Nicholas Brealey Publishing, 2002.

Silverzweig, Stan & Robert F. Allen. «Changing the Corporate Culture.» *Sloan Management Review* 17.3 (1976): 33–49.

Sinek, Simon. *Start with Why: How Great Leaders Inspire Everyone to Take Action.* New York: Penguin Books, 2011.

Stähler, Patrick. *Das Richtige gründen. Werkzeugkasten für Unternehmer.* 4., überarbeitete und aktualisierte Auflage. Hamburg: Murmann Publishers, 2019.

Stähler, Patrick. *Geschäftsmodelle in der digitalen Ökonomie: Merkmale, Strategien und Auswirkungen.* 2. Auflage. Lohmar & Köln: Josef Eul Verlag, 2002. (Reihe «Electronic Commerce», Band 7) Ursprünglich 2001 unter dem Titel «Merkmale von Geschäftsmodellen in der digitalen Ökonomie» publiziert als Dissertation Universität St. Gallen (Nr. 2562).

Steinmann, Horst & Georg Schreyögg. *Management. Grundlagen der Unternehmensführung: Konzepte – Funktionen – Fallstudien.* Unter Mitarbeit von Jochen Koch. 6., vollständig überarbeitete Auflage. Wiesbaden: Gabler, 2005.

Stogdill, Ralph M. «Leadership, Membership and Organization.» *Psychological Bulletin* 47.1 (1950): 1–14.

Stoner, James Arthur Finch, R. Edward Freeman & Daniel R. Gilbert. *Management.* Englewood Cliffs, NJ: Prentice-Hall, 1995.

Suchman, Mark C. «Managing Legitimacy: Strategic and Institutional Approaches.» *Academy of Management Review* 20.3 (1995): 571–610.

Tannenbaum, Robert & Warren H. Schmidt. «How to choose a leadership pattern.» *Harvard Business Review* 36.2 (1958): 95–102.

Teixeira, Thales S. (with Greg Piechota). *Unlocking the Customer Value Chain: How Decoupling Drives Consumer Disruption.* New York: Currency, 2019.

Tengblad, Stefan. «Management Practice – and the Doing of Management.» In: Wilkinson, Adrian, Steven J. Armstrong & Michael Lounsbury (Eds.). *The Oxford Handbook of Management.* Oxford: Oxford University Press, 2017. S. 325–342.

Tengblad, Stefan & Ola Edvin Vie. «Management in Practice: Overview of Classical Studies on Managerial Work.» In: Tengblad, Stefan (Ed.). *The Work of Managers – Towards a Practice Theory of Management.* Oxford University Press, 2012. S. 18–44.

Thommen, Jean-Paul. *Management und Organisation. Konzepte – Instrumente – Umsetzung.* Zürich: Versus Verlag, 2002.

Thommen, Jean-Paul. *Betriebswirtschaftlehre.* 7. Auflage. Zürich: Versus Verlag, 2007

Thommen, Jean-Paul. *Management. Eine Einführung in das allgemeine und das strategische Management.* Zürich: Versus Verlag, 2011.

Thommen, Jean-Paul. *Betriebswirtschaft und Management. Eine managementorientierte Betriebs-wirtschaftslehre.* 10., überarbeitete und erweiterte Auflage. Zürich: Versus Verlag, 2016.

Thommen, Jean-Paul & Stefan N. Grösser. *Wirtschaft, Unternehmen, Management. Eine Ein-führung in die Betriebswirtschaftslehre.* 4., überarbeitete und erweiterte Auflage. Zürich: Versus Verlag, 2015

Thommen, Jean-Paul, Ann-Kristin Achleitner, Dirk Ulrich Gilbert, Dirk Hachmeister & Gernot Kaiser. *Allgemeine Betriebswirtschaftslehre. Umfassende Einführung aus management-orientierter Sicht.* 8., vollständig überarbeitete Auflage. Wiesbaden: Springer Gabler, 2017.

Tomczak, Torsten, Felicitas Morhart & Wolfgang Jenewein. «Markenorientierte Mitarbeiter-führung.» In: Bauer, Hans H., Frank Huber & Carmen-Maria Albrecht (Hrsg.). *Erfolgsfaktoren der Markenführung: Know-how aus Forschung und Management.* München: Verlag Franz Vahlen, 2007. S. 179–191.

Ulrich, Hans. *Management.* Herausgegeben von Thomas Dyllick und Gilbert J. B. Probst. Bern & Stuttgart: Haupt Verlag, 1984.

Ulrich, Hans. «Management-Philosophie in einer sich wandelnden Gesellschaft.» In: Hahn, Dietger & Bernard Taylor (Hrsg.). *Strategische Unternehmungsplanung – Strategische Unter-nehmungsführung. Stand und Entwicklungstendenzen.* Fünfte, neu bearbeitete und erweiterte Auflage. Berlin & Heidelberg: Springer Verlag, 1990. S. 825–837.

Ulrich, Hans. *Die Unternehmung als produktives soziales System. Grundlagen der allgemeinen Unternehmungslehre.* Bern, Stuttgart & Wien: Verlag Paul Haupt, 2001a. (Reihe «Hans Ulrich. Gesammelte Schriften», Band 1) Ursprünglich 1968 unter dem gleichen Titel und im gleichen Verlag publiziert als Band 1 der Schriftenreihe «Unternehmung und Unternehmungsführung».

Ulrich, Hans. «Grundlagen des Führungsmodells.» In: Stiftung zur Förderung der system-orientierten Managementlehre (Hrsg.). *Hans Ulrich. Gesammelte Schriften. Band 2: Das St. Galler Management-Modell.* Bern, Stuttgart & Wien: Verlag Paul Haupt, 2001b. S. 57–83. Ursprünglich 1972 publiziert.

Ulrich, Hans. «Unternehmungspolitik.» In: Stiftung zur Förderung der systemorientierten Managementlehre (Hrsg.). *Hans Ulrich. Gesammelte Schriften. Band 2: Das St. Galler Management-Modell.* Bern, Stuttgart & Wien: Verlag Paul Haupt, 2001c. S. 171–460. Ursprünglich 1978 unter dem gleichen Titel und im gleichen Verlag publiziert.

Ulrich, Hans. «Systemorientiertes Denken und Management.» In: Stiftung zur Förderung der systemorientierten Managementlehre, St. Gallen, Schweiz (Hrsg.). *Systemorientiertes Management: Das Werk von Hans Ulrich. Studienausgabe.* Bern, Stuttgart & Wien: Verlag Paul Haupt, 2001d. S. 243–256.

Ulrich, Hans. «Integrative Unternehmensführung.» In: Stiftung zur Förderung der system-orientierten Managementlehre, St. Gallen, Schweiz (Hrsg.). *Systemorientiertes Management: Das Werk von Hans Ulrich. Studienausgabe.* Bern, Stuttgart & Wien: Verlag Paul Haupt, 2001e. S. 503–523. Auch publiziert in: Stiftung zur Förderung der systemorientierten Management-lehre, St. Gallen, Schweiz (Hrsg.). *Hans Ulrich. Gesammelte Schriften, Band 5 (Management: Aufsätze 2. Teil 1981–1998).* Bern, Stuttgart & Wien: Verlag Paul Haupt, 2001. S. 331–351.

Ulrich, Hans. «Integrierte Führung.» In: Stiftung zur Förderung der systemorientierten Managementlehre, St. Gallen, Schweiz (Hrsg.). *Hans Ulrich. Gesammelte Schriften, Band 5 (Management: Aufsätze 2. Teil 1981–1998).* Bern, Stuttgart & Wien: Verlag Paul Haupt, 2001f. S. 109–139.

Ulrich, Hans. «Plädoyer für ganzheitliches Denken.» In: Stiftung zur Förderung der systemorientierten Managementlehre, St. Gallen, Schweiz (Hrsg.). *Hans Ulrich. Gesammelte Schriften, Band 5 (Management: Aufsätze 2. Teil 1981–1998).* Bern, Stuttgart & Wien: Verlag Paul Haupt, 2001g. S. 259–284.

Ulrich, Hans. «Unternehmung und Volkswirtschaft aus systemischer Sicht.» In: Stiftung zur Förderung der systemorientierten Managementlehre, St. Gallen, Schweiz (Hrsg.). *Hans Ulrich. Gesammelte Schriften, Band 5 (Management: Aufsätze 2. Teil 1981–1998).* Bern, Stuttgart & Wien: Verlag Paul Haupt, 2001h. S. 317–330.

Ulrich, Hans. «Systemorientiertes Management.» In: Stiftung zur Förderung der systemorientierten Managementlehre, St. Gallen, Schweiz (Hrsg.). *Hans Ulrich. Gesammelte Schriften, Band 4 (Management: Aufsätze 1. Teil 1970–1981).* Bern, Stuttgart & Wien: Verlag Paul Haupt, 2001i. S. 163–182. Auch publiziert in: Ulrich, Hans. *Management.* Herausgegeben von Thomas Dyllick und Gilbert Probst. Bern & Stuttgart: Verlag Paul Haupt, 1984. (Schriftenreihe Unternehmung und Unternehmensführung, herausgegeben vom Institut für Betriebswirtschaft an der Hochschule St. Gallen, Band 13) S. 64–84. Ebenfalls publiziert in: Stiftung zur Förderung der systemorientierten Managementlehre, St. Gallen, Schweiz (Hrsg.) *Systemorientiertes Management: Das Werk von Hans Ulrich. Studienausgabe.* Bern, Stuttgart & Wien: Verlag Paul Haupt, 2001. S. 41–60.

Ulrich, Hans. «Management – Eine unverstandene gesellschaftliche Funktion.» In: Stiftung zur Förderung der systemorientierten Managementlehre, St. Gallen, Schweiz (Hrsg.). *Hans Ulrich. Gesammelte Schriften, Band 5 (Management: Aufsätze 2. Teil 1981–1998).* Bern, Stuttgart & Wien: Verlag Paul Haupt, 2001j. S. 141–163. Auch publiziert in: Stiftung zur Förderung der systemorientierten Managementlehre, St. Gallen, Schweiz (Hrsg.). *Systemorientiertes Management: Das Werk von Hans Ulrich. Studienausgabe.* Bern, Stuttgart & Wien: Verlag Paul Haupt, 2001. S. 61–83. Ursprünglich unter gleichem Titel publiziert in: Siegwart, Hans & Gilbert Probst (Hrsg.). Mitarbeiterführung und gesellschaftlicher Wandel: die kritische Gesellschaft und ihre Konsequenzen für die Mitarbeiterführung. Festschrift zum 70. Geburtstag von Prof. Dr. Charles Lattmann. Bern: Haupt, 1983. S. 133–152.

Ulrich, Hans & Walter Krieg. «Das St.Galler Management-Modell.» In: Stiftung zur Förderung der systemorientierten Managementlehre (Hrsg.). *Hans Ulrich. Gesammelte Schriften. Band 2: Das St. Galler Management-Modell.* Bern, Stuttgart & Wien: Verlag Paul Haupt, 2001. S. 7–55. Ursprünglich 1972 unter dem gleichen Titel und im gleichen Verlag publiziert.

Ulrich, Hans & Gilbert J. B. Probst. *Anleitung zum ganzheitlichen Denken. Ein Brevier für Führungskräfte.* Bern, Stuttgart & Wien: Verlag Paul Haupt, 2001. (Reihe «Hans Ulrich. Gesammelte Schriften», Band 3) Ursprünglich 1988 unter dem gleichen Titel und im gleichen Verlag publiziert.

Ulrich, Hans & Fredy Sidler. «Ein Management-Modell für die öffentliche Hand.» In: Stiftung zur Förderung der systemorientierten Managementlehre (Hrsg.). *Hans Ulrich. Gesammelte Schriften. Band 2: Das St. Galler Management-Modell.* Bern, Stuttgart & Wien: Verlag Paul Haupt, 2001. S. 85–170.

Ulrich, Peter. *Integrative Wirtschaftsethik: Grundlagen einer lebensdienlichen Ökonomie.* 5., durchgesehene Auflage. Bern: Haupt Verlag, 2016.

Ulrich, Peter & Edgar Fluri. *Management.* 7., verbesserte Auflage. Bern & Stuttgart: Haupt Verlag, 1995.

Ulrich, Hans & Gilbert J. B. Probst. *Anleitung zum ganzheitlichen Denken. Ein Brevier für Führungskräfte.* 3., erweiterte Auflage. Bern, Stuttgart & Wien: Verlag Paul Haupt, 1991.

Urwick, Lyndall Fownes. *Scientific Principles and Organization.* New York: American Management Association, 1938. (American Management Association. Institute of Management Series; No. 19)

Urwick, Lyndall Fownes. *The Elements of Administration.* London: Sir Isaac Pitman & Sons, 1943.

Urwick, Lyndall Fownes. «The Manager's Span of Control.» *Harvard Business Review* 34.3 (1956): 39–47.

Urwick, Lyndall Fownes. *Grundlagen und Methoden der Unternehmensführung.* Essen: Verlag W. Girardet, 1961. (Schriften der Gesellschaft zur Förderung des Unternehmensnachwuchses) Titel des Originals: The Elements of Administration.

Vahs, Dietmar. *Organisation. Ein Lehr- und Managementbuch.* 7., überarbeitete Auflage. Stuttgart: Schäffer-Poeschel, 2009.

Velasquez, Manuel G. «Why Corporations Are Not Responsible for Anything That They Do.» *Business & Professional Ethics Journal* 2.3 (1983): 1–18.

Volberda, Henk W., Frans A. J. Van Den Bosch & Cornelis V. Heij. «Management Innovation: Management as Fertile Ground for Innovation.» *European Management Review* 10.1 (2013): 1–15.

von Bertalanffy, Ludwig. «The Theory of Open Systems in Physics and Biology.» *Science* 111.2872 (1950): 23–29.

von Bertalanffy, Ludwig. *General System Theory: Foundations, Development, Applications.* Harmondsworth et al.: Penguin Books, 1968.

von der Oelsnitz, Dietrich. *Management. Geschichte, Aufgaben, Beruf.* München: Verlag C.H. Beck, 2009.

Waser, Bruno R. & Daniel Peter. *Prozess- und Operations-Management. Strategisches und operatives Prozessmanagement in Wertschöpfungsnetzwerken.* 5., vollständig überarbeitete und erweiterte Auflage. Zürich: Versus Verlag, 2016.

Williams, Chuck. *MGMT10. Principles of Management.* Boston, MA: Cengage Learning, 2018.

Wunderer, Rolf. *Führung und Zusammenarbeit. Eine unternehmerische Führungslehre.* 9., neu überarbeitete Auflage. Köln: Luchterhand, 2011.

Yukl, Gary A. *Leadership in Organizations.* 8th Edition. Boston: Pearson, 2013.

Zsambok, Caroline E. «Naturalistic Decision Making: Where are we now?» In: Zsambok, Caroline E. & Gary A. Klein (Eds.). *Naturalistic Decision Making.* Mahwah, NJ: Erlbaum, 1997. S. 3–16.

Zwygart, Ulrich. *Wie entscheiden Sie? Entscheidungsfindung in schwierigen Situationen – mit Fallbeispielen von Hannibal über John F. Kennedy bis Jack Welch.* Bern, Stuttgart & Wien: Haupt, 2007.

The manufacturer's authorised representative in the EU is Springer
Nature Customer Service Centre GmbH, Europaplatz 3, 69115 Heidelberg,
Germany. If you have any concerns regarding our products, please
contact ProductSafety@springernature.com

Printed and bound by CPI Group (UK) Ltd, Croydon, CR0 4YY
28/04/2026
02098486-0003